Explorationen ethnologischer Berufsfelder

WIENER BEITRÄGE ZUR ETHNOLOGIE UND ANTHROPOLOGIE (WBEA)
Band 13

Herausgegeben vom
Institut für Ethnologie, Kultur- und Sozialanthropologie

Gertraud Seiser,
Julia Czarnowski,
Petra Pinkl,
Andre Gingrich (Hg.)

EXPLORATIONEN ETHNOLOGISCHER BERUFSFELDER

Chancen und Risken für UniversitätsabsolventInnen

WUV Universitätsverlag

Bibliografische Information Der deutschen Bibliothek
Die Deutsche Bibliothek verzeichnet diese Publikation in der Deutschen Nationalbibliografie; detaillierte bibliografische Daten sind im Internet über http://dnb.ddb.de abrufbar.

WUV Universitätsverlag, Berggasse 5, A-1090 Wien

Lektorat: Gabriele Habinger
Gestaltung: Jean Sigmund
Umschlaggestaltung: grafzyx.at unter Verwendung eines Fotos von Mark Német: Brücke über den Latorica © 1990
Druck: Facultas AG
Printed in Austria
ISBN 3-85114-722-7

Gedruckt mit Förderung des Bundesministeriums für Bildung, Wissenschaft und Kultur, des Institutes für Ethnologie, Kultur- und Sozialanthropologie, Universität Wien

Inhalt

Dieser Sammelband ist im Rahmen von zwei Lehrveranstaltungen entstanden. Wir hätten nie gedacht, dass derart viele Studierende so engagiert mitmachen würden, um ein solch herzeigbares Produkt zuwege zu bringen. In alphabethischer Reihenfolge waren beteiligt: Eva Ackermann, Theresa Beranek, Hemma Burger-Scheidlin, Julia Czarnowski, Daniela Digruber, Theresa Dirtl, Hanna Esezobor, Julia Fraunlob, Gerit Gönitzer, Gabriela Khannoussi-Gangoly, Stefanie Kotrba, Karin Lebelhuber, Antonia Maikisch, Petra Antonia Meindl, Julia Obenaus, Gertraud Pantucek, Petra Pinkl, Gerald Schmidt, Monika Schneider, Gunhild Schultheis, Julia Schwaighofer, Sonja Siegert, Florian Smutny, Helena Stanek, Elisabeth Strasser, Christian Warta, Gerlinde Wolfschluckner, Iris Wrana, Su Yi-Ju, Georg Zeiner, Christine Zoubek.
Ihnen allen sei hiermit herzlich gedankt. Da fast alle aus dieser Gruppe ihr Studium inzwischen abgeschlossen haben, wünschen wir ihnen Glück, Spaß und Erfolg bei der Realisierung ihrer beruflichen Wünsche.

Andre Gingrich
Gertraud Seiser

Einleitung

Gertraud Seiser, Andre Gingrich, Petra Pinkl und Julia Czarnowski

Ethnologie, Kultur- und Sozialanthropologie oder Völkerkunde[1] gehört zu jenen Studienrichtungen, denen außerwissenschaftlich kein klar abgegrenztes Berufsfeld gegenübersteht. Dies ist ein großer Unterschied zu Fächern wie beispielsweise Medizin, Rechtswissenschaften, Psychologie. Derzeit schließen am Institut für Ethnologie, Kultur- und Sozialanthropologie der Universität Wien jährlich etwa 50 AbsolventInnen ihr Studium der Völkerkunde erfolgreich ab. Nur ein verschwindend kleiner Teil davon kann in der Wissenschaft Fuß fassen.

Aufgrund der kaum vorhandenen Beschäftigungsmöglichkeiten im wissenschaftlichen Umfeld ist ein dringender Bedarf an Umorientierung geboten. Und genau dazu will dieser Sammelband auch beitragen. Gleich vorneweg gesagt, er wendet sich nicht an die „scientific community", die internationale Gemeinschaft der WissenschafterInnen in unserem Fach. Wir hoffen auf eine ganz andere Art von LeserInnenschaft:

- MaturantInnen vor der Studienwahlentscheidung:

  Es ist sinnvoll zu versuchen sich bereits im Zuge der Studienwahl darüber klar zu werden, welche Berufsfelder jemand später offen stehen. Das kann zur Vermeidung offensichtlicher Fehlentscheidungen und damit unnötiger Studienwechsel beitragen.

- Studierende der Sozial- und Kulturanthropologie zur Unterstützung bei Entscheidungen während des Studiums:

  Das Studium der Völkerkunde ist ab Herbst 2002 nicht mehr kombinationspflichtig, 40 Prozent der Lehrveranstaltungen gehören dann in den Bereich der „freien Wahlfächer": Das sind Lehrveranstaltungen,

1. Zur Frage der Benennung der Diszipl, In: Der offizielle Name der Studienrichtung lautet derzeit noch „Völkerkunde". Das für die Ausbildung verantwortliche Universitätsinstitut hat sich im Zuge der Universitätsreform in „Institut für Ethnologie, Kultur- und Sozialanthropologie" umbenannt. Eine entsprechende Umbenennung der Studienrichtung wird vom Institut angestrebt, bedarf allerdings einer Novellierung des Universitätsstudiengesetzes (UniStG) 1997. In diesem Reader werden die Begriffe „Ethnologie", „Kultur- und Sozialanthropologie" und „Völkerkunde" synonym verwendet.

die aus dem Angebot aller anerkannten österreichischen und ausländischen Studienrichtungen gewählt werden können. Ungefähre Berufsvorstellungen oder -wünsche schaffen Orientierung während des Studiums, helfen bei der Auswahl dieser Fächer, der Module und etwaiger Zusatzausbildungen. Hier geht es aber keineswegs darum, den Studierenden davon abzuraten, auch angeblich „nutzloses" oder nicht unmittelbar verwertbares Wissen zu erwerben, sondern darum, ihnen bessere Entscheidungsgrundlagen zur Verfügung zu stellen. Wenn die Chance auf eine wissenschaftliche Karriere bei etwa 1:100 liegt, sollte es für Studierende zumindest einer genauen Überlegung wert sein, dass ihre Zukunft auch eine fachnahe außerwissenschaftliche Berufseinmündung beinhalten kann.

- DiplomandInnen und AbsolventInnen:
  Eigeninitiative der angehenden EthnologInnen ist bei der Suche oder Entwicklung von neuen beruflichen Anwendungsfeldern besonders relevant. Dies betonen nicht nur ArbeitsmarktexpertInnen, sondern es geht auch aus den Stellungnahmen der befragten AbsolventInnen hier wie anderswo hervor. Das Buch ist daher als Anregung zu verstehen, selbst initiativ zu werden.
- Eine weitere Zielgruppe sind potentielle ArbeitgeberInnen und dies aus zweierlei Gründen: Ethnologie/Völkerkunde hat immer noch mit einem Imageproblem zu kämpfen. Erstens wird das Fach von manchen als exotische „Orchideenwissenschaft" gesehen und seine AbsolventInnen als unspezifische AkademikerInnen, die keine unmittelbar verwertbaren Kompetenzen mitbringen. Gerade hier geht es uns auch um ein Aufmerksammachen über Einsatzmöglichkeiten, Kernkompetenzen und mittrainierte Soft Skills, die EthnologInnen sehr wohl von AbsolventInnen anderer Fachrichtungen unterscheiden. Zweitens hat die Universität als Ausbildungsstätte nur beschränkte Einflussmöglichkeiten auf die Schaffung und Etablierung außerwissenschaftlicher Berufsfelder. Wenn es gelingt, Institutionen und Betriebe beispielsweise für Praktikaplätze zu gewinnen und so von der Qualifikation von EthnologInnen zu überzeugen, könnten neue Beziehungen zwischen Universität und Berufswelt zum beiderseitigen Nutzen zustande kommen.

* * *

Die Initiative zu diesem Buch ist sicherlich nicht als eine Einzelinitiative zu verstehen, sondern vielmehr in eine Umorientierung des gesamten Fachs eingebettet. Das Institut für Ethnologie, Kultur- und Sozialanthropologie der Universität Wien sieht sich vor grundsätzliche Fragen gestellt: Können und wollen wir Kompetenzen anbieten, nach denen ein gesamtgesellschaftlicher und auch außerwissenschaftlicher Bedarf besteht und wo könnte dieser Bedarf liegen? Wie muss das Fach/die Ausbildung aussehen, damit unsere Studierenden auch berufliche Zukunftsperspektiven haben?

Daraus ergeben sich Rückwirkungen auf Forschung und Lehre selbst. Die Kritik, der Völkerkunde würde ihr Gegenstand abhanden kommen – fast schon ein Gemeinplatz in den letzten Jahren –, fußt nicht nur in Unkenntnis, sondern hat sehr wohl auch ihre Berechtigung. Die nicht-industrialisierten, schriftlosen Völker, die auf geheimnisvollen fremden Kontinenten leben und deren Kultur und Lebensweise es zu erforschen gilt, sind verschwunden – sofern diesem Konstrukt jemals Realität innewohnte. Kulturelle und gesellschaftliche Differenzen haben sich deswegen aber nicht aufgelöst, sondern sind gewissermaßen zu einem Bestandteil des Alltags hier und heute sowie überall geworden. So gesehen hat das Fach weiterhin – und viel unmittelbarer als zuvor – Zukunftsweisendes und Nützliches zu bieten, wenn auch die beruflichen Anwendungen im Sinne von abgegrenzten Berufsfeldern erst im Entstehen begriffen sind. Für die Frage nach der Verbesserung der Berufsperspektiven ist der Bereich der Lehre von besonderer Relevanz. Hier erfolgte über mehrere Jahre hinweg eine intensive Auseinandersetzung darüber, wie die Ausbildung im Fach Ethnologie, Kultur- und Sozialanthropologie in Zukunft aussehen soll. Ein vorläufiger Abschluss dieser Debatte liegt mit dem neuen Studienplan der Studienrichtung Völkerkunde vor, der mit Wintersemester 2002/03 in Kraft tritt. Die Diskussionen in der Entwicklung dieses neuen Studienplans bilden einen wesentlichen Kontext des vorliegenden Sammelbandes und daher wird darauf in der Folge noch näher Bezug genommen.

Diese Entwicklung hat zudem viel mit der (laufenden) Umstrukturierung der österreichischen Universitäten seit 1993 zu tun. Die Zuteilung von Personal und Geld an ein Institut hängt immer mehr davon ab, wie viele Studierende ein Fach wählen und in möglichst kurzer Studiendauer auch einen Abschluss erreichen. Will ein Institut nicht „schrumpfen", muss es auf diese so genannten „Leistungskennziffern" Rücksicht nehmen. Die politischen Akteure beschäftigen sich aber wenig mit der Frage, was die so Ausgebildeten mit ihrem Studienabschluss anfangen sollen, welchen Wert und welche Verwertungsmöglichkeiten in der Folge Bildungstitel haben werden. Institutsintern ist mit diesem Problem – andere nennen es „Leistungsanreiz" – auch ein gewisser Bewusstwerdungsprozess verbunden, der noch keineswegs abgeschlossen ist: Welche AbsolventInnen „produzieren" wir in welcher Zahl? Und inwiefern sind diese auf einen Berufseinstieg vorbereitet? Welche Chancen haben sie überhaupt, und sind wir für diese Chancen nicht auch in größerem Maße mitverantwortlich?

* * *

Dies führt uns zur Entstehungsgeschichte des vorliegenden Sammelbandes: 1997 hat sich das österreichische Studienrecht gravierend geändert. Bis dahin waren die Studienpläne der einzelnen Studienrichtungen durch Rahmengesetze festgelegt und wurden bis in ihre Details zentral im Wissenschaftsministerium als Verordnung erlassen. Folglich war die Anpassung eines Studienplans an neue gesellschaftliche Herausforderungen eine langwierige Angelegenheit. Das Universitätsstudiengesetz 1997 (UniStG

97) delegierte die Kompetenz der Studienplanerstellung an die einzelnen Studienkommissionen. Was vorher in Parlament und Ministerium verhandelt und geregelt werden musste, lag ab nun in der Gestaltungskompetenz z.B. der Studienkommission Völkerkunde. Von Voraussetzungen der Finanzierung und Basisqualifikation abgesehen ist der Hochschulzugang in Österreich frei. Daher hängt die Auslastung der einzelnen Studiengänge mit Studierenden größtenteils von der Studienwahl der MaturantInnen und sonstigen Studienberechtigten ab. Zudem bestehen die Studienkommissionen ausschließlich aus universitären FachvertreterInnen. Dadurch ist unter den Bedingungen des UniStG 97 nunmehr die Gefahr gegeben, dass die Lehrpläne völlig von den Bedürfnissen des Arbeitsmarktes abgekoppelt werden. Als Gegensteuerung wurde im Verfahren zur Studienplanerstellung ein externes Begutachtungsverfahren vorgeschrieben. Die Studienkommissionen haben verpflichtend die entsprechenden Institutionen des Arbeitsmarktes und berufliche Interessenvertretungen sowie etwaige Arbeitgeberorganisationen in die Studienplanerstellung einzubeziehen und ihnen zumindest ein Stellungnahmerecht einzuräumen. Des Weiteren haben die Studienkommissionen ein Qualifikationsprofil zu erstellen, das die beruflichen Anwendungen der Studienrichtung beschreibt und den StudienanfängerInnen als Teil des Studienplans zugänglich zu machen ist. Die Erstellung dieses Studienplans erfolgte für die Studienrichtung Völkerkunde in einem intensiven Diskussionsprozess zwischen 1998 und Juni 2001 unter Einbezug möglichst vieler Betroffener und ExpertInnen unter der Federführung des damaligen Vorsitzenden der Studienkommission Andre Gingrich. Ziel war dabei, eine fundierte methodische Grundausbildung zu bieten, inhaltlich auf dem Stand der internationalen Entwicklung zu sein und gleichzeitig auch eine akzeptable berufliche Orientierung zu ermöglichen. Die Ausarbeitung des Qualifikationsprofils und damit der anwendungsorientierten Schiene für die Studienrichtung Völkerkunde bildete einen wesentlichen Ausgangspunkt für das vorliegende Buchprojekt. So wurde im Mai 1999 am Institut für Ethnologie, Kultur- und Sozialanthropologie eine Veranstaltung zum Thema „Wozu Ethnologie heute? Berufsperspektiven und erforderliche Qualifikationen" durchgeführt. Einen Nachmittag lang wurde mit drei Arten von eingeladenen Personen diskutiert:

- ExpertInnen bezüglich der Entwicklung des AkademikerInnenarbeitsmarktes und ArbeitgeberInnenvertreterInnen diskutierten potentielle Einsatzfelder für EthnologInnen und erforderliche Qualifikationen unter besonderer Berücksichtigung der aktuellen Entwicklungen am Arbeitsmarkt.
- Aktive und potentielle ArbeitgeberInnen aus unterschiedlichen Berufsfeldern sowie Interessierte an ethnologischer Expertise sprachen über erwünschte und chancenreiche Qualifikationen und Berufsanforderungen von EthnologInnen.

- AbsolventInnen der Ethnologie, die in unterschiedlichen Praxisbereichen tätig sind, zeigten auf, welche Aspekte des Studiums sich als beruflich verwertbar/brauchbar erwiesen haben und welche Qualifikationen auszubauen wären.

Das Spektrum der vorgestellten Praxisbereiche reichte von regionaler Expertise in internationalen Organisationen, kulturellen Differenzen bei der Zusammenlegung von Großbanken bis zur Beratung von MigrantInnen oder Medien- und Bildungsarbeit. Die Fragen an die eingeladenen ExpertInnen lauteten: Gibt es für AbsolventInnen der Studienrichtung Völkerkunde auch Tätigkeitsfelder außerhalb von Lehre und Forschung? Wenn ja, welche gesellschaftsrelevanten beruflichen Einsatzmöglichkeiten bestehen bereits, und können alternative Berufsfelder von EthnologInnen erschlossen werden? Bietet das Studium der Völkerkunde dafür eine ausreichende Berufsvorbildung? Welche Qualifikationen bringen EthnologInnen nach Abschluss des Studiums bereits mit bzw. welche sollten sie erwerben, um in fachnahen Berufssparten tätig sein zu können?

Die Diskussionsergebnisse dieser Veranstaltung sind in der Folge unmittelbar in die Ausarbeitung des Qualifikationsprofils und in die Studienplanerstellung eingeflossen.

Ein Ergebnis der Diskussionen um den neuen Studienplan war die Entwicklung von „Modulen“, die in fachnahe, aber außerwissenschaftliche Anwendungsfelder der Ethnologie einführen sollen. Unter Modulen werden dabei aufeinander aufbauende Bündel von Lehrveranstaltungen verstanden, in denen explizit versucht wird, BerufspraktikerInnen in die Ausbildung der Studierenden miteinzubeziehen. Vorläufig sollen sechs solcher Module angeboten werden, wovon die Studierenden mindestens eines und maximal zwei zu absolvieren haben. Alle Module haben ein Ausmaß von 10 Semesterwochenstunden und können durch Berufspraxis und Zusatzausbildungen/Weiterführungen im Rahmen der „freien Wahlfächer“ ergänzt werden.

Die Module im neuen Studienplan:

CROCO (*Cross Cultural Organizations*)
Das Modul CROCO soll Studierenden der Völkerkunde Einblicke in mögliche Einsatzfelder im „Human Resource Management" geben. Interkulturelle Fragestellungen in international tätigen Unternehmungen stehen dabei im Vordergrund. Mögliche Einsatzfelder sind Expatriate Betreuung, Consulting, Betriebs- und Organisationsanthropologie.

ENTOUR (*Entwicklungszusammenarbeit, angepasste Technologien, Umweltfragen, sanfter Tourismus*)
ENTOUR vermittelt die theoretischen und praktischen Grundkenntnisse der internationalen Entwicklungszusammenarbeit. Dabei wird besonders das Konzept des „Sustainable Human Development" berücksichtigt. Mögliche Einsatzfelder liegen in der Entwicklungszusammenarbeit und im Tourismus.

IIMA (*Integration, Identität, Migration, Asyl*)
Hier werden die theoretischen Positionen in den Bereichen Integration, Identität, Migration und Asyl vermittelt sowie eine Einführung in bereits bestehende Praxisfelder geboten. Mögliche Einsatzfelder bestehen in der Migrationsforschung, in themenspezifischer Sozialberatung und Mediation sowie spezialisierter Verwaltung im österreichischen sowie EU-Kontext.

INGORAPS (*International Non Governmental Organizations, Rechtsanthropologie, Internationale Einsätze, Peace Studies*)
Dieses Modul soll die Fähigkeiten fördern, spezifisch ethnologische Kenntnisse und Lösungsansätze bei internationalen Organisationen und Einsätzen einzubringen und somit zwischen unterschiedlichen Normensystemen zu vermitteln. Mögliche Anwendungen sind internationale Einsätze, internationale Organisationen und NGOs.

MAKOTRA (*Medical Anthropology, Körperbewusstsein, Transkulturalität*)
Das Modul MAKOTRA ist im Schnittfeld von Ethnologie, Medizin und Gesellschaft angesiedelt. Im Zentrum steht anwendungsorientiertes Wissen über kulturspezifische Vorstellungen und Praktiken hinsichtlich Gesundheit/ Krankheit. Mögliche Einsatzfelder erstrecken sich von der Weiterbildung im Gesundheitsbereich über die Entwicklungszusammenarbeit, Medien- und Öffentlichkeitsarbeit bis zur Policy Beratung.

MAPOB (*Museum, Ausstellung, Public Events, Öffentlichkeitsarbeit, Bildung*)
Die Vermittlung von ethnologischem und sozialanthropologischem Wissen im Rahmen von Bildungseinrichtungen verschiedener Art – einschließlich Museen, Ausstellungen, anderen öffentlichen Ereignissen – gehört zu den traditionellen Berufsfeldern der Ethnologie. Das Modul MAPOB bezweckt eine gezielte Vorbereitung auf diesen wissenschaftsnahen Anwendungsbereich.

Die Ausarbeitung dieser Module erfolgte in kleinen Arbeitsgruppen unter Federführung oder Einbezug von externen ExpertInnen in Auseinandersetzung mit der Studienkommission. Da dieser Reader zeitgleich mit dem Inkrafttreten des neuen Studienplans Völkerkunde erscheint, kann er auch von StudienanfängerInnen und UmsteigerInnen in den neuen Studienplan als zusätzliche Orientierungshilfe für die Auswahl der Module verwendet werden. Um dies zu erleichtern, werden den Modulen in der derzeitigen Form die entsprechenden Artikel des Bandes zugeordnet.

CROCO	III.3: Ethnologie und wirtschaftliche Unternehmungen
ENTOUR	IIb.1: Ethnologie und Entwicklungszusammenarbeit – Ein Neubeginn?
IIMA	IIb.2: Der (berufliche) Alltag in NGOs III.1: Vorurteile ernst nehmen
INGORAPS	I.4: Wege zur Wissenschaft und zur Friedensarbeit IIb.3: Friedenseinsätze internationaler Organisationen IIb.2: Der (berufliche) Alltag in NGOs
MAKOTRA	III.2: EthnologInnen ins Gesundheitswesen!
MAPOB	IIa.2: EthnologInnen im österreichischen Kulturbetrieb IIa.3: Ethnologie und Medien

Parallel dazu wurden verschiedene weitere Aktivitäten gesetzt: Im Wintersemester 1999/2000 und im Sommersemester 2000 haben Andre Gingrich und Gertraud Seiser zwei Seminare mit dem Thema „Explorationen ethnologischer Berufsfelder“ durchgeführt. Diese Seminare waren als Recherche- und Schreibwerkstätten angelegt und hatten besonders die Exploration von außerwissenschaftlichen, aber fachnahen Berufsfeldern zum Ziel. Deklariertes Seminarziel war von Beginn an eine Broschüre, in der diese Berufsfelder dargestellt werden sollten. Zu den Lehrinhalten gehörte somit auch die praktische Durchführung und Umsetzung eines kompletten Broschürenproduktionsprozesses. Das Ergebnis dieses Prozesses liegt hiermit vor.

Ein Ausgangspunkt für die SeminarteilnehmerInnen waren die Vortragenden der Veranstaltung „Wozu Ethnologie heute?“. Diese wurden eingeladen für die Veröffentlichung Artikel zu verfassen oder den Studierenden als InterviewpartnerInnen zur Verfügung zu stehen. Aufgabe der Studierenden war es, Recherchen über größere mögliche Berufsbereiche anzustellen, mit den DiskutantInnen der damaligen Veranstaltung Kontakt aufzunehmen, mit diesen die Kurzartikel zu besprechen, sie zu betreuen, Interviews zu führen, zusätzliche InterviewpartnerInnen ausfindig zu machen. In den anfänglichen Diskussionen der Seminare wurden die Bereiche festgelegt, in die ethnologische Kompetenz nach Ansicht der SeminarteilnehmerInnen sinnvoll eingebracht werden könnte. Das Spektrum, das sich dadurch ergab, war wesentlich größer als jenes, das durch die Veranstaltung im Semester davor abgedeckt werden konnte. Und es umfasste auch Bereiche, in denen bisher kaum EthnologInnen tätig sind. In einer weiteren Phase des Seminars wurden die eingetroffenen Artikel redigiert und lektoriert, die Interviews in eine publizierbare Form gebracht, das heißt gekürzt, umgeschrieben und autorisiert. In einigen Fällen haben sich die Studierenden dazu entschieden, eine größere Zahl von Interviews durchzuführen und diese zu eigenständigen Artikeln zu verarbeiten. Daraus ergibt sich nun ein ausgesprochenes „Patchwork" des Readers. Geschlossene Artikel wechseln mit Bereichsdarstellungen, in denen kleinere Einzelartikel mit publizierten Interviews kombiniert sind.

* * *

Ein Teil der Interviews wurde mit Personen in Arbeitgeberfunktionen geführt. Dabei stand die Frage im Vordergrund, welche Qualifikationen AbsolventInnen der Ethnologie haben müssten, damit sie als interessante ExpertInnen/Arbeitskräfte in Frage kommen. Ein Ergebnis dieser Interviews bestand darin, dass die Ethnologie oft noch mit völlig veralteten Vorstellungen über Völkerkunde als einer Wissenschaft assoziiert wird, die in den entlegensten Gebieten der Welt von der Zivilisation noch unberührten Völkern nachspürt. Das ist, als würde man die heutige Biologie als eine Ansammlung von mit Schmetterlingsnetzen ausgerüsteten Gelehrten ansehen, die entrückt über Wiesen streichen. Hier haben wir es also mit einem massiven Imageproblem zu tun, das nur durch gemeinsame Anstrengungen der in den verschiedensten Berufen tätigen EthnologInnen überwunden werden kann. Auch macht sich der Mangel an einer Berufsvertretung bemerkbar, die sich öffentlich und vor allem auch außeruniversitär um ein entsprechendes Zurechtrücken des Berufsbildes kümmert. Die europäischen oder globalen wissenschaftlichen Fachvereinigungen können diese Lücke nicht füllen. Sie zielen eher auf einen internationalen wissenschaftlichen Fachdiskurs ab. Die Rolle einer Berufsvertretung, wie sie z.B. die Ärztekammer erfüllt, kommt diesen Fachvereinigungen nicht zu. Aufgrund der Tatsache, dass das Fach in Österreich nur an der Universität Wien eingerichtet ist und über insgesamt zwei Professuren und sieben wissenschaftliche Bedienstete verfügt, müssen sich diese auf die Vertretung des wissenschaftlichen Feldes konzentrieren. Ein neuer Weg musste daher beschritten werden, um diesen Umstand zu verändern und in Österreich eine Verbindung zur außeruniversitären Berufswelt zu schaffen. Dieser Weg bestand in der 2000 erfolgten Gründung des Alumnivereins „Plattform für Kulturen, Integration und Gesellschaft. Verein der Absolventinnen und Absolventen des Instituts für Ethnologie, Kultur- und Sozialanthropologie der Universität Wien". Wenn auch noch im Aufbau begriffen, so bietet sich damit doch eine innovative Möglichkeit zu einem systematischen Austausch mit außeruniversitären Anforderungen.

* * *

Im Zuge der Erstellung des neuen Studienplans wurden noch weitere Aktivitäten im Sinne einer besseren Kenntnis von und eines größeren Austausches mit nichtwissenschaftlichen Berufseinmündungen der AbsolventInnen gesetzt. Herta Nöbauer und Patricia Zuckerhut führten ein Forschungsprojekt im Auftrag des Wissenschaftsministeriums über Differenzen in der Wissenschaft durch. Da ein Bestandteil dieses Projektes die Ausfindigmachung aller bisherigen AbsolventInnen und deren Einbezug in eine Fragebogenerhebung war, wurde dem Projektfragebogen noch eine Sonderseite über die berufliche Situation der AbsolventInnen angehängt. Mark Németh, der im Rahmen seiner Dissertation eine quantitative Bestandsaufnahme der österreichischen EthnologInnen durchführt, hat diesen Sonderfragebogen ausgewertet. Die Ergebnisse beider Studien wurden im Seminar vorgestellt und diskutiert. Zusammenfassungen der für unsere Fragen relevanten Daten finden sich im Einleitungsteil dieses Readers. Diese Studien können zwar sorgfältig durchgeführte AbsolventInnenbefragungen nicht ersetzen, sie bieten aber doch einen sehr weit gehenden quantitativen Hintergrund für die in der Folge dargestellten Einzelfälle.

Im deutschsprachigen Vergleich liegen AbsolventInnenbefragungen von den Universitäten Berlin, Hamburg und Köln vor. Obwohl eine vergleichende Analyse den Rahmen des vorliegenden Bandes sprengen würde, erscheint es doch sinnvoll, einige grundlegende Tendenzen anzudeuten. Ähnlich sind unter den verglichenen Instituten die rasante Zunahme der Studierenden in den letzten 20 Jahren und ab Ende der 80er Jahre auch die rasch wachsenden AbsolventInnenzahlen. Damit einher geht die zunehmende Unmöglichkeit der traditionellen Berufsfelder für EthnologInnen – die universitäre Wissenschaft sowie die völkerkundlichen Museen und Sammlungen – diese AbsolventInnen zu beschäftigen. Stärker als in Österreich hat sich in Deutschland der Bereich der Entwicklungszusammenarbeit als aufnahmefähiger Beschäftigungsbereich für EthnologInnen etabliert. Dies hat sicherlich mit der wesentlich besseren finanziellen Ausstattung der Entwicklungszusammenarbeit dort und anderen politischen Haltungen in den Organisationen der Entwicklungszusammenarbeit zu tun. Generell scheint die Beschäftigungslage in den Sozial- und Kulturwissenschaften in Deutschland viel schwieriger zu sein als in Österreich, was einhergeht mit einer insgesamt höheren AkademikerInnenquote und auch AkademikerInnenarbeitslosigkeit. Prekäre Arbeitsverhältnisse oder Arbeitsverhältnisse in unterqualifizierten Feldern scheinen dort noch mehr die Norm zu sein als bei uns. Gleichzeitig sind diese Daten – trotz EU-Normierungen – nur bedingt vergleichbar. Insbesonders kann nicht leicht festgestellt werden, wie viele Personen durch die unterschiedliche Struktur der Arbeitsmarktpolitik und die Verschiedenheit der Förderungsmaßnahmen entweder nicht als Arbeitssuchende gemeldet sind oder nicht als solche registriert werden. Hier wird auch noch ein anderer Unterschied deutlich: Eine wesentliche Forderung der Wirtschaft und des Arbeitsmarktservice in Deutschland besteht in mehr Praxisrelevanz und mehr Praxisnachweis. Dort ist demgemäß ein weit verbreitetes System von Praktikumplätzen und Volontariaten in Betrieben und öffentlichen Einrichtungen vorhanden. Die Hamburger wie die aktuellen Berliner Studien zeigen deutlich, dass AbsolventInnen, die während des Studiums Praktika absolvierten, signifikant bessere Berufseinstiegsmöglichkeiten vorfanden. In österreichischen Stellenangeboten wird zwar regelmäßig entsprechende Praxiserfahrung eingefordert, Betriebe und öffentliche Institutionen zögern aber, geeignete Praktikumplätze anzubieten. Gerade in diesem Bereich sollen auch neue Impulse gesetzt werden.

* * *

„Explorationen ethnologischer Berufsfelder" besteht aus drei Teilen:

Teil I: EthnologInnen am österreichischen Arbeitsmarkt: Tendenzen und Strategien,

Teil II: Klassische Beschäftigungsfelder unter neuen Herausforderungen,

Teil III: Perspektiven für neue Beschäftigungsfelder.

Der erste Teil versucht einen allgemeinen Überblick über die AbsolventInnen des Fachs und ihre Positionierungen am Arbeitsmarkt zu geben, wobei durchaus unterschiedliche Blickwinkel gewählt werden. Zum Einstieg bietet Német quantitative Auswertungen über die Entwicklung der Berufstätigkeit von EthnologieabsolventInnen der letzten Jahrzehnte. Da AbsolventInnenbefragungen nur sehr marginal vorhanden sind, ist es gar nicht so leicht zu einer Einschätzung ihrer beruflichen Einmündungen zu gelangen. Über die Zuordnung von Angaben über die aktuelle Berufstätigkeit zu den Modulen im neuen Studienplan versucht Német auch erstmals ein ungefähres Bild über Tätigkeiten im fachnahen außerwissenschaftlichen Bereich zu zeichnen. Den Abschluss des Artikels bilden die Auswertungen der Arbeitslosenstatistik. Auf diese doch eher ernüchternde Ausgangsbilanz folgen zusammengefasst unter „Ethnologie – eine brotlose Kunst?" drei Stellungnahmen von Arbeitsmarktexperten zu den Zukunftsaussichten von KulturwissenschafterInnen. Der gemeinsame Nenner der drei aus sehr unterschiedlichen Interessenspositionen Sprechenden (Arbeitsmarktservice, Wirtschaftskammer, Arbeiterkammer) wird von Michael Tölle auf den Punkt gebracht: Es ist ein „Risiko", Ethnologie zu studieren, aber ein klassisches berufsorientiertes Studium wie Medizin oder Jus kann „gefährlich" werden. Ein Risiko ist kalkulierbar, eine Gefahr tritt hingegen unkalkulierbarer, weil plötzlich und unvermittelt auf. Neben verschiedenen aufschlussreichen Schlaglichtern auf Aspekte des AkademikerInnenarbeitsmarktes werden viele nützliche Tipps gegeben, wie Studierende und AbsolventInnen ihre Berufseinstiegschancen vergrößern können. Flexibilität und Mobilität scheinen dabei die zentralsten Anforderungen für die Zukunft zu sein. Im Anschluss daran bemühen sich Nöbauer und Zuckerhut um ein soziologisches Profil der EthnologInnen nach Beschäftigungsformen für 1999/2000, wobei ihr Schwerpunkt auf jenen liegt, die versucht haben sich innerhalb wie außerhalb der Universität wissenschaftlich zu etablieren. Dazu analysieren sie die Gruppe der AbsolventInnen nach Geschlecht, ethnischer und religiöser Zugehörigkeit, Alter, Verpflichtungen gegenüber Kindern und Alten sowie die soziale Herkunft der Eltern. Dieses quantitative Bild der sozialen Verortung zeigt eines sehr deutlich: Jüngere weiße Männer österreichischer Staatsbürgerschaft mit „gehobener" sozialer Herkunft und ohne Unterstützungsverpflichtungen gegenüber Kindern oder sonstigen abhängigen Personen finden deutlich bessere Ein- und Aufstiegsmöglichkeiten in wissenschaftliche Berufsfelder vor. Diese Befunde sind keineswegs ethnologiespezifisch, aber nur die Kenntnis von derartigen Schwachstellen macht solche auch überwindbar. Die Chancen und Möglichkeiten, die aus einem kritischen Potential erwachsen, zeigt insbesondere der Artikel von Gingrich. An zwei Feldern, jenem der Wissenschaft und dem der Friedensarbeit, reflektiert er Entwicklungen und Ansätze, die sich durch die Infragestellung des Status quo als richtungsweisend und zukunftsträchtig erwiesen haben. Die Forschungsleistungen der Wiener Ethnologie sind dadurch derzeit auf europäischem Spitzenniveau und über konkrete Anwendungsorientierungen wie im Bereich der Friedensarbeit ist es möglich geworden, dieses Wissen auch gesellschaftlich nutzbringend einzusetzen.

Im zweiten Teil des Bandes werden die „klassischen" Beschäftigungsfelder der Ethnologie vorgestellt und hinsichtlich neuer Herausforderungen unter die Lupe genommen. Es ist zu erwarten, dass Wissensvermittlung, Forschung und Medien sowie Tätigkeiten in den Bereichen der internationalen Zusammenarbeit weiterhin die primären Berufsfelder darstellen werden. Ackermann und Pantucek greifen erneut die Chancen, aber auch die konkreten Arbeits- und Lebenssituationen wissenschaftlich tätiger EthnologInnen auf. Nach einer Klärung der institutionellen Rahmenbedingungen für das Arbeitsfeld „Wissenschaft" werten sie die von ihnen durchgeführten Interviews mit 12 WissenschafterInnen ganz unterschiedlicher Verankerung aus: Was heißt es überhaupt, „wissenschaftlich zu arbeiten"? Kann man davon leben? Wie erfolgt der Einstieg in die Wissenschaft? Wie sehen die Laufbahnen aus? Wie wird der Arbeitsalltag erlebt? Insgesamt liefert dieser Artikel ein sehr facettenreiches und konkretes Bild der Arbeit von EthnologInnen im Feld der Wissenschaft, der Leidenschaft, mit der diese betrieben wird, und der Qualen, die man/frau dafür in Kauf nimmt. Von der Lehre an den Universitäten ist es nicht sehr weit zur Lehrtätigkeit und zu anderen Formen der Wissensvermittlung in Einrichtungen der Erwachsenenbildung, an Museen oder neuen, kreativen

Formen der Kulturvermittlung. Meindl-Andrews und Pinkl stellen unter dem Titel „EthnologInnen im österreichischen Kulturbetrieb" zunächst die wesentlichsten Trägerinstitutionen der Erwachsenenbildung vor. Dann präsentieren sie die Selbstdarstellungen dreier Ethnologinnen – Ingrid Rauch, Verena Träger und Eva Kolm –, die ihre Tätigkeit im Bildungswesen zwischen den Anforderungen der AuftraggeberInnen und dem, was sie aus ihrem Studium mitgebracht haben, kritisch reflektieren. Im Bereich der Medien haben EthnologInnen ohne großes Aufheben in den letzten Jahren in Österreich durchaus relevante Erfahrungen sammeln können: Im ORF, in etlichen Massenprintmedien ebenso wie in alternativen Medien sind AbsolventInnen dieses Faches mit ansehnlichem Erfolg tätig. Einige der dort gemachten Erfahrungen fassen Dirtl und Obenaus in ihrem Beitrag für diesen Band mithilfe von Interviews so zusammen, dass ganz besonders auch jüngere AbsolventInnen davon profitieren können. Zu Wort kommt die Chefredakteurin des *Südwind* und eine Mitarbeiterin des *Standard*, die aus der Praxis ihres beruflichen Spannungsfeldes zwischen ethnologischen Interessen und medialer Professionalität berichten.

Nach Universität und Museum folgt, zumindest in Deutschland, als nächste unmittelbare berufliche Assoziation zur Ethnologie die Entwicklungszusammenarbeit. Burger-Scheidlin, Fraunlob und Schwaighofer interviewten maßgebliche VertreterInnen und PraktikerInnen der österreichischen Entwicklungszusammenarbeit und mussten dabei feststellen, dass dem hierzulande nicht so ist. Obwohl EthnologInnen über eine für die EZA notwendige interkulturelle Sensibilität und die entsprechende regionale Kompetenz verfügen, sind in den EZA-Institutionen vergleichsweise wenige EthnologInnen beschäftigt. Der Artikel zeigt viele konkrete Ansatzpunkte auf, wie diese Situation in Zukunft geändert werden könnte. Als „Stimme der Sprachlosen" fungieren viele NGOs (Nichtregierungsorganisationen), Vereine und soziale Organisationen im Umwelt-, Migrations- und Flüchtlingsbereich. Humanitäres und soziales Engagement ist eine wesentliche Motivation bei der Studienwahl für Ethnologie, Sozial- und Kulturanthropologie, was vielleicht erklärt, warum besonders viele EthnologInnen in solchen Vereinen und Organisationen tätig sind. Arbeitsplatzsicherheit und gute Verdienstaussichten sind nämlich keine Charakteristika dieses Feldes, wie Gönitzer, Zoubek und Warta anhand von Interviews mit langjährigen Profis in der NGO-Szene herausarbeiten. Die Auseinandersetzung mit Kultur und Gesellschaft, Sensibilität für Fremdheit und Differenz, aber auch die politische Positionierung gegen Rassismus und Fremdenfeindlichkeit im Studium selbst lassen humanitäre Tätigkeitsfelder für EthnologInnen besonders befriedigend erscheinen und helfen ihnen auch, sich darin durchzusetzen. Mit der „besonderen Qualität" von EthnologInnen beschäftigt sich auch der Beitrag über Friedenseinsätze internationaler Organisationen von Smutny. Ethnologisches Fachwissen, Sensibilität bezüglich kultureller oder ethnischer Unterschiede und das so genannte Fingerspitzengefühl prädestinieren EthnologInnen geradezu für die Friedensarbeit. Sei es zur Menschenrechtsbeobachtung und Demokratisierung, zur Wahldurchführung und -beobachtung, bei humanitären Hilfsaktionen oder in der Flüchtlingsarbeit, den weit reichenden Beschäftigungsmöglichkeiten im Feld der internationalen Organisationen scheinen auch aufgrund der steigenden Gewalt- und Kriegsbereitschaft keine Grenzen gesetzt zu sein. Wie regionales Schwerpunktwissen und lokale Sprachkenntnisse, gepaart mit praktischen Erfahrungen durch eine Feldforschung, von Vorteil sein können, zeigt besonders der Bericht von Hazdra, der mit einem internationalen Beobachterteam der Vereinten Nationen die Entwaffnung von Kombattanten in Zentralkambodscha beaufsichtigt hat.

Nun zu Teil III und somit zu den wichtigsten unter jenen Berufsfeldern, bei denen es sich in Hinkunft besonders „lohnen" dürfte, dass EthnologInnen sich um ihre Erschließung bemühen. Unter ihnen behandelt unser Band zunächst das Gesundheitswesen: Hier ist schon verschiedentlich Bedarf nach interkulturellen VermittlerInnen seitens der Zuständigen angemeldet worden. Siegert und Czarnowski gehen diesem Problem in ihrem Beitrag näher nach, indem sie zunächst die allgemeinen Anforderungsprofile für AbsolventInnen der Kultur- und Sozialanthropologie charakterisieren, die in diesem Bereich während oder nach ihrem Studium tätig werden wollen. In weiterer Folge behandelt dieser Artikel dann ausgewählte konkrete Einsatzbereiche, wie Therapie, medizinisch-soziale Dienste oder medizinisches Consulting. Dabei kommen ExpertInnen zu Wort, deren Einschätzungen für solche ethnologischen Einsätze der LeserInnenschaft als Orientierungshilfen dienen sollen. Den Abschluss bildet ein breites Angebot praktischer Vorschläge der AutorInnen an interessierte EthnologInnen, wie sie sich konkret auf derartige Aufgaben vorbereiten können. Ein anderer Berufssektor, in dem ethnologische Expertise für die hier immer wieder auftretenden Spannungen durchaus benötigt werden könnte, ist jener der Sicherheitskräfte und der Polizei. In Deutschland gibt es diesbezüglich bereits recht positive Erfahrungen, etwa im Rahmen von Fortbildungs- und Schulungsprogrammen für PolizistInnen. Erste Ansätze liegen auch in Österreich vor. Der Artikel von Digruber und Strasser beschäftigt sich mit der Exekutive und der Fähigkeit von EthnologInnen als MediatorInnen zwischen Menschen mit unterschiedlichen Meinungen und Lebensentwürfen zu fungieren. Der Zusammenprall von staatlichem Gewaltmonopol und Individuen mit Migrationshintergrund kann zu Konflikten führen, die oftmals nicht ohne Hilfe von außen gelöst werden können. Präventiv wird hier mit Aufklärungsarbeit (Training für die Exekutive) gearbeitet. Es geht dabei nicht um das „richtige Verhalten" der BeamtInnen per se, denn dieses muss an jeden Menschen und an jede Situation neu angepasst werden, sondern darum, Pauschalurteile neu zu reflektieren und eine gewisse Dialogfähigkeit zu schulen. In diesem Artikel werden nicht nur Trainingsprogramme vorgestellt und die Probleme im Polizeialltag beleuchtet, sondern es wird auch auf die Polizei als „Forschungsobjekt" selbst eingegangen. Den Abschluss unseres Bandes bildet die Diskussion jenes weiten Feldes, in dem EthnologInnen in Österreich zwar bisher noch die wenigsten Erfahrungen gesammelt haben, für das aber zugleich besonders interessante Möglichkeiten identifizierbar sind. Wrana, Schmidt und Khannoussi-Gangoly räumen ziemlich schonungslos mit der Vorstellung auf, EthnologInnen und Wirtschaftsbetriebe hätten nichts miteinander zu tun. Höhepunkte dieses Beitrages sind das Aufzeigen ethnologischer Potentiale im Bereich der Organisationsberatung, ein ausführliches Interview mit dem Spitzenmanager des Wiener Zweiges eines internationalen Versicherungs-„Multis" und letztlich die gründliche Bearbeitung eines Defizits, an dem EthnologInnen bisher nicht nur bezüglich ihrer wirtschaftlichen Kompetenzen leiden: Gemeint ist die Notwendigkeit einer stark verbesserten „Selbstvermarktung" der AbsolventInnen unseres Faches.

* * *

Niemand soll sich Illusionen hingeben. Ethnologie, Kultur- und Sozialanthropologie ist und bleibt eine riskante Berufswahl. Auch der neue Studienplan und die auf außerwissenschaftliche Anwendungsfelder vorbereitenden Module können keine Wunder bewirken. Viele werden weiterhin in prekären und schlecht entlohnten Bereichen arbeiten, viele ob der erzwungenen Flexibilität verzweifeln und lange Phasen der Arbeitslosigkeit in Kauf nehmen müssen. Dieses Studium bietet keine Lösung der allgemeinen Probleme des globalisierten Arbeitsmarktes. Und trotzdem: Für jene, die sich bewusst und engagiert darauf einlassen, kann das Fach nicht nur spannend und interessant sein, sondern auch voller kreativer Möglichkeiten und beruflicher Herausforderungen.

EthnologInnen im Beruf

Ein quantitativer Überblick

Mark Német

In diesem Beitrag werde ich einen Überblick über AbsolventInnen der Studienrichtung Völkerkunde[1] in Österreich und über deren berufliches Leben geben. Es werden hier Daten aus drei Quellen präsentiert: aus den Volkszählungen, der Arbeitslosenstatistik des Arbeitsmarktservice und schließlich einige Ergebnisse der AbsolventInnenbefragung 1999 von Patricia Zuckerhut und Herta Nöbauer.

Anzahl der berufstätigen Ethnologie-AbsolventInnen

Zuerst die Frage der Menge: Wie viele AbsolventInnen der Völkerkunde gibt es, die im Berufsleben stehen? Die Frage klingt vorerst trivial, kann aber nur mit einer Schätzung beantwortet werden. Man hat einen ungefähren Eindruck, wie viele KollegInnen insgesamt studieren – aus einer Inskriptionsstatistik lässt sich eine exaktere Zahl ablesen – und eine Statistik verrät auch, wie viele Personen das Völkerkundestudium jährlich abschließen. Von den berufstätigen AbsolventInnen weiß man ungefähr, wie viele Personen im Völkerkundemuseum arbeiten, wie viele es am Institut gibt, und dann kennt man auch den einen oder die andere AbsolventIn, die einen Arbeitsplatz außerhalb dieser wissenschaftlichen Institutionen gefunden haben. Jenseits der persönlichen Bekanntschaft verliert sich aber der Überblick, und es gibt keine zentrale Stelle, die alle EthnologInnen ständig in Evidenz hält, nachdem sie die Universität einmal verlassen haben.

---

1. Es ist mir bewusst, dass die Bezeichnung des Faches mit „Völkerkunde“ nicht auf der Höhe der Zeit und des erreichten Diskussionsstandes über den Charakter und die Positionierung des Faches ist. Der Begriff wird von mir aber weiterhin zur Bezeichnung der Studienrichtung verwendet, weil es die nach wie vor gültige Benennung der Studienrichtung ist. Aus stilistischen Gründen wird auch synonym die Bezeichnung „Ethnologie“ verwendet. Wo es um die Untersuchung bzw. Erörterung zukünftiger beruflicher Einsatzgebiete geht, verwende ich „Ethnologie“ sowie „Kultur- und Sozialanthropologie“.

Erste Anhaltspunkte lassen sich aus der Volkszählung und einer AbsolventInnenstatistik gewinnen. Volkszählungen sind – in größeren Abständen durchgeführte – demographische Vollerhebungen auf nationaler Basis. Das bedeutet, dass die abgefragten Informationen (demographische Basisinformationen, Angaben über Ausbildung und Beruf etc.) nicht aufgrund einer Stichprobe erhoben und dann eventuell hochgerechnet werden, sondern sich aus der Gesamtheit der in Österreich lebenden Personen zu statistischen Aggregaten formen lassen.

Volkszählungen werden auf gesetzlicher Grundlage durchgeführt, somit erfolgt die Beteiligung nicht unbedingt auf freiwilliger Basis, ist aber relativ vollständig. Alle 10 Jahre sind (bzw. waren[2]) die BewohnerInnen Österreichs angehalten, einen Fragebogen auszufüllen, zuletzt im Mai 2001.

Das Fragenprogramm eines Zensus umfasst neben anderen Themen auch einen Teil über Bildung, über aktuell besuchte sowie über abgeschlossene Bildungsgänge. Es werden Angaben sowohl über die Bildungsstufe (z.B. Hauptschule, Universität ...) als auch über die Fachrichtung erhoben, die Studienrichtung Völkerkunde ist dabei als eigene Fachrichtung erfasst. In einer Volkszählung als Vollerhebung sind Merkmale ausgewiesen, die wegen ihrer geringen Häufigkeit in Stichprobenerhebungen nicht oder nur unzuverlässig erfasst werden können, wie eben z.B. der Abschluss eines Ethnologiestudiums in der Menge aller BewohnerInnen Österreichs.

Der letzte Zensus wurde im Mai 2001 abgehalten. Die Ergebnisse dieser Erhebung sind aber erst in Umrissen, jedoch noch nicht in tieferen Gliederungen verfügbar. Auswertungen über Bildung, Beruf oder Erwerbsstatus können aus diesen Daten noch nicht gemacht werden.[3] Die letzten zu Bildungsfragen verwertbaren Daten aus einer Volkszählung stammen aus dem Jahre 1991. Damit ist ein Nachteil schon erwähnt: Die Daten sind nicht sehr aktuell, doch Anhaltspunkte können daraus sehr wohl gewonnen werden.

Die Volkszählung von 1991 erbrachte 164 erwerbstätige AbsolventInnen der Studienrichtung Völkerkunde, nach der Volkszählung von 1981 waren es 86 Personen.

Um auch Aussagen über die Jahre dazwischen und bis heute machen zu können, werden die Ergebnisse der Universitäts-AbsolventInnenstatistik

2. Die Volkszählung von 2001 wird aller Wahrscheinlichkeit die letzte gewesen sein, die nach den hier beschriebenen Grundsätzen abgehalten wurde. Die aus Volkszählungen gesammelten Informationen sollen zukünftig nicht mehr aus persönlich ausgefüllten Erhebungsblättern, sondern aus amtlichen Verzeichnissen und Datenbanken gewonnen werden, so genannten Registern, die derzeit geplant, aufgebaut und später laufend ergänzt werden sollen.

3. Stand: Oktober 2001. Grunddaten über Bildungsfragen, die Auswertungen über einzelne Studienrichtungen erlauben, werden entsprechend den Angaben von Statistik Austria nicht vor Ende des Jahres 2003 zur Verfügung stehen.

an die Ergebnisse der Volkszählungen angeknüpft, wobei nur Erstabschlüsse[4] berücksichtigt sind.

Abbildung 1 zeigt das Resultat in einer Zeitreihe, die allerdings nicht ganz kontinuierlich ist. Der erste Wert ist jener von 1981, 4 Stufen weiter ist der Wert von 1991 angegeben. Das sind gemessene Werte als Ergebnisse der Volkszählungen. Die von 1988 bis 1990 und von 1992 bis 1999 reichende Zeitreihe wurde nach einem Schätzverfahren ergänzt.[5]

Abb. 1

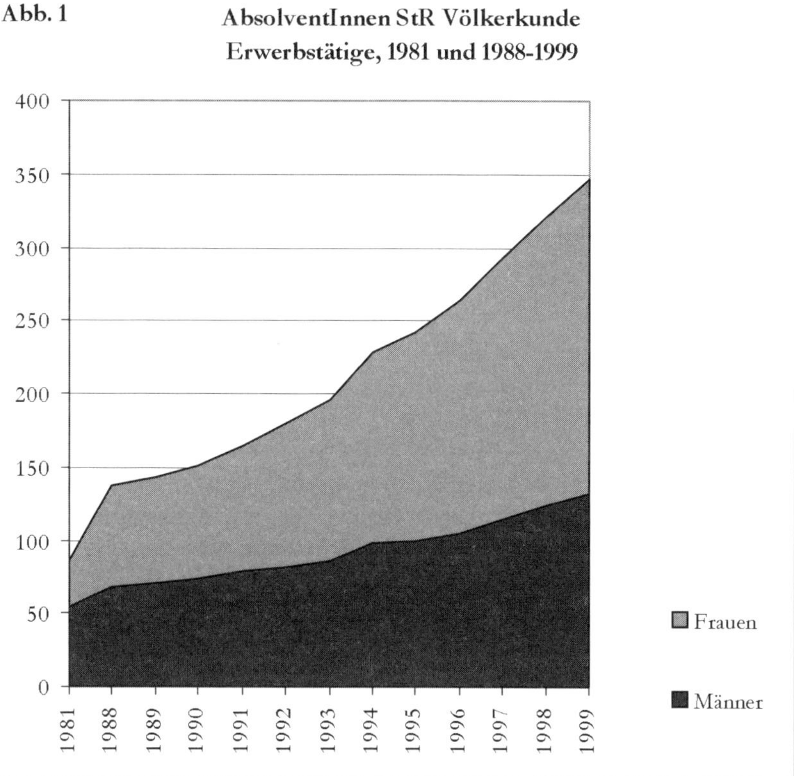

Quelle: Statistik Austria, eigene Berechnungen.

4. Das sind Diplomabschlüsse und Doktorate nach alten Studienvorschriften, nicht aber Doktorate, die auf ein Diplomstudium aufbauen.

5. Diese Schätzung berücksichtigt das aus der Volkszählung bekannte Alter der berufstätigen EthnologInnen, rechnet die NeuabsolventInnen jedes Jahres nach einer geschlechtsspezifisch errechneten Erwerbsquote hinzu und zieht die Zahl jener EthnologInnen, die aus dem üblichen Erwerbsalter herausfallen, ab. Ein Wanderungssaldo, also die Einrechnung der Zu- bzw. Abwanderung von EthnologInnen nach bzw. aus Österreich, wurde dabei nicht berechnet.

Das Ergebnis ist vielleicht wenig überraschend, wenn man weiß, welch großen Zulauf die Ethnologie in den letzten 20 Jahren gehabt hat, denn es ist ein großer Anstieg zu verzeichnen. In den 18 Jahren von 1981 bis 1999 hat sich die Zahl erwerbstätiger VölkerkundlerInnen von 86 auf ca. 350 Personen vervierfacht. Weiters ist zu erkennen, dass dieser Zuwachs in erster Linie durch die Zunahme an weiblichen Studierenden der Völkerkunde bedingt ist. Die Zahl männlicher Völkerkundler ist ungefähr auf das Zweieinhalbfache gestiegen, bei den Frauen hingegen ist ein Zuwachs auf das Siebenfache festzustellen. In diesem Zeitraum haben sich auch die Geschlechterproportionen umgekehrt: 1981 waren ein Drittel der EthnologInnen Frauen und zwei Drittel Männer, 1999 hingegen zwei Drittel Frauen und ein Drittel Männer, der Frauenanteil ist von 36 Prozent auf 62 Prozent gestiegen.

EthnologInnen nach Berufen und Einsatzgebieten

Die Volkszählung gibt nicht nur Aufschluss über die Tatsache, dass es VölkerkundlerInnen gibt und wie viele es sind, sondern auch über deren Beruf und die Wirtschaftsklasse, also Branche, in der sie tätig sind.

Aus dem Diagramm in Abbildung 2 ist die Verteilung nach Berufsgruppen zu ersehen, außerdem noch die Entwicklung von 1981 zu 1991. Daraus lassen sich Trends erkennen.

Die meisten VölkerkundlerInnen finden sich in der Berufsgruppe der LehrerInnen und ErzieherInnen, die hier mit den Seelsorge- und Sozialberufen zusammen dargestellt ist. Die große Zahl an EthnologInnen in dieser Berufsgruppe kann u.a. dadurch erklärt werden, dass HochschullehrerInnen darunter fallen und die Ethnologie die meiste Zeit als akademische Profession gesehen wurde. 1991 stellen allerdings schon die zweitstärkste Gruppe jene Personen dar, die in Büro- und Handelsberufen tätig sind. Relativ stark zugenommen hat auch die Gruppe der Personen, die zu den Führungskräften in Wirtschaft und Verwaltung gezählt werden, ebenso wie die Gruppe der Dienstleistungs- und der Verkehrsberufe. Die große Bedeutung der Verkehrsberufe ergibt sich allerdings nicht aus der oft genannten, angeblich so großen Zahl von TaxifahrerInnen, sondern wegen der AbsolventInnen, die in Reisebüros oder auf andere Art im Tourismus tätig sind.

Die Veränderungen zwischen den Berufsgruppen waren nach Geschlecht unterschiedlich. Der große Zuwachs an neuen AbsolventInnen wurde in erster Linie durch Frauen gebildet. Es waren daher hauptsächlich sie, die sich neue Berufsfelder erschließen mussten. Damit lässt sich unter anderem erklären, warum im etablierten Berufsfeld von Wissenschaft, Lehre und Forschung der Frauenanteil weniger stark als in anderen Feldern gestiegen ist, da ein großer Teil dieses Segments schon besetzt war. Am stärksten stieg der Frauenanteil in den Dienstleistungs-, Verkehrs- und

Transportberufen, gefolgt von der Berufsgruppe der Führungskräfte in Wirtschaft und Verwaltung.

Abb. 2 AbsolventInnen StR Völkerkunde, nach Berufen, VZ 1981 und 1991

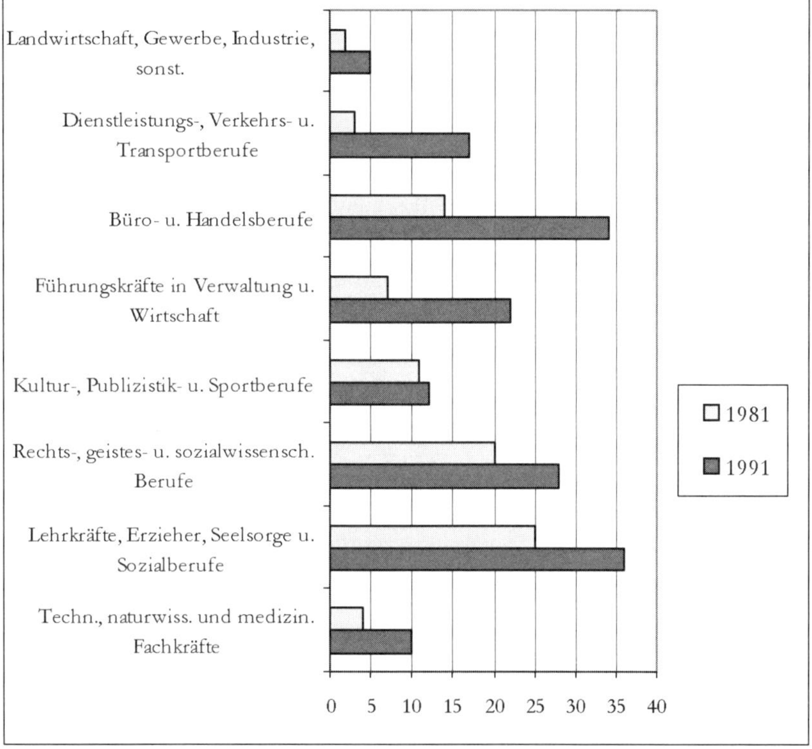

Quelle: Österreichische Akademie der Wissenschaften – Institut für Demographie, Statistik Austria, eigene Berechnungen.

Eine Auswertung der Volkszählungsdaten 1981 und 1991 nach Wirtschaftsklassen, also den Branchen, in denen EthnologInnen tätig sind, zeigt Folgendes: Unterrichts- und Forschungswesen ist auch 1991 die stärkste Gruppe, gefolgt von Gebietskörperschaften und Interessenvertretungen. Die Wirtschaftsklasse „Gebietskörperschaften und Interessenvertretungen" bedeutet öffentliche Verwaltung und Non Governmental Organisations. Zum Großteil sind Ethnologen hier in Vereinen und nichtöffentlichen Interessenvertretungen beschäftigt. Die Analyse der Veränderungen von 1981 auf 1991 nach dem Geschlecht zeigt, dass in den Branchen Handel, Gästebetreuung, Tourismus und Verkehr der Frauenzuwachs am stärksten war, relativ deutlich auch in der öffentlichen Verwaltung und bei den Interessenvertretungen.

Als Tendenz ist festzustellen, dass sich einige Unterschiede ausgleichen. Frauen, die 1981 in gewissen Branchen stark unterrepräsentiert waren, nehmen dort zu.

Wird die unterschiedlich große Beteiligung von EthnologInnen an einzelnen Wirtschaftsklassen in der Entwicklung von 1981 auf 1991 untersucht, ist eine größere Diversifizierung festzustellen. 1981 dominierte das Unterrichts- und Forschungswesen noch wesentlich stärker als 1991. Neue Betätigungsfelder für EthnologInnen werden also eher breit gestreut in verschiedenen Bereichen der Wirtschaft gefunden und nicht durch Expansion etablierter Berufsbereiche.

Abb. 3 AbsolventInnen StR Völkerkunde, nach Wirtschaftsklassen, VZ 1981 und 1991

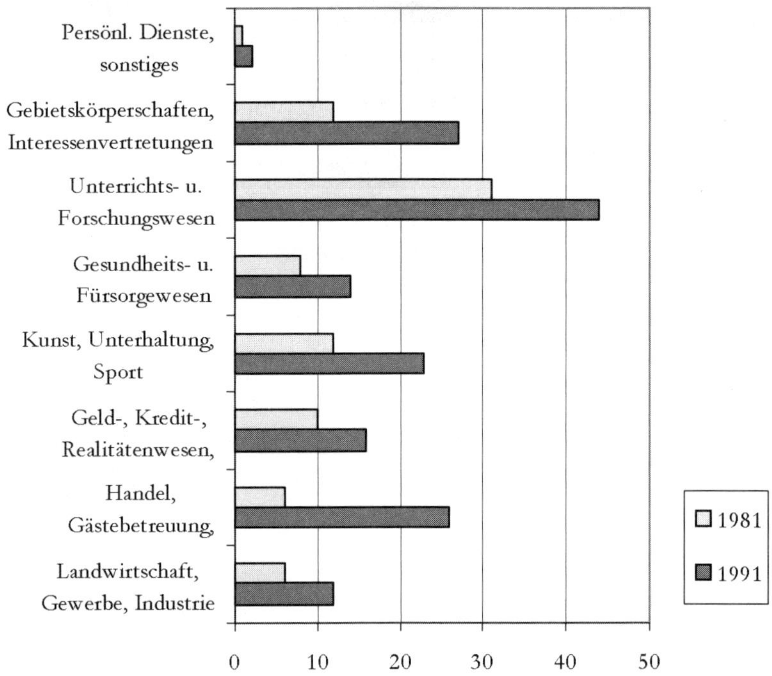

Quelle: Österreichische Akademie der Wissenschaften – Institut für Demographie, Statistik Austria, eigene Berechnungen.

Die bisher erwähnten Zahlen beziehen sich auf EthnologInnen in der Erwerbsbevölkerung. Der hier (im Sinne der Volkszählung) gebrauchte Begriff von Erwerbsbevölkerung umfasst momentan erwerbstätige Personen, selbständig als auch lohnabhängig, sowie Arbeitslose, Präsenz- und Zivildiener und KarenzurlauberInnen. Nicht zu den Erwerbstätigen zählen in erster Linie Hausfrauen und -männer, PensionistInnen sowie SchülerInnen und Studierende, wenn sie nicht mehr als 12 Stunden in der Woche einer Erwerbsarbeit nachgehen. In den hier präsentierten Daten der Volkszählung sind also als Erwerbsbevölkerung im Wesentlichen selbständig Erwerbstätige, Lohnabhängige und Arbeitslose enthalten.

Berufstätigkeit außerhalb der Wissenschaft – Ergebnisse einer AbsolventInnenbefragung

Aktuellere Eindrücke lassen sich aus rezenten empirischen Erhebungen gewinnen. Die Fragebogenerhebung von Patricia Zuckerhut und Herta Nöbauer[6] enthält einen Fragenkomplex zur Berufstätigkeit von Völkerkunde-AbsolventInnen außerhalb der Wissenschaft. Im Folgenden wird eine Teilauswertung jener Fragebogen vorgestellt, in denen nicht ausschließlich wissenschaftliche Berufstätigkeit angegeben ist. Es werden hier also Angaben von EthnologInnen behandelt, die ausschließlich in nichtwissenschaftlichen Berufen tätig sind, weiters von jenen, die sowohl wissenschaftlich als auch außerwissenschaftlich tätig sind, und schließlich jener, die keine detaillierten Angaben zur Berufstätigkeit gemacht haben bzw. zum Erhebungszeitraum wegen Karenzzeiten, Studium oder aus anderen Gründen, z.B. Pension, nicht im Beruf standen. Insgesamt 72 Fragebogen gelangten in diese Auswertung. Das ist eine relativ kleine Stichprobe, daher sollen die unten gemachten Aussagen nicht als exakte Angaben von Prozentverteilungen in der Gesamtheit der berufstätigen EthnologInnen angesehen werden, sondern Größenordnungen vermitteln und Tendenzen anzeigen.

Angaben zur Berufstätigkeit waren im Fragebogen als offene Fragen ohne vorgegebene Antwortmöglichkeiten konzipiert. Der erste Schritt bei der Kategorisierung der Antworten war die Frage, ob die Berufstätigkeit einen Bezug zur Ethnologie oder keinen Bezug zur Ethnologie hat. Das Kriterium, ob die Berufstätigkeit diesen Bezug zur Völkerkunde bzw. Kultur- und Sozialanthropologie hat, war, ob die Tätigkeiten sich in eines der fünf Berufsmodule, die voraussichtlich im ab WS 2002/03 gültigen Studienplan Völkerkunde vorgesehen sein werden, integrieren lassen[7]. Ein ethnologischer Tätigkeitsbereich wurde zusätzlich konstruiert, obwohl der Studien-

6. Weitere Ergebnisse dieser Erhebung und technische Angaben zur Durchführung der Erhebung sind im Beitrag von Patricia Zuckerhut und Herta Nöbauer behandelt. Herta Nöbauer/Patricia Zuckerhut: „Differenzen. Einschlüsse und Ausschlüsse – Innen und Außen – Universität und freie Wissenschaft." Projektbericht an das BM f. Wissenschaft und Verkehr, Wien 2000.

plan dafür kein Modul vorsieht: Journalismus und Medien mit Bezug zur Ethnologie. Es wurde versucht festzustellen, ob die in den Antworten angeführte Berufstätigkeit in eines der sieben (sechs plus eins) Module passt. Wenn einzelne Elemente der Berufstätigkeit genannt waren, die auf eine ethnologische Berufspraxis schließen lassen, wurden diese Tätigkeiten ebenfalls einem der Module zugeordnet. Jemand, dessen Berufstätigkeit so kategorisiert werden kann, wird als berufstätig im Bereich Ethnologie gezählt. Das bedeutet fachnahe ethnologische Berufstätigkeit, aber außerhalb der Wissenschaft. Die übrige Berufstätigkeit gilt als außerhalb der Ethnologie liegend.

Abb. 4 Berufstätigkeit innerhalb/außerhalb Bereich Ethnologie

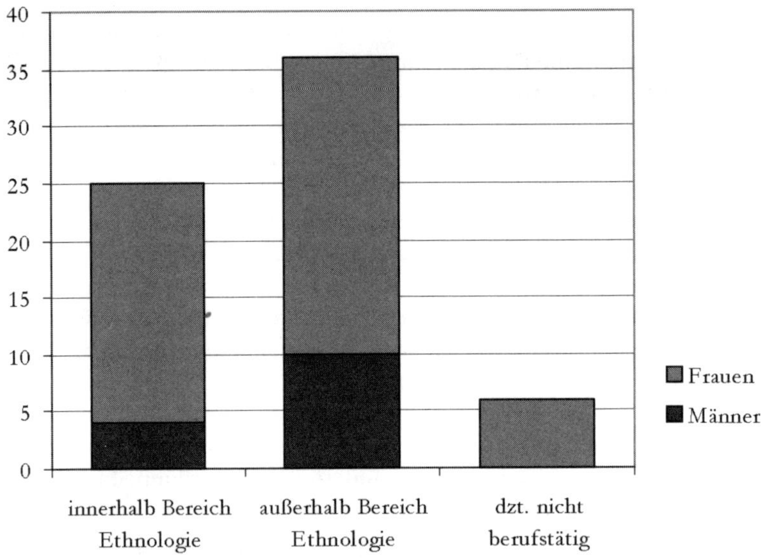

Quelle: AbsolventInnenbefragung H. Nöbauer/P. Zuckerhut 1999, Auswertungen M. Német.

7. Das waren die folgenden Module nach dem Stand des Entwurfs der Studienkommission Völkerkunde zum Studienplan der StR Völkerkunde vom April 2001: ENTOUR (Entwicklungszusammenarbeit, angepasste Technologien, Umweltfragen, sanfter Tourismus); IIMA (Integration, Identität, Migration, Asyl); INGORAPS (International Non Governmental Organisations, Rechtsanthropologie, Internationale Einsätze, Peace Studies); MAKOTRA (Medical Anthropology, Körperbewusstsein, Transkulturalität); MAPOB (Museen, Ausstellungen, Public Events, Öffentlichkeitsarbeit, Bildung). Das Modul CROCO (Cross Cultural Organisations) ist erst später dazugekommen und hätte eine komplette Neuauswertung der Fragebogen zur Folge gehabt. Es wurde daher nicht berücksichtigt.

Es zeigt sich im Ergebnis, dass von den außerwissenschaftlich tätigen Befragten 37 Prozent innerhalb des Bereiches der Ethnologie tätig sind, 54 Prozent außerhalb und 9 Prozent zum Befragungszeitpunkt nicht berufstätig waren.
Eine Analyse der beiden Bereiche innerhalb und außerhalb der Ethnologie zeigt zuerst einmal die Dominanz von Frauen in jenen Tätigkeiten, die einen Bezug zur Ethnologie haben. Männer hingegen sind hauptsächlich außerhalb der Ethnologie tätig. Frauen sind allerdings unter allen AbsolventInnen der Ethnologie in der Überzahl, wie die oben angestellte Schätzung der Zahl berufstätiger EthnologInnen gezeigt hat und es sich auch im Ergebnis der AbsolventInnenumfrage widerspiegelt. Die stärkere Präsenz von Frauen in ethnologisch fachnahen Berufsbereichen ist nur relativ; wird die Gruppe weiblicher AbsolventInnen für sich alleine betrachtet, ergibt sich ebenfalls eine Dominanz der fachfernen Berufstätigkeit.
Eine Untersuchung nach Altersgruppen zeigt, dass vermehrt jüngere AbsolventInnen beruflich innerhalb der Ethnologie tätig sind, ältere eher außerhalb. Die Bezeichnung „jüngere AbsolventInnen" ist hier im Sinne von Lebensalter zu verstehen und nicht davon abhängig, wie lange der Studienabschluss zurückliegt. Die unter 30- bis 35-Jährigen sind wesentlich öfter innerhalb des ethnologischen Bereiches tätig als ältere.
Der Einfluss der Studiendauer ist nicht ganz eindeutig, es ist eine U-förmige Verteilung zu beobachten. Berufstätigkeit mit Bezug zur Ethnologie ist öfter bei jenen zu finden, die relativ kurz studiert haben, und bei jenen, die relativ lang studiert haben. Personen, deren Studiendauer im Durchschnitt lag, sind überdurchschnittlich oft außerhalb der Völkerkunde beruflich tätig. Die Charakterisierung der Studiendauer als eher kurz oder eher lang orientiert sich hier allerdings an den Standards, die in der Studienrichtung Völkerkunde üblich waren, d.h. kurze Studiendauer bis 8 Jahre, mittlere Studiendauer 8-10 Jahre und lange Studiendauer über 10 Jahre[8].
Die Frage, ob ein Zweitabschluss, d.h. der Abschluss eines Doktoratsstudiums nach dem Diplomstudium, sich auf die Art der Berufstätigkeit innerhalb oder außerhalb der Ethnologie auswirkt, kann wegen der geringen Fallzahlen nicht beantwortet werden.
Wie ist die Verteilung der beruflichen Tätigkeit im Detail, nach *einzelnen Modulen innerhalb der Ethnologie* bzw. mit Bezug zur Ethnologie? Am stärksten vertreten ist jenes Modul, das mit MAPOB abgekürzt wird, das sind Tätigkeiten in den Bereichen „Museum, Ausstellungen, Public Events, Öffentlichkeitsarbeit und Bildung". An zweiter Stelle steht der Bereich von „Entwicklungszusammenarbeit, angepasste Technologien, Umwelt

8. Diese Studiendauern ergeben sich aus den Angaben der vorliegenden AbsolventInnen-Erhebung. Die amtliche Hochschulstatistik zeigt ein anderes Bild der durchschnittlichen Studiendauer in der StR Völkerkunde, die demnach in den letzen Jahren auf einen Durchschnitt von unter 7 Jahren gesunken ist.

und sanfter Tourismus"[9]. Weiters ist das Modul „International Non Governmental Organisations, Rechtsanthropologie, Internationale Einsätze und Peace Studies" relativ stark vertreten – einigermaßen zu meiner Überraschung – ebenso wie das Modul „Integration, Identität, Migration, Asyl". Für Berufstätigkeit, die dem Modul „Medical Anthropology, Körperbewusstsein, Transkulturalität" zuzuordnen wäre, konnten keine Belege gefunden werden.

Abb. 5 Tätigkeitsbereiche innerhalb Ethnologie

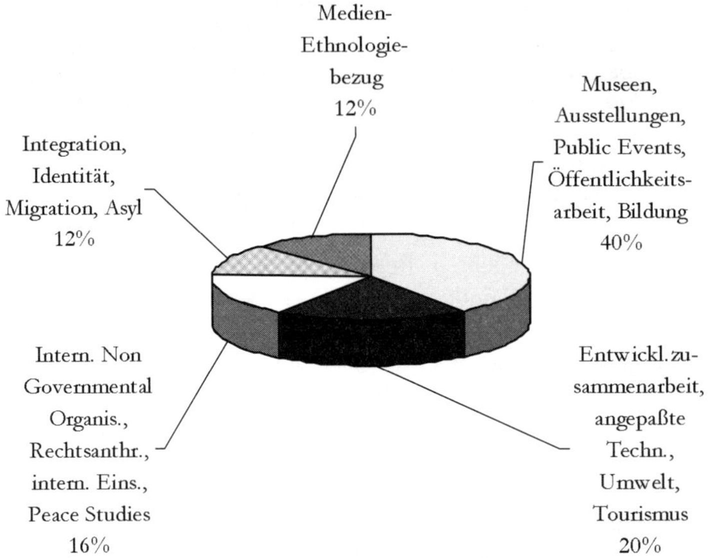

Quelle: AbsolventInnenbefragung H. Nöbauer/P. Zuckerhut, Auswertungen M. Német.

Die weiter differenzierenden Klassifikationen der *Berufstätigkeit außerhalb der Ethnologie* haben sich aus den Antworten auf den Fragebogen ergeben und folgen keinem vorgegebenen oder schon bekannten Klassifikationsschema (sie wurden also nicht den in der Volkszählung verwendeten Kate-

9. Dazu ist allerdings anzumerken, dass die Bezeichnung des Moduls „sanfter Tourismus" lautet, in die vorliegende Auswertung allerdings jede Tätigkeit im Tourismus einbezogen wurde.

gorien nachgebildet und folgen auch nicht der Trennung in öffentlichen Dienst/Privatwirtschaft/Arbeiter/Angestellte und ähnlichem). Am stärksten vertreten ist Berufstätigkeit in der Kategorie Wirtschaft und EDV, gefolgt vom Bildungswesen und der Kategorie soziale Dienste (in dieser Kategorie wurden zusammengefasst: Sozialarbeit, Beratungsarbeit und auch Tätigkeiten als MentorIn). Relativ viele Nennungen sind zudem in den Bereichen wissenschaftsnahe Einrichtungen (aber eben mit nichtwissenschaftlicher Tätigkeit) und Kunst/Medien zu finden.
Anzumerken wäre hier noch, dass 36 Prozent der außerhalb der Ethnologie Berufstätigen explizit angegeben haben, eine andere, zusätzliche Berufsausbildung absolviert zu haben bzw. in einem Beruf tätig zu sein, der formal eine andere Berufsausbildung voraussetzt (z.B. LehrerIn).

Abb. 6 **Tätigkeitsbereiche außerhalb Ethnologie**

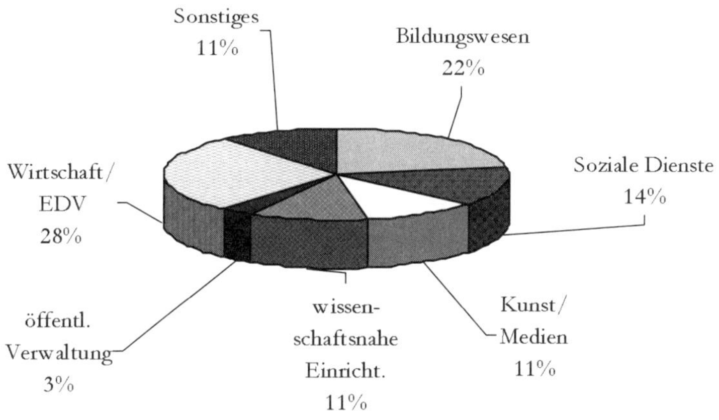

Quelle: AbsolventInnenbefragung H. Nöbauer/P. Zuckerhut, Auswertungen M. Német

Die AbsolventInnenerhebung hat sich auch der Frage gewidmet, welchen *Einfluss das Studium*, worunter sowohl die Vermittlung der Studieninhalte als auch die Sozialisation an der Universität in Form des Völkerkundestudiums verstanden wird, auf die Berufstätigkeit hat. Eine Frage erhob das Positive, also welche Kenntnisse und Fähigkeiten die AbsolventInnen in ihren späteren Beruf nützlich einbringen konnten, eine andere Frage ging den Defiziten nach, d.h. jenen Kenntnissen und Fähigkeiten, die nach dem bzw. anstatt im Studium in der Berufspraxis angeeignet wurden. Auch diese Fragen waren mit offenen Antwortmöglichkeiten konzipiert, die Antworten waren daher im Rahmen der Auswertung ebenfalls zu klassifizieren.

Jede Antwort wurde zuerst einer von drei Kategorien zugeordnet, die der Art des vermittelten Wissens bzw. der erworbenen Fähigkeiten entsprechen:

a) Ethnologisches Wissen, das sind explizite Studieninhalte – in erster Linie theoretischer Art –, die charakteristisch für das Fach sind.

b) Praktische Kenntnisse und Fähigkeiten, die in eigenen Studienteilen bzw. Kursen erlernt und angeeignet werden können, wie z.B. EDV-Kenntnisse, Sprachkenntnisse oder gewisse Methoden des wissenschaftlichen Arbeitens. Diese Kenntnisse und Fähigkeiten müssen nicht einer einzigen Studienrichtung zugeordnet sein und werden in den Ausführungen weiter unten kurz als Hard Skills bezeichnet.

c) Soft Skills: Elemente der Persönlichkeitsbildung, die während eines Studiums vermittelt werden, ohne dabei expliziter Studieninhalt zu sein. Die meisten Nennungen auf den Fragebogen betrafen diese Soft Skills.

Zu jeder dieser Kategorien wurden Sub-Kategorien gebildet, die sich aus der Art und Häufigkeit der Antworten auf den Fragebogen ergaben.[10]

Zur Darstellung der Ergebnisse beginne ich mit dem Positiven: Was aus dem Studium den AbsolventInnen im Beruf genutzt hat.

Aus der Kategorie a) – Studieninhalte, ethnologisches Wissen – wurden am häufigsten regionale Ethnographien, weiters soziologische und ethnosoziologische Methoden als beruflich verwertbar angegeben. Relativ häufig, nämlich in mehreren Nennungen, wurden feministische Theorien und Ansätze als für die Berufstätigkeit nützlich eingeschätzt.

Zu den verwertbaren Hard Skills gab es relativ wenige Nennungen, die häufigsten betrafen den Umgang mit Literatur und Quellen sowie Sprachkenntnisse.

In der Kategorie Soft Skills waren die meisten Nennungen von beruflich Verwertbarem zu finden. Sehr häufig, d.h. in fast jedem Fragebogen, war die Aufgeschlossenheit gegenüber dem Fremden und interkulturelle Kom-

10. Zur Auswertung wurde in jeder der beiden betreffenden Fragen des Fragebogens (Positives/Defizit des Studiums) maximal eine Antwort je Kategorie in die Auswertung aufgenommen. Waren auf einem Fragebogen zwei oder mehr verschiedene Antworten je Kategorie angegeben, z.B. Sprachkenntnisse und qualitative Forschungsmethoden als Hard Skills, ging jene Antwort in die Auswertung ein, die ausführlicher beschrieben war. Waren beide gleich ausführlich beschrieben, so wurde die zuerst genannte Antwort aufgenommen.

petenz genannt – wenig erstaunlich. Diese in unterschiedlichen Formulierungen geäußerte Offenheit und Fähigkeit zur Interkulturalität ist wohl jenes Ergebnis des Studiums, welches AbsolventInnen zuerst nennen, wenn sie generell ihr Studium resumieren. Es ist hier im Kontext beruflich verwertbarer Kompetenz genannt worden. Ebenfalls relativ oft wurden eine gewisse allgemeine Offenheit des Denkens und Aufgeschlossenheit genannt, und zuletzt wurde in einigen Fällen auch das wissenschaftliche und analytische Denken als nützlich für den Beruf angeführt.

Was hat den AbsolventInnen im Studium gefehlt und musste nachträglich angeeignet werden?[11]

In der Kategorie Studieninhalt und ethnologisches Wissen finden sich relativ wenige Nennungen. Meist waren es Kenntnisse in Ökonomie, welche AbsolventInnen im Studium vermisst haben.

In der Kategorie Hard Skills, also praktische und explizit erlernbare Kenntnisse und Fähigkeiten, waren vergleichsweise viele Einträge zu finden. Am häufigsten genannt wurden Kenntnisse und Fähigkeiten des Projektmanagements. Hier besteht offensichtlich eine starke Nachfrage, und es wird als großer Mangel empfunden, dass dies im Völkerkundestudium nicht vermittelt wurde. Weiters hat vielen AbsolventInnen die ethnologische Praxis, vornehmlich in Österreich, während des Studiums gefehlt. Einige Antworten bemängelten einen allgemeinen Praxismangel, ohne diesen näher zu konkretisieren.

Unter den Soft Skills, die man gerne vermittelt bekommen hätte, wurden am häufigsten Präsentations- und Kommunikationstechniken genannt. Viele AbsolventInnen gaben an, sich Präsentations- und Kommunikationstechniken sowie Vortragspraxis und Rhetorik erst im Zuge ihrer Berufstätigkeit angeeignet zu haben. Schließlich wurde auch in mehr als einer Nennung termingebundenes Arbeiten als Fähigkeit genannt, mit der AbsolventInnen erst im Berufsleben konfrontiert waren.

Arbeitslosigkeit

Meldet sich jemand als Arbeit suchend beim Arbeitsamt, wird neben anderen Daten seine/ihre Ausbildung erfasst, im Fall einer akademischen Ausbildung auch die Fachrichtung. Damit sind Informationen über arbeitslose EthnologInnen verfügbar, zu deren Gewinnung man nicht auf Stichprobenerhebungen angewiesen ist. Daten über arbeitslose AkademikerInnen werden zweimal jährlich mit Stichtag 15. März und 15. September durch das Arbeitsmarktservice veröffentlicht.

Mit Stichtag 15. September 1999 waren insgesamt 27 EthnologInnen als Arbeit suchend vorgemerkt, davon 13 Männer und 14 Frauen. Eine

11. Alternativen Berufsausbildungen war im Fragebogen allerdings kein Item gewidmet, deshalb wurden Hinweise darauf, wenn sie trotzdem gemacht wurden, in die Auswertung der Frage nach Defiziten des Studiums nicht aufgenommen.

Zeitreihe seit 1988 (Abb. 7) zeigt in einem Zickzackmuster, dass die Entwicklung nicht gleichmäßig verlaufen ist, aber in der Tendenz doch steigende Werte in den Absolutzahlen aufweist. Für das relativ starke Absinken der Arbeitslosigkeit von 1998 auf 1999 ist jetzt noch keine schlüssige Erklärung anzubieten. Möglicherweise haben EthnologInnen besonders zahlreich AMS-geförderte Fortbildungs-, Umschulungs- und Job-Coaching-Kurse besucht und wären damit einer versteckten Arbeitslosigkeit zuzurechnen.

Abb. 7 **Völkerkunde-AbsolventInnen: arbeitslose 1988 - 1999 (jeweils Sept.)**

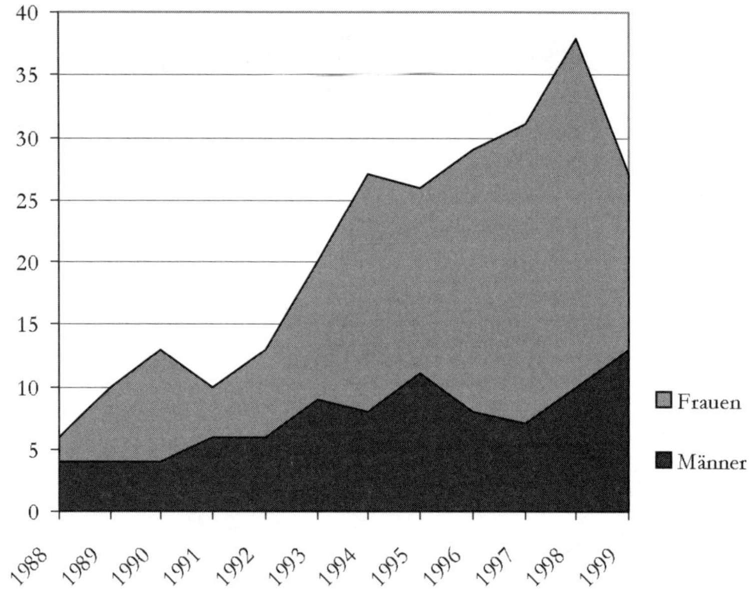

Quelle: Arbeitsmarktservice.

Mit Berechnung der Arbeitslosenquoten stellt sich die Entwicklung etwas anders dar, der Anstieg der Arbeitslosenquote seit 1988 ist weniger deutlich als jener der Absolutzahlen, da wie oben ausgeführt der Neuzuwachs an AbsolventInnen in den letzten 10 Jahren sehr groß war und damit auch die Referenzgruppe zur Berechnung dieser Quote stark angewachsen ist. Die diskontinuierliche Entwicklung, erkennbar am Zickzackmuster, ist allerdings erhalten geblieben. Es ist zu erkennen, dass die Arbeitslosigkeit von Frauen in der Tendenz etwas über der Arbeitslosigkeit von Männern liegt, zu manchen Zeitpunkten ist dieses Verhältniss aber umgekehrt. Die Arbeitslosenquote von EthnologInnen liegt in der letzen Zeit um 10 Prozent. Das ist um einiges höher als die Arbeitslosenquote der Gesamtheit aller AkademikerInnen, die knapp über 2 Prozent liegt. Die allgemeine Arbeitslosigkeit liegt ungefähr bei 3,7 Prozent.

Abb. 8 AbsolventInnen StR Völkerkunde: Arbeitslosenquote, 1988 - 1999

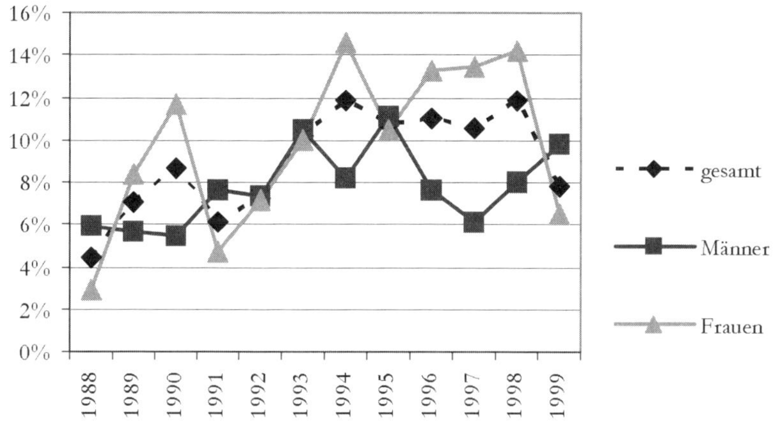

Quelle: Arbeitsmarktservice, eigene Berechnungen.

Die Berechnung der Arbeitslosenquote erfolgt hier nach international vergleichbaren Kriterien und nicht nach der traditionellen österreichischen Methode.[12]

Resümee

Die oben unternommene Tour d'Horizon über die Auswertung einiger quantitativer Quellen über EthnologInnen im Beruf und am Arbeitsmarkt zeigt ein wenig einheitliches Bild. Es gab in den letzten zwei Jahrzehnten einen enormen Zuwachs an AbsolventInnen des Studiums der Völkerkun-

12. Diese international übliche Berechnungsmethode der Arbeitslosenquote wird von der ILO (International Labour Organization) empfohlen und u.a. von EUROSTAT und der OECD angewandt. Der wichtigste Unterschied zwischen der traditionellen österreichischen und der ILO-Methode zur Definition der Arbeitslosenquote ist, dass Letztere die Zahl der Arbeitslosen auf die Gesamtheit der Erwerbstätigen und nicht nur der unselbständig Erwerbstätigen bezieht. Die in den Ergebnissen der Volkszählung von 1991 angewandte Definition von Arbeitslosigkeit folgt noch dem Lebensunterhalts-Konzept und nicht dem Labour-Force-Konzept.

de, über deren Integration in das Berufsleben zu Beginn des StudentInnenbooms wohl kaum jemand etwas zu prophezeien wagte. Jene Daten, die am ehesten aus Volkszählungen gewonnen werden können, zeigen, wie Beschäftigungsmöglichkeiten in jenen Bereichen gesucht werden müssen und gefunden wurden, in denen EthnologInnen vorher nur in geringem Ausmaß vertreten waren, und dass es vor allem Frauen sind, die in neue Bereiche vordringen. Viele dieser Tätigkeiten werden mit dem Fach und den Inhalten des Studiums unter Umständen wenig zu tun haben, genaueres darüber kann nur aus AbsolventInnen-Erhebungen erfahren werden.

Dass die Ethnologie zwar keine brotlose Kunst ist, die Integration in den Arbeitsmarkt aber mit mehr Mühen als in anderen Bereichen verbunden sein kann, zeigen überdurchschnittlich hohe Arbeitslosenquoten unter Ethnologie-AbsolventInnen.

Zur Frage, ob die berufliche Tätigkeit von AbsolventInnen auch ausreichend fachadäquat ist, konnte festgestellt werden, dass ethnologische Berufstätigkeit im traditionell-engen Verständnis, also im Bereich von wissenschaftlicher Lehre und Forschung, eine geringe, aber trotzdem merkliche Expansion erfahren hat. Zunehmend mehr ethnologische Inhalte und Methoden können in Berufsbereiche außerhalb der Wissenschaft eingebracht und damit kann das Spektrum ethnologischer Berufstätigkeiten erweitert werden, wie die erwähnte AbsolventInnenbefragung von Nöbauer/Zuckerhut ergeben hat.

Ethnologie: Eine „brotlose Kunst"?

Drei Stellungnahmen von Arbeitsmarktexperten

Spätestens seit Beginn der 1980er Jahre ist die Arbeitswelt tief greifenden Veränderungen ausgesetzt. Diese zunehmend rascher werdenden Prozesse zeigen sich auf verschiedenen Ebenen: Die Kenntnisse und Fertigkeiten, die für die Ausübung der meisten Berufe erforderlich sind, erscheinen inzwischen sehr flüchtig und schwer greifbar zu sein. Permanente Lernprozesse sind nötig, um auf dem neuesten Stand zu bleiben. Dies wirkt auf die Bedeutung und den Inhalt von Ausbildung und Berufsvorbildung wieder zurück. Der Arbeitsmarkt selbst unterliegt laufenden Umstrukturierungen. Produktionsstätten werden auf globaler Ebene verlagert, verschoben, zerstückelt und neu zusammengesetzt. Die durchschnittliche Verweildauer der Beschäftigten bei einem bestimmten Arbeitgeber oder selbst in einem Berufssektor ist rapide gesunken. Im Bereich der UniversitätsabsolventInnen werden diese allgemeinen Tendenzen durch den so genannten „Rückbau des Wohlfahrtsstaates" zusätzlich verschärft. Während die Zahl der Studierenden ständig zunimmt, ist der traditionelle Hauptarbeitgeber von AkademikerInnen, der öffentliche Sektor, nicht mehr bereit, diese auch zu beschäftigen.
Um herauszufinden, wie sich diese generellen Entwicklungen auf die rasch anwachsende Gruppe der diplomierten EthnologInnen auswirkt, wurden Arbeitsmarktexperten um Stellungnahmen ersucht. Dies erschien umso dringlicher, als im Anschluss an ein Studium der Völkerkunde streng genommen nicht von Berufsmöglichkeiten gesprochen werden kann, da der Studienrichtung kein außerwissenschaftliches Berufsfeld entspricht. Volker Eickhoff vom Arbeitsmarktservice, Klaus Schedler vom Institut für Bildungsforschung der Wirtschaft und Michael Tölle aus der Bildungsberatung der Arbeiterkammer Wien waren nicht nur bereit, im Rahmen der Veranstaltung „Wozu Ethnologie heute?" mit uns zu diskutieren, sondern stellten sich auch für die Mitarbeit am Seminar zur Verfügung, wofür wir ihnen nochmals ganz herzlich danken möchten.

Zur Arbeitsmarktsituation von EthnologInnen

Interview[1] mit Volker Eickhoff – AMS (Arbeitsmarktservice Österreich)

Wie viele arbeitslose AkademikerInnen gibt es eigentlich?

Das AMS führt jedes halbe Jahr Untersuchungen durch, wie viele AkademikerInnen arbeitslos sind. In den Statistiken scheinen jedoch nur die beim AMS als arbeitslos gemeldeten AkademikerInnen auf, die Realität sieht ganz anders aus. Aber sie zeigt tendenziell, dass im Verhältnis zu der Größe der Fachbereiche doch relativ wenige Ethnologinnen und Ethnologen arbeitslos sind.

In welcher Sparte ist die Arbeitslosigkeit am größten?

In den Rechtswissenschaften und in der Medizin. Das sind die direkt berufsbezogenen Studien mit der höchsten Arbeitslosenrate. In diesen Studien wird man sehr strikt auf den Beruf vorbereitet, Perspektiven nach außen fehlen und die Wartezeiten auf eine Stelle dauern länger.

Wie groß ist die AkademikerInnenarbeitslosigkeit überhaupt in Österreich?

Die ist relativ gering, sie liegt bei 1 Prozent bis 2 Prozent. Das liegt daran, dass AkademikerInnen ein sehr breites Betätigungsfeld haben: Einerseits sind sie relativ hoch qualifiziert und andererseits steigt gerade aus Angst vor längerer Arbeitslosigkeit die Bereitschaft, Tätigkeiten in Kauf zu nehmen, die unterhalb der Qualifikation liegen, und auch geringere Einkommen in Kauf zu nehmen. Das heißt, wir stellen seit ein paar Jahren fest, dass eine Verdrängung von oben nach unten erfolgt: Es gibt AkademikerInnen, die sind beispielsweise in Sekretariaten tätig. Die Arbeitslosigkeit von unten steigt, weil die Sekretärinnen und Sekretäre, die diesen Bereich innehatten, von den AkademikerInnen verdrängt werden, weil diese höher qualifiziert sind und für den gleichen Lohn ein breiteres Aufgabenfeld abdecken können.

Und in welchen Wirtschaftssparten sind AkademikerInnen hauptsächlich vertreten?

1. Dieses Interview wurde von Monika Schneider und Gunhild Schultheis geführt und von Theresa Beranek bearbeitet.

Der Bereich „öffentlicher Dienst“ ist nach wie vor der größte Arbeitgeber für AkademikerInnen. Im Zuge der Einsparungen wird sich das mit der Zeit auch ändern.

Was können Sie speziell zur Situation der Ethnologie-AbsolventInnen sagen?

Ja, also ganz im Speziellen kann ich relativ wenig über diesen Bereich sagen. Im Großen und Ganzen kann ich gewisse Vergleiche mit der Soziologie anstellen. Ich selbst komme aus der Soziologie und ich glaube, dass wir mit ganz ähnlichen Problemen gekämpft haben. So wie die Soziologie hat auch die Ethnologie Probleme mit der übergreifenden Anerkennung. Das sind eben keine Studien, bei denen man nach Abschluss einen Beruf hat. Aber „Universität“ beinhaltet ja den Begriff universalis und diese universellen Zugänge an den Universitäten, die zahlreichen Studienmöglichkeiten, die sollten auch bleiben! Schließlich ist es die Aufgabe einer Universität den Studierenden die Möglichkeit zu eröffnen, breitere Perspektiven zu entwickeln, und nicht bloß eine Berufsausbildung anzubieten.

Ist es nicht so, dass die Fachhochschulen die universitären Studien verdrängen. Die Fachhochschulen werden momentan so groß gelobt: Das ist die Ausbildung und danach hast du einen Job.

Ich denke, mit den AbsolventInnen der Fachhochschulen können die UnternehmerInnen ganz konkret etwas anfangen: das sind ÖkonomInnen, das sind EDV-SpezialistInnen, das sind BeraterInnen etc. Die Fachhochschulen haben diese Vorschußlorbeeren bekommen. Die Universitäten sollten sich zu den Fachhochschulen abgrenzen, sie müssen sich einfach platzieren innerhalb dieser Wettbewerbsgesellschaft. Das ist der kalte Wind der Ökonomie, der da weht.
Für die Universitätsinstitute ist es in dieser Situation ganz wichtig, und das tut das ethnologische Institut ja eigentlich schon, Werbung zu machen, auch nach außen zu treten, wie es jetzt gemacht wurde. Denn kein Unternehmen hat eigentlich eine Ahnung, was machen die in Ethnologie, was machen die in Philosophie und in Soziologie. Leute, die selbst niemals ein Studium besucht haben, denen sind StudentInnen unheimlich. In einer Umfrage unter UnternehmerInnen, welche deren Einstellung zu AkademikerInnen allgemein sehr gut widerspiegelt, wurden StudentInnen persönliche Schwächen, zu hohe finanzielle Ansprüche und Überheblichkeit attestiert. Gegen diese Vorurteile muss Aufklärungsarbeit betrieben werden.

Fachhochschulen versus Universitäten

„Seitens der potentiellen Arbeitgeber gibt es vor allem zwei Gründe, Fachhochschulen mit Vorschußlorbeeren zu bedenken: Aufgrund des schulischen Charakters der Ausbildung ist eine zeitliche Limitierung vorgegeben, d.h., die AbsolventInnen werden typischerweise um die 22 bis 23 Jahre alt sein, während UniversitätsstudentInnen im Durchschnitt, je nach Studienart, bereits 2 bis 4,5 Jahre länger bis zum Erstabschluss benötigen – und damit die Forderung „unter dreißig, mit Berufserfahrung" vergleichsweise schwer erfüllen können. Ein zweites Argument pro Fachhochschulen (das hierzulande bislang im Zusammenhang mit BHS-AbsolventInnen verwendet wurde) ist die tendenziell sehr zielorientierte, praxisnahe Ausbildung." (Eickhoff/Finder 1998: 8)

„Aus Sicht der Auszubildenden ist allerdings zu bedenken, dass ein Fachhochschulstudium, auch wenn es zu den ‚akademischen' Ausbildungen zählt, tendenziell ein etwas kleineres Karrierespektrum eröffnet als ein Universitätsstudium." (Eickhoff/Finder 1998: 9)

Zusatzqualifikationen – ich denke „Sprachen" und „EDV" sind zwei häufig verwendete Schlagwörter. Wie wichtig sind sie und welche Sprachen sollte man können?

Ja, also das ändert sich von Mal zu Mal immer wieder. Jetzt werden z.B. osteuropäische Sprachen ziemlich protegiert. Auch ostasiatische Sprachen, Japanisch und Chinesisch, sind sehr gefragt und werden wohl noch wichtiger werden. Leider sieht man immer wieder, dass die Sprachfähigkeiten der AbsolventInnen, auch das Englische betreffend, relativ gering sind. Ich denke, dass Englisch – Wirtschaftsenglisch – gekonnt werden muss. Das wird einfach vorausgesetzt. Ohne dem hat man keine Chance.

Im Bereich EDV sollten die gängigsten Programme gekonnt werden – von Access über Word, Excel, damit muss man umgehen können. Auch Power Point, graphische Gestaltung sollte man beherrschen. Ohne das Internet, über das man mit den Leuten Kontakt aufnehmen und kommunizieren kann, geht heute natürlich auch nichts mehr. Und vor allem sind repräsentative Fähigkeiten wichtig: Man muss Dinge präsentieren und man muss sich auch selbst anbieten, offerieren können. Diese ganzen Techniken kann man sich entweder selbst aneignen oder sie in Kursen erlernen. Da kann und soll die Universität auch nur Anregungen geben.

Halten Sie ein oder zwei Auslandssemester für sinnvoll?

Auslandserfahrung ist von großer Bedeutung, vor allem im Rahmen der EU. Ich erachte es als sehr sinnvoll, ein oder ein halbes Jahr in einem anderen Land zu studieren. Nicht nur wegen der Vertiefung der Fremdsprachenkenntnisse, sondern auch um sich selbst und den eigenen kulturellen Standpunkt in Bezug zu anderen Lebenssituationen zu relativieren. Die Ethnologie ist ja geradezu prädestiniert dafür!

Aber beeinflusst nicht die Studiendauer die Jobchancen danach? Ist es also nicht empfehlenswerter, das Studium so schnell wie möglich durchzuziehen, anstatt sich mit z.B. Auslandssemestern aufzuhalten?

Ich geh am besten von mir selbst aus – ich war Langzeitstudent. Ich habe zehn Jahre lang studiert: Begonnen hab ich in Deutschland mit Geschichte und Archäologie. Später bin ich umgestiegen auf Geographie und Sozialwissenschaften. Erst in Wien studierte ich Soziologie und das hab ich dann auch durchgezogen. Aber ich bereue es nicht, dass ich Geographie gemacht habe, mir Geschichte angeschaut habe, denn in mehrere Studien hineinzuriechen halte ich persönlich für gar nicht so falsch. Das bietet die Universität – während man studiert so ein bisschen herumzuschauen und sich Perspektiven zu öffnen.

Die an AkademikerInnen gestellten Anforderungen

„Hinsichtlich der an AkademikerInnen gestellten Anforderungen wünschten sich die Antwortenden der W.A.S.-Erhebungen BewerberInnen, die „zum Team passen", die „richtige" Studienrichtung absolviert haben und über einschlägige Berufserfahrung verfügen. Weiters sollen sie wenn möglich – je nach Grundausbildung – über spezifische ergänzende Zusatzqualifikationen wie etwa Sprachkenntnisse, Managementwissen, Statistikwissen usw. verfügen. Darüber hinaus wird inhaltliche Flexibilität erwartet. Kurze Studienzeiten werden als Anforderung seltener explizit in den Vordergrund gestellt, bei der Wunschkombination ‚unter 30, mit Berufserfahrung' aber faktisch vorausgesetzt." (Eickhoff/ Finder 1998:18)

Weiterbildung ist auch so ein Stichwort, das im Zusammenhang mit Karrieremöglichkeiten immer wieder fällt – welche Art von Weiterbildung ist nach dem Studium möglich und sinnvoll?

Weiterbildungskurse gibt es im Rahmen des Wifis[2]. Auch andere Weiterbildungsinstitutionen bieten immer wieder Möglichkeiten, sich ökonomisches Basiswissen, ganz dem eigenen Interessenbereichen und Zielen entsprechend, anzueignen. Dann gibt es postgraduale Studien, die man sowohl im Ausland durchführen kann als auch hier in Österreich (z.B. an der Universität Krems, die sehr gute Studien anbietet). Aber ohne finanziellen Aufwand ist Weiterbildung nicht möglich.

Bringt einem das auch etwas?

Das bringt einem mit Sicherheit etwas, weil man im Zuge dieser Weiterbildung schon Kontakte knüpfen wird: Die Vortragenden, die zum größten

2. Wirtschaftsförderungsinstitute der Kammern der gewerblichen Wirtschaft.

Teil aus dem Bereich der Wirtschaft kommen und selbst ihre Verbindungen haben, können helfen Kontakte aufzubauen.

Ich habe da Schwierigkeiten: Es heißt immer, die Ethnologie ist so offen und die Ethnologie kann alles machen und alles abdecken. Bei uns am Institut wird das gepredigt, aber wenn es dann konkret wird und wirklich um einen Beruf, also um einen Arbeitsplatz geht, dann hört man gar nichts mehr.

Dann ist es ganz gut, sich im zweiten Studienabschnitt selbst zu orientieren. Ich denke, da muss man ganz konkret ins Feld gehen und schauen, was man tun kann, welche Bereiche sich öffnen, wie man sich selbst einbringen kann. So bin ich und so sind viele andere in den Beruf eingestiegen. Ich z.B. habe bei einem Meinungsforschungsinstitut angefangen, bin mit Fragebogen durch die Gegend gelaufen und bin so in den Forschungsprozess eingestiegen. Auch mit geringeren und „nervenden" Tätigkeiten kann man ganz gut in die Berufswelt einsteigen. Das ist eine Möglichkeit, Zugänge zu erhalten. Dazu kann man nichts Konkretes sagen, es wäre auch falsch. Man muss eigene Kreativität einbringen, nach Möglichkeiten und Optionen suchen und auch selbst Betätigungsfelder entwickeln. Verzweiflung führt zu gar nichts, außer dass alles sich einengt. Die Betätigungsfelder werden zwar kleiner, spezifischer, aber nichtsdestotrotz immer mehr.

In welchen Sparten können jetzt EthnologInnen oder KulturwissenschafterInnen wirklich unterkommen?

Also die Jobchancen für KulturwissenschafterInnen sind sehr breit gefächert, aber im Prinzip geht alles. Sie können alles machen. Während der letzten Phase des Studiums ist es sehr wichtig, Perspektiven zu entwickeln und sich in dem Bereich, an dem man besonders interessiert ist, weiterzubilden. Ich halte es auch für sehr wichtig mit Leuten aus dem Bereich, in dem man künftig arbeiten möchte, Gespräche zu führen. In Zusatzausbildungen kann man sein Fachwissen vertiefen. Schon während des Studiums kann man bei Firmen oder Instituten mitarbeiten oder helfen Forschungsprojekte durchzuführen, auch solche, die nicht unbedingt mit Ethnologie zu tun haben müssen.

Selbst in wirtschaftlichen Bereichen können EthnologInnen tätig werden. Ich denke, gerade im Beratungs- bzw. im Consultingbereich gibt es für EthnologInnen immer wieder Zugangsmöglichkeiten zur Wirtschaft. Die Ethnologie eignet sich im besonderen Maße dazu, Betriebskulturen, die man weiter gefasst auch als „Kultur" ansehen kann, zu untersuchen. Die ethnologischen Handwerkszeuge und Instrumentarien, die breit gefächert eingesetzt werden können, lassen sich schließlich nicht nur auf den gesellschaftlichen und kulturellen Bereich anwenden, sondern auch auf ökonomische Fragestellungen umlegen. Man kann beispielsweise unterschiedliche Betriebsstrukturen untersuchen. Wie lassen sich z.B. japanische und

österreichische Betriebe, die ganz unterschiedliche Firmenkulturen haben, zusammenbringen? Hier kann man sich als Ethnologin oder Ethnologe einbringen und zwischen den beiden Unternehmen vermitteln, hier kann sie oder er „übersetzen", sodass der japanische Unternehmer den österreichischen Unternehmer versteht.
Ich habe heute morgen ganz kurz in Ihrer Homepage herumgewühlt und habe gesehen, dass auch viele technische Lehrveranstaltungen, Präsentationsbereiche wie Fotografie, Tonaufnahmen oder Videofilmen an Ihrem Institut angeboten werden. Diese Fertigkeiten könnte man natürlich auf generelle Präsentationstechniken umlegen. Beispielsweise im Bereich der Managementberatung werden immer häufiger Dinge mit Hilfe von Filmen, Bildern etc. dokumentiert.

Also kommt es überall nur auf die Eigeninitiative an?

Ja! Das ist die beste Voraussetzung zur Selbstbestimmung und Persönlichkeitsentwicklung. Das Studium prägt die Persönlichkeitsentwicklung: Wie schaffe ich mir eigene Denkstrukturen, auf welche Art und Weise interpretiere ich die Welt – aber in den Job einsteigen muss man selbst.

Bei uns steht jetzt eine Studienplanänderung ins Haus. Welche Faktoren – glauben Sie – würden die Berufschancen von EthnologInnen verbessern?

Seminare über Präsentationstechniken sind eine gute Grundlage. Aber auch den StudentInnen einen Zugang zur Ökonomie herzustellen – dass z.B. immer wieder Firmen eingeladen werden – halte ich für sehr wichtig. Im Bereich der Sozialpolitik gibt es natürlich auch Arbeitsmöglichkeiten, aber die sind sehr begrenzt und erfordern viel Geduld und keinerlei größeren Ansprüche auf finanzielles Auskommen oder Arbeitsplatzsicherheit. Diese Sicherheit ist heutzutage ohnehin nicht mehr gegeben. Die Zeit ist vorbei, in der man in irgendwelchen Ministerien oder Firmen sitzt und dreißig Jahre lang immer das Gleiche tut. Das kann man vergessen, das wird es nicht mehr geben. Man muss möglicherweise dreimal bis sechsmal den Arbeitsplatz, die Firma wechseln, in anderen Tätigkeitsfeldern arbeiten. Daher muss man sich Optionen offen halten, flexibel bleiben.

Danke für das Interview.

Nach Beendigung des Studiums: Mover, Mainstreamer oder Loser?

Interview[3] mit Klaus Schedler[4] – IBW (Institut für Bildungsforschung der Wirtschaft[5])

Im Rahmen der Veranstaltung „Wozu Ethnologie heute?" haben Sie Ihre Studie „Gewinner und Verlierer der Hochschulexpansion" (Schedler 1998) vorgestellt, in der die tatsächlichen beruflichen Einmündungen von AkademikerInnen nach Studienrichtungsgruppen analysiert wurden. Können Sie kurz die Ergebnisse resümieren?

In der Studie hat sich herausgestellt, dass sogar bei den so genannten wirtschaftsnahen Studien der berühmte Anteil derer, die in die öffentliche Verwaltung gegangen sind, in Gebietskörperschaften, Bund, Länder, Gemeinden usw., bei einer ganzen Reihe von Studienrichtungen größer ist, als ursprünglich gedacht. Bei Jus hätte es mich nicht gewundert, aber die Juristerei ist ein gutes Beispiel, um auf die Problematik hinzuweisen, dass seit geraumer Zeit die öffentliche Hand überhaupt nicht mehr in der Lage oder bereit ist in vergleichbarem Umfang AkademikerInnen aufzunehmen wie in der Vergangenheit. Das gilt sogar für die so genannten Brotberufe wie die Rechtswissenschaften und andere wirtschaftsnahe Studienrichtungen.

---

3. Das Interview wurde von Monika Schneider und Gunhild Schultheis geführt und von Stefanie Kotrba bearbeitet.
4. Dr. Klaus Schedler ist Geschäftsführer-Stellvertreter des ibw und hat 1979 sein Doktorat in Psychologie gemacht. Neben der hauptberuflichen Tätigkeit in der Berufsbildungsforschung im ibw ist er Mitarbeiter in diversen nationalen und internationalen bildungspolitischen Arbeitsgruppen.
5. Das Institut für die Bildungsforschung der Wirtschaft wurde im Jahre 1975 von der Wirtschaftskammer Österreich und der Industriellenvereinigung gegründet. Es ist ein nicht auf Gewinn gerichteter Verein, wobei die Finanzierung der Institutstätigkeit größtenteils über Forschungsaufträge erfolgt. Schwerpunkte sind: – Bildungs- und Berufsinformation, Bildungs- und Berufsberatung, Berufskunde; – Projekte im Bereich Bildungspolitik und Berufsbildung in der Europäischen Union und in Österreich; – Studien auf dem Gebiet der Arbeitsmarktanalyse.

Heißt das, dass die klassischen beruflichen Einmündungsbereiche für Akademiker begonnen haben, sich aufzulösen?

In bestimmten Studienrichtungen stimmt das schon. Wir haben in unserer Studie ein Zuordnungsschema entwickelt, in dem für jede Studienrichtung die beruflichen Einmündungen nach folgenden Kriterien eingeordnet wurden:

Mainstreamer: Die Berufstätigkeit des Akademikers/der Akademikerin entspricht sowohl im Hinblick auf seine/ihre Position, als auch hinsichtlich der fachlichen Ausrichtung der absolvierten Studienrichtung. Beispiele: Mediziner wird Arzt, Jurist wird Notar, Pharmazeut wird Apotheker.

Mover: Der Akademiker/die Akademikerin ist in einer Position tätig, die üblicherweise AkademikerInnen vorbehalten ist, wobei die fachliche Ausrichtung der Tätigkeit keinen zwingenden Zusammenhang zur absolvierten Studienrichtung erkennen lässt. Beispiele: Theologe wird Ministerialrat, Volkswirtin wird Software-Beraterin, Informatiker wird Geschäftsführer eines Unternehmens, Bauingenieur vermittelt Finanzdienstleistungen.

Loser: Unbeschadet einer allenfalls gegebenen Facheinschlägigkeit der Tätigkeit ist der Akademiker/die Akademikerin in einer Position tätig, die üblicherweise auch von NichtakademikerInnen wahrgenommen wird oder wahrgenommen werden kann. Beispiele: HistorikerInnen als VersicherungsvertreterInnen, BetriebswirtInnen als BuchhalterInnen, ÜbersetzerInnen als Bürofachkraft, AnglistInnen als VerkäuferInnen.

Anhand dieses Zuordnungsschemas wurden nun die Ergebnisse der Volkszählung von 1991 analysiert. Dabei hat sich herausgestellt, dass die beruflichen Einmündungen nach Studienrichtungsgruppen sehr verschieden sind.

Berufliche Einmündungen der erwerbstätigen Akademiker (Absolutzahlen)

Studienrichtung/Einsatz VZ 91	Mainstreamer	Mover	Loser	Total
101 Fachrichtung unbek.	4.868		1.512	6.380
102 Theologie	6.075	501	260	6.836
103 Rechtswissenschaften	20.991	725	2.649	24.365
104 Sozial- und Wirtschaftswissenschaften	20.324	2.321	5.453	28.098
105 (Human-)Medizin	27.606	606	1.130	29.342
106 Philosophie (philosoph. Fakultät) onB	3.365	723	608	4.696

107 Philosoph.-humanwissenschaftl. Studien	4.700	1.180	709	6.589
108 Historisch-kulturkundliche Studien	3.369	878	712	4.959
109 Philologisch-kulturkundliche Studien	12.641	1.313	1.460	15.414
110 Übersetzer- und Dolmetscherausbildung	824	427	478	1.729
111 (Technische) Naturwissenschaften	15.235	3.899	1.599	20.733
112 Pharmazie	3.510	230	422	4.162
113 Sportwissenschaften, Leibeserziehung	1.241	244	257	1.742
114 Technik (Maschinenbau, Bau-, Elektrotechnik)	15.626	4.831	2.305	22.762
115 Montanistik	1.094	732	186	2.012
116 Bodenkultur	4.177	528	844	5.549
117 Veterinärmedizin	1.646	109	109	1.864
118 Künstlerische Studien	7.943	1.926	1.008	10.877
119 Sonstige	127		73	200
Total	155.362	21.173	21.774	198.309

Quelle: Schedler 1998: 5

Bezugnehmend auf Ihre Studie – wieso sind die Anteile der jeweiligen Gruppen nach Studienrichtungen so unterschiedlich?

Nun, die *Mainstreamer* sind meist die professionalisierten AkademikerInnengruppen, Jus beispielsweise, die geben sich im Studium oft dem Glauben hin, sie haben ihre Zukunft schon gepachtet, während in der „brotlosen Kunst", wie ich es mal bezeichnen will, der Anteil der *Mover* relativ groß war, und zwar deshalb, weil sich die jungen Leute schon während des Studiums weitaus intensiver Gedanken darüber machen, wo sie ihr erlerntes Wissen später einbringen können. Jemand, der Völkerkunde studiert, den fragen die Eltern, Tante, Onkel usw., ja was machst du denn nachher, und jemand, der sagt, er studiert Jus, da kommt die Reaktion „brav". PsychologInnen oder sagen wir mal VölkerkundlerInnen beginnen eher von

Anfang an kreativ zu werden und sich für neue Beschäftigungsmöglichkeiten zu entschließen. Das ist genau das, was eigentlich in allen Studienrichtungen erforderlich ist.

Wie sehen Sie demnach das Konzept der Bildung durch Wissenschaft? Ist es überhaupt Aufgabe der Universitäten berufsbildend zu sein?

Da gibt es eine ganze Reihe von Widerständen aus dem Bereich der Hochschulen, die besagen, das ist ja gar nicht unsere eigentliche Aufgabe. Unsere Aufgabe ist wissenschaftliche Berufsvorbildung, wie es das Universitätsstudiengesetz vorgibt. Bei der akademischen Ausbildung steht nicht die unmittelbare Verwertung des an der Hochschule Gelernten im Vordergrund, sondern es wird etwas mehr vermittelt als nur die Auseinandersetzung mit fachlichen Themen, beispielsweise soziale Kompetenz, ein bestimmtes Durchhaltevermögen, eine bestimmte Strategie bei der Auseinandersetzung mit wissenschaftlichen Fragen, Teamfähigkeit, Durchsetzungsvermögen usw.

Wie sieht es aber mit den so genannten Hard Skills aus?

Durch den Fall der Kombinationspflicht durch das Universitätsstudiengesetz 1997 gäbe es dafür im Rahmen der freien Wahlfächer mehr Raum, aber nach meinem Dafürhalten sollte der Kern dessen, was angeboten wird, das jeweilige Fach – in Ihrem Fall Völkerkunde – bleiben. EDV-Kenntnisse, Fremdsprachen, ein betriebswirtschaftliches Propädeutikum sind alles Dinge, die für die Beschäftigungsfähigkeit der AbsolventInnen eine ganz maßgebende Rolle spielen, aber auch außerhalb des Studiums erlernt werden können. Probleme ergeben sich dann allerdings oft bei der Anerkennung „außeruniversitärer Prüfungsnachweise", die nach meiner Meinung zur Zeit viel zu eng gehandhabt wird.

Wie sehen Sie nun die spezifische Situation von EthnologInnen?

Im Zuge der Veranstaltung „Wozu Ethnologie heute?" wollte ich eigentlich den Leuten klarmachen, dass auf der Grundlage dieses Studiums die Verbindung zum Arbeitsmarkt aus unserer Sicht praktisch nicht besteht oder einstweilen nicht besteht. Ich war dann wirklich angenehm überrascht, als der Vorsitzende der Studienkommission die Veranstaltung eben mit ähnlichen Worten eröffnete und wesentliche Perspektiven aufzeigte, wie diese Verbindung verbessert werden kann. Ich finde es gut, dass sich die Studienkommission darüber Gedanken macht, entsprechende Module für die berufliche Einmündung in die Wirtschaft, oder wo auch immer, zu schaffen. Das wird aber nicht reichen, denn wenn jemand mit dem Studium fertig ist und trotzdem keinen Job findet und dann sagt, ihr habt mir das Notwendige nicht beigebracht, das hat mir keiner gesagt, dann – bitte, wir sprechen hier von AkademikerInnen – sollte man diesen Leuten sagen, dass sie sich auch selbst bemühen müssen. Sie sollten fähig sein, sich ihre beruflichen Einsatzbereiche selbst zu generieren, wobei es auf den kreativen Einsatz des im Studium erworbenen persönlichen Wissens ankommt.

Das bedeutet, ein Qualifikationsprofil ist damit hinfällig?

Nein, für die StudieninteressentInnen und auf der anderen Seite für die AbnehmerInnen sollte deutlich erkennbar sein, wie die Berufe nach dem Studium aussehen und wo man Beschäftigung findet. Hier wünsche ich mir auch entsprechende AbsolventInnenbefragungen von der Studienkommission, aber die Eins-zu-eins-Zuordnung, wie wir einmal geglaubt haben, sie konstruieren zu können (die Vorstellung also, am Ende jedes Studiums stehe ein professionalisierter AkademikerInnenberuf), das funktioniert überhaupt nicht, sondern es kommt vielmehr eine Vielfalt heraus.

Danke für das Interview.

EthnologInnen sind flexibel, vieles ist möglich

Michael Tölle[6]

So wie EthnologInnen geographisch mobil sein müssen, ist auch berufliche Mobilität zunehmend eine Conditio sine qua non. Diejenigen, die wissen, dass das Erforschen der Yanomami – bevor sie vom Quecksilber der garimpeiros[7] endgültig dahingerafft werden – ihre einzige und wahre Berufung ist, werden sich ein Ticket nach Belém und eine Hängematte für den Amazonasdampfer kaufen. Aber einfacher ist es für die anderen, für diejenigen, die Ethnologie studieren und wissen, dass sie nicht unbedingt und tatsächlich als EthnologInnen im eigentlichen Sinn arbeiten müssen. Das berufliche Spektrum wird sofort ungleich größer, das Studium selbst wird anders, auch mit weniger Druck erlebt: Der Weg als (vorläufiges) Ziel, ein breiter Weg mit vielen Abzweigungen in das noch Ungewisse. Das ist jedenfalls spannend und auch eine Art Expedition. Und schließlich liegt es nicht allen, die Blutegel des brasilianischen Dschungels zu nähren[8].

Aber nichts ist ganz ohne Risiko. Immerhin ist ein Risiko kalkulierbar, im Gegensatz zur Gefahr, die plötzlich und unerwartet eintritt. In diesem Sinne ist ein Studium der Ethnologie riskant, ein Studium der Rechtswissenschaften jedoch, im Nachhinein gesehen, gefährlich[9]. Denn wer hätte gedacht, dass sich die Arbeitsmarktsituation von JuristInnen so schnell und so negativ entwickeln wird? Gleiches gilt etwa für die Technische Chemie, und wer glaubt, ein Studium der Betriebswirtschaftslehre führt nahtlos in einen gut dotierten Job mit fantastischen Aufstiegschancen, der übersieht, dass sich Jahr für Jahr immer mehr genau dafür anstellen. Wer bereits 20 Assessement-Center absolvieren musste und dann wieder nicht zum Zuge kam, ist reif für eine therapeutische Intervention.

---

6. Michael Tölle ist Soziologe (Nebenfach: Ethnologie) und Referent für Weiterbildungspolitik in der AK Wien (Kammer für Arbeiter und Angestellte für Wien). Der Beitrag gibt die persönliche Meinung des Autors wieder. Dieser Beitrag wurde von Theresa Beranek redaktionell betreut.
7. Brasilianische Goldsucher, die mit Hilfe von Quecksilber Gold aus den Flüssen waschen.
8. Die in Französisch-Guayana sollen sogar noch größer sein.
9. In Analogie zu einem Vortrag von Niklas Luhmann zum Thema „Risiko und Gefahr“.

Die Faszination des Anderen, welche die EthnologInnen vor sich hertreibt, zeichnet dieses Studium aus. Das Interesse am Neuen, am Fremden, am Menschen, an sozialen Systemen, Techniken und Technologien lässt sich auf viele Bereiche ausdehnen und in vielen Bereichen beruflich verwerten.

Ob das Studium in 4, 5 oder 6 Jahren absolviert wurde, interessiert in Wirklichkeit keinen Arbeitgeber[10]. Im Gegensatz zu früher eröffnet der akademische Grad allein keine definierten beruflichen Perspektiven mehr, dies gilt für sehr viele Studienrichtungen. Die Zeiten, als sich ein/e AkademikerIn um einen Job bewarb und mit dieser Bewerbung den Job (ziemlich wahrscheinlich) in der Tasche hatte, sind seit vielen Jahren vorbei. Heute bringt der Magister einen Vorstellungstermin (aber das auch nicht immer)[11].

Die erste Frage eines potentiellen Arbeitgebers wird sein: Schön, und was haben Sie sonst noch gemacht? Damit sind Berufspraxis, Ferienjobs[12], ehrenamtliches Engagement[13] gemeint. Auslandsaufenthalte und ausgiebige Reisen geben Aufschluss über Flexibilität und organisatorische Fähigkeiten. Die nächste Frage wird sein: Wie steht es mit den Fremdsprachen, wie mit Ihren PC-Kenntnissen?

EthnologInnen müssen sehr darauf aufpassen, nicht in eine fatale „Selbstunterschätzungsfalle" zu tappen. Im Gegenteil: EthnologInnen nehmen aus ihrem Studium sehr viel an Erfahrungen und Fähigkeiten mit – den zielgerichteten Umgang mit Literatur, an den richtigen Quellen zu recherchieren, Inhalte knapp und präzise aufzuarbeiten, das Wesentliche kurz und verständlich zu präsentieren (und dies alles auch im Team, in der Gruppe, schon in Richtung Projektmanagement), sich auf Stresssituationen vorzubereiten und diese auszuhalten, mit Frustrationen umzugehen, sich von schwierigen Lehrenden und PrüferInnen nicht demotivieren zu lassen und darüber hinaus – neben diesen „Social Skills" – Fremdsprachen, Textverarbeitung, Umgang mit Internet, Mikrofon und Video.

Für alle StudentInnen der Ethnologie gilt selbstverständlich: Das Maximum aus dem Studium herausholen und mitnehmen! Wer schon einmal Interviews gemacht und geschnitten und daraus ein Tondokument hergestellt hat, wäre durchaus als MitarbeiterIn eines Radiosenders interessant. Radiosender gibt es mittlerweile genug, später könnte man/frau auch als ModeratorIn oder RedakteurIn arbeiten. Wer gelernt hat, unter Zeitdruck gut verständlich zu schreiben oder eine Publikation mit Beiträgen verschiedener, meist unzuverlässiger AutorInnen zusammenzustellen, kann

---

10. Bei längeren Studienzeiten steigt allerdings der Argumentationsdruck.
11. Diese Veränderung des Arbeitsmarktes für AkademikerInnen hat der Soziologe Ulrich Beck bereits Anfang der 80er Jahre beschrieben.
12. Ziemlich egal, was: Man/frau sollte dabei nur etwas aus der „konkreten" Arbeitswelt gelernt haben.
13. Etwa in karitativen Vereinen, aber auch an der Universität oder bei den Naturfreunden.

auch seinen Zugang im Bereich der Printmedien finden. Fremdsprachenkenntnisse, auch exotische, machen einen beruflichen Einsatz im Ausland realistischer (in internationalen Organisationen, aber auch in der Privatwirtschaft); gutes Englisch sollte jedenfalls jede/r sprechen und schreiben können.

Eine dynamische Branche mit entsprechenden Steigerungen ist das Gesundheits- und Sozialwesen (z.B. auch die Beratung und Betreuung von MigrantInnen). Auch der Bedarf an Wellness-TrainerInnen nimmt zu (warum auch nicht? Afro-Dance, im Senegal erlernt, oder Bäder in speziellen Kräutern aus dem Himalaja). Die Wachstumsbranchen IuKT (Informations- und Kommunikationstechnologien) sowie Finanz- und Wirtschaftsdienstleistungen sind für EthnologInnen wohl nur mit entsprechender Zusatzaus- bzw. Weiterbildung zugänglich[14].

Aber man/frau sollte die Dinge nicht zu eng sehen. Vieles ist möglich, ganz neue Berufsfelder entstehen für kreative und flexible AkademikerInnen. Es muss ja nicht gerade die Pizzakette sein mit der neuen Pizza „Yoruba", belegt mit Okra und extra scharf, ausgeliefert im eleganten schwarzroten Pizzakarton, den Farben Shangos, oder die Babysitter-Agentur, in der jede Babysitterin die Babys mittels Hängematte in den Schlaf schaukelt (der Staff ist natürlich multilingual).

Eine große Gruppe werden die „neuen Selbständigen" sein, da Wissen als zentrale Ressource die innere Logik des Produktionsprozesses umkrempelt. Die Angestelltenkerne der Zukunft werden kleiner sein, immer mehr Dienstleistungen werden „outgesourct", und in diesem Feld außerhalb der großen Unternehmen bildet sich die neue „kreative Klasse", das breite Feld der Selbst-UnternehmerInnen.

Der Trend, der sich nach dem Trendforscher Matthias Horx zur Zeit abzeichnet, wird die meisten EthnologInnen mehr oder minder voll treffen:

- Immer mehr Menschen arbeiten temporär, in befristeten Verträgen.
- Erst-, Zweit- und Drittberufe gehören zur Normalität.
- Es gibt mehrere ArbeitgeberInnen, nicht nur nacheinander, sondern auch gleichzeitig.
- Lebensabschnitte mit viel Arbeit und Verdienst wechseln mit Lebensphasen der Muße, der Familienzeit und auch der (öfters nichtgewollten) Arbeitslosigkeit.[15]

Welche Strategien der Beschäftigungssuche bieten sich für EthnologInnen an? Der Berufseinstieg wird nicht ganz einfach sein, und es ist gut, sich darauf mental einzustellen, aber sinnvoll ist jedenfalls:

14. Prognosen gibt es viele, allerdings muss man/frau hier auch die Details berücksichtigen: Z.B konstatiert eine WIFO-Studie (Mai 2000) in Österreich einen Bedarf an 13.000 EDV-Fachleuten bis zum Jahr 2003, aber nur für qualifizierte Fachkräfte ab HTL-Niveau aufwärts. Schwierig für QuereinsteigerInnen.

- Soviel wie möglich an auch in anderen Berufsfeldern verwertbaren Qualifikationen aus dem Studium mitzunehmen (eine gelungene Reform des Studienplanes wird darauf Rücksicht nehmen).
- Neben dem Studium zu arbeiten, Berufspraxis und -erfahrung zu gewinnen und vor allem: ein persönliches Netzwerk aufzubauen[16].
- Sich nach Abschluss des Studiums sofort beim Arbeitsmarktservice (AMS) arbeitssuchend zu melden: Es gibt immer wieder die Chance auf ein befristetes, über das AMS subventioniertes Dienstverhältnis, und damit wiederum die Chance auf weitergehende Beschäftigung.
- Sollte das nicht klappen, die Angebote des AMS im Bereich Bewerbungstraining und -techniken zu nutzen.[17]
- Und die Bildungsinformations- und Bildungsberatungsangebote zu nutzen, die Auskunft geben über Lehrgänge, Seminare, Kurse und Förderungen.[18]

Von entscheidender Bedeutung ist: aktiv sein, aktiv suchen. Keine Einladung zu einem Vorstellungstermin flattert von allein nach Haus, kein Handy klingelt zufällig, kein SMS und kein Mail wird einfach so abgeschickt. Wer nicht laut sagt: „Hier bin ich, das kann ich, das will ich!" fällt nicht auf. EthnologInnen haben sich Besseres verdient.

Ich wünsche allen StudentInnen und AbsolventInnen der Ethnologie, Kultur- und Sozialanthropologie sowie dem Institut selbst: Alles Gute für die Zukunft!

Literatur

EICKHOFF, Volker/FINDER, Ruth

1998 Berufsfindung und Beschäftigungschancen von HochschulabsolventInnen in der Privatwirtschaft. Forschungsprojekt im Auftrag des AMS Österreich, BIQ/Berufsinformations- und Qualifikationsforschung, Wien.

SCHEDLER, Klaus

1998 Gewinner und Verlierer der Hochschulexpansion. Wien.

15. Eine Studie der Synthesis Forschungsgesellschaft im Auftrag des Arbeitsmarktservice (AMS) prognostiziert, dass im Jahr 2000 1,45 Millionen Mal eine Beschäftigung beendet werden wird. In rund 38 Prozent der Fälle handelt es sich um einen Arbeitsplatzwechsel, auf jedes dritte beendete Beschäftigungsverhältnis folgt Arbeitslosigkeit und auf jedes vierte folgt ein zumindest temporärer Rückzug aus der aktiven Erwerbstätigkeit.
16. Die meisten offenen Stellen werden nicht über das AMS oder Stelleninserate in Zeitungen, sondern über private Kontakte besetzt.
17. Etwa die Ressourcenpools oder die Job-finding-Maßnahmen des bfi Wien, Tel.: 404 35.
18. Die Bildungsberatung der AK Wien ist gratis: Tel.: 501 65/2576, wie auch die Weiterbildung des Wiener ArbeitnehmerInnen Förderungsfonds (WAFF): Tel.: 333 5000, im Internet: www.weiterbildung.at.

Differenzen in der Wissenschaft

Das Berufsfeld von Wissenschafterinnen

Herta Nöbauer und Patricia Zuckerhut

Grundlage dieses Aufsatzes bildet ein Forschungsprojekt[1], das zum Ziel hatte, einen Beitrag zur Situation von Frauen im wissenschaftlichen Feld zu liefern und die Existenz und Arbeitsweisen „freiberuflicher" Wissenschafterinnen sichtbar zu machen. Es wurden zwei sehr unterschiedlich strukturierte Felder – das Institut für Ethnologie, Kultur- und Sozialanthropologie und vier Institute der Physik – erforscht. In diesem Zusammenhang erfolgte erstmals eine umfassende Datenerhebung der AbsolventInnen der Völkerkunde zwischen 1976 und 1997. Zwar wird von uns hier nicht unmittelbar auf die Berufsfelder der EthnologInnen eingegangen, aber dennoch sind die Ergebnisse dieser Erhebung gerade auch für StudienanfängerInnen interessant. Im Folgenden legen wir den Schwerpunkt auf die „Population der EthnologInnen" zwischen wissenschaftlicher und anderwärtiger Berufstätigkeit.

Eine wesentliche Intention unseres Forschungsunternehmens war, den Grenzmarkierungen zwischen „innen" und „außen" sowie den spezifischen Konstruktionen von Differenzen nachzugehen. Diese Differenzkategorien sind race, class, gender, generation und obligations. Ausgehend von der These des Männermonopols in der Wissenschaft (Crawford/Isselhorst 1989) war die Frage zu beantworten, wie hoch der Frauenanteil unter den „freiberuflichen" WissenschafterInnen ist und inwieweit ihre Situation von race, class, gender, generation und obligations geprägt ist. Daneben gingen wir den Kontinuitäten und Brüchen im wissenschaftlichen Werdegang von Ethnologinnen und Physikerinnen nach, indem wir eine Analyse der Bedeutung der Kategorien race, class, gender, generation und

1. Dieser Beitrag entstand in Zusammenhang mit dem Forschungsprojekt „Differenzen. Einschlüsse und Ausschlüsse – Innen und Außen – Universität und freie Wissenschaft" im Rahmen der ARGE Wiener Ethnologinnen. Das Projekt wurde im Rahmen des Forschungsschwerpunkts „Politikrelevante Hochschulforschung: Frauen in Wissenschaft und Forschung" des ehemaligen Bundesministeriums für Wissenschaft und Verkehr durchgeführt und im Jänner 2000 fertiggestellt.

obligations für die Kontinuität und Diskontinuität vornahmen. Dabei wurde erforscht, in welchem Ausmaß diese Differenzkategorien und ihre Überschneidungen und Durchkreuzungen auf die Dis-/Kontinuität in der wissenschaftlichen Karriere von Frauen wirken. Weiters wurde herausgearbeitet, welchen Einfluss die Dis-/Kontinuität in Wechselwirkung mit den Kategorien der Differenz auf die Position von Wissenschafterinnen in der institutionalisierten Wissenschaft hat. In der Datenerhebung wurden sehr unterschiedliche Methoden herangezogen. Es wurden Fragebogen an alle AbsolventInnen der beiden Studienrichtungen, die zwischen 1976 und 1997 ihr Studium abgeschlossen hatten, verschickt. Mit ausgewählten Wissenschafterinnen wurden Interviews durchgeführt. Darüber hinaus führten wir teilnehmende Beobachtungen über mehrere Monate bei verschiedenen Veranstaltungen der fünf Institute durch.

Quantitative Befragung der AbsolventInnen der Studienrichtung Völkerkunde

Im Zeitraum 1976 und 1997 absolvierten 322 Personen die Studienrichtung Völkerkunde im Erstfach, davon 220 Frauen (68,3 Prozent) und 102 Männer (31,7 Prozent). Von diesen 322 Personen konnten die Adressen von 301 ermittelt werden. Ihnen wurde ein Fragebogen zugeschickt. Von den 301 ausgeschickten Fragebogen an EthnologInnen wurden 103, das sind 34,2 Prozent, ausgefüllt retourniert. Die Ergebnisse der Auswertung stimmen mit den Ergebnissen anderer Erhebungen[2] im Wesentlichen überein, mit einer Einschränkung: Nicht angesprochen von uns fühlten sich sämtliche männlichen Universitätsangehörigen des Institutes für Ethnologie, Kultur- und Sozialanthropologie. Der Fragebogenerhebung zufolge wäre die universitäre Ethnologie zu 100 Prozent weiblich, jedoch ohne ProfessorInnen! Die Daten sind daher immer mit anderen Informationen in Verbindung zu setzen und auf ihre Plausibilität hin zu prüfen. Merkmale wie gender, generation, race, religion, class und obligations liefern nicht nur in der gesamtgesellschaftlichen Realität, sondern auch im wissenschaftlichen Feld den Rahmen für den Handlungsspielraum der Individuen. Sie bestimmen die Möglichkeiten des Einschlusses wie des Ausschlusses. Daher wird in der Folge jedes dieser Merkmale bezüglich seiner ein- bzw. ausschließenden Wirkung untersucht.

2. Zu nennen sind hier vor allem die Auswertungen der AbsolventInnenzahlen des BMWV, die von uns recherchierten allgemeinen AbsolventInnenzahlen sowie die von Mark Német (vgl. seinen Beitrag in diesem Band) im Rahmen seines Vortrags am Institut für Ethnologie Kultur- und Sozialanthropologie (EKSA) präsentierten Arbeitslosenzahlen von EthnologInnen.

Gender

Unter den beantworteten Fragebogen der Studienrichtung Völkerkunde stammen mehr als 2/3 von Frauen und weniger als 1/3 von Männern. Das entspricht der an den Abschlusszahlen feststellbaren Tendenz der Ethnologie zum Frauenstudium. Diese Tendenz ist steigend. Zwar wurde Frauen noch in den 1970er Jahren bei Studienbeginn mitgeteilt, dass Ethnologie kein Studium für Frauen sei, dennoch stammen im Zeitraum zwischen 1945 und 1975 rund 50 Prozent der Dissertationen (Ethnologie war bis 1982 ein Doktoratsstudium) von Frauen (Smetschka 1997: 1). Auch für den Zeitraum zwischen 1976 und 1982 liegt der Anteil der von Frauen verfassten Arbeiten bei 50 Prozent (eigene Erhebung aus den Abschlussarbeiten). Der Trend der Ethnologie zum „Frauenstudium" scheint mit der Einführung der neuen Studienordnung (Wintersemester 1982/83) verstärkt worden zu sein. Sowohl in der Statistik des Ministeriums als auch in der Fragebogenerhebung ist zwischen 1991 und 1995[3] ein deutlicher Anstieg an Erstabschlüssen zu verzeichnen. Der Anteil der Frauen mit Diplomabschluss ist darunter mehr als doppelt so hoch als jener mit Doktorat. Darüber hinaus gibt es weniger Frauen, die an der Dissertation arbeiten als Männer, d.h., die Tendenz zu einem höheren Anteil an Frauen, die ein Ethnologiestudium absolvierten, aber einem geringeren Anteil an Frauen mit Doktorat ist weiterhin steigend. Zudem sind verhältnismäßig weniger Frauen als Männer nach Abschluss ihres Studiums wissenschaftlich tätig. Die Tatsache, dass es in den Angaben der Fragebogen keinen männlichen Dozenten oder Professor gibt, erklärt sich nur teilweise aus dem Zeitraum der Studienabschlüsse des Samples. Von 13 im Jahr 1998 den Studierenden zur Verfügung stehenden habilitierten Personen haben zwei ihr Studium zwischen 1976 und 1998 abgeschlossen. Von diesen 13 Personen sind nur 2 weiblich, die restlichen 11 sind männlich (vgl. die Aussendung von Prof. Gingrich vom November 1998 an die Studierenden der „alten Studienordnung"). Der Frauenanteil unter den habilitierten Personen liegt damit bei nur 15,4 Prozent. Ist der Anteil der habilitierten Frauen ohnehin schon sehr niedrig (verglichen mit dem Gesamtanteil von Frauen unter den AbsolventInnen), so ist der Anteil der Frauen unter den UniversitätsprofessorInnen und außerordentlichen ProfessorInnen noch niedriger: Dieser beträgt nämlich 0 Prozent! – Ethnologie ist zwar ein Frauenstudium, wird aber im Hinblick auf qualifizierte (Macht-)Positionen nach wie vor von Männern dominiert. Interessanterweise geben verhältnismäßig mehr Frauen an, an einer Habilitation zu arbeiten als Männer. Dazu ist anzumerken, dass keiner der männlichen Angehörigen des Institutes für Ethnologie, Kultur- und Sozialanthropologie,

3. Erst in diesem Zeitraum kam die Einführung der Magisterstudienordnung voll zum Tragen. Dies hängt damit zusammen, dass zwar die Mindeststudiendauer für das Ethnologiestudium nur 8 Semester beträgt, die durchschnittliche tatsächliche Studiendauer jedoch fast doppelt so hoch ist. Vgl. den Beitrag von Német in diesem Band.

die zum Zeitpunkt der Untersuchung alle dabei waren sich zu habilitieren, den Fragebogen ausgefüllt retournierte. Es ist dennoch zu hoffen, dass sich der 1997 begonnene Trend[4] von Frauen sich zu habilitieren auch in einem tatsächlich höheren Anteil an habilitierten Frauen, womöglich mit Dienstposten an einer Universität, niederschlägt. Gender entpuppt sich also nach wie vor als wesentliche Kategorie des Ein- und Ausschlusses. Es zeigt sich, dass das häufig verwendete Argument, es gäbe zu wenig weibliche Fachkräfte, um qualifizierte Posten mit Frauen zu besetzen, nicht zutrifft. Es gibt sowohl promovierte als auch habilitierte Frauen, die den Anforderungen ihrer Fachbereiche entsprechen.[5] Zusätzlich und gender-übergreifend sind jedoch noch weitere Variablen wirksam, die den Ein- oder Ausschluss von Personen mitbestimmen.

Race/Religion

Die überwiegende Mehrheit der EthnologInnen sind „weiße" ÖsterreicherInnen, mit entweder römisch-katholischer Konfession oder ohne religiöses Bekenntnis. Die einzige Frau mosaischen Bekenntnisses war nach Studienabschluss nicht weiter wissenschaftlich tätig. Etwas anders ist die Situation bei den Ethnologen. Unter den wissenschaftlich tätigen Männern gibt es einen Buddhisten, einen Taoisten und einen mit islamischem Bekenntnis. Lag der AusländerInnenanteil unter den AbsolventInnen aller österreichischen Universitäten und Universitäten der Künste 1997/98 bei 10 Prozent (Hochschulbericht 1999: 149f), so liegt der Anteil an AusländerInnen in der Erhebung der Ethnologie-AbsolventInnen bei nur 2 Prozent. Die ExpertInnen des Fremden, der Differenz, erscheinen insgesamt im Hinblick auf race und religion sehr geschlossen und homogen. Die ethnische, religiöse und nationalstaatliche Homogenität unter den AbsolventInnen ist also sehr hoch. Es zeigt sich deutlich, dass der Zugang zur Universität, der Abschluss eines Studiums und die anschließende wissenschaftliche Tätigkeit weitgehend Angehörigen der weißen Mehrheitskultur vorbehalten ist.

Class[6]

Der familiäre Hintergrund einer/s WissenschafterIn hat erheblichen Einfluss auf seinen/ihren weiteren Werdegang. Die elterlichen Rangdifferenzierungen wirken sich auch auf das Bildungsverhalten der Kinder aus. Die Selektionsmechanismen der Hochschulsozialisierung greifen unterschiedlich je nach sozialer Lage und Laufbahn[7] (vgl. Hasenjürgen 1996). Der

4. 1997 erfolgte die erste Habilitation einer Ethnologin in der langjährigen Geschichte der Völkerkunde.
5. Vgl. die Forschungsschwerpunkte in den Selbstdarstellungen im Internet (http://www.univie.ac.at/Voelkerkunde/projekte/index.html), ebenso die Aussagen von Interviewpartnerinnen sowie eigene Beobachtungen im Sommersemester 1999.
6. Gefragt wurde nach dem Beruf der Mutter und des Vaters zu Studienbeginn.

Großteil der EthnologInnen stammt aus dem Angestelltenmilieu. Die Mütter sind mehrheitlich Hausfrauen, wobei interessanterweise der Anteil der Männer, deren Mutter Hausfrau ist, um einiges höher ist als jener der Frauen. Nur 3 Prozent der Mütter von EthnologInnen sind Arbeiterinnen. Dieser geringe Anteil geht unter den wissenschaftlich Tätigen noch weiter auf 1,9 Prozent zurück. Die Väter sind mehrheitlich leitende oder höhere Angestellte, wobei hier wieder ein größerer Unterschied zwischen den weiblichen und männlichen AbsolventInnen zu bemerken ist. Fast doppelt so viele Männer wie Frauen haben einen leitenden oder höheren Angestellten zum Vater. Der Anteil der Personen, deren Väter Vorarbeiter, Facharbeiter oder Arbeiter sind, ist mit 9,1 Prozent, verglichen mit dem Gesamtanteil an ArbeiterInnen in der österreichischen Bevölkerung (16,4 Prozent ArbeiterInnen, Fach-VorarbeiterInnen nach Angaben des ÖStZA; Jahresdurchschnitt 1996, aus Amesberger et al. 1997: 20), sehr niedrig. Er ist aber dreimal so hoch wie der Anteil der Personen, deren Mutter Arbeiterin ist. Der Anteil der Frauen mit einem (Fach/Vor-)Arbeiter zum Vater ist dabei etwas höher als jener der Männer. Unter den wissenschaftlich Tätigen ist der Anteil noch niedriger. Der Grund für den geringen Anteil an ArbeiterInnenkindern unter den EthnologInnen könnte sein, dass diese eher ein unmittelbar verwertbares Studium mit ökonomischen und sozialen Aufstiegschancen bevorzugen. Preißer (1989: 165) unterscheidet zwischen der „Normalbiographie" von Kindern aus AkademikerInnenfamilien, die ein Studium absolvieren, und den „Ausnahmebiographien" von solchen aus ArbeiterInnenfamilien oder von Frauen, die sich nicht auf ein Studium der Sozial- oder Geisteswissenschaften beschränken. Demnach stellen wissenschaftlich tätige Ethnologinnen, deren Eltern (Fach-)ArbeiterInnen sind, „Ausnahmebiographien" unter den EthnologInnen dar. Möglicherweise legen diese Frauen stärkeren Wert darauf „die eigenen Erfahrungen, das realisierte oder unbewusste Leiden an sozialer Ungleichheit und an geschlechtsspezifischen Benachteiligungen zum Gegenstand theoretischer Reflexionen werden" (Hasenjürgen 1996: 77) zu lassen.

Generation

Im Vergleich mit anderen Studienrichtungen – z.B. mit der Physik – sind die EthnologInnen etwas „älter". Der Anteil der 26 bis 30-Jährigen unter den EthnologInnen liegt bei 16,4 Prozent, jener der 36 bis 40-Jährigen bei 29,1 Prozent, der der 26- bis 30-Jährigen unter den PhysikerInnen bei 20,8 Prozent und der 36- bis 40-Jährigen ebenfalls bei 20,8 Prozent. Das höhere Alter erklärt sich durch den relativ späten Studienbeginn von EthnologInnen[8] – über zwei Drittel der EthnologInnen begannen ihr Ethnologie-

7. Vgl. „generation" und „obligation" als weitere „laufbahnrelevante" Faktoren.
8. Dazu kommt noch die häufige Berufstätigkeit von EthnologInnen vor und während des Studiums.

Studium nicht unmittelbar nach der Reifeprüfung. Darüber hinaus gibt es auch „SeniorInnenabsolventInnen“, d.h. Personen, die ihr Studium nach beendeter Berufstätigkeit, in der Pension begannen und/oder abschlossen. Allerdings sind die „SeniorInnenabsolventInnen“ der Ethnologie nach ihrem Studienabschluss größtenteils nicht weiterhin wissenschaftlich tätig. Der Zeitraum zwischen Reifeprüfung und Studienbeginn beträgt bei den EthnologInnen zwar mehrheitlich weniger als ein Jahr, aber es gibt auch einige, die ihr Studium erst nach 7 Jahren, nach 9 oder gar nach 35 Jahren beginnen. EthnologInnen scheinen demnach bereits zu Studienbeginn über mehr Erfahrungen aus anderen Berufs- und Lebensbereichen zu verfügen als z.B. PhysikerInnen. Die weit längere Studiendauer unter den EthnologInnen dürfte diesen größeren Erfahrungshorizont noch erweitern. Dieser größere Erfahrungshorizont ist jedoch schwer erkauft, wenn man die Belastung des Zwangs zur Ausübung eines Berufes während des Studiums bedenkt, dem EthnologInnen häufig ausgesetzt sind. Das höhere Durchschnittsalter von EthnologInnen, bedingt durch den größeren Zeitraum zwischen Reifeprüfung und Studienbeginn, sowie die längere Studiendauer können aber auch als Ausdruck einer Art Verweigerung der Eingliederung in die Ordnung gesehen werden (vgl. Bourdieu 1992: 101f). Tatsächlich geben sich EthnologInnen große Mühe „anders“ zu erscheinen als zum Beispiel JuristInnen, MedizinerInnen oder TechnikerInnen. In der teilnehmenden Beobachtung zeigten sich Unterschiede zwischen EthnologInnen und PhysikerInnen in den Veranstaltungsorten, den Umgangsformen und der Kleidung. Die EthnologInnen trafen sich seltener in den Räumlichkeiten der Universität, sie legten „legerere“ Umgangsformen an den Tag und ihre Kleidung war „lockerer“. Dieses „Anderssein“ entpuppt sich jedoch bei näherer Betrachtung der sozialen Praktiken als Mythos (siehe unten)!

Obligations

Hierunter fallen Verpflichtungen, die sich durch Heirat, durch Kinderversorgung sowie durch Berufstätigkeit vor und während des Studiums ergeben, und für die wissenschaftlich Tätigen auch die Frage nach der Notwendigkeit und dem Ausmaß einer Berufstätigkeit (und damit eines Einkommens) zusätzlich zur Wissenschaft. Bourdieu (1992: 101) sieht im Status der/des Ledigen oder Geschiedenen sowie in der Familiengröße einen möglichen Indikator für soziale Integration, ein Maß für „Ordnungsliebe“ oder „Ordnungsgeschmack“. Ehe und kinderreiche Familien scheinen demnach eher auf Ernsthaftigkeit und Ordnungsliebe hinzuweisen, im Gegensatz zu unverheirateten Frauen mit Kindern. Auch in diesem Zusammenhang erscheinen die EthnologInnen eher als die Widerspenstigen, Unangepassten.[9] Diese scheinbare Widerspenstigkeit und Unangepasstheit darf jedoch nicht dazu verleiten, den EthnologInnen automatisch gesellschaftsveränderndes Verhalten zuzugestehen. In ihrer

Akzeptanz der Spielregeln des „herrschenden" Wissenschaftsbetriebs unterscheiden sie sich tatsächlich nicht von anderen WissenschafterInnen. Unter den EthnologInnen – vor allem unter den wissenschaftlich tätigen – ist der Anteil der AlleinerzieherInnen mit 30 Prozent relativ hoch (unter den PhysikerInnen beträgt dieser nur 7,7 Prozent). Der Umstand, dass eine Frau Alleinerzieherin ist, muss nicht notwendigerweise Ausdruck ihrer Unangepasstheit sein. Aber die Tatsache, dass eine Frau, die alleine für die ökonomische und soziale Versorgung ihres Kindes/ihrer Kinder zuständig ist, dennoch wissenschaftlich arbeitet, zeugt zumindest von großer Willensstärke. EthnologInnen waren häufig vor und während des Studiums berufstätig, was einerseits ihr höheres Durchschnittsalter und ihre längere Studiendauer erklärt (siehe Abschnitt generation), andererseits aber auch zu ihrem Erfahrungsvorsprung gegenüber den PhysikerInnen beiträgt. 59 Prozent waren während des Studiums immer bzw. häufig berufstätig. Obwohl es unter den EthnologInnen nur einen geringen Anteil an ArbeiterInnenkindern gibt (siehe Abschnitt class), scheint der ökonomische Zwang zur Lohnarbeit vor und während des Studiums relativ stark zu sein. Nicht einmal die Hälfte der wissenschaftlich tätigen EthnologInnen kann von der Wissenschaft leben, denn über 50 Prozent von ihnen üben zur Sicherung ihres Lebensunterhalts neben ihrer wissenschaftlichen Tätigkeit eine oder mehrere nichtwissenschaftliche Beschäftigungen aus. Der Zeitaufwand für die nichtwissenschaftliche Berufstätigkeit liegt größtenteils zwischen 11 und 20 Stunden. Auch nach dem Studium sind die EthnologInnen in hohem Ausmaß dazu gezwungen sich ihre wissenschaftliche Neugierde durch andere Tätigkeiten zu finanzieren. Die Arbeitslosenrate unter EthnologInnen ist mit 9,6 Prozent höher als bei den PhysikerInnen (2,2 Prozent; vgl. auch Német in diesem Band; vgl. Keller 1999: 4). Besonders hoch ist der Anteil der Arbeitslosen allerdings unter den wissenschaftlich tätigen Ethnologinnen (15,7 Prozent), was ihre prekäre und marginale Position noch deutlicher macht. EthnologInnen stellen also „Ausnahmebiographien" in dem Sinne dar, dass es unter ihnen einen hohen Anteil von „älteren und berufserfahrenen StudentInnen, insbesondere von AbsolventInnen des Zweiten Bildungsweges sowie von FachwechslerInnen" (Hasenjürgen 1996: 71) zu geben scheint. Auch die Verpflichtungen, die sie neben ihrer wissenschaftlichen Tätigkeit zu erfüllen haben, sind hoch. Erschwerend kommt noch dazu, dass einige von ihnen auch die alleinige Verantwortung für Kinder haben. Damit ist der zeitliche Rahmen für ihre wissenschaftliche Tätigkeit begrenzt. Das vermindert wiederum ihre Chancen auf eine Finanzierung ihrer wissenschaftlichen Tätigkeit, wodurch sich der „Zwang zur Lohnarbeit" vergrö-

9. Dieses Bedürfnis nach Unangepasstheit erklärt möglicherweise die „Anerkennung" zumindest einer gewissen Bedeutung feministischer Wissenschaft in der Studienrichtung Ethnologie in Form von Lehraufträgen.

ßert. Ohne spezielle Förderung ist es nicht möglich diesem Teufelskreis zu entkommen.

Arbeit als WissenschafterIn – Wissenschaft als bezahlte Arbeit?

Seit 1960 verringerten sich, verbunden mit den steigenden StudentInnen- und AbsolventInnenzahlen, die Chancen auf eine hauptberufliche wissenschaftliche Tätigkeit für EthnologInnen von 47 Prozent (1960) auf 25 Prozent (1970), auf 10,3 Prozent (1975) (Smetschka 1997: 60). Mit den Sparmaßnahmen der letzten Jahre im Bereich von Wissenschaft und Forschung reduzierten sich speziell auch die Chancen der Frauen. Die (Un-)Möglichkeiten für WissenschafterInnen mit „Ausnahmebiographien" eine hauptberufliche wissenschaftliche Tätigkeit auszuüben, sind also in diesem Kontext zu sehen. Die Streichung von Forschungsgeldern, von Forschungsstellen, die Streichung bzw. die nicht erfolgende Nachbesetzung von Planstellen usw. wirken sich in jedem Falle negativ auf die Repräsentation von Frauen bzw. von Personen, die sich in irgendeiner Weise von der „Mehrheitskultur" unterscheiden, aus. Im Bereich der wissenschaftlichen Tätigkeit im Anschluss an das Studium insgesamt scheint also eine Verkehrung des Geschlechterverhältnisses einzutreten: Der Anteil an Männern ist höher als der an Frauen.

Rahmenbedingungen der wissenschaftlichen Tätigkeit

Der Großteil der wissenschaftlich tätigen EthnologInnen ist in der selbstorganisierten Forschung (= Einzelforschung und selbstorganisierte Arbeitsgruppen) tätig – verhältnismäßig etwas mehr Frauen als Männer. Dem entspricht, dass unter den Beschäftigungsarten der EthnologInnen im Rahmen der derzeitigen wissenschaftlichen Tätigkeiten der klassische Werkvertrag (abgeschlossene Werkeinheit, persönlich und wirtschaftlich unabhängig) dominiert, gefolgt vom klassischen Dienstverhältnis (persönlich und wirtschaftlich abhängig) auf bestimmte Zeit. Erst an dritter Stelle rangiert das klassische Dienstverhältnis auf unbestimmte Zeit. 35,2 Prozent der EthnologInnen sind selbständig/freiberuflich. Ihr Anteil unter den wissenschaftlich tätigen EthnologInnen beträgt gar 43,8 Prozent. Die durchschnittliche Wochenarbeitszeit im Rahmen der wissenschaftlichen Tätigkeit liegt vor allem unter den weiblichen EthnologInnen bei bis zu 20 Stunden. Es gibt aber auch EthnologInnen, die über 60 Stunden arbeiten. Das Einkommen aus der wissenschaftlichen Tätigkeit der EthnologInnen liegt unter ATS 20.000,- (zirka 1.400 Euro) im Monat. Unter diesem Blickwinkel sind auch die Wartezeiten zwischen dem Einreichen eines Projekts bis zur Bewilligung (oder Ablehnung) zu sehen, die durchschnittlich 6 Monate betragen, wenngleich auch Wartezeiten von über einem Jahr vorkommen. Die Finanzierung der Wartezeit erfolgt dementsprechend größtenteils aus dem Einkommen von LebensgefährtInnen/EhepartnerInnen/Eltern, aus Ersparnissen sowie aus der Arbeitslosenunterstützung. Da weder die Anstellungsverhältnisse so günstig noch das Einkommen aus der wissenschaftlichen Tätigkeit hoch genug sind, um Anreize für die Arbeit als WissenschafterIn zu liefern, sind möglicherweise die Anerkennung, die jemand für diese Tätigkeit erhält, und/oder die Zufriedenheit damit eine zusätzliche Motivation Wissenschaft zu betreiben. Schließlich geht es in den Auseinandersetzungen des wissenschaftlichen Feldes zu einem großen Teil um die Erreichung symbolischer Macht in Form von Anerkennung (Hasenjürgen 1996: 52). Tatsächlich empfindet die Mehrheit der AbsolventInnen die gesellschaftliche Anerkennung ihrer wissenschaftlichen Tätigkeit als ausreichend – verhältnismäßig fast doppelt so viele Männer wie Frauen. Mehr als die Hälfte der EthnologInnen bewerten ihre derzeitige Zufriedenheit im Rahmen ihrer wissenschaftlichen Tätigkeit mit mittelmäßig. Aber alle, die mit ihrer Situation sehr unzufrieden sind, sind Frauen.

Zusammenfassung und ergänzende Bemerkungen zur Situation der „freiberuflich/selbständigen" WissenschafterInnen

Es bestätigt sich die Annahme einer marginalen Position von Frauen in der Wissenschaft und die von Kirsch-Auwärter (1992) konstatierte „Integration durch Marginalisierung", dem Wechselbad zwischen Dazugehörigkeit und gleichzeitigem Ausgegrenztsein. Ihre Situation ist allgemein gekennzeichnet durch prekäre Beschäftigungsverhältnisse wie befristete Arbeitsverhältnisse, Werkverträge, schlechte bis gar keine Bezahlung, hohen psychischen Druck und enorme Arbeitsbelastung. Sehr treffend zusammengefasst wird das in den persönlichen Anmerkung in einem der Fragebogen: „Wissenschaft erfolgt in der Freizeit" (FB 30). Sie erfolgt unentgolten. Der Lebensunterhalt wird durch Verschuldung gedeckt. Das von Crawford und Isselhorst (1989) vermutete Männermonopol im akademischen Feld scheint nach wie vor vorhanden zu sein. Insgesamt scheint sich ihre Aussage zu bestätigen, dass das Ende des Studiums für Frauen sehr häufig auch das Ende ihrer intellektuellen Karriere bedeutet. Diejenigen jedoch, die weiterhin wissenschaftlich tätig sind, befinden sich in einer sehr prekären Situation. Die Chancen auf eine hauptberufliche wissenschaftliche Tätigkeit werden insgesamt geringer. Forschungsgelder werden gestrichen, während gleichzeitig die Anzahl der promovierten Wissenschafterinnen wächst. Es kommt zu einer „Feminisierung" von Wissenschaften, zu einer Abwertung von Bildungstiteln. Ermöglichte die Öffnung der Universitäten im Rahmen der Firnberg'schen Bildungsreformen auch Frauen allgemein sowie Kindern aus ArbeiterInnenfamilien den Zugang zu den Universitäten, so erscheinen Wissenschafterinnen, deren Eltern ArbeiterInnen sind, immer noch als „Ausnahmebiographien". Das

Konzept der „Ausnahmebiographie" gehört allerdings noch ergänzt um jene AbsolventInnen, die keine EU-Staatsbürgerschaft haben und dennoch in Österreich ihr Studium abschließen und womöglich hier weiterhin wissenschaftlich tätig sein wollen. Die Dominanz der ÖsterreicherInnen unter Ethnologie-AbsolventInnen ist daher auch kein Zufall und zeigt die ausgrenzende Wirkung von race. EthnologInnen weisen jedoch noch eine andere Art von „Ausnahmebiographie" auf: Ihre Karriere ist in den seltensten Fällen eine glatte, zielgerichtete, durchgängige, sondern häufig durchbrochen durch Nebenjobs und Kindererziehung. Darin äußert sich eine gewisse Unangepasstheit, die in einigen Fällen auch zu einer Stärkung des kritischen Potentials führt. Zum Kontext, der die Integration von Frauen entscheidend mitprägt, gehört auch die große Bedeutung paternalistischer Strukturen. Damit verbunden ist eine extreme persönliche Abhängigkeit der Frauen – auch der „freien" Wissenschafterinnen – von „mächtigen" Einzelpersonen. Der Zusammenbruch eines traditionellen MentorIn-Mentee-Verhältnisses („one-to-one"-Beziehung) – also die besondere berufliche Förderung von NachwuchswissenschafterInnen durch eine in der Wissenschaft etablierte Person – bedeutet nicht selten das Ende der wissenschaftlichen Laufbahn der Mentee. Feministische Forschung ist davon in besonderer Weise betroffen. Um Frauen, und vor allem auch feministischen Wissenschafterinnen, längerfristig einen Einschluss in die Wissenschaft zu ermöglichen – im Sinne einer dauerhaften sozialen und ökonomischen Absicherung als Voraussetzung dafür, den Beruf „Wissenschafterin" nicht nur vorübergehend auszuüben –, ist es notwendig, diesen paternalistischen Strukturen, von denen einzelne Frauen (vor allem in der Institution Universität) auch profitieren, entgegenzuwirken und die damit in Zusammenhang stehenden „verlängerten Abhängigkeitsverhältnisse" (Bourdieu 1993) aufzubrechen und abzuschaffen.[10] Die gewichtige Bedeutung der Universität als zentrale Bezugsinstanz für die (freie) wissenschaftliche Forschung kann und soll damit abgeschwächt und aufgelöst werden.

10. Gegenwärtig wird im Projektzentrum Frauenförderung der Universität Wien ein Pilotprojekt zur Entwicklung eines Mentoring-Programms für Nachwuchswissenschafterinnen durchgeführt. In diesem soll mit neuen Konzepten bisher ausgeschlossenen Frauen der Zugang zu neuen Modellen von Förderungsbeziehungen ermöglicht werden. Das Projekt wird unterstützt und gefördert vom BMBWK und dem Europäischen Sozialfonds.

Schlussbemerkungen

Gender, race, class, generation und obligation erweisen sich als Indikatoren für Ein- und Ausschluss. Die besten Chancen für eine schnelle wissenschaftliche Karriere haben nach wie vor weiße jüngere Männer ohne soziale oder andere Verpflichtungen. Die Chancen auf eine Karriere sind für Frauen insgesamt geringer als für Männer. Ihre Möglichkeiten steigen jedoch, wenn sie der entsprechenden race und class angehören. Obligation wirkt sich zwar für beide Geschlechter negativ aus, familiäre Verpflichtungen bleiben jedoch in der Regel den Frauen überlassen. Die Wahl des Studiums – die auch in Zusammenhang mit race, und class zu sehen ist – spielt aber ebenso eine Rolle. Für Personen mit Verpflichtungen familiärer oder ökonomischer Art ist es nicht oder nur schwer möglich „in der Wissenschaft Fuß zu fassen". In unserem Forschungsprojekt konnte also (bedauerlicherweise) bestätigt werden, dass eine Marginalisierung und die Abdrängung in prekäre Arbeits- und Lebenssituationen all jene betrifft, die dem Bild des männlichen und „weißen", jungen, flexiblen Wissenschafters (oder seines älteren Pendants, dem etablierten Professor) nicht entsprechen und die daher nicht auf eine wissenschaftliche „Normkarriere" verweisen können. Bestätigt wurde auch die von uns vermutete Marginalität feministischer Forschung und Lehre hinsichtlich der universitären Wissenschaft. Alle Wissenschafterinnen, die sich mit feministischen Inhalten befassen, sind außeruniversitär tätig, großteils ohne soziale und ökonomische Absicherung. Unter den Lektorinnen, die in ihren Lehrveranstaltungen derartige Inhalte[11] vermitteln, gibt es zwar vereinzelt welche, die scheinbar den Zugang zur Universität geschafft haben, aber dieser Zugang ist zeitlich begrenzt. Längerfristig sind ihre Möglichkeiten als Wissenschafterinnen tätig zu sein nicht gesichert. Diese zum Zeitpunkt der Erhebung (1999) schon untragbare Situation dürfte sich in Zukunft, unter den neuen, durch die gegenwärtige Regierung geschaffenen Bedingungen noch weiter verschlechtern.

11. Zur feministischen Anthropologie in Wien vgl. Fuchs Brigitte/Nöbauer Herta/ Zuckerhut Patricia: „Das Fremde im Eigenen". Eine Ethnographie der feministischen Forschung. Unpublizierter Forschungsbericht der ARGE Wiener Ethnologinnen. Wien. 1999. Ebenso Zach, Astrid/Grubner, Bärbel/Nöbauer, Herta/Zuckerhut, Patricia/Strasser, Sabine. Lokale Differenzierung – Globale Integration. Feministische Ethnologie/Kultur- und Sozialanthropologie in Wien. In: Interuniversitäre Koordinationsstelle für Frauenforschung und Frauenstudien Wien. Birkhan, Ingvild/Mixa, Elisabeth/Rieser, Susanne/Strasser, Sabine (Hg.). Materialien zur Förderung von Frauen in der Wissenschaft. Innovationen 1. 1999: 15-37.

Literatur

AMESBERGER, Helga et al.

1997 Nationalsozialistische Tendenzen in Österreich in den 90er Jahren. Eine soziodemografische Analyse von Tatverdächtigen in Zusammenhang mit NS-Wiederbetätigung, Fremdenfeindlichkeit und Antisemitismus. Unveröffenlicher Projektbericht. Aussendung von O.Univ.Prof. Dr. Andre Gingrich vom November 1998.

BOURDIEU, Pierre

1992 Homo academicus. Frankfurt/M..

1993 Soziologische Fragen. Frankfurt/M..

CRAWFORD, Jacqueline/ISSELHORST, Petra

1989 Wissen Macht Expertinnen: vom „blinden Fleck" zwischen Studentinnen und Expertinnen in der Ethnologie. In: Kossek, Brigitte/Langer, Dorothea/Seiser, Gertraud (Hg.): Verkehren der Geschlechter Reflexionen und Analysen von Ethnologinnen. Wien, S. 237-247.

HASENJÜRGEN, Brigitte

1996 Soziale Macht im Wissenschaftsspiel. SozialwissenschaftlerInnen und Frauenforscherinnen an der Hochschule. Münster.

KELLER, Claudia

1999 Umfrage Berufsumfrage 1997/98 der Österreichischen Physikalischen Gesellschaft. In: Mitteilungen der Österreichischen Physikalischen Gesellschaft (ÖPG), Heft 1, S. 2-7.

KIRSCH-AUWÄRTER, Edit

1992 Professionalisierungsprozesse von Frauen als Prozesse paradoxer Sozialisation. Vortrag beim 3. Workshop „Profession und Geschlecht", Loccum, 14.-16.12. 1992 Unveröffentl. Manuskript.

NÖBAUER, Herta/ZUCKERHUT, Patricia

2002 Differenzen. Einschlüsse und Ausschlüsse – Innen und Außen – Universität und freie Wissenschaft. Wien.

PREISSER, Rüdiger

1989 Die soziale Herkunft der Studierenden und das soziale Feld der Studienfächer. In: Hochschulausbildung 7. Heft 3, S. 155-179.

SMETSCHKA, Barbara

1997 Frauen – Fremde – Forscherinnen. Leben und Werk der Absolventinnen des Wiener Instituts für Völkerkunde 1945-1975. Ein Beitrag zur Wissenschafts- und Frauengeschichte. Europäische Hochschulschriften. Reihe XIX Volkskunde/Ethnologie Abt. A Volkskunde, Bd. 44. Frankfurt/M..

Wege zur Wissenschaft und zur Friedensarbeit

Einige Reflexionen zu ausgewählten Berufsfeldern der Kultur- und Sozialanthropologie

Andre Gingrich

Welche Arbeits- und Einsatzmöglichkeiten finden ausgebildete Kultur- und SozialanthropologInnen heute in der Berufswelt vor, welche können Sie sich erschließen?

Als ich in den frühen 70er Jahren studierte, sagten die damals Lehrenden zu uns (also zu den 7 – in Worten: sieben! – Erstsemestrigen des WS 1970/71, zu denen ich gehörte): „Machen Sie sich überhaupt keine Hoffnungen darauf, mit dieser Ausbildung jemals etwas zu verdienen." Bekannte und GesprächspartnerInnen runzelten meist die Stirn, wenn unsereins darlegte, dass ich „Völkerkunde" studierte.

Das Thema heute

Heute, etwa 30 Jahre später, sieht die Situation für die AbsolventInnen dieses Faches grundlegend verändert aus. Eine Kollegin zum Beispiel, die in den 90er Jahren ihr Studium bei mir am Institut für Ethnologie, Kultur- und Sozialanthropologie abgeschlossen hat, sagt im vorliegenden Band sogar sinngemäß: Sie kenne keine arbeitslosen EthnologInnen. Die Zahl der Studierenden in unserem Fach hat sich zwar drastisch erhöht, und obwohl die Drop-out-Rate heute (2001) noch immer unakzeptabel hoch ist, gibt es so viele AbsolventInnen wie noch niemals zuvor, nämlich etwa 45 pro Studienjahr.

Das Statement jener Kollegin verweist auf ein Novum: Heute runzelt kaum noch jemand die Stirn, wenn ein/e AbsolventIn sagt, sie habe Kultur- und Sozialanthropologie studiert. Irgendeine mehr oder minder fachnahe Beschäftigungsmöglichkeit finden die AbsolventInnen dieses Faches inzwischen viel eher vor als jene von so manch anderer Disziplin in den Sozial-, Kultur- und Geisteswissenschaften. Damit können wir uns aber noch lange nicht zufrieden geben: Es gilt, die fachspezifischen und die generellen Kompetenzen der AbsolventInnen dieses Faches gezielter und effektiver in den Arbeitsmarkt und in die Gesellschaft einzubringen

(Gingrich 1999: 270-273). Und es gilt, die fachspezifische universitäre Ausbildung mit diesen Erfordernissen in Einklang zu bringen und immer wieder darauf abzustimmen. Davon handelt dieser Band.

Von 1995 bis 2001 fungierte ich als Vorsitzender (anfangs Stellvertreter) der Studienkommission am Institut für Ethnologie, Kultur- und Sozialanthropologie. Die Ausübung dieser Funktion war ab 1998 geprägt von der Erarbeitung, Beschlussfassung und Bewilligung eines neuen Studienplanes für das Fach. Das Wiener Institut ist nach der Zahl der Lehrenden, Studierenden und Absolvierenden das bei weitem größte seines Faches im gesamten deutschsprachigen Raum. Daher hat dieser neue Studienplan, der ab 2002 in Kraft tritt, auch eine enorme überlokale Signalwirkung.

Gertraud Seiser war über mehrere Semester hinweg im Auftrag dieser Studienkommission immer wieder mit Arbeiten am neuen Studienplan befasst und somit auch in dieser Hinsicht meine engste Mitarbeiterin. In diesen gemeinsamen Reformbemühungen ist es uns beiden genau darum gegangen: Ein teilweise veralteter, höchst praxisferner Studienplan war – selbst unter den Bedingungen von offiziellen Sparregimes – so radikal zu reformieren, dass er für Gegenwart und absehbare Zukunft taugt, dass er also dem neuen Stellenwert der Kultur- und Sozialanthropologie in Wissenschaft und Gesellschaft gerecht wird.

Dies bedeutete vor allem, die wissenschaftliche Ausbildung nicht mehr exklusiv auf die (bislang dominierende) Qualifizierung von jungen GrundlagenforscherInnen auszurichten: Nur ein geringfügiger Anteil unserer AbsolventInnen kann Beschäftigung primär in der Grundlagenforschung finden. Diese selbst benötigt überdies den ständigen Austausch mit Praxis und Anwendung. Die Reform bezweckte also eine „entrümpelte" und zeitgemäßere Grundlagen-Ausbildung, verbunden mit drastisch intensivierter Ausbildung für Anwendung und Praxis, plus vermehrter Öffnung zu Inter- und Transdisziplinarität.

Parallel und flankierend zu dieser Reformarbeit haben Gertraud Seiser und ich an unserem Institut ein zweisemestriges Seminar (1999/2000) zum Thema „Explorationen ethnologischer Berufsfelder" abgehalten, an dem sich fortgeschrittene Studierende mit großem Enthusiasmus und mit viel Arbeitsaufwand beteiligt haben. Der vorliegende Band fasst einige Ergebnisse der Recherchen zusammen, die im Zuge dieser Lehrveranstaltungen durchgeführt wurden.

Im vorliegenden Band berichten also einerseits Ethnologinnen und Ethnologen, die (zeitgleich mit den beginnenden Reformen) noch nach jenen veralteten und teilweise sehr praxisfern ausgerichteten Studienplänen studiert haben, von neuen möglichen Anwendungsgebieten unseres Faches. Andererseits kommen hier auch etliche InteressentInnen an ethnologischen Expertisen aus der Berufs- und Arbeitswelt zu Wort – teils solche, die schon damit Erfahrung haben, teils solche, die für die Zukunft daran Interesse entwickeln.

Die LeserInnenschaft dieses Bandes wird aber nicht nur solche Kreise umfassen, sondern, so hoffe ich jedenfalls, in wachsendem Ausmaß auch jüngere Studierende, welche in Wien bereits nach dem neuen Studienplan (von 2002) studieren können.

Vieles, was im vorliegenden Band also noch scharf und völlig zu Recht kritisiert wird, ist im neuen Studienplan bereits energisch angegangen und radikal verändert worden. Die Ergebnisse werden dann kritisch zu überprüfen und mit entsprechend konsequenten Nachadjustierungen zu korrigieren sein. Zunächst aber umfasst der neue Studienplan aus meiner Sicht im Hinblick auf die beruflichen Qualifikationen der AbsolventInnen zwei Schwerpunkte. Das ist *erstens* die gezielte Ausbildung für die angewandten Einsätze von EthnologInnen in *ausgewählten, außeruniversitären Gesellschaftsbereichen* (nämlich: Gesundheitswesen; betriebliche Einheiten; Asyl- und Migrationsarbeit; friedensfördernde Organisationen und NGOs; Entwicklungszusammenarbeit; Bildungs- und Öffentlichkeitsarbeit). *Zweitens* bietet der neue Studienplan eine deutlich verbesserte Ausbildung zum *Beruf von WissenschafterInnen* sowohl im Bereich der angewandten wie der Grundlagenforschung an.

Vor diesem institutionellen und gesellschaftlichen Hintergrund habe ich mich daher entschlossen, für den vorliegenden Beitrag zwei Themenbereiche auszuwählen, die diesen beiden Schwerpunktsetzungen entsprechen – jenen von Wissenschaft als Beruf und jenen der angewandten außeruniversitären Gesellschaftsbereiche am Beispiel der Friedensarbeit.

Besonders überraschen wird es den/die LeserIn wohl kaum, dass ich mit den zwei Berufsfeldern, von denen die Rede ist, persönlich bestens vertraut bin: Als hauptberuflicher Wissenschafter bin ich erstens seit meiner Promotion 1979 tätig. Zweitens aber waren mir Konfliktbewältigung und Friedensarbeit nicht nur schon viel länger ein ethisches und moralisches Grundanliegen, ich habe diesbezüglich in der Folge auch einige praktische Erfahrungen erworben. Diese reichen von der Mitarbeit in internationalen NGOs hin zur Gutachtertätigkeit bei Gerichtsverfahren mit interkulturellen Dimensionen, von Mentoring, Vorlesungs-, Publikations- und Betreuungsarbeit im Bereich der ethnologischen Friedensforschung bis hin zur langjährigen Mitwirkung am Europäischen Friedenszentrum in Stadtschlaining (Burgenland). Kurzum, der außeruniversitär-angewandte Bereich, der im Folgenden zur Sprache kommt, handelt vom „Frieden“ im weitesten Sinn. Die beiden Berufsfelder, die ich für diesen Band diskutieren will, sind daher meine eigenen – jenes des Ethnologen im Bereich der wissenschaftlichen Tätigkeit und jenes in der Friedensarbeit. Für beide Felder wähle ich eine eher biografisch gefärbte Darstellungsweise. Dies soll veranschaulichen, dass die Thematik nicht nur Zwängen, Strukturen und Pressionen unterliegt: Es gibt auch und weiterhin Gestaltungsmöglichkeiten allerorts – nicht bloß in relativ privilegierten Ausgangspositionen wie der meinen.

Wissenschaft als Beruf: Persönliche Notizen zum Gestern und Heute

Ich will diesen zweiten Abschnitt so gestalten, dass die biografischen Elemente wie eine qualitative Case-Study eingebunden bleiben in wissenschaftliche Systeme und Prozesse, von denen hier insgesamt die Rede ist.[1]
Da die Sozial- und Kulturanthropologie sich im Schnittfeld zwischen historischen und Sozialwissenschaften positioniert, beginne ich mit einer kurzen historischen (bzw. wissenschaftsgeschichtlichen) Retrospektive, um dann den Blick ausführlicher (und eher wissenschaftssoziologisch) auf Gegenwart und Zukunft zu richten.
Das Wiener Institut für Ethnologie, Kultur- und Sozialanthropologie ist nicht nur die einzige Vertretung dieser universitären Studienrichtung in Österreich. Wie schon einleitend angemerkt, ist es darüber hinaus das bedeutendste Institut dieses Faches im gesamten deutschsprachigen Raum, gemessen anhand aller relevanten Kriterien (Anzahl der Studierenden und der Studienabschlüsse, Höhe der akquirierten Drittmittel, Zahl und Qualität von Lehrveranstaltungen und Fachpublikationen, Quote von verliehenen Exzellenzstipendien und Preisen etc.). Innerhalb des Faches zählt das Institut seinen Forschungsleistungen nach wohl zu den Top 3 des deutschsprachigen Raumes und zu den Top 15 des EU-Raumes. In den österreichweiten Vergleichen von Universitätsinstituten quer durch alle Disziplinen, (also unter allen Natur- und Sozialwissenschaften), welche die Zeitschriften „Profil" und „News" nach jeweils unterschiedlichen und umstrittenen Kriterien vornahmen, lag dieses Institut ebenfalls 1994 wie auch 1996 jeweils unter den Top 20.

Wissenschaftsgeschichtliches

Als ich hingegen vor etwa 30 Jahren dieses Fach an eben diesem Institut zu studieren begann, war es für damalige Verhältnisse völlig veraltet und weitgehend von der deutschsprachigen wie von jeder sonstigen internationalen Entwicklung abgeschnitten. Die Ablösung einer Lehrmeinung, die im Wesentlichen noch in der Zwischenkriegszeit wurzelte, war damals noch nicht gelungen. Wie für viele andere meiner Generation verband sich das Studium dieses Faches zunächst auch für mich mit der intensiven Kritik an den damals vorherrschenden Tendenzen.
Die Entwicklung von artikulierter Kritikfähigkeit inmitten jener Ausläufer von 1968 prägt also zweifellos meine studentische Biografie, wobei zwei Faktoren entscheidend hinzukamen: Erstens war eine neue Generation von Lehrern der späteren 70er Jahre imstande – und zwar ganz unab-

1. Dieser Abschnitt ist die überarbeitete und erweiterte Fassung eines Vortrages, der am 3.12.1999 in Graz gehalten wurde, im Rahmen eines von Max Haller und Leopold Rosenmayer seitens der Österreichischen Akademie der Wissenschaften veranstalteten Symposiums mit dem Titel „Wissenschaft als Beruf".

hängig von ihrer eigenen parteipolitischen Präferenz – uns damalige aufmüpfige Studierende nicht etwa als lästige Störenfriede zu marginalisieren, sondern als Neuerer zu integrieren. Dies gilt auch für kritische AbsolventInnen, die ihr Studium abschlossen, während ich noch studierte – so etwa auch die gerade in diesem Kontext wichtige Karin Knorr (-Cetina), die als promovierte Ethnologin und Lektorin des Instituts bereits für uns Studierende äußerst einflussreich wurde (Knorr-Cetina 1991), oder auch der jung verstorbene, theoretisch-methodische Pionier Josef Salat (Salat 1976) und nicht zuletzt der für Indigenen-Rechte und kritische Entwicklungszusammenarbeit engagierte Georg Grünberg (Grünberg 1968). Diese Vorbilder und InspiratorInnen unter den älteren AbsolventInnen beeinflussten mich nicht nur nachhaltig, ihr Beispiel zeigte mir damals für meine eigenen Herangehensweisen: Jene, welche die unbequemsten Fragen stellen, können oft die wertvollsten InnovatorInnen sein. Diese Haltung heute auch selbst konsequent anderen gegenüber anzuwenden ist nicht immer einfach: Umso mehr weiß ich diese Einsicht aber weiterhin zu schätzen.

Die neue Lehrergeneration der 70er und 80er Jahre implementierte sukzessive mehrere inhaltliche und methodische Innovationsschübe, welche auch mit dem außerakademisch-gesellschaftlichen Wandel jener Jahre so halbwegs Schritt hielten, wenigstens innerhalb des deutschen Sprachraums. Es war also ein Aufhol- und Nachziehverfahren von verspäteter Modernisierung, in welches ich da hineinintegriert wurde. Angesichts der Erfahrungen nicht nur des Pariser Mai, sondern auch des Prager Sommers 1968 wurde diese zu modernisierende deutschsprachige Ethnologie für uns immer deutlicher eine Zu-Verwestlichende, eine Social Anthropology oder Anthropologie Sociale in der vielfach gebrochenen Tradition eines Durkheim und Mauss, eines Malinowski und Radcliffe-Brown. Bei dieser sozialwissenschaftlichen Neuorientierung der damaligen Ethnologie spielte mein Nebenfach Soziologie keine unwesentliche Rolle: Weg von der spekulativen Kulturgeschichte, hin zu einer sozialwissenschaftlichen oder strukturgeschichtlichen Anthropologie – das also war die Devise. Diesen langen Marsch haben wir jetzt wohl größtenteils zurückgelegt.

Er hatte aber auch seine Schattenseiten, dieser „lange Marsch" – dort nämlich, wo manche der damaligen Würdenträger und Lehrstuhlinhaber die Hauptorientierung als allein seligmachende Perspektive darstellten und wo mit fast staatsmonopolistischer Arroganz abweichende Meinungen oder der Blick auf Randgruppen und Unliebsame marginalisiert wurden. Dies galt für den fremden Blick auf Randgruppen der eigenen Gesellschaft ebenso wie etwa auch für die ethnologische Frauen- und Geschlechterforschung, was mich als Sohn einer langjährig geschiedenen und berufstätigen Alleinerzieherin besonders verärgerte.

Dies und vieles andere war also zu tun, als ich mich Mitte der 90er Jahre um die Übernahme der damaligen Lehrkanzel I bewarb und schließlich den Ruf dazu erhielt. Damit waren neue Chancen für ethnologisches Arbeiten als (nunmehr „professoraler“) Wissenschafter unter veränderten Rahmenbedingungen verbunden: Die Ethnologie ist weltweit in eine neue Phase des Aufschwungs eingetreten. Einige Kennzeichen dieses Aufschwungs sind die niedrige Arbeitslosenrate unter unseren AbsolventInnen und der hohe Anteil von Beschäftigten im fachnahen Bereich, verglichen mit den AbsolventInnen der großen Sozial- und Kulturwissenschaften; weiters der steigende Verkaufserfolg unserer Bücher. Ferner ist die Tatsache bemerkenswert, dass allenthalben Institute anderer Fächer zusammengelegt werden, während unsere stattdessen wachsen. Zwei wesentliche Indikatoren aber zeigen noch deutlicher als die bereits genannten die stark gestiegene Attraktivität der Sozial- und Kulturanthropologie an: Erstens vollziehen etliche der großen Nachbardisziplinen ihre internen kulturwissenschaftlichen oder „anthropologischen“ Wenden, um verlorene Relevanz wettzumachen. Dem liegt zweitens und vor allem die zentral gewordene Rolle ethnologischer Werke in der gesamten sozial- und kulturwissenschaftlichen Diskussion zugrunde: Früher mussten wir anderen mühsam erklären, was Ethnologie ist. Heute hingegen ist es für andere Kultur- und SozialwissenschafterInnen peinlich geworden, wenn sie noch nie von Clifford Geertz und Ernest Gellner, von Arjun Appadurai, Marilyn Strathern oder Ulf Hannerz gehört haben – und das sind nun mal die führenden VertreterInnen unseres Faches heute. Es ist wohl nicht verfehlt, diesen weltweiten Aufschwung der Sozial- und Kulturanthropologie in systematischem Zusammenhang zu sehen mit der gegenwärtigen Phase der Globalisierung und ihren Migrationsbewegungen, mit dem Zusammenrücken der Welt durch Märkte und Neue Medien, der Aushöhlung von Nationalstaatlichkeit, der Entwicklung von transnationalen Entitäten und dergleichen mehr.

Halten wir also fest: Auch die Gunst der Stunde ist hier ein biografisches Detail von Gewicht: Es hat wahrscheinlich nie zuvor so viel Spaß und so viel Sinn gemacht, Ethnologie zu betreiben, wie heute. Mit welchen Akzenten und Methoden dabei Ethnologie als Beruf von Wien aus betrieben werden kann, das soll nun beispielhaft anhand zweier Dimensionen diskutiert werden. Die erste dieser beiden Dimensionen betrifft das Verhältnis von anwendungsorientierter zu Grundlagenforschung. Die zweite Dimension bezieht sich auf strategische Methoden der Wissenschaftsorganisation.

Anwendungsorientierte und Grundlagenforschung

Mein Zugang zur ersten dieser beiden Dimensionen ist sowohl von der studentischen Kritik der frühen 70er Jahre geprägt wie von meinen internationalen Erfahrungen als Wissenschafter in den 80er und frühen 90er Jahren. Innerösterreichisch wird heute von allen Wissenschaftszweigen verstärkte Anwendungs- und Gesellschaftsrelevanz eingefordert. Das korrespondiert sowohl mit meinen Kritiken der frühen 70er Jahre wie auch mit meinen Erfahrungen bezüglich der primären Praxisausrichtung der meisten frankophonen kulturwissenschaftlichen und ethnologischen Institute.

Meine diesbezüglichen Erfahrungen (wie auch die meines Institutskollegen Thomas Fillitz) beruhen auf langjähriger Kooperation mit und Aufenthalten an Pariser Forschungseinrichtungen wie CNRS oder EHESS. Diese sind in zunehmendem Ausmaß in der Forschung auf privatwirtschaftliche und öffentliche Aufträge hin ausgerichtet, die Finanzierung und Themenstellung vorgeben. Die Schattenseite dieser Entwicklung ist mittlerweile freilich offenkundig geworden: Eine allzu einseitige Ausrichtung der frankophonen Sozialanthropologie und Ethnologie auf derartige Auftragsforschung hat es nämlich in den letzten eineinhalb Jahrzehnten kaum mehr erlaubt, dass die Vorgänger-Generationen von „großen Werken" der Grundlagenforschung (Lévi-Strauss, Dumont, Dumézil, Leiris) eine entsprechende Fortsetzung gefunden hätte. Während in Frankreich also selbst ethnologische Spitzeneinrichtungen wie jene des CNRS nach Jahrzehnten, in denen das Gegenteil vorherrschte, nunmehr allzu drastisch auf den Anwendungsbereich hin orientiert worden sind, verhält es sich in den USA ganz anders.

Meine diesbezüglichen Erfahrungen beruhen auf über fünfjähriger Tätigkeit am „Think Tank" des Faches (SAR, Santa Fe) und an seiner größten privaten Forschungsförderungsstiftung (Wenner Gren, New York). Dabei gilt in den USA für die „Cultural Anthropology" ebenso wie für viele ihrer Nachbarfächer das kontinuierliche Vorherrschen einer fast hermetischen Hierarchisierung: „Applied Research" hat den deutlich untergeordneten Status der Minderwertigkeit und wird fast ausschließlich von freiberuflich tätigen WissenschafterInnen, nicht-universitären, marktwirtschaftlich orientierten Instituten oder von Universitäten mit geringerem Status betrieben. Die dort erarbeiteten Resultate zirkulieren dann kaum in die Grundlagenforschung zurück. Diese wiederum ist fast ausschließlich Sache von sehr wenigen Spitzeneinrichtungen (wie jenen der „Ivy League", der Westküste oder der SAR). Dort werden zwar „große Werke" produziert, die aber weit stärker an den Grundlagen-Debatten der Nachbardisziplinen orientiert sind, als dass sie sich mit der eigenen Disziplin befassen würden – nämlich mit anderen Zweigen der eigenen Grundlagenforschung (etwa jenen aus Europa) oder mit den anwendungsorientierten Ergebnissen der Disziplin.

Aufgrund dieser Erfahrungen bin ich persönlich zu dieser Schlussfolgerung gekommen:

- Weder das US-Modell einer eher starren, „abgekapselten Kastengesellschaft" (oben: interdisziplinäre, aber national abgekapselte Grundlagen, unten: theorielose Anwendung)

- noch das frankophone Modell von „zyklischen Extremen“ (zuerst Grundlagen pur, dann Anwendung total)

können in dieser Form als Vorbilder für Wien dienen. Von beiden ist jedoch viel Positives zu lernen, wenn man zunächst nüchtern zur Kenntnis nimmt, dass die Ethnologie des deutschsprachigen Raumes bis vor kurzem im Grundlagenbereich gerade noch europäisches Durchschnittsniveau hatte, während ihr Anwendungsbereich sich im (oft allzu unreflektierten) Consulting für Entwicklungszusammenarbeit erschöpfte. In peripherer Ausgangslage wie hierzulande können jedoch auch größere Mobilität und Pragmatismus zum Zug kommen. Daher tendiere ich dazu, für Wien eine *sanfte, arbeitsteilige und flexible Schichtung* zu befürworten. Die Grenzen zwischen Anwendungs- und Grundlagenforschung sind dabei grundsätzlich als fließende zu gestalten, bei strikter *Wahrung der Gleichberechtigung von innerdisziplinärer mit inter- und transdisziplinärer Orientierung*.

Eine derartige Etablierung von Prioritäten stellt in *allen* Forschungseinrichtungen (also nicht nur an jenen der Universitäten) den grundsätzlichen Transfer zwischen Grundlagen, Anwendung und Öffentlichkeit sicher, freilich mit unterschiedlicher *Gewichtung* je nachdem, welches Profil die jeweilige ethnologische Einrichtung hat – ob sie sich also als privates Institut organisiert hat oder ob sie sich an einer Universität befindet, an der Österreichischen Akademie der Wissenschaften, an einem Museum oder in Hinkunft auch an der einen oder anderen Fachhochschule. In *allen* diesen heutigen und zukünftigen Orten, an denen EthnologInnen als hauptberufliche WissenschafterInnen tätig sind und sein werden, gilt es diese vernetzte Wechselwirkung sicherzustellen und mit Leben zu erfüllen: zwischen Inner- und Inter- bzw. Transdisziplinarität, zwischen Öffentlichkeit, Anwendung und Grundlagen.

Strategische Methoden

Vor diesem Hintergrund sollen nun strategische Methoden der Wissenschaftsorganisation als zweite Dimension erörtert werden. Dabei will ich auf jene drei zentralen Organisationselemente eingehen, die ich für strategisch wesentlich halte, um Spitzenleistungen in den österreichischen Kultur- und Sozialwissenschaften zu erbringen:

1.) Transnationale Netzwerke,
2.) interdisziplinäre Kooperationen und
3.) Teams für lokale Interventionen.

Die Etablierung gut funktionierender transnationaler Exzellenz-Netzwerke (1) hat im Wiener Fall langer Aufbauarbeit bedurft. Ich habe Ende der 80er Jahre den europaweiten Fachverband dieser Disziplin EASA mitbegründet, unser Institut nimmt als eines unter ganz wenigen der Universität Wien heute die Rolle eines zentralen Koordinators in den Intensiv-Programmen der EU-Sokrates-Schiene kontinuierlich wahr, MitarbeiterInnen unseres Institutes verfassen regelmäßig Rezensionen, Beiträge und Gutachten bei und in führenden englisch- und französischsprachigen Verlagen und Fachjournalen.

Für interdisziplinäre Kooperationen (2) ist die Sozial- und Kulturanthropologie heute dank ihres gestiegenen Stellenwertes ein ausgesprochen begehrtes Objekt geworden – fast schon zu viel Buhlen um Kooperation herrscht vor, oft viel zu diffus. Mein eigenes Spezialgebiet sind jedoch Zeit- und Raumkonzepte in asiatischen Kulturen, also etwas ziemlich Handfestes, von wo aus ich mit theorieinteressierten Physikern ebenso intensiv kooperiere wie mit HistorikerInnen oder Philologinnen. Außerdem will ich noch mein Engagement im interdisziplinären Netzwerk der Gender Studies unterstreichen, dessen biografische Hintergründe bereits erwähnt wurden. Der Umgang der wichtigsten forschungsfördernden Institutionen des Landes mit diesem Thema stellt bisher wahrlich kein Ruhmesblatt dar. Das Engagement setzt sich aber fort, und so ist es mehreren Kolleginnen aus Philosophie, Soziologie, Sprachwissenschaften u.a.m. gelungen, gemeinsam mit mir seit 2000 für die Ethnologie ein überfakultäres Wissenschaftskolleg für Gender Studies an der Universität Wien einzurichten. Dieses Kolleg stellt ein Paradebeispiel für sinnvolle interdisziplinäre Kooperation unter Studierenden und Lehrenden dar, wie sie die Ethnologie heute anstrebt.

Drittens und letztlich geht es mir um die potentiellen Resultate aus diesen beiden Faktoren, also von transnationalen Netzwerken (1) und interdisziplinärer Kooperation (2), für die Bildung von lokalen Forscherteams (3). Für Wege zum wissenschaftlichen Beruf der Ethnologie ist das Zusammenwirken dieser drei Faktoren nämlich unerlässlich.

Die Kerngruppe eines von FWF und ÖAW seit 1990 maßgeblich finanzierten und von mir zehn Jahre lang (bis 2001) geleiteten Tibet-EthnologInnen-Teams bestand aus einem Oberösterreicher, einem Engländer und einer Italienerin – alle drei sind heute fließend Tibetisch sprechende, einsame Europaspitze in ihrem Bereich. Zusammen mit der Mannschaft des berühmten österreichischen Tibetologen Ernst Steinkellner tragen sie (heute zum Teil auch mit zusätzlicher Hilfe durch britische und deutsche Institutionen) die Wiener ethnologische Tibet-Forschung. Diesen drei Tibet-EthnologInnen hat man vor 20 Jahren ebenfalls gesagt, sie hätten trotz ihrer großen Talente keine echte Chance für „Wissenschaft als Beruf", auch sie mögen sich daher keine Hoffnungen machen. Diese „Underdogs" von damals sind also die Spitzenkräfte von heute.

Das Beispiel der Herausbildung dieses Teams berührt nun einen weiteren wichtigen Punkt, in dem ich mich ganz sicher von der älteren lokalen Forschergeneration unterscheide. An der Ordinarien-Universität, an der ich zu studieren begann, hatten NachwuchsforscherInnen nur sehr wenige Chancen, und dies meist zu vorgegebenen Bedingungen. Heute ist an diesen Universitäten sehr viel in Bewegung gekommen. Nicht alles an diesen Veränderungen ist eine Verbesserung für die Berufsperspektive von EthnologInnen als WissenschafterInnen. Aber ich meine, dass manches davon – wenn sich die Beteiligten entsprechend bemühen – für eine Chancenoptimierung radikal genutzt werden kann. Dies erfordert die Ersetzung der alten durch neue Arbeitsbedingungen. Die alten, kastenartigen und ständischen Hierarchien der mitteleuropäischen universitären Regionalkultur zwischen „Mandarinen und Haussklaven", zwischen „privilegierten Internen und verachteten Externen", zwischen „rivalisierenden PotentatInnen" und ihren jeweiligen „Gefolgschaften" werden daher im lokalen Fachbereich konsequent beseitigt, wo immer sie als Hindernis wirken. Sie werden dann ersetzt durch Teams der Besten, Teams mit flachen Hierarchien. Dies sind zugleich solche internationale Teams, wie sie auch für erfolgreiche Konzerne charakteristisch sind. Anfänglich werden sich Außenstehende öfter über solche Teams wundern, deren Zusammensetzung auch heute aus „Nobodies und Underdogs" erfolgt, was zweifellos gutes Headhunting, kompetentes Management und vor allem Motivierung erfordert. Aber wie schon mehrfach gesagt: Gerade diese so genannten „Nobodies und Underdogs" von heute können bei entsprechendem Input sehr bald schon zu jenen unbequemen Besten von morgen werden, die wertvolles Neues und internationale Exzellenz zustande bringen.

Ethnologische Friedensarbeit, weit gefasst:[2] Tendenzen und Möglichkeiten

Nach dem ethnologischen Berufsfeld von WissenschafterInnen komme ich nun im letzten Abschnitt zum Berufsfeld der Friedensarbeit.

Friede in der Welt und Friede unter uns selbst – dieses Motiv ist nicht nur allen jenen Gesellschaften gemeinsam, die im Einflussbereich des Christentums das Weihnachtsfest begehen. In der einen oder anderen Form ist der Friedensgedanke in den großen Festen aller Religionen der Menschheit enthalten – ob dies nun das 'id al-kabir des Islam oder das holi-Fest im Hinduismus ist, in diesen und anderen verschrifteten Großreligionen ebenso wie in den kleineren, oft kaum verschrifteten Religionen ist *eines* der Hauptfeste und Rituale im Jahr stets dem Thema von Harmonie, von Einklang, Versöhnung oder Frieden gewidmet. Diese Einsichten und Forschungsergebnisse meines Faches führen dazu, dass die Thesen des umstrittenen verstorbenen österreichischen Nobelpreisträgers Konrad Lorenz korrigiert bzw. deutlich modifiziert und ergänzt werden müssen. Nicht nur menschliche Aggressivität und Tendenzen zur gewaltsamen Konfliktaustragung sind universell, wie zumindest eine einseitige Interpretation des Lorenz'schen Werkes behauptet. Ebenso universell ist auch der

2. Dieser Abschnitt beruht auf der überarbeiteten Fassung eines Vortrages vor dem Wissenschaftsforum des FWF in Wien vom 13.12.2000 zum Thema „Kultur und Frieden".

menschliche Wunsch nach und die immer wieder implementierte Fähigkeit der Menschen zum Frieden.

Zuerst soll hier also vom Frieden in der Welt die Rede sein, dann vom Frieden unter uns – und dabei jeweils auch und gerade, was Kulturanthropologie und Ethnologie dazu zu sagen und beizutragen haben.

EthnologInnen in internationalen Friedenseinsätzen...

Vorerst zum Frieden in der Welt: Als Wissenschaft, welche systematisch nach fremden wie eigenen kulturellen Zusammenhängen fragt, ist die Ethnologie und Kulturanthropologie ein Fach des systematischen interkulturellen Vergleichs. Daher beschäftigt es uns EthnologInnen natürlich sehr, in welch hohem Ausmaß diese universelle menschliche Friedensfähigkeit heute weltweit vor neuen Herausforderungen steht. Vorbei ist die Zeit des globalen, „kalten" Ost-West-Konfliktes, in dem örtliche Parteigänger der einen oder der anderen Seite in peripheren Gebieten oft in durchaus „heiße" Stellvertreter-Konflikte hineingedrängt wurden oder sich dafür anbiederten. An Stelle des früheren globalen Kalten Krieges mit strategisch ausgewählten Stellvertreter-Potentialen sind heute weitgehend neue Konfliktfelder entstanden, denen zunächst vor allem eines gemeinsam ist: nämlich dass sie primär nicht in Moskau oder Washington inszeniert oder dirigiert werden. Diese neuen Konfliktfelder nach dem Ende des Kalten Krieges können in drei *Grundtypen* unterschieden werden.

Da sind *erstens* die „Restprodukte des Kalten Krieges", wie etwa die fortdauernden Konflikte in Korea, in China/Taiwan oder auch, zumindest teilweise, im Nahen Osten. Da sind *zweitens* die „postsozialistischen Konflikte", die sich direkt im Zuge des Zerfalls und Umbaus von ehemals sozialistischen Staaten neu entwickelt haben. Hierzu zählen zum Beispiel die Konfliktfelder in Teilen Zentralasiens und des Nordkaukasus und bis zu einem gewissen Grad auch der Bürgerkrieg in Ex-Jugoslawien. Als *dritter* Typus schließlich ist, neben den Restprodukten des Kalten Krieges und den postsozialistischen Konflikten, die Form der neuen „postkolonialen Grenz- und Bürgerkriege" zu nennen, zu denen die Konflikte in Sri Lanka oder in den Regionen von Ruanda, Burundi und manchen ihrer Nachbargebiete ebenso zählen wie der nur allmählich eindämmbare Bürgerkrieg in Somalia. Eine besonders explosive Sonderform dieser postkolonialen Grenz- und Bürgerkriege ist durch die angespannte Situation in Kaschmir zwischen den südasiatischen Nukleargiganten Indien und Pakistan gegeben, eine andere Sonderform ist wohl im Konflikt mit terroristischen Geheimsekten zu sehen, den die Ereignisse vom 11.9.2001 in den Mittelpunkt des Interesses rücken ließen.

Nun identifiziert diese dreigeteilte Typologie (nach Spätfolgen des Kalten Krieges sowie nach postsozialistischen und postkolonialen Sezessions-, Grenz- und Bürgerkriegen) zunächst nur unterschiedliche Rahmenbedingungen, über die noch sehr viel mehr und Detaillierteres zu sagen wäre.

Worauf es mir hier aber ankommt, ist der Hinweis, dass sich die meisten dieser Konflikte den herkömmlichen Kategorien der internationalen Politik sehr weitgehend entziehen (Frank/Gingrich/Maierhofer 2000).

Im gegenwärtigen Zeitalter zunehmender Globalisierung sind es zwar sehr wohl die internationalen Ströme der Finanz-, Technologie- und natürlich auch der Waffenmärkte, welche diese neuen Konflikte prägen und beeinflussen, aber nur mehr sehr rudimentär geschieht dies mithilfe der herkömmlichen Mechanismen internationaler Politik. Da ein *globales* politisch-militärisches Szenario für Konflikte und deren Eindämmung nicht mehr existiert, sind es eben in weit höherem und direkterem Ausmaße als zuvor *lokale und regionale* Faktoren, welche diese neuen Konfliktfelder prägen. Und es ist wohl eindeutig, dass innerhalb dieser neu gewachsenen Bedeutung des Lokalen und Regionalen für die neuen Konflikte dem Faktor der jeweiligen Lokalkulturen eine enorme Bedeutung zukommt, gleichgültig, ob dies nun so offensichtlich zutage tritt wie bei den Phänomenen des Islamismus und des Hindu-Nationalismus oder nicht.

All dies ergibt wohl einige der zentral ursächlichen Faktoren dafür, warum zum Beispiel Politikwissenschaften oder Völkerrecht ziemlich „out" sind, wenn es um das Erarbeiten von Expertisen und von Lösungsansätzen für viele dieser neuen Konflikte geht, während EthnologInnen und andere Area-Studies-ExpertInnen hingegen in wachsendem Maße als „in" gelten.

Der durchschnittlich ausgebildete dänische oder österreichische Jurist oder Politikwissenschafter, der vor Ort in Mogadischu oder Tadschikistan irgendetwas zu Friedensbemühungen beitragen soll, gibt in der Regel eine orientierungslos umherirrende, tragikomische Figur ab, die keiner wirklich will, die gefährdet ist und die selbst auch andere gefährdet. Die durchschnittlich ausgebildete dänische oder österreichische Ethnologin hingegen weiß, in dieselbe Situation gestellt, erstens, was sie dort auf gar keinen Fall tun darf, und zweitens, wo und wie sie vor Ort mit ernsthafter Arbeit zu beginnen hat.

Kurzum, die (hier nur beispielhaft angeführten) Juristen und Politikwissenschafter sehen sich bei internationalen Friedenseinsätzen mit zunehmender Unbeliebtheit konfrontiert. Währenddessen nehmen ihnen zugleich die EthnologInnen vor Ort immer öfter die Jobs weg. Beispielsweise war eine in Wien promovierte Ethnologin von 2000 bis 2002 chief of personnel training der OSZE-Mission in Priština, beispielsweise waren und sind andere absolvierte Ethnologinnen aus Wien wichtige Kräfte der OSZE-Menschenrechts-Beobachtungsstelle in Georgien oder Armenien.

Freilich, weil wir ein kleines Fach sind, dominieren die anderen in diesem Bereich zwar noch immer – wie ich meine oft in einem geradezu grotesken Ausmaß – in quantitativer Hinsicht. Aber seit einiger Zeit schon ist die Tendenz eindeutig: Was Vor-Ort-Expertisen und -Einsätze im Auftrag von UNO, OSZE, von NGOs und anderen Organisationen anbelangt, so ist die Ethnologie auf einem beachtlichen Vormarsch. Es ist daher nur selbstverständlich, dass auch unsere neue, gestraffte und praxisorientierte Studienreform diesem einen unter mehreren neuen Aufgabengebieten voll Rechnung trägt.

- Wie Ehre und Schande eine Fehde beeinflussen und was das mit Clan-Kämpfen in Somalia zu tun hat;
- wie Vorstellungen von Reinheit und Unreinheit ganze ethnische Gruppen gegeneinander mobilisieren können und auf welche Weise das mit den explosiven Spannungen in Kaschmir und Sri Lanka zusammenhängt;
- wie man daran ansetzen kann, um gemeinsam mit den Betroffenen Lösungsmodelle zu entwickeln, die eben nicht nur als von außen aufgesetzt wirken

– das also lernt man, unter anderem, auf der Ethnologie und Kulturanthropologie in New York, Amsterdam oder Wien. Völlig unromantische, sachkompetente ExpertInnen und Expertisen sind es daher, welche die Ethnologie anzubieten hat – für jene neuen Formen von Frieden in der Welt draußen, die eine neue Zeit verlangt.

... und bei Einsätzen daheim

Damit komme ich zum Thema des „Friedens bei uns". Von gewaltsamen oder gar bewaffneten Konfrontationen sind die Länder des heutigen EU-Raumes seit 1945 erfreulicherweise verschont geblieben; sieht man von den Konflikten in Nordirland, um das Baskenland und um Korsika vielleicht einmal ab – was aber eigentlich nicht ganz zulässig ist. Denn tatsächlich spielt sich ein Großteil auch der anderen, weitgehend friedlich ausgetragenen Spannungspotentiale innerhalb des EU-Raumes ab im Beziehungsfeld zwischen solchen alteingesessenen kulturellen und sprachlichen Minderheiten einerseits, den durch Arbeitsmigration und Fluchtbewegungen in den EU-Raum entstandenen neuen Minderheiten zum zweiten und zum dritten den alteingesessenen sprachlich-kulturellen Mehrheiten innerhalb der jeweiligen Nationalstaaten der EU. Diese aber, nämlich die Nationalstaaten innerhalb der EU, verlieren zugleich an Gewicht im Rahmen des europäischen Integrations- und Erweiterungsprozesses. Alteingesessene und neu entstandene Minderheiten in oftmals sehr schwierigen Lebenslagen leben also zusammen mit kulturellen Mehrheiten. Diesen aber zerrinnt die Effizienz ihres bisherigen hauptsächlichen politischen Instrumentariums zwischen den Fingern: Die Mechanismen der jeweiligen Nationalstaaten werden unwichtiger, jene des Integrations- und Erweiterungsprozesses gewinnen an Bedeutung.

Neo-nationalistische Gegenreaktionen gegen diese Tendenzen sind mittlerweile in Europa keine Seltenheit mehr. Sie richten sich sowohl gegen oben und unten, also gegen „Brüssel" ebenso wie gegen die alten und neuen Minderheiten. Dass diese neo-nationalistischen Tendenzen innerhalb von Europa gerade in wohlhabenden Kleinstaaten am frühesten und massivsten auftreten – also in Dänemark und Norwegen, in der Schweiz, in Belgien und eben auch in Österreich –, das ist wohl gar kein Zufall: Im stürmischen Integrations- und Erweiterungsprozess erscheint gerade in kleinen und manchmal auch jungen Nationen die eigene Zukunft viel eher bedroht und ungewiss, als es in den europäischen Großstaaten der Fall ist. In diesen kleinen, wohlhabenden Staaten verbindet sich also oftmals ein bestimmter, sich bedroht fühlender nationaler Kulturpessimismus mit Wohlstandschauvinismus zu einem ausgeprägten Neo-Nationalismus.

Selbstverständlich hat all das auch und vor allem mit EU-Integration und Globalisierung zu tun. Sich in diesen Fragen bei der Analyse und Expertise nur in nationalen Besonderheiten zu verlieren bringt herzlich wenig; hier bloß nach etablierten Kategorien von Links und Rechts vorzugehen bleibt äußerst unergiebig. Wer sich also darin erschöpft, im je einzelnen Nationalstaat über Rechtsrucke zu lamentieren und nach staatlichen Eindämmungsmaßnahmen zu rufen, der hat in intellektueller und akademischer Hinsicht ziemlich wenig verstanden. Die zentralen soziokulturellen Entwicklungen im Europa von heute verlaufen nämlich unterhalb und oberhalb der Nationalstaaten (Gingrich 2002).

Man versteht nun etwas besser, warum das Image der früher wohletablierten, großen akademischen „Tanker" in den Geistes-, Sozial- und Humanwissenschaften mittlerweile so scheußlich schlecht geworden ist. Philosophie, Politikwissenschaften, Pädagogik, Publizistik oder Soziologie etwa haben über Jahrzehnte hinweg den Nationalstaat als ihr entscheidendes Referenzsystem angesehen. Daher sind diese großen „Tanker" heute ziemlich leck und manövrierunfähig geworden. Sie haben einst die intellektuelle Nachkriegsordnung in vielen demokratischen Industrieländern sicher entscheidend und auch verdienstvoll geprägt. Inzwischen aber ist es gerade diese vorsintflutliche Staatsfixiertheit der überdimensionierten und leck gewordenen Tanker, die sie eher als Museumsobjekte denn als Zukunftskräfte erscheinen lässt. So wie der Ost-West-Gegensatz auf internationaler Ebene nicht mehr taugt, um globale Probleme von heute zu verstehen, so ist eine exklusive Konzentration auf den Staat auf lokaler und regionaler Ebene völlig obsolet. Es ist vielmehr gerade die Verbindung und Wechselbeziehung zwischen dem Lokal-Regionalen und dem Europäischen und Globalen, die entscheidend sind für ein Verständnis und ein Schaffen von „Frieden bei uns". Für derartige Analysen, Expertisen und Problemlösungsansätze zum „Frieden bei uns" ist die Ethnologie als kleine und interkulturelle Disziplin, für welche die Staatsthematik eigentlich immer eher von sekundärer Bedeutung war, ganz einfach viel besser vorbereitet als die leck gewordenen Transporteure einer untergehenden, staatsfixierten intellektuellen Nachkriegsordnung.

Verständnis für und Förderung von Friedensfaktoren bei uns kann eben nicht ausschließlich bei der staatlichen Obrigkeit eingefordert werden. Primär hat dies auf radikal andere Weise zu erfolgen, nämlich im Wege der Zivilgesellschaft. Das bedeutet daher für die Forschung, interkulturelle und praxisorientierte Expertise in genau jenen drei Bereichen zu entwikkeln, die wir als Spannungssphären „bei uns“ in neuen globalen Kontexten bereits identifiziert haben – also im konfliktuellen Beziehungsfeld zwischen 1.) alten und 2.) neuen Minderheiten mit 3.) verunsicherten Mehrheiten.

Ich will auch hier nur kurz und beispielhaft aufzeigen, was EthnologInnen in diesen Feldern der Zivilgesellschaft bei uns leisten. Dass sie gerade im Bereich der Arbeiten unter alten und neuen Minderheiten in Österreich und in anderen EU-Ländern bereits über einen enormen Erfahrungsschatz verfügen, darf ich als längst bekannt voraussetzen (Schiffauer 1997): Seit Jahren arbeiten unsere Absolventinnen als ExpertInnen im Bereich der heimischen Asyl- und Migrationsforschung und -beratung ebenso wie im Feld des Schutzes für alte Minderheiten (Kroner 2000; Nardelli 1998; Reiser 2000; Schwab 1998). Weniger bekannt ist aber, dass ethnologische interkulturelle Kompetenz auch in der Zivilgesellschaft der jeweiligen sprachlich-kulturellen Mehrheiten der EU-Länder längst Fuß gefasst hat. Dafür will ich abschließend auf zwei Beispiele eingehen.

Als erstes führe ich die Arbeit von visuellen AnthropologInnen unter Großstadt-Jugendlichen im Rahmen von kommunalen oder NGO-Servicestellen in London, Berlin, Antwerpen oder eben auch in Wien an. Das Einüben sinnvoller und aktiver Umgangsformen mit den neuen visuellen Medien erschließt nicht nur einem ganzen Wirtschaftszweig eine jugendliche, aufgeweckte und interessierte Schicht zukünftiger KäuferInnen und KonsumentInnen, welche auf diese Weise immerhin von Anfang an gelernt haben, sachkundig und kreativ mit den visuellen Medien umzugehen. Der spezifische Beitrag visueller AnthropologInnen geht in diesem Feld aber weit über den pragmatischen und wirtschaftsfreundlichen Aspekt hinaus. Indem diese Jugendlichen in ihrer Freizeit zu spielerischem Umgang mit den Neuen Medien angeregt werden, schaffen sie sich selbst Sinn, wo sonst oft Leere und Sinnlosigkeit drohen würden. Und indem die Jugendlichen mithilfe der Neuen Medien, unterstützt und instruiert von visuellen AnthropologInnen, gerade auch das Zusammenleben und die Konflikte mit Familie ebenso wie mit Jugendlichen auch anderer kultureller Herkunft in der Schule, im Park oder in der Disco dokumentieren, lernen sie zugleich, mittels der Neuen Medien eher über diese potentiellen Konfliktfelder nachzudenken als neue Aggressionen aufzubauen (Hartmann 1998; Pichler 1999; Rakoš 1994).

Das letzte Beispiel hat selbst uns erstaunt. Auch dieses Beispiel handelt von ethnologischen Interventionen in der eigenen Zivilgesellschaft, zum Zweck der Förderung friedlicher Umgangsformen bei uns: Als wir vor etwas über einem Jahr die Daten einer Erhebung über die beruflichen Aktivitäten unserer AbsolventInnen des Kulturanthropologie- und Ethnologie-Studiums auswerteten, stellten wir überrascht fest, dass sich ein beachtlicher Prozentsatz dieser AbsolventInnen mittlerweile, sozusagen auf eigene Faust, recht gut im Geschäft des Betriebs- und Unternehmens-Consultings etabliert hatte. Hier liegt also offenbar ein neuer Bedarf vor, dem wir mittlerweile ebenfalls durch das Ausbildungs-Modul „Organisations-Ethnologie" in unserem neuen Studienplan Rechnung zu tragen versuchen. Wenn uns Banken, Versicherungen oder andere Branchen hier die Mittel zur Verfügung stellen – dies ist ein unverhohlener Wink mit dem Zaunpfahl –, so sind wir gerne bereit diesen Ausbildungsakzent weiter zu verstärken.

Natürlich ist in diesem Bereich die Konkurrenz groß, und die Ethnologie stellt dabei keinerlei Alleinvertretungsanspruch. Aber erstens baut Consulting insgesamt nun einmal genau auf dem Prinzip des „fremden Blickes" auf, der zum ureigensten methodischen Instrumentarium der Ethnologie zählt. Dies besagt im Wesentlichen, dass verständnisvolle und kompetente Fremde, die von außen kommen, oft eher in der Lage sind, die Probleme des ganzen Waldes zu erkennen, als die im Unterholz verstrickten AkteurInnen selbst.

Was ist es noch, was die Ethnologie mit Consulting zu tun hat, neben diesem Grundprinzip der Herangehensweise? Alltagsrituale, Mythen, Eigen- und Fremdzuschreibungen sind zentrale Themen der ethnologischen Forschung, und zugleich prägen sie auch die Interaktionen und die oft eingefahrene Routine im Firmenleben. Dass heutzutage Firmen und ähnliche Organisationen von einer „Firmenkultur" sprechen, das mag da oder dort eine geschmackvolle Übertreibung sein – dennoch zeigt es an, dass führende Wirtschaftskreise bereits verstanden haben: Hier geht es immer auch um mehr als bloß um betriebswirtschaftliches Know-how (Pfattner 1998). Von Kultur, Alltagsritualen und vom Zusammenleben unterschiedlicher Gruppen – etwa nach einer Übernahme oder einem Merger –, davon verstehen die EthnologInnen allemal mehr als die Konkurrenz im Consulting-Bereich. Daher ist es kein Zufall, dass einer der Bestseller am internationalen Buchmarkt über innerbetriebliche Verhandlungen von zwei Harvard-Professoren verfasst wurde – der eine ist Jurist und der andere ist Ethnologe (Fisher/Ury 1991).

Die Ethnologie hat sich also in diesem Feld tatsächlich bereits etabliert, auch wenn die Konkurrenz dies nicht immer freut. Wir nehmen unsererseits schmunzelnd zur Kenntnis, dass viele juridische Fakultäten für den rechtsnahen Bereich seit neuestem Ausbildungsgänge für Mediation (also für friedliche, außerjuristische Streitbeilegung) in ihre Studienpläne aufgenommen haben. Dem haben sich ganze Legionen von PsychotherapeutInnen und empirischen SoziologInnen gleich hurtig angeschlossen. Wir werden ja sehen, was der Markt zu diesen raschen, recht unilateralen Kompetenzerweiterungen und Selbstaufwertungen sagt. Natürlich versuchen die Kommandeure der alten Tanker, nervös und ängstlich geworden und häufig in notgedrungenem Pfusch, ihre Lecks zu stopfen und zu flicken.

Andererseits spricht es für und nicht gegen uns EthnologInnen, wenn sich immer weitere Teile der akademisch-intellektuellen Landschaft unserer Konzepte und Einsichten bedienen, wenn wir diese Konzepte und Einsichten somit erfolgreich exportieren. Sicher ist jedenfalls, dass wir Ethnologinnen und Ethnologen von Mediation mindestens so viel verstehen wie die zahlreichere und lautstärkere, oftmals pfuschende Konkurrenz in diesem Bereich. Nolens volens muss diese Konkurrenz ohnedies zugeben, dass das Prinzip der Mediation aus der Ethnologie stammt. Dieses Prinzip eines neutralen, respektierten und kompetenten Vermittlers und Schlichters in Streitfällen ist tatsächlich ein der Ethnologie bestens vertrauter, erfolgreicher und bewährter Friedensmechanismus der nahöstlichen und arabisch-islamischen Welt, in der auch ich selbst meine wichtigsten empirischen Arbeiten durchgeführt habe (Gingrich 2001).

Daraus wird deutlich, dass die Prioritäten im Feld angewandter Forschungen ebenso wie im Feld der auftragsorientierten Bedarfs-Expertise sich nicht nur blind aus dem Markt heraus ergeben: Zugleich müssen sie informiert und geleitet sein von theorieinspirierter und problemorientierter Grundlagenforschung.

Aus all dem lässt sich folgendes Fazit ziehen: Kulturanthropologie und Ethnologie verzeichnen seit längerem einen anhaltenden Aufwärtstrend, der mit dem Ende der internationalen und der europäischen Nachkriegsordnung direkt zusammenhängt. Wir sind keine selbsternannte Heilsdisziplin, keine lauten Konjunktur-SpekulantInnen, keine eitlen AlleskönnerInnen. Aber einiges können wir schon recht gut, was mit Friedensarbeit unter den Kulturen der Welt zusammenhängt. Die Tätigkeitsfelder von internationalen Friedenseinsätzen, von Migrations- und Minderheitenarbeit, von visueller Anthropologie unter urbanen Jugendlichen und von Ethnologie im Bereich von betrieblichem Consulting und Mediation sind dafür als Beispiele genannt worden. Wir Ethnologen und Ethnologinnen sind eine kleine, global eng vernetzte Gemeinschaft von Querköpfen und oft unbequemen IndividualistInnen. Angenehm ist es mit uns nicht immer. Was wir aber anzubieten haben, das sind originelle, paradoxe und unprätentiöse, berufsmäßige Interventionen in kulturelle Konfliktfelder – für ein gutes Zusammenleben bei uns und in der Welt.

Literatur

FISHER, Roger/URY, William

1991 Getting to Yes: Negotiating agreement without giving in. (2nd edition, with Bruce Patton). New York.

FRANK, Miriam A./GINGRICH, Andre/MAIERHOFER, Sabine

2000 Viele Kulturen – eine Welt. Wie schließen wir Frieden mit Anderen? In: Vogt, Wolfgang R. (Hg.): Krieg oder Frieden – Vom Kult der Gewalt zur Kultur des Friedens. Katalog der Burgenländischen Landesausstellung 2000, Burgenländische Forschungen Sonderband XXIII, Eisenstadt.

GINGRICH, Andre

1999 Erkundungen. Themen der ethnologischen Forschung. Wien, Köln, Weimar.

2001 Fremder Friede? Wie anderswo mit kriegerischer Gewalt oder deren friedlicher Beilegung umgegangen wird, nebst Randbemerkungen zu dem, was man hierzulande darüber erfährt oder auch nicht. In: Daim, Falko (Hg.): Sein und Sinn/Burg und Mensch. Katalog zur Niederösterreichischen Landesausstellung 2001. St. Pölten, S. 161-167.

2002 When Ethnic Majorities are ‚Dethroned': towards a methodology of self-reflexive, controlled macrocomparison. In: Gingrich, Andre/Fox, Richard G. (eds.): Anthropology, by Comparison. London, New York, S. 225-248.

GRÜNBERG, Georg

1968 Beiträge zur Ethnographie der Kayabi Zentralbrasiliens. Phil. Diss. Univ. Wien.

HARTMANN, Ulrike

1998 Familienvideos – Private Welt-Bilder und private Wirklichkeiten: Eine Studie aus sozial- und kulturanthropologischer Sicht. Mag. Univ. Wien.

KNORR-CETINA, Karin

1991 Die Fabrikation von Erkenntnis. Zur Anthropologie der Naturwissenschaft. Frankfurt/M.

KRONER, Gudrun K.

2000 Stationen einer Vertreibung. Somalische Flüchtlinge in Ostafrika und im Westen. Mag. Univ. Wien.

NARDELLI, Carmen M.

1998 Türkische Migrantinnen am Bodensee. Eine ethnologische Migrationsstudie über intra- und interethnische Netzwerke türkischer Migrantinnen in Vorarlberg am Beispiel der Marktgemeinde Hard. Mag. Univ. Wien.

PFATTNER, Josef

1998 Kultur und Management. Ein Beitrag der Ethnologie zur interkulturellen Kompetenz im Management. Mag. Univ. Wien.

PICHLER, Adelheid

1999 Girls go guuurrrl... Grrrls-Culture: Selbstinszenierung als identitätsstiftendes Übergangsritual. Mag. Univ. Wien.

RAKOŠ, Anna

1994 Kulturarbeit mit Immigrantenjugendlichen. Ethnologische Fallstudien am Beispiel eines Graffitiprojektes in Antwerpen/Belgien und des Theaters der Unterdrückten in Les Ulis/Frankreich. Mag. Univ. Wien.

REISER, Karl M.

2000 Identitäts- und Interessenspolitik „türkischer" Migranten-Organisationen in Wien. Phil. Diss. Univ. Wien.

SALAT, Josef

1976 Hermeneutische Vernunft und Ethnologische Forschung. Phil. Diss. Univ. Wien.

SCHIFFAUER, Werner

1997 Fremde in der Stadt. Zehn Essays über Kultur und Differenz. Frankfurt/M.

SCHWAB, Christine

1998 Identitätsbildung der burgenländischen Ungarn. Politische, kulturelle und ethnische Aspekte eines historischen Prozesses. Mag. Univ. Wien.

Freiheit, Leidenschaft (und Macht)

EthnologInnen[1] in der Wissenschaft

Eva Ackermann und Gertraud Pantucek

Dieser Beitrag beschäftigt sich mit der Arbeit und dem Leben von EthnologInnen in der Wissenschaft. Was bedeutet die Entscheidung, wissenschaftlich tätig zu sein, für ihr individuelles Lebenskonzept, wovon ist ihr Arbeitsalltag geprägt und welche existenziellen Rahmenbedingungen sind für EthnologInnen in der Wissenschaft charakteristisch? Wie ist es um ihre subjektive Befindlichkeit bestellt, worin sehen sie Chancen und Probleme und gibt es dabei Besonderheiten und Gemeinsamkeiten? Welche Ausbildung erachten sie für notwendig und günstig, um gute wissenschaftliche Arbeit zu leisten, und wie sieht ihr Berufsprofil aus? Macht es einen Unterschied, als Frau oder als Mann diesen Beruf zu ergreifen?

Diesen Fragestellungen werden wir in zwei Teilen nachgehen. Vorerst beleuchten wir anhand von Studien und offiziellen Arbeitsplatzbeschreibungen das Berufsziel „Kultur- und Sozialanthropologe/Sozialanthropologin". Danach stellen wir die Ergebnisse einer eigenen Befragung vor, bei der wir die konkreten Arbeits- und Lebensweisen von EthnologInnen in der Wissenschaft erforschten. Die bemerkenswertesten Ergebnisse aus unserer Untersuchung sind in einem Resümee zusammengefasst.

Arbeit als EthnologIn: Wissenschaft ist (nur) eine Option

Bis vor kurzem arbeiteten EthnologInnen entweder in einem Museum oder an einer Universität. Erste Einstiege in diese Institutionen erfolgten meist bereits während des Studiums über Hilfsarbeiten und Mitwirkung bei Forschungstätigkeiten und Projekten der Lehrenden. Die Profession

1. Der Einfachheit und Lesbarkeit halber wird in unserem Beitrag von EthnologInnen die Rede sein. Gleichzeitig ist dazu in Betracht zu ziehen, dass sich die Bezeichnung des Instituts von „Völkerkunde" zu „Ethnologie, Kultur- und Sozialanthropologie" (EKSA) gewandelt hat. Die persönliche Berufsbezeichnung nach Abschluss des Studiums ist relativ unterschiedlich (vgl. dazu auch Ergebnisse unserer Befragung).

Wissenschaft erhielt durch den steten Ausbau der Bildungseinrichtungen während der letzten 30 Jahre einen Bedeutungszuwachs. Der Anstieg der MaturantInnenquote und der offene und kostenlose Hochschulzugang führten zu dem Phänomen der „Massenuniversität"; obwohl die finanziellen und personellen Ressourcen stark ausgebaut wurden, konnten sie beim geforderten Ausmaß von Lehre und Forschung schwer mithalten. Mit der sozialen Öffnung der Hochschulausbildung kamen erstmals auch Studierende aus Angestellten-, ArbeiterInnen- und Bauernfamilien in größerer Zahl an die Universitäten. Davon profitierten im Besonderen Frauen. So stieg der Frauenanteil unter den Studierenden zwischen 1974/75 und 1994/95 von 31,7 Prozent auf 45,7 Prozent und bei den Studienabschlüssen von 24,9 Prozent auf 42,9 Prozent (vgl. Schliesselberger/Strasser 1998: 47). Auch beim Studium der Ethnologie ergab sich eine starke Steigerung der Studierendenzahlen. Derzeit sind zirka 2.000 Haupt- und NebenfachstudentInnen in der Studienrichtung Völkerkunde inskribiert. Zwischen 1982 und 1998 schlossen 212 Frauen (= 69,5 Prozent) und 93 Männer (= 30,5 Prozent) ihr Ethnologiestudium ab (vgl. Nöbauer/Zukkerhut 2002: III.3).

Der enorme Anstieg der Studierendenzahlen konnte durch eine Vermehrung der Stellen nicht aufgefangen werden und so wurde die Betreuungssituation an den Universitäten zunehmend unbefriedigender. Seit Anfang der 1990er Jahre stiegen die Studierendenzahlen noch weiter, durch die Sparprogramme der Bundesregierung war jedoch kein Personalausbau mehr möglich. So beträgt auch am Wiener Institut für Ethnologie, Kultur- und Sozialanthropologie die Relation von Lehrenden zu Studierenden 8:2000. Die Wahrscheinlichkeit, nach Beendigung des Studiums eine Anstellung im universitären Bereich zu erhalten, ist daher nur gering. Welche Möglichkeiten sich dennoch finden, als EthnologIn wissenschaftlich tätig zu sein, wird im Folgenden beschrieben.

Berufsprofil: „Wissenschafts-EthnologIn"[2]

Mit der sozialen Öffnung auch in geschlechtsspezifischer Hinsicht der Universitäten in den 70er Jahren kam es zu starken Demokratisierungsprozessen – wie der Ablösung der „Gelehrtenuniversität" durch die „Gruppenuniversität" – und zu einem veränderten Wissenschaftsverständnis. Emanzipatorische Bestrebungen, die Infragestellung rein objektiver und an Objekten orientierter Forschung und die Entwicklung alternativer Forschungsansätze wurden z.B. von Ewald Krainz als notwendige „Verflüssigungsprozesse" von Wissenschaft beschrieben (vgl. Krainz 1984: 20). Im Bereich der Sozialwissenschaften wurden dabei die Beach-

2. Damit bezeichnen wir in Folge EthnologInnen, die als EthnologInnen wissenschaftlich tätig sind und damit zumindest teilweise auch ihren Lebensunterhalt bestreiten.

tung von „Subjektivität" und „Prozesshaftigkeit" besonders wichtig, ebenso das jeweilige individuelle und kollektive Erkenntnisinteresse. Diese Modernisierung wissenschaftlicher Forschung brachte auch im Rahmen der Völkerkunde neue Paradigmen und eine veränderte Form der Ausbildung und Forschung. So werden z.B. ethnologische Forschungen zunehmend auch in der eigenen Gesellschaft und im europäischen Raum durchgeführt, es gilt insgesamt, neue „Wege zur transkulturellen Analyse" (Gingrich 1999: 176) zu überlegen.

Primäre Aufgabe von Wissenschafts-EthnologInnen ist ihre aktive Beteiligung an anthropologischen und interdisziplinären sozialwissenschaftlichen Diskursen. Diese Teilnahme erfolgt über eigene Forschungen und deren Publikation, über Lehrtätigkeiten im In- und Ausland und über die Auseinandersetzung mit Forschungen von FachkollegInnen. Daneben ist sowohl für an der Universität angestellte EthnologInnen wie auch für freiberuflich Tätige einiges an Organisations- und Administrationsarbeit zu leisten. Im wissenschaftlichen Diskurs wird von vielen EthnologInnen mittlerweile die Bezeichnung als „Sozial- und KulturanthropologIn" bevorzugt (vgl. auch unsere Befragung). In der Broschüre zur Studien- und Berufsinformation des Arbeitsmarktservice Wien[3] wird das Berufsprofil von EthnologInnen mit dem von Volkskundlerinnen zusammengefasst und wie folgt gekennzeichnet::

> Die Berufsidentität von *Ethno- und KulturanthropologInnen* bzw. von *Völker- und VolkskundlerInnen* [!] – sie verstehen sich als WissenschafterInnen der »kulturellen Übersetzung« – hat sich über die Jahre hin gewandelt: Ihr Betätigungsfeld ist breiter, die Kooperation im Rahmen überregionaler und/oder interdisziplinärer Netzwerke wichtiger geworden. Damit wurden AbsolventInnen dieser Studienrichtung auch verstärkt in die öffentliche Kulturarbeit integriert. Typische Einsatzgebiete sind Museen, Universitäten [...]. Vielfach ist bei Forschungsprojekten auch freiberufliche Mitarbeit möglich. (Arbeitsmarktservice Österreich 1999: 68f.)

Und zur spezifischen Arbeit von WissenschafterInnen wird mitgeteilt:

> Von wissenschaftlich Tätigen wird erwartet, dass sie wesentliche Arbeitsergebnisse in Beiträgen zu Fachzeitschriften oder Büchern publizieren. Sowohl AssistentInnen wie ProfessorInnen werden im Rahmen ihrer Universitätstätigkeit zunehmend auch mit Verwaltungsaufgaben konfrontiert. [...] Für die Arbeit in Forschung und

3. In der Studieninformation des Arbeitsmarktservice, die gemeinsam mit dem Bundesministerium für Wissenschaft und Verkehr erstellt wurde, wird „Völkerkunde" gemeinsam mit der „Volkskunde" unter die Rubrik „Kulturwissenschaften" zusammengefasst. Die beiden Disziplinen scheinen auch bei der letzten Volkszählungsstatistik 1991 gemeinsam auf.

> Lehre sind vor allem die Fähigkeit, mit wissenschaftlichen Techniken umzugehen, sprachliches Ausdrucksvermögen und Teamfähigkeit gefragt; auch eine gewisse körperliche Belastbarkeit [...] ist unerlässlich. (ebd.)

In dieser Studieninformation wird auf Basis der Volkszählung 1991 angegeben, dass in Österreich etwa jede/r sechste AbsolventIn der Studienrichtung Völkerkunde bzw. Volkskunde im Wissenschaftsbereich Arbeit und eine bezahlte Beschäftigung findet (vgl. Arbeitsmarktservice Österreich 1999: 72). Insgesamt wird die Chance, im Wissenschaftsbereich bezahlte Arbeit zu finden, als nicht sehr groß, aber auch nicht als völlig aussichtslos gesehen. Mit einer Vermehrung der festen Anstellungsmöglichkeiten ist laut Einschätzung des Arbeitsmarktservice derzeit nicht zu rechnen.

Herta Nöbauer und Patricia Zuckerhut beschäftigten sich in Form einer vergleichenden Untersuchung der Studienrichtungen Völkerkunde und Physik mit der Situation von AbsolventInnen der Völkerkunde am Wiener Institut aus dem Zeitraum von 1982 bis 1997. Insbesondere interessierten sie sich dabei für die Bedingungen für Frauen im wissenschaftlichen Feld. Bei der von ihnen durchgeführten Fragebogenerhebung erklärten 50,7 Prozent der Frauen (38 von 75 Befragten; Gesamtzahl der Absolventinnen 212) und 63 Prozent der Männer (17 von 27 Befragten; Gesamtzahl der Absolventen 93), wissenschaftlich tätig zu sein (vgl. Nöbauer/Zuckerhut 2002: 138, Tabelle 5).[4] Diese vorerst hohen Zahlen ergeben sich auch aufgrund eines eher neuen Phänomens bei der wissenschaftlichen Arbeit: Relativ viele tun dies in Form von selbst organisierter Forschung als Einzelforschung und in Arbeitsgruppen. Außerdem ist der klassische Werkvertrag – und somit die „freiberufliche" Tätigkeit – die hauptsächliche und relativ unsichere Beschäftigungsform von Wissenschafts-EthnologInnen. Nöbauer/Zukkerhut belegen in ihrer Studie, dass mehr Ethnologen als Ethnologinnen eine wissenschaftliche Arbeit als Berufsfeld angaben. Während das Ethnologiestudium zwar ein „Frauenstudium" ist und zwei Drittel der AbsolventInnen Frauen sind, gehen prozentuell mehr Männer als Frauen in den Wissenschaftsbereich. Sie sprechen daher von einer „marginalen Rolle, die Ethnologinnen im Bereich der Wissenschaft einnehmen" (ebd. 45) und von einem Wechselbad zwischen Dazugehörigkeit und gleichzeitigem Ausgegrenztsein, da oft nur zeitlich limitierte Anstellungen angeboten werden. Neben dem Geschlecht ist die soziale Herkunft, d.h. der familiäre und soziokulturelle Hintergrund, für die Selektion

4. Der prozentuell hier bereits höhere Anteil von Männern, die wissenschaftlich tätig sind, ist real noch höher einzuschätzen, da kein Mann aus dem universitären Bereich den Fragebogen zurücksandte, obwohl einige Männer aus dieser Erhebungsgruppe am EKSA wissenschaftlich beschäftigt sind. Insgesamt sind nach dieser Erhebung zirka 18 Prozent der AbsolventInnen von 1982 bis 1998 wissenschaftlich tätig.

zu einer Berufslaufbahn als WissenschafterIn bedeutsam. Ebenfalls sehr prekär sind laut ihrer Untersuchung die Verdienstmöglichkeiten. So liegt der Verdienst bei einem Viertel der wissenschaftlich tätigen EthnologInnen unter der Geringfügigkeitsgrenze – und auch das daraus bezogene durchschnittliche Einkommen beträgt weniger als ATS 20.000 (1.450 Euro). Insgesamt fassen sie zusammen:

„Nicht einmal die Hälfte der wissenschaftlich tätigen EthnologInnen kann von der Wissenschaft leben, denn über 50 Prozent von ihnen üben zur Sicherung ihres Lebensunterhalts neben ihrer wissenschaftlichen Tätigkeit eine oder mehrere nichtwissenschaftliche Beschäftigungen aus. [...] Auch nach dem Studium sind die EthnologInnen [...] dazu gezwungen, sich ihre wissenschaftliche Neugierde durch andere Tätigkeiten zu finanzieren" (ebd. 42).[5]

Eine feste Anstellung für EthnologInnen als WissenschafterInnen ist in Wien derzeit an drei verschiedenen Institutionen möglich: Am Institut für Ethnologie, Kultur- und Sozialanthropologie der Universität Wien (EKSA), am Völkerkundemuseum und an der Akademie der Wissenschaften. Am EKSA sind aktuell (Juni 2000) als ständige MitarbeiterInnen 2 Professoren, 6 AssistentInnen und eine wissenschaftliche Mitarbeiterin beschäftigt. Nicht-ständige MitarbeiterInnen finden im Rahmen von Projekten ebenfalls bezahlte Anstellungen, wie derzeit z.B. im Tibetprojekt, und AbsolventInnen können mittels Stipendien ihre wissenschaftlichen Arbeiten weiterführen. Zusätzlich findet sich am EKSA ein Pool von über 50 externen LektorInnen, von denen je Semester etwa die Hälfte eine Lehrveranstaltung abhält. Nicht alle Lehrveranstaltungen werden jedoch finanziell abgegolten (vgl. Nöbauer/Zuckerhut 2002: 50). Neben festen Anstellungen und der Möglichkeit, eine (oder mehrere) Lehrveranstaltung(en) abzuhalten, arbeiten EthnologInnen in wissenschaftlichen Projekten (wiederum mit oder ohne Bezahlung). Forschungsprojekte werden derzeit primär von vier verschiedenen Forschungsförderungsstellen finanziert: vom Fonds zur Förderung wissenschaftlicher Forschung (FWF), von der Akademie der Wissenschaften, vom Wissenschaftsministerium und vom Jubiläumsfonds der Nationalbank.

Zusammenfassend ist festzuhalten, dass zumindest jede/r sechste EthnologIn nach Abschluss auch wissenschaftlich tätig ist. Viele sind dies mittlerweile aber freiberuflich mit teilweise sehr geringer oder keiner Remuneration. Auch Michael Bollig und Christoph Brumann (1999: 10) bestätigen in ihrer Studie über AbsolventInnen des Kölner Völkerkundeinstituts diese (annähernd) 15 Prozent-Quote. Den hohen Anteil der im

5. Interessanterweise wurde von einigen Interviewten der Umstand, auch nichtwissenschaftlich tätig zu sein, als Bereicherung empfunden. Die insgesamt zu geringe Entlohnung und Absicherung bei wissenschaftlichen Tätigkeiten wurde dennoch ausführlich bestätigt.

Wissenschaftsbereich tätigen Absolventen (sic!) fanden sie sehr überraschend, da er weit oberhalb aller Prophezeiungen liegt.

Wir wollen noch kurz auf die Frage eingehen, welcher Bedarf an Wissenschafts-EthnologInnen und damit auch an ethnologisch-wissenschaftlichen Expertisen gegeben ist, was deren Aufgaben sind und noch mehr werden könnten. Immer schon galten EthnologInnen als empirisch mutig und kamen in langen und meist auch wiederholten Feldforschungsaufenthalten ihrem Anliegen nahe, sich direkt und ausführlich mit ihrer Zielgruppe bzw. Zielgesellschaft zu beschäftigen. Sie wollten vieles selber vor Ort erfahren, überprüfen oder auch völlig neu kennen lernen. Dabei entstanden interessante – manchmal auch ziemlich exotische – Berichte über fremde Kulturen, die eine entsprechende gesellschaftliche Nachfrage bedienten. Wissenschaftliche Beiträge über fremde Kulturen werden auch aktuell noch nachgefragt, da am Beginn des 21. Jahrhunderts mehr als je zuvor interkulturelle Kontakte, entweder in der eigenen Gesellschaft durch MigrantInnen oder Flüchtlinge oder an anderen Orten der Welt, üblich werden und damit einerseits viel Interesse, aber auch Überforderung und Unverständnis verbunden sind. Forschungsarbeiten an den Schnittstellen zwischen Kulturen – einschließlich der Frage des Umgangs mit Rassismen –, wissenschaftliche Arbeiten zu Gender-Fragen, profunde Kulturstudien und die Auseinandersetzung mit Globalisierungsprozessen sind mittlerweile häufiger Inhalt ethnologischer Forschungen, ebenso wie Fragestellungen zu Ethnizität, Konflikt- und Friedensforschung, Minderheitenpolitik und Migration. Forschungen in interdisziplinären Teams, von denen technische, ökonomische und soziokulturelle Fragestellungen gemeinsam bearbeitet werden, sind langsam im Entstehen, könnten dem Erkenntnisfortschritt dienen und im Anwendungsbereich von Wissenschaft sehr nützlich sein. Zweifelsfrei wird es dabei auch Bedarf an Wissenschafts-EthnologInnen geben.

Nach dieser allgemeinen Beschreibung ethnologischer wissenschaftlicher Arbeit kommen wir zum zweiten Teil unseres Beitrags, den subjektiven Berichten einzelner EthnologInnen.

Befragung: Leben und Arbeit als Wissenschafts-EthnologIn

Design, Ablauf und Inhalt der Befragung

Zwischen Dezember 1999 und Mai 2000 führten wir am Wiener Institut für Ethnologie, Kultur- und Sozialanthropologie und in seinem Umfeld eine Befragung mit insgesamt zwölf wissenschaftlich tätigen EthnologInnen durch. Bei der Auswahl unserer InterviewpartnerInnen bildeten wir drei Gruppen nach der bisherigen Berufserfahrung: Studienabschluss vor 0 bis 5 Jahren, vor 5 bis 15 Jahren und vor mehr als 15 Jahren. Aus jeder Gruppe suchten wir vier Personen und achteten darauf, verschiedene Anstellungsverhältnisse einzubeziehen. Zwei Drittel der von uns Interviewten waren Frauen, was den Frauenanteil in den Kategorien „Studierende" und „Abschlüsse durch Diplom" widerspiegelt. Unsere Anfrage bezüglich der Bereitschaft zu einem Interview erbrachte nur eine Absage. Alle anderen KollegInnen berichteten gerne und ausführlich über ihre Arbeitssituation als WissenschafterInnen, wofür wir uns an dieser Stelle nochmals herzlich bedanken. Zugesichert wurde allen, strikt auf Anonymität zu achten.

Die Interviews bestanden aus zwei Teilen: einem kurzen Fragebogen zu sozialstatistischen Daten und einem offenen Leitfaden-Interview. Die Dauer der Interviews betrug zirka 90 Minuten. Sie wurden protokolliert, anonymisiert und mit Codes versehen. Wir führten sämtliche Interviews zu zweit und wechselten die Rollen als Fragende und als Protokollierende. Nach der Transkription erhielten die InterviewpartnerInnen die Protokolle mit dem Ersuchen um Autorisierung zur Durchsicht. Nach dieser Form der kommunikativen Validierung (Flick 1996: 245) analysierten wir die autorisierten Interviewtexte und erarbeiteten Kategorien, um Zusammenfassungen und Bündelungen vorzunehmen. Besonders bedeutsam waren für uns die Fragen nach Ausbildung und Qualifikationen, die erforderlich erscheinen, um als EthnologIn im Bereich Wissenschaft tätig zu sein. Zusätzlich interessierte uns, wie den KollegInnen ihr Einstieg in die Wissenschaft gelungen ist und wie sich ihre Laufbahnen bisher entwickelten. Last but not least wollten wir auch Aussagen über den Alltag der Wissenschafts-EthnologInnen erhalten und über die Auswirkungen der beruflichen Tätigkeit auf ihr Privatleben. Wir haben die Ergebnisse der Interviews in fünf Abschnitte gegliedert und werden nach der Darstellung der Selbstsicht als WissenschafterInnen sowie der dafür erhaltenen bzw. erforderlichen Qualifikation und Ausbildung die wissenschaftlichen Laufbahnen genauer beschreiben. Danach stellen wir die beschriebenen Auswirkungen auf die Lebensführung und -planung vor und werden auch der Frage nachgehen, ob es dabei einen subjektiv erkennbaren Unterschied zwischen Frauen und Männern gibt.

Selbstsicht als WissenschafterIn und Berufsbezeichnung

Auf die Frage, ob sich die von uns interviewten EthnologInnen selbst als WissenschafterInnen sehen, antworteten acht mit einem eindeutigen und zwei mit einem eingeschränkten „Ja". Einmal wurde erklärt, dass die eigene Einschätzung je nach Kontext sehr variiere und die Selbstsicht zeitweise die eines Wissenschafters/einer Wissenschafterin sei. Warum sie sich selbst als WissenschafterInnen wahrnehmen, beantworteten zwei Drittel unserer InterviewpartnerInnen mit dem Verweis auf ihre Arbeitsweise, die eben eine wissenschaftliche sei: „Ich sehe mich als WissenschafterIn, weil ich viel Zeit und Energie in wissenschaftliche Tätigkeiten investiere" (Interview 12). Wesentliches Merkmal dieser wissenschaftlichen Arbeitsweise ist die systematische Beantwortung von Fragen mit Hilfe bestimmter Methoden, das „Forschen". Als charakteristisch gilt dabei auch die „Eigenständigkeit" während des wissenschaftlichen Arbeitens. Ausdrücklich wurden die Vernetzung innerhalb der Wissenschaft, aber auch die Interaktion mit NichtwissenschafterInnen sowie Praxisnähe als Bestandteile wissenschaftlichen Arbeitens verstanden. Schließlich gilt ein Bezug zur Öffentlichkeit als weiterer wichtiger Faktor, der von insgesamt sieben unserer Befragten angesprochen wurde. Gemeint ist damit vor allem die Vermittlung neu gewonnenen Wissens, einerseits in Form von Vorträgen bzw. durch Lehrtätigkeit, insbesondere aber auch durch Publikationen. Als ein wichtiges gesellschaftspolitisches Ziel der Arbeit als Wissenschafts-EthnologIn wurde dabei genannt: „Das Bewusstsein und das Wissen [...] in unserer Gesellschaft erweitern und so zur Bewusstseinsbildung beitragen" (Interview 4). Eine öffentliche Zuschreibung und Wahrnehmung als WissenschafterIn wird als Bestärkung der eigenen Selbstsicht empfunden, ebenso wie die Bezahlung für eine wissenschaftliche Arbeit. So lautete eine Antwort auf die Frage, warum er/sie sich als WissenschafterIn sehe, schlicht und einfach: „Weil ich dafür bezahlt werde" (Interview 7).

In Bezug auf die eigene Berufsbezeichnung lässt sich ein klarer Trend ausmachen: Nur drei der Befragten bezeichnen sich als „EthnologInnen", während eine Mehrheit inzwischen die Titulierung „Kultur-" bzw. „SozialanthropologIn" oder auch „Kultur- und SozialanthropologIn" bevorzugt (5 Nennungen). Zwei unserer InterviewpartnerInnen sehen sich als „Kultur-" und/oder „SozialwissenschafterInnen". Die Bezeichnung „EthnologIn" wird von einigen als zu eng angesehen.

Qualifikationen und Ausbildung

Zunächst profitierten die befragten WissenschafterInnen vom Sachwissen, das sie im Verlauf des Ethnologiestudiums erworben haben bzw. auf welches sie sich auch durch die Themenwahl von Diplomarbeit und Dissertation spezialisierten. Daneben dürften die im Studium vermittelten Inhalte aber auf eine eher übergeordnete Art und Weise für wissenschaftliches Arbeiten von Bedeutung sein. So meinen viele, dass das Ethnologiestudium dazu befähige, Wissen zu vermitteln und zu verbalisieren, in größeren Zusammenhängen zu denken, Argumentationslinien zu verfolgen, sich mit Theorien und Konzepten wissenschaftlich auseinanderzusetzen, diese zu diskutieren, zu kritisieren und als Basis für die eigene wissenschaftliche Arbeit zu nützen bzw. um damit eigene Konzepte zu erarbeiten.[6] Eine wesentliche Rolle nimmt in diesem Zusammenhang eine

6. Die hier angeführte Reihung der erworbenen Fähigkeiten erfolgt nach der Häufigkeit ihrer Nennung.

spezifisch ethnologische Kompetenz ein: „Das Ethnologiestudium sozialisiert auf eine gewisse Weise“ (Interview 4) – es sensibilisiert für die Wahrnehmung von Eurozentrismen und kulturellen Prozessen. Auch Michael Bollig und Christoph Brumann (1999: 16) kamen in der Kölner Studie zu ähnlichen Ergebnissen und betonen in ihrem Fazit den Erwerb des „ethnologischen Blicks“, der es erleichtert, mit neuen und ungewöhnlichen Situationen zurechtzukommen.

Nur zwei Befragte gaben an, wissenschaftliches Schreiben im Rahmen des Ethnologiestudiums gelernt zu haben; eine/r davon jedoch erst im Doktoratsstudium; ein/e Befragte/r erwarb während des Studiums Kenntnisse der Projektorganisation und einige konnten Vortragstechniken in Form von Referaten, die zum Teil auch außerhalb der Universität gehalten wurden, einüben. Insgesamt waren aber wissenschaftliche Arbeitstechniken im Rahmen des Studiums ein unterschätztes Thema. Dies trifft insbesondere auf empirische Forschungstechniken zu. So wurden Feldforschungsmethoden theoretisch und praktisch nur unzureichend vermittelt (6 Nennungen): „Bei der Feldforschung galt auf vielen Ebenen: ‚learning by doing'“ (Interview 3). Teilweise wurden diese Mängel im Studienangebot durch die persönliche Beratung von Seiten des Betreuers der Diplomarbeit bzw. der Dissertation wieder ausgeglichen. Zum Thema Feldforschung meint auch Hans Fischer, dass sie lange Zeit kein Gegenstand der Ausbildung war und als „Kunst“ gesehen wurde, die in privaten Gesprächen zwischen älteren und jüngeren Kollegen abgehandelt wurde (vgl. Fischer 1998: 88). Michael J. Agar (1980: 2f.) beschreibt die „mystique about fieldwork“ und ihre Bedeutung als Einstiegsritus für die Anerkennung als professionelle/r VölkerkundlerIn. Diese prinzipielle Haltung der Nichtlehrbarkeit von Feldforschung konnte in den letzten Jahren zwar überwunden werden; aufgrund der großen Änderungen und Entwicklungen im Fach (z.B. Forschungen auch in der eigenen Gesellschaft und in Städten, starke Problemorientierung und zunehmende Einbeziehung auch der Beforschten etc.) bedarf es aber sicher noch weiterer Anstrengungen, um Feldforschungstechniken im Rahmen der Ausbildung fachgerecht zu vermitteln.

Nicht ausreichend gelehrt wurden neben wissenschaftlichen Schreib-, Vortrags- und Recherchetechniken auch theoretische Grundlagen, wie z.B. vertiefende Lehrangebote zur Wissenschaftstheorie oder zu neueren sozial- und kulturanthropologischen Theorien.[7] Ebenso wurde notwendiges Hintergrundwissen, das wissenschaftliche Arbeit teilweise erst ermöglicht, oft nicht im gewünschten Ausmaß an die Studierenden weitergegeben. So gab es wenig Informationen in Bezug auf die Organisation und Finanzierung von Projekten von Seiten des Instituts. „Wer etwas wusste, hatte Glück und behielt dies oft für sich: die Leute wollten ihre ‚Futtertrö-

7. Es ist hinzuzufügen, dass solche Angebote in den letzten Jahren bedeutend erweitert wurden.

ge' schützen" (Interview 3). Insgesamt äußerten fast alle der von uns interviewten WissenschafterInnen die Ansicht, dass wissenschaftliche Grundlagen im eigenen Studium nicht in ausreichendem Umfang vermittelt wurden. Diese Feststellung wurde unabhängig davon gemacht, wie lange der eigene Studienabschluss zurückliegt. Die WissenschafterInnen, deren Studienabschluss mehr als fünf Jahre zurückliegt, sind jedoch der Meinung, dass das derzeitige Studium für eine wissenschaftliche Tätigkeit besser qualifiziert als ihr eigenes Studium und sich also inzwischen einiges zum Positiven verändert hat. Tatsächlich haben sich die Studienangebote stark gewandelt. Lehrveranstaltungstitel lassen auf andere Studieninhalte schließen und „versprechen [...] sehr viel" (Interview 10). Dabei handelt es sich jedoch vorwiegend um nicht verpflichtende Angebote, denn „der Erwerb entsprechender Qualifikationen hängt stark vom Einzelnen ab" (Interview 10). Alle Interviewten waren der Ansicht, dass die Vermittlung wissenschaftlicher Grundlagen eindeutig im Zuständigkeitsbereich und in der Verantwortung des Instituts liege. „Ich halte es für die erste Aufgabe der Universität, ein wissenschaftliches Fach gut zu vermitteln, und deshalb ist es Aufgabe des Instituts, eine gute wissenschaftliche Grundausbildung anzubieten und gute wissenschaftliche Arbeit einzufordern" (Interview 7).

Wichtig erscheint dabei, dass eine fundierte wissenschaftliche Ausbildung nicht in Konkurrenz steht zu mehr „Anwendungsorientierung". Gute sozialwissenschaftliche Praxis benötigt ohnedies direkten Kontakt zu sozialer Praxis. Und auch umgekehrt können die so genannten „PraktikerInnen" von wissenschaftlichem Know-how profitieren.

Zur Frage der zukünftigen Ausbildung von Wissenschafts-EthnologInnen waren die Antworten eher uneinheitlich, wenn auch klarerweise die Notwendigkeit der Vermittlung wissenschaftlicher Arbeitstechniken besonders hervorgehoben wurde: „Vier Werkzeuge sind ‚Basics' für das wissenschaftliche Arbeiten und die sind besonders zu schulen: Lesen, Reden, Schreiben und die Darstellung in der Öffentlichkeit" (Interview 7). Eine gezielte Einführung in wissenschaftliches Arbeiten sollte unbedingt bereits im ersten Studienabschnitt verankert werden und für alle Studierenden verpflichtend sein – dies auch im Hinblick darauf, dass es am Beginn des Studiums oft nicht erkennbar ist, ob nicht doch eine wissenschaftliche Karriere angestrebt wird. Eine stärkere Praxisorientierung im Sinne von mehr Forschungspraxis wird als eine gute Grundlage für wissenschaftliches Arbeiten angesehen. Dabei sollten auch besonders Referier- und Schreibtechniken geschult und konkrete Anleitungen für Feldforschungen gegeben werden. In Bezug auf die Notwendigkeit der Vermittlung von Statistikkenntnissen waren sich die befragten EthnologInnen uneinig: Fünf InterviewpartnerInnen erscheint dies als zielführend, während andere hierzu durchaus starke Vorbehalte äußerten. Im Rahmen von Lehrveranstaltungen mit Übungscharakter ließe sich neu gewonnenes Wissen, etwa zu empirischen Methoden oder zum

„Schreiben", in die Praxis umsetzen, vielleicht sogar in Form von mehreren aufeinander folgenden Forschungspraxissemestern. Nicht zuletzt könnte dieser pragmatische Zugang auch einen wichtigen Beitrag zur „Entmystifizierung" von Wissenschaft leisten. Die Vermittlung von Kenntnissen der Projektorganisation und von „Wissenschaftsmanagement" ist nach Ansicht von zwei Dritteln unserer InterviewpartnerInnen ein wünschenswerter Studieninhalt zur Vorbereitung auf eine wissenschaftliche Berufslaufbahn. Insbesondere wurde in diesem Zusammenhang die Beantragung und Finanzierung von Projekten angesprochen und dies vor allem von WissenschafterInnen mit freiberuflicher Berufspraxis betont.[8]

Zusammenfassend sollten nach Meinung unserer InterviewpartnerInnen im Rahmen einer ethnologisch-wissenschaftlichen Ausbildung in erster Linie Grundkenntnisse und Fähigkeiten in folgenden – sich überschneidenden – Bereichen vermittelt werden: wissenschaftliches Arbeiten, empirische Methoden unter besonderer Berücksichtigung der Ethnologie, Forschungspraxis, Projektorganisation, Statistik und Vortragstechniken. Außeruniversitäre Forschung verlangt von ihren AkteurInnen besondere Kenntnisse über Konzeptualisierung und Organisation von Forschungsprozessen. So sieht es etwa auch Günter Hefler (1999: 221) als dringend geboten, bereits in den Studienplänen der kulturwissenschaftlichen Disziplinen die Forschungsaktivitäten zu forcieren und in den Vordergrund zu rücken. KulturwissenschafterInnen „können helfen, Wissensbedürfnisse zu erkennen, bestehende Erkenntnisse zu erschließen, Forschungszyklen mit all ihren Fragen von Kooperation über Finanzierung bis hin zur Publikation in Gang zu setzen und zu steuern und Wissensbestände für unterschiedliche soziale Kontexte zu übersetzen. Mit den Problemen der Forschungspraxis – vom Termindruck bis zu Konflikten im Team und mit Dritten – sind sie vertraut und in der Lage, mit diesen und ähnlichen Herausforderungen umzugehen." Die Gründung von Forschungs- und Kulturvermittlungsunternehmen ist für ihn ebenfalls gut vorstellbar, um bezahlte wissenschaftliche Tätigkeit ausführen zu können. Auch das könnte bereits in der Ausbildung vorbereitet werden.

Karriere als Wissenschafts-EthnologInnen

In unseren Interviews fanden wir keine gleiche oder gar typische Form einer ethnologischen wissenschaftlichen Laufbahn, sondern sehr individuelle Einstiege und Weiterentwicklungen. Dennoch lassen sich einige Gemeinsamkeiten in den Lebensläufen unserer InterviewpartnerInnen

8. Dazu sei nur kurz angemerkt, dass das Wissen über die Hintergründe und das Funktionieren des Systems immer auch dazu dient, Macht zu stabilisieren und Ein- bzw. Ausschlüsse zu regulieren. Es ist daher nicht nur eine Frage von allgemeinen Informationen, ob eine Beantragung von oder Teilnahme an Projekten möglich ist, sondern immer von Kontakten und Beziehungen.

erkennen. Alle (!) befragten wissenschaftlich tätigen EthnologInnen waren während ihres Studiums teil- oder vollzeitberufstätig. Die ausgeübten Tätigkeiten waren völlig verschiedener Art. Jedoch sehen sieben InterviewpartnerInnen Zusammenhänge zu ihrer jetzigen wissenschaftlichen Tätigkeit, etwa durch ähnliche Anforderungen, wie beispielsweise dem Referieren vor Publikum, oder auch durch verwandte Arbeitsthemen. Für Einzelne sind auch Kontakte aus dem früheren Berufsfeld wissenschaftlich nutzbar. Gut die Hälfte hat nach eigenen Angaben bereits während des Studiums an wissenschaftlichen Projekten mitgearbeitet – sowohl mit als auch ohne Bezahlung (7 Nennungen). Die Mehrheit unserer Befragten verfügt über eine zusätzliche, vom Ethnologiestudium unabhängige Berufsausbildung (8 Nennungen). Vielleicht ermutigt diese zusätzliche Ausbildung auch dazu, den Schritt in die Wissenschaft zu wagen – in der Annahme, dass ein Ausstieg bzw. eine Rückkehr in den Grundberuf möglich ist. Im Rückblick auf ihren eigenen bisherigen Lebenslauf erklärten mehrere unserer InterviewpartnerInnen, eine wissenschaftliche Laufbahn nie gezielt angestrebt zu haben, sondern diese sei vielmehr „passiert" bzw. habe sich ergeben. Acht der von uns Befragten meinen, dass „Glück" bzw. „Zufall" großen Einfluss auf den Werdegang eine/r WissenschafterIn haben: Es geht darum, zur richtigen Zeit am richtigen Ort zu sein. Die eigene Karriere nach dem Glücks- und Zufallsprinzip zu beschreiben ist laut einer Untersuchung von Doris Ingrisch und Brigitte Lichtenberger-Fenz (1999: 68) gerade für Frauen eine übliche Form der Selbstpräsentation. Frauen haben hinsichtlich ihrer Mitarbeit im Wissenschaftsbetrieb wenig Zutrauen zu ihren Fähigkeiten und aus diesem Grund oder wegen einer nichtakademischen Herkunft erscheint eine Berufsmöglichkeit als Wissenschafterin als unerwartetes Glück. Interessant ist, dass auch die vier von uns interviewten Männer keine klarere Karriereplanung beschrieben und ebenfalls „Glück" und „Zufall" sehr betonten. Wir sehen darin einen Ausdruck der Intransparenz von wesentlichen Entscheidungs- und Machtstrukturen, die jedenfalls für EinsteigerInnen – aber sichtlich nicht nur für diese – besteht. Zudem war in unseren Interviews nie von Konkurrenz die Rede. Es ist wohl persönlich angenehmer, das Glücks- und Zufallsprinzip im Vergleich zu kalkulierter Durchsetzung in den Vordergrund zu stellen und so in Erinnerung zu behalten.

Wissenschaft zum Beruf zu machen kann andererseits aber auch eine große und bisweilen schwierige Entscheidung bedeuten. Vorbildern und MentorInnen kommt in diesem Zusammenhang eine wichtige bestärkende Funktion zu. „Förderungsbeziehungen oder Mentoring wirken damit auch an der Schnittstelle von Organisationskultur, von gesetzlichen Vorschriften und persönlichen Prioritäten" (Schliesselberger/Strasser 1998: 9). Zugleich warnt Sabine Strasser aber vor überzogenen Erwartungen hinsichtlich von Mentoring. Gerade Frauen und auch Minderheitenangehörige finden nicht leicht für sie passende und sie auch wirklich unterstützende MentorInnen (vgl. ebd.: 26).

Die Entscheidung für die Wissenschaft fällt insbesondere dann schwer, wenn eine andere Berufstätigkeit beendet und die damit verbundene finanzielle Absicherung aufgegeben werden muss. Ein/e Befragte/r zeigte Erleichterung darüber, die – im Rückblick – „richtige" Entscheidung bezüglich des eigenen Lebenslaufs getroffen zu haben. Bei manchen erfolgte der Einstieg in die Wissenschaft aufgrund konkreter Arbeitsmöglichkeiten und damit verbundener guter Rahmenbedingungen. Insbesondere ist an dieser Stelle das Institut für Ethnologie, Kultur- und Sozialanthropologie als „Förderstelle" zu nennen. So war unter anderem ein Lehrauftrag für einen unserer InterviewpartnerInnen ausschlaggebend für den wissenschaftlichen Einstieg. Dieselbe Person gab an, niemanden zu kennen, „der oder die (als EthnologIn) wissenschaftlich arbeitet und in keiner Form mit dem Institut in Verbindung steht" (Interview 11). Einen weiteren subjektiv wichtigen Einfluss auf die berufliche Weichenstellung in Richtung einer wissenschaftlichen Laufbahn als EthnologIn stellt die Wahl eines bestimmten Arbeitsbereichs, etwa eine bestimmte regionale Spezialisierung, dar. Nach ihrem scheinbar eher zufälligen Einstieg in die Wissenschaft geben allerdings alle an, an dem nächst höheren akademischen Grad und damit auch gezielt an ihrer wissenschaftlichen Laufbahn zu arbeiten. Ein Drittel unserer Befragten will in Zukunft eher außeruniversitär wissenschaftlich tätig sein, weil dort die Freiräume für größer eingeschätzt werden als im universitären Bereich. Vielleicht fließt in diesen Wunsch aber auch die Aussichtslosigkeit, eine feste Stelle an einer staatlichen Forschungseinrichtung zu erhalten, ein. Mehr als die Hälfte der interviewten WissenschafterInnen sehen in Projektarbeit(en) künftige Möglichkeiten. Keine/r unserer InterviewpartnerInnen befürchtete, den Bereich Wissenschaft verlassen zu müssen; keine/r beabsichtigt dies, obwohl die Hälfte durchaus Pessimismus im Hinblick auf die Zukunft äußert. Auch hier wird der Idealismus spürbar, der den typischen Hintergrund für eine ethnologisch-wissenschaftliche Tätigkeit darstellt. Wir wollten auch wissen, ob es die Bereitschaft gibt, für eine wissenschaftliche Tätigkeit ins Ausland zu gehen. Dies wurde von drei befragten WissenschafterInnen uneingeschränkt bejaht. Acht Befragte ergänzten ihr „Ja" durch Einschränkungen oder Zusätze wie „derzeit privat schwierig". Nur eine Antwort war eher ablehnend.

Wovon der Erfolg einer wissenschaftlichen Laufbahn abhängt, wird unterschiedlich gesehen, jedoch wird immer eine Kombination von mehreren Faktoren genannt. Am wichtigsten wird dabei der Bereich „Beziehungen/ Kontakte" eingeschätzt (10 Nennungen). Gemeint ist damit einerseits eine Vernetzung mit bestimmten Personen oder Gruppen, ein „Eingebundensein" in gewisse Strukturen und Kontaktnetzwerke und auch eine gezielte Betreuung, Unterstützung und Förderung, die optimalerweise bereits während des Studiums beginnt. Dazu nochmals Eva Schliesselberger und Sabine Strasser (1998: 9):

> Es ist ein „offenes Geheimnis" unter WissenschafterInnen, dass „persönliche Kontakte" [...] in den Rekrutierungsmaßnahmen ein gewichtige Rolle spielen. Diese Beziehungen wirken an der Schnittstelle von formalen Anforderungen an das wissenschaftliche Personal, den wissenschaftlichen Nachwuchs zu fördern, und von informellen Strategien, wodurch besonders geeignete oder bevorzugte WissenschafterInnen zum Beispiel zu bestimmten Stellen Zugang oder alle wichtigen Informationen erhalten.

Als anderes – durchaus nachvollziehbares – Kriterium für den Beginn und die Weiterführung einer Laufbahn wurden die jeweiligen Forschungsthemen und -schwerpunkte genannt (6 Nennungen). Gute Chancen werden etwa wissenschaftlich tätigen EthnologInnen eingeräumt, die sich mit „Trendthemen" beschäftigen bzw. mit Themen, an deren Bearbeitung eine BetreuerIn der eigenen wissenschaftlichen Arbeit Interesse zeigt. Für fünf unserer InterviewpartnerInnen spielt „Kompetenz" eine wesentliche Rolle für die wissenschaftliche Laufbahn. Gemeint ist damit eine Kombination aus Wissen und der Begabung, dieses zu vermitteln. Diese „Kompetenz" ist jedoch auch ein Faktor, zu dem deutliche Zweifel geäußert wurden: „In Projekten arbeiten sicher nicht nur die [...] qualifiziertesten Leute" (Interview 12). Wichtig(er) dürften dabei wohl wieder die bereits beschriebenen „Netzwerkkontakte" sein. Nicht zuletzt ist es von Vorteil, auf sich und seine Arbeitsbereiche aufmerksam zu machen (4 Nennungen): „Sicherlich ist eine wissenschaftliche Laufbahn auch eine Frage der Selbstpräsentation und der eigenen Hartnäckigkeit, mit der man auf sich aufmerksam macht" (Interview 6). Nur eine/r der befragten EthnologInnen kam bei der Frage nach den Laufbahnen von sich aus auch auf den Faktor „Geschlecht" zu sprechen. Dies ist insofern erstaunlich, als gleichzeitig – aber erst bei genauer Nachfrage dazu – ein Großteil unserer InterviewpartnerInnen Frauen in der Wissenschaft nach wie vor mit großen Benachteiligungen konfrontiert sieht. Daraus schließen wir, dass die unterschiedlichen Möglichkeiten und Grenzen für Frauen und Männer im universitären Bereich zwar mittlerweile allgemein bekannt sind; die von uns Befragten brachten aber ihre eigene individuelle Situation und Karriere damit nicht in Verbindung.

Lebensverhältnisse: Arbeitszeit, Lebensunterhalt und warum Wissenschaft?

In unserer Befragung waren alle der Ansicht, dass ihre Arbeitszeit als WissenschafterIn sehr lang sei. Dies gilt gleichermaßen für freiberufliche WissenschafterInnen wie für solche mit fester Anstellung und unabhängig davon, wie lange Wissenschaft bereits als Beruf ausgeübt wird. Begründet wurde diese Einschätzung einer langen – gemeint ist wohl auch einer eher zu langen – Arbeitszeit damit, dass die durchschnittliche Wochenarbeitszeit fast immer mehr als 40 Stunden betrage. Sie erstrecke sich häufig auch auf das Wochenende bzw. auf die Freizeit: „Viel Freizeit wird der Wissenschaft geopfert" (Interview 5). Nur eine/r der befragten EthnologInnen meinte hierzu relativierend, neben langen Arbeitstagen gäbe es sehr wohl auch kurze. Zwei unserer InterviewpartnerInnen kamen in diesem Zusammenhang auf Familie bzw. Kinder zu sprechen, obwohl wir nicht gezielt danach gefragt hatten.[9] Thematisiert wurde die Schwierigkeit, Wissenschaft und Familie bzw. Kinder zeitlich „unter einen Hut" zu bringen: „Der Zeitaufwand ist sehr hoch. Deshalb fehlt mir meist ein eigentliches Wochenende oder Urlaub. Ich glaube, dass aus diesem Grund die Bereiche Wissenschaft und Familie unvereinbar sind" (Interview 6). Zusätzlich erschwerend ist auch der subjektive Eindruck, nicht genug geleistet zu haben: „Es gibt immer das Gefühl, dass viel liegen bleibt" (Interview 9). Die wissenschaftliche Arbeit wird als „endlos" beschrieben; darüber hinaus muss ständig in mehreren Bereichen zugleich gearbeitet werden: „Es ist ein anstrengender Beruf, bei dem 17 Punkte gleichzeitig zu beachten sind und immer der Eindruck vorhanden ist, nicht genug getan zu haben und nie fertig zu sein" (Interview 7). Das Erkennen und Respektieren eigener Grenzen ist bei der in der wissenschaftlichen Arbeit üblichen Autonomie in der Arbeitszeitgestaltung eine wichtige Gegenstrategie, um dem Eindruck einer ständigen Überforderung entgegenzuwirken.

Die Trennung zwischen Arbeits- und Freizeit wird mitunter als schwierig empfunden und muss oft erst erlernt werden bzw. fällt mit zunehmender Erfahrung leichter. Sie kann sich aber auch völlig verwischen: „Ich kann keine klare Trennlinie ziehen zwischen Arbeit und Freizeit. Wenn mir die Arbeit Spaß macht, ich etwa ein Buch gerne lese, empfinde ich dies nicht als Arbeit. Ich kann dann eigentlich nicht unterscheiden, ob ich aus beruflichem oder aus privatem Interesse lese. Theoretisch arbeite ich also ‚rund um die Uhr'; es gibt kein zeitliches Limit, was die Arbeitszeit betrifft. Dies kann manchmal belastend sein" (Interview 12). Dieses Ineinanderfließen der beiden Lebensbereiche Arbeit und Freizeit ist einerseits darauf zurückzuführen, dass im Wissenschaftsbereich feste Arbeitszeiten nicht üblich sind, zum anderen spielt auch der Arbeitsort eine Rolle. Bei einer räumlichen Trennung von Wohnung und Arbeitsplatz, wie dies bei WissenschafterInnen mit fester Anstellung gegeben ist, scheint auch die Zeiteinteilung problemloser zu funktionieren. Die Einschätzung, dass Wissenschaft als Beruf nicht bloß hundertprozentiges, sondern noch darüber hinausgehen-

9. Interessanterweise handelt es sich dabei um zwei Männer. Für Frauen hingegen besteht im Problem der Vereinbarkeit von „Familie" und Wissenschaft ein Zusammenhang mit der Frage nach unterschiedlichen Chancen und Möglichkeiten der Geschlechter in der Wissenschaft. Es dürfte sich für Frauen folglich um ein umfassenderes Problem handeln, das mehr und ganz andere Lebensbereiche betrifft als nur die Arbeitszeit.

des Engagement erfordert, ist bereits häufig beschrieben worden. Die zusätzlichen unentgeltlichen Leistungen von Ehefrauen oder auch von StudentInnen sind mittlerweile allgemein bekannt. Manche WissenschafterInnen bezeichnen dies auch als „einen männlichen Mechanismus der wissenschaftlichen Unendlichkeit", bei dem nie genug getan werden kann (vgl. dazu Baldauf/Griesebner/Taschwer 1991: 93). Die Aussage ist begleitet von der Hoffnung bzw. Erwartung, dass Frauen in der Wissenschaft der „Falle" der unendlichen und rastlosen Arbeit weniger ausgesetzt seien, weil sie weniger auf Unterstützungen zurückgreifen können und zusätzlich eher auch Versorgungsaufgaben wahrzunehmen hätten. In unseren Interviews haben aber gerade die befragten Frauen sehr intensiv darüber berichtet, wie schwer der Beruf Wissenschaft zu begrenzen sei. Wir stehen diesen Beschreibungen der andauernden Überlastung ambivalent gegenüber: Einerseits sind WissenschafterInnen wohl kaum in einem beruflichen Dauereinsatz. Ihre Möglichkeiten, wenigstens partiell autonome Zeit- und Arbeitseinteilungen vorzunehmen, sind nicht zu übersehen. Andererseits sind die eigenen und auch die von außen gestellten Anforderungen hinsichtlich Leistungen, Weiterentwicklung und Karriereplanung durchaus auch wirksam und bedingen einen potentiell unendlichen Prozess, bei dem nie genug geschrieben, gelesen und mitgemacht werden kann.

Die Bezahlung für die geleistete Arbeit wird sowohl von freiberuflich als auch von universitär wissenschaftlich Tätigen als nicht adäquat empfunden und insbesondere in Anbetracht des hohen Arbeitsaufwands als zu gering erachtet: „Der zeitliche Input und die finanzielle Abgeltung passen überhaupt nicht zueinander" (Interview 5). Eine wissenschaftliche Tätigkeit als EthnologIn erfordert Bescheidenheit, „viel Verzicht in materieller Hinsicht" (Interview 6) und ist gerade längerfristig finanziell schwer planbar. In den Interviews wurde mehrfach betont, dass populärwissenschaftliche bzw. nichtwissenschaftliche ethnologische Tätigkeiten besser bezahlt seien als rein wissenschaftliche Arbeit. Erstaunlich war für uns, dass auch im Wissenschaftsbereich fest angestellte EthnogInnen über Finanzielles klagten und auch für sie eine gewisse Unplanbarkeit von Forschungen zu existieren scheint. Bei freiberuflich im Projektbereich tätigen EthnologInnen ergeben sich durch meist langwierige Vorarbeiten bei der fast immer unbezahlten Planung und Beantragung von Projekten zusätzliche finanzielle Belastungen. FreiberuflerInnen sind gemäß ihrer Darstellung ohnehin dazu gezwungen, finanzielle Rücklagen anzulegen, um für etwaige „schlechte Zeiten" gerüstet zu sein, die sich mit „guten" abwechseln. Teilweise muss Geld in außerwissenschaftlichen Bereichen dazuverdient werden, um den Lebensunterhalt zu bestreiten. Immer wieder wurde von InterviewpartnerInnen mit befristeten Dienstverhältnissen darauf verwiesen, dass der Lebensunterhalt „derzeit" zwar gesichert sei; zugleich wurden jedoch Befürchtungen in Bezug auf die Zukunft geäußert.[10] Die geringe finanzielle Absicherung und die Angst vor Konkurrenz und vor Arbeitslosigkeit werden als psychisch stark belastend empfunden: „Die ständige Frage, wie es in einigen Monaten weitergehen wird, bedeutet permanenten Stress und erfordert starke Nerven“ (Interview 10). Vorauszuplanen bekommt einen wichtigen Stellenwert. Die Planung ist aber insofern problematisch, als die Bewilligungschancen der Projektanträge schwer einschätzbar sind.

Wie macht sich also die Möglichkeit, ethnologisch wissenschaftlich tätig zu sein, bezahlt? Es dürfte dabei – wie in diesem Beitrag bereits mehrfach ausgeführt – weniger die Ökonomie im engeren Sinn eine Rolle spielen als eine andere Maßeinheit: ein hohes Maß an Selbstbestimmung und -verwirklichung. Dies bewegt weit vor finanziellen Anreizen dazu, zu forschen, zu lehren, Vorträge zu halten und Artikel zu veröffentlichen. Auf die Frage nach den persönlichen Motiven, warum jemand wissenschaftlich tätig ist, gaben die von uns interviewten WissenschafterInnen an erster Stelle Freude und Lust an genau dieser Arbeit an (10 Nennungen). Diese Begeisterung wiegt alle Widrigkeiten und Mühen des Daseins als WissenschafterIn auf. „Wissenschaft ist für mich eine Leidenschaft“ (Interview 10). „Es ist das Einzige, was ich mir vorstellen kann“ (Interview 1). Die Wissenschaft Ethnologie wird demnach nicht nur als Beruf gesehen, sondern aufgrund eines starken Interesses bzw. aus einer persönlichen Faszination heraus betrieben – dies erklärt auch, warum die Bereiche Arbeit und Freizeit nicht so genau getrennt werden und die Arbeitszeit als sehr lang und „ausufernd“ empfunden wird. Als weiterer wichtiger Grund wurde die große Freiheit genannt hinsichtlich dessen, „wie und worüber wissenschaftlich geforscht wird“ (Interview 11). Weitere Motive waren, gesellschaftspolitische Anliegen zu vermitteln und so zur „Aufklärung“ der Gesellschaft beizutragen. Zwei der Befragten erwähnten zwar auch den Faktor Bezahlung als Motiv für ihre wissenschaftliche Arbeit; dies dürfte jedoch vergleichsweise nebensächlich sein. Oder anders formuliert: Nicht um (viel) Geld zu verdienen, wird jemand Wissenschafts-EthnologIn, sondern um in angemessener Weise interessante Fragestellungen zu bearbeiten. Dieses hauptsächliche Motiv wurde von Männer genauso genannt wie von Frauen. Vorrangig sind „Forschungslust“ und -freiheit die bestimmenden Komponenten für den Einstieg und auch die Ausübung des Berufs Wissenschafts-EthnologIn. Die Aussagen der von uns interviewten Männer unterschieden sich auch hinsichtlich der Motivlage nicht von jenen der Frauen.

---

10. Für die spezifischen Probleme von freiberuflichen WissenschafterInnen vgl. auch den Beitrag von Nöbauer und Zuckerhut in diesem Band.

Der Faktor Geschlecht und der Beruf Wissenschaft

Unsere Frage lautete, ob unterschiedliche Chancen und Möglichkeiten für Frauen und Männer in der Wissenschaft erkennbar wären. Die Antworten hierzu stehen in einem deutlichen Zusammenhang mit dem Geschlecht der Befragten. Insgesamt sieben unserer InterviewpartnerInnen bejahten uneingeschränkt, dass eine Benachteiligung von Frauen klar wahrnehmbar sei. Dabei handelte es sich ausschließlich um Frauen. Unsere vier männlichen Befragten beschrieben zwar ebenfalls verschiedene Möglichkeiten, beantworteten jedoch ebenso wie eine der befragten Frauen unsere Frage nicht direkt. Die Antworten dieser Gruppe ließen die Tendenz erkennen, die Diskriminierung von Frauen im Wissenschaftsbereich in die Vergangenheit zu rücken: Demnach waren wissenschaftlich tätige Frauen „bis vor kurzem" benachteiligt. Diese Haltung spiegelt sich auch in der Einschätzung der gegenwärtigen Situation wider: etwa in der Behauptung, dass es auf niedrigeren universitären Ebenen keine Benachteiligungen mehr gibt bzw. dort sogar mehr Frauen als Männer angestellt seien. Unsere Interviewpartnerinnen berichten hingegen vom „patrilinearen Erbe" der Universität und von der weiterhin bestehenden Dominanz von Männern in Entscheidungspositionen. Die Benachteiligung von Frauen in der Wissenschaft scheint also in unterschiedlichem Maße im Bewusstsein verankert zu sein bzw. zur Sprache gebracht zu werden. Dies wird auch dadurch deutlich, dass – von einer Ausnahme abgesehen – es ausschließlich Frauen waren, die auf die besonderen Probleme von Frauen in der Wissenschaft zu sprechen kamen. Auf einige dieser Probleme möchten wir im Folgenden näher eingehen.

Für zwei Drittel unserer Befragten stellt die Vereinbarkeit der Berufstätigkeit als Wissenschafterin mit dem Wunsch, Kinder zu haben, die Hauptschwierigkeit dar. Auch im Bereich Wissenschaft scheinen traditionelle Geschlechtsrollenklischees weiterhin wirksam zu sein, die Kindererziehung in erster Linie zur Angelegenheit von Frauen machen. Zusätzlich bestehen generelle Zweifel an der Vereinbarkeit des Berufs Wissenschaft mit der Gründung einer Familie. „Die schwierigste Entscheidung für Frauen ist [...] wohl die zwischen Familie und beruflicher Verwirklichung. Ich sage da bewusst nicht Karriere, weil Karrierechancen sehe ich ohnehin nicht. Ich hätte auch gerne beides gehabt [...] und die Zweifel daran, ob beides vereinbar wäre, hat sich letztlich verzögernd auf meine wissenschaftliche Laufbahn ausgewirkt" (Interview 11). „Wissenschaft ist eigentlich gedacht für Singles ohne Kinder. [...] Wissenschaft fordert dermaßen viel, dass sie mit anderen Lebensbereichen schwer kombinierbar ist [...]" (Interview 9). Bereits Anfang der 90er Jahre war die Rede davon, dass die Vereinbarkeit von Familie und Wissenschaft zwar schwierig sei, aber dies gleichzeitig an Relevanz verliere, da von Wissenschafterinnen bewusst andere Lebensformen, z.B. jene ohne Kinder, gewählt werden könnten (vgl. dazu Baldauf/ Griesebener/Taschwer 1991: 94). In unseren Interviews berichteten jedoch alle über Probleme bei der Bewältigung familiärer Aufgaben. Auch Nöbauer/Zuckerhut stellten bei der Befragung von AbsolventInnen von 1982 bis 1997 fest: „Von den EthnologInnen haben mehr als zwei Drittel Kinder. Der Anteil der Frauen mit Kindern ist fast doppelt so hoch wie der der Männer. Die Hälfte der Frauen mit Kindern sind Alleinerzieherinnen" (Nöbauer/Zuckerhut 2000: III. 6.1). Abgesehen von der Frage eigener Kinder ist auch die sonstige Aufgabenteilung im Privatbereich (Haushaltsführung, Betreuung von Familienangehörigen bei Krankheiten oder Notfällen, Kontaktpflege im Bekanntenkreis etc.) selten ausgeglichen oder gar zugunsten der Frauen organisiert. Vereinbarkeit von Berufs- und Privatleben, Zeitmanagement und Prioritätensetzung sind für Frauen – gerade in einem Beruf wie der Wissenschaft mit scheinbar so großen Möglichkeiten zur Selbstbestimmung – nach wie vor in hohem Ausmaß individuell zu überlegen und zu erkämpfen.

Zusätzlich wurde in den Interviews die – schon oft diskutierte – Meinung vertreten, dass an Frauen als Wissenschafterinnen höhere Leistungsanforderungen gestellt werden als an Männer. Ob dies so ist, ob Frauen diesen Druck vielleicht auch sich selber und anderen Wissenschaftskolleginnen auferlegen oder ob unter diesem Eindruck die vielfältigen Barrieren subsumiert werden, die Frauen das Berufsleben als Wissenschafterinnen erschweren, sei hier nicht weiter verfolgt. Die von einer Befragten angesprochene Überlegung, als Wissenschafterin das alte „männliche" System Wissenschaft durch ein neues ersetzen zu müssen, ist jedenfalls eine große bis überwältigende Aufgabe. Die männerbündische Großinstitution Universität wehrte sich lange Zeit, das Eindringen von Frauen zuzulassen. Obwohl die Chancengleichheit für Männer und Frauen bereits seit langem postuliert wird, sind für Frauen – wie in anderen Berufsfeldern auch – gut bezahlte und einflussreiche Positionen schwer erreichbar. Die Mechanismen, mit deren Hilfe es gelingt, ethnische, soziale und geschlechtsspezifische Differenzierungen vorzunehmen und für Ein- bzw. Ausschlüsse wirksam zu machen, sind schon vielerorts beschrieben worden. Bezüglich der Förderung von Frauen wurden zudem seit Jahren Initiativen gesetzt. Insgesamt fünf der von uns befragten WissenschafterInnen, wiederum ausschließlich Frauen, sehen bisher trotz spezieller Frauenförderungspläne aber eher geringe Fortschritte: „Nach meiner Erfahrung werden Männer trotzdem bevorzugt. Eine Frau bekommt einen Posten meist nur, wenn es in diesem Arbeitsbereich keinen qualifizierten Mann gibt" (Interview 3). Die formale Gleichstellung bzw. die Bevorzugung von Frauen mit gleicher Qualifikation wird von den interviewten Frauen als nicht sonderlich wirksam erfahren. Gezielte Frauenförderung speziell beim Einstieg in die Wissenschaft und „Druck von außen" – z.B. auch auf das Institut für Ethnologie, Kultur- und Sozialanthropologie – werden nach wie vor als notwendig erachtet.

Insgesamt waren die von uns Befragten geteilter Ansicht: Einige waren sehr skeptisch und meinten, dass sich die Situation während der nächsten zehn bis zwanzig Jahre nicht grundlegend zugunsten der WissenschafterInnen ändern werde. Andere äußerten sich zuversichtlich und halten es für wahrscheinlich, dass in absehbarer Zeit vermehrt Frauen in höhere akademische Ebenen vordringen werden. Angenommen wird jedenfalls, dass es in den nächsten Jahren für männliche Wissenschafter – wie in unseren Interviews gemeint wurde auch zu Recht – schwieriger sein wird als für weibliche, Arbeit und Unterstützung zu erhalten, bzw. dass dies bereits jetzt der Fall sei (z.B. bei Postennachbesetzungen). Eine gewisse Verunsicherung der Männer war bei dieser Frage erkennbar.

Resümee: EthnologInnen in der Wissenschaft: Kämpfe im Geheimen und ein faszinierender Beruf

Die von uns vorgenommene Unterscheidung unserer InterviewpartnerInnen nach wenig, mittlerer bzw. viel Berufserfahrung erbrachte kaum Differenzierungen. Ebenso unterschieden sich die Aussagen nicht grundlegend nach dem Geschlecht, abgesehen von einer – jedoch wichtigen – Ausnahme: Die Möglichkeiten für Frauen, ethnologisch wissenschaftlich tätig zu sein, werden von unseren weiblichen Befragten deutlich negativer beurteilt als von den männlichen. Dieser subjektiven Einschätzung entsprechen auch die statistischen Daten, denen zufolge mehr Männer nach dem Abschluss eines Ethnologiestudiums wissenschaftlich tätig sind als Frauen. Zusammenfassend leiden aber alle, egal ob berufsjung oder bereits seit längerem als Wissenschafts-EthnologInnen tätig, ob Frau oder Mann, unter einem Missverhältnis von Einsatz und Bezahlung und an einem Mangel an Planbarkeit und Sicherheit. Speziell für Frauen ist aber bereits der Einstieg in das Arbeitsgebiet Wissenschaft ein noch gewagteres Unterfangen und es scheint für sie noch mehr persönlicher Kampf erforderlich zu sein, um sich durchzusetzen. Die Vereinbarkeit mit „privaten" Aufgaben (z.B. Familie) ist laut Aussagen unserer Interviewpartnerinnen nach wie vor nicht gelöst und macht es für Frauen bereits von vornherein schwieriger, sich für den Beruf „Wissenschafterin" zu entscheiden. Die Frage von Kämpfen um das „Weiterleben als WissenschafterIn" stellte sich für uns auch bei der Betrachtung der verschiedenen, meist jedoch zeitlich limitierten Beschäftigungsformen. In den Interviews war die Trennlinie zwischen fest angestellten und freiberuflich wissenschaftlich tätigen EthnologInnen nicht deutlich erkennbar, da auch die fest Angestellten über schlechte Bedingungen wie geringe Bezahlung, lange Arbeitszeiten und Unsicherheiten klagten. Gleichzeitig betonten die freiberuflich Tätigen ihre freie Entscheidung, dies so auch sein zu wollen, und wiesen auf ihre kreativen Möglichkeiten hin, die sich unter anderem durch das Erschließen von zusätzlichen Einnahmequellen aus nichtwissenschaftlichen

Tätigkeiten ergeben. Dabei wird auf frühere Berufsfelder und Zusatzausbildungen und auf familiäre und partnerschaftliche Unterstützung zurückgegriffen, um Projekte vorzufinanzieren. Da jedoch auch nach Beendigung einer wissenschaftlichen Projektarbeit selbst sehr erfahrene und anerkannte EthnologInnen nicht automatisch und problemlos weitere bezahlte wissenschaftliche Tätigkeiten finden – schon gar nicht, wenn sie z.B. nur halbtags arbeiten wollen –, sind hier die gravierenden Unterschiede zwischen Angestellten und freiberuflich Tätigen doch klar ersichtlich. Soweit dies derzeit absehbar ist, ist mit einer Vermehrung der Planstellen für WissenschafterInnen sicher nicht zu rechnen; vielmehr wird der so genannte „freie" Bereich über Projektanstellungen und Werkverträge noch bedeutender werden. Eine gute Einbindung in diesbezügliche „Kontaktnetzwerke" wird von allen von uns interviewten WissenschafterInnen – besonders auch von den bereits jetzt freiberuflich Tätigen – als wesentlich für das berufliche Fortkommen erachtet.

Der Kampf mit Überforderungen (z.B. Arbeitszeiten, „Bergen" von anstehenden Texten und Arbeiten) war ein wichtiges Thema unserer Interviews. Die potentielle Unendlichkeit von wissenschaftlicher Arbeit in Kombination mit schwer durchschaubaren und eher diffusen Leistungskriterien erfordert sehr viel an Gelassenheit, um dennoch an eingegrenzte Arbeitszeiten zu denken oder auch an andere Lebensinhalte. Durch längere Forschungsaufenthalte im Ausland und durch die im Wissenschaftsbereich üblichen wenig regulierten Arbeitszeiten (durchaus auch spätabends und an Wochenenden) ergeben sich zweifellos Auswirkungen auf Partnerschaften, Kinder und nichtwissenschaftliche Lebensbereiche. Die große idealistische Motivation für den Beruf „EthnologIn" lässt dafür sichtlich Nachteile in Kauf nehmen. Gleichzeitig ist das hohe Maß an Selbstbestimmung bei Arbeitszeiten und -inhalten nicht zu unterschätzen. Interessanterweise fand ein wichtiger und auch unvermeidbarer Kampf in unseren Interviews überhaupt keine Erwähnung: nämlich der Konkurrenzkampf mit KollegInnen des eigenen Fachs und auch der Nachbardisziplinen um Lehrveranstaltungen, Forschungsaufträge, Budget und allgemeine Anerkennung. Von Konkurrenzdenken, Machtansprüchen und Ungerechtigkeiten wurde uns großteils gar nicht oder nur indirekt berichtet. Ebenso wird der Kampf zwischen Ethnologinnen und Ethnologen nicht offen ausgetragen. Erkennbar war in unseren Interviews, dass Männer die Benachteiligungen von Frauen in der Wissenschaft als mittlerweile doch aufgehoben sehen, während die überwiegende Mehrheit der weiblichen Interviewten diese Einschätzung nicht teilte.

Schließlich ist noch auf einen individuellen Kampf besonderer Art hinzuweisen: Nur ganz wenige der von uns Interviewten hatten den Beruf „EthnologIn in der Wissenschaft" gezielt angestrebt. Mehrere erklärten, eine Chance in diesem Tätigkeitsfeld „überraschend" erhalten zu haben. Klar wurde, dass so manche/r als StudentIn zwar geheime Wünsche in diese

Richtung gehegt hatte, diese aber für unrealistisch hielt. Es bestanden große Bedenken über Eignung und Qualifizierung. Um die negative Selbsteinschätzung zu überwinden und die Wissenschaft als erlernbaren Beruf (und nicht nur als Berufung) anzusehen, wurden von den Befragten zwei wichtige Förderungsmaßnahmen genannt: Als erstes sollte das wissenschaftliche Arbeiten im Studium zentralen Stellenwert haben, intensiv gelernt, erprobt und auch beurteilt werden. Und zweitens werden der persönliche Kontakt und die Förderung durch einzelne WissenschafterInnen, die damit auch eine bedeutende Vorbildfunktion innehaben, als wichtig erachtet. Das Institut für Ethnologie, Kultur- und Sozialanthropologie spielt für den Einstieg in eine wissenschaftliche Laufbahn eine bedeutende Rolle.

Fragen von Macht, Konkurrenz und Einfluss kamen in unserer Befragung – wie nicht weiter verwunderlich – nur sehr indirekt zur Sprache. Benennbar waren die individuellen Motive und Möglichkeiten, warum jemand wissenschaftlich ethnologisch tätig ist: Die wissenschaftliche Tätigkeit als EthnologIn ist faszinierend und bereichernd; eigene Interessen können verfolgt und mit gesellschaftsrelevanten Anliegen verknüpft werden. Es gibt einen gewissen Grad an „Freiheit" und ein hohes Maß an Selbstbestimmung, z.B. hinsichtlich Arbeitsthemen und Methoden. Als EthnologIn wissenschaftlich tätig zu sein, ist Arbeit mit Menschen und Systemen, ungewöhnlich und aufregend, herausfordernd und Grenzen überschreitend. Und in jedem Fall bringt es eines mit sich: es ist ein Beruf, der mit großer Leidenschaft ausgeübt wird.

Literatur

AGAR, Michael J.

1980 The Professional Stranger: An Informal Introduction to Ethnography. New York.

ARBEITSMARKTSERVICE ÖSTERREICH/BERUFSINFORMATIONS- UND QUALITÄTSFORSCHUNG (BIQ)/BUNDESMINISTERIUM FÜR WISSENSCHAFT UND VERKEHR

1999 Studien- und Berufsinformationsbroschüre. 3. Auflage, Wien.

BALDAUF, Anette/GRIESEBNER, Andrea/TASCHWER, Klaus

1991 Auf der Suche nach möglichen Ursachen für die Unterrepräsentanz von Wissenschaftlerinnen im universitären Feld Österreichs. In: L'Homme Z.F.G., 2. Jg./2. H., S. 77-97.

BOLLIG, Michael/BRUMANN, Christoph

1999 Ethnologen im Beruf: Eine Untersuchung des Kölner Instituts für Völkerkunde, Online im Internet. URL:www.rrz.uni-koeln.de/phil-fak/voelkerkunde/lehre/Chancen (Stand 10. 11. 1999).

FISCHER, Hans (Hg.)
1998 Ethnologie: Einführung und Überblick. 4. Auflage, Berlin.

FLICK, Uwe
1996 Qualitative Forschung: Theorien, Methoden, Anwendung in Psychologie und Sozialwissenschaften. 2. Auflage, Reinbek bei Hamburg.

GINGRICH, Andre
1999 Erkundungen. Themen der ethnologischen Forschung. Wien, Köln, Weimar.

HEFLER, Günter
1999 Alles oder Nichts. Kulturwissenschaften zwischen feldspezifischen Investitionen und Auswegen aus dem Feld. In: Pfennigbauer, Heide (Hg.): Studienpläne 2002: Positionen und Perspektiven der Reformdiskussion/Universität Wien. Wien.

INGRISCH, Doris/LICHTENBERGER-FENZ, Brigitte
1999 Hinter den Fassaden des Wissens: Frauen, Feminismus und Wissenschaft – eine aktuelle Debatte. Wien.

KRAINZ, Ewald E.
1984 Alternative Wissenschafts- und Forschungsansätze. Einleitung zum Materialienband II. In: Krainz, Ewald E. (Hg.): Materialien zu alternativen Wissenschafts- und Forschungsansätzen II. Wien.

NÖBAUER, Herta/ZUCKERHUT, Patricia
2002 Differenzen: Einschlüsse und Ausschlüsse – Innen und Außen – Universität und Freie Wissenschaft. Wien.

SCHLIESSELBERGER, Eva/STRASSER, Sabine
1998 In den Fußstapfen der Pallas Athene? Möglichkeiten und Grenzen des Mentoring von unterrepräsentierten Gruppen im universitären Feld. Materialien zur Förderung von Frauen in der Wissenschaft. Band 7. Bundesministerium für Wissenschaft und Verkehr, Wien.

EthnologInnen im österreichischen Kulturbetrieb

Mit Beiträgen von Verena Traeger und Eva Kolm

Petra Meindl-Andrews und Petra Pinkl

Der Bereich „Kultur" ist für EthnologInnen auch in der eigenen Gesellschaft eines der klassischen Betätigungsfelder. Aus diesem großen Bereich wählten wir für den folgenden Beitrag die zwei Teilgebiete „Erwachsenenbildung" und „Kulturvermittlung". Die Expertinnen, die hier einen Beitrag lieferten, sind in ihrer Arbeit in der Bildung und in Museen durch unterschiedliche, oft temporäre Vertragsformen gebunden. Ingrid Rauch arbeitet als pädagogische Assistentin für die Volkshochschule Alsergrund in Wien. Verena Traeger ist freiberufliche Bildungsaktivistin und Kulturvermittlerin. Eva Kolm, eine weitere Kulturvermittlerin, berichtet von ihrer Tätigkeit im Bereich „Kommunikation im Museum". Flexibilität und Vielseitigkeit sind die beruflichen Stärken dieser Ethnologinnen. Sie werden im folgenden Text näher auf ihre Berufslaufbahn und die damit verbundenen Schwierigkeiten und Besonderheiten eingehen.

Zuvor möchten wir das Augenmerk auf das weite Feld der Bildung lenken und hier die Erwachsenenbildung näher beschreiben. Gabi Khannoussi-Gangoly (Ethnologiestudentin und Mitarbeiterin des Bundesministeriums für Unterricht und kulturelle Angelegenheiten) definiert diesen Arbeitsbereich für Österreich als einen Sammelbegriff für eine Vielfalt von Bildungseinrichtungen mit sehr unterschiedlichen Zielsetzungen, die sich durch Inhalte und Publikum deutlich von universitären und schulischen Ausbildungsstätten abgrenzen. Berufsbildende Institutionen, wie das Berufsförderungsinstitut (bfi) und das Wirtschaftsförderungsinstitut (WIFI), stellen einen ersten Kernbereich der Erwachsenenbildung dar. Ein Merkmal, das diese beiden Einrichtungen verbindet, ist die mehr oder weniger deutliche Gewinnorientierung. Im Gegensatz dazu gehen Volkshochschulen, als ein zweiter Kernbereich, im Sinne von gemeinnützigen Vereinen eher auf allgemeine Weiterbildungswünsche ihrer KundInnen ein (Bundesministerium für Unterricht und kulturelle Angelegenheiten 1999: 11).

Die Erwachsenenbildung des Bundes: Das Bundesministerium für Unterricht und kulturelle Angelegenheiten

Im Bundesministerium für Unterricht und kulturelle Angelegenheiten sind zwei Abteilungen für die Erwachsenenbildung zuständig, deren Unterstüzung sie auf Grundlage des Förderungsgesetzes von 1973 wahrnehmen. Sie organisieren und koordinieren die Zusammenarbeit zwischen den staatlichen Stellen und den verschiedenen Verbänden der Erwachsenenbildung. Das definierte Ziel ist es, dauerhafte Strukturen aufzubauen und zu erhalten, um damit eine kontinuierliche Bildungsarbeit zu gewährleisten. Auf regionaler Ebene werden in Kooperation mit den Verbänden Projekte durchgeführt, die eine qualitative Verbesserung der Bildungsangebote erzielen und zugleich die Herstellung sozialer und regionaler Chancengleichheit forcieren sollen. Weiters gibt es Förderungen für spezielle Programme, durch welche es ermöglicht wird, Schul- und Universitätsabschlüsse nachzuholen. Für Frauen und ältere Menschen stehen Kursangebote mit besonderen Schwerpunkten zur Verfügung (Bundesministerium für Unterricht und kulturelle Angelegenheiten 1999: 12).

Das Berufsförderungsinstitut Österreich (bfi)

Zusammen mit den Landesvereinen fungiert das Berufsförderungsinstitut Österreich als berufsorientierte Erwachsenenbildungseinrichtung der Kammer für Arbeiter und Angestellte und des Österreichischen Gewerkschaftsbundes. Ziel des bfi ist es, durch das spezifische Kursangebot die berufliche Mobilität der ArbeitnehmerInnen in Österreich zu verbessern und sie in ihrer persönlichen und beruflichen Entwicklung zu unterstützen. Die Berufsförderungsinstitute bieten arbeitslosen und arbeitssuchenden Personen verschiedene Hilfestellungen, für den raschen (Wieder-) Einstieg in die Arbeitswelt: Berufsorientierung für Jugendliche, Rückkehr für Frauen nach der Karenzzeit, Persönlichkeitsbildung und Management, Rhetorik und Kommunikation, Konfliktlösung, Moderation u.v.m. (Bundesministerium für Unterricht und kulturelle Angelegenheiten 1999: 23).

Das Wirtschaftsförderungsinstitut der Wirtschaftskammer Österreich (WIFI)

Die Wirtschaftsförderungsinstitute sind Serviceeinrichtungen der Wirtschaftskammer. Die Zielgruppen der Veranstaltungen umfassen Lehrlinge, FacharbeiterInnen, Führungskräfte aller Ebenen, UnternehmerInnen und UnternehmerInnennachwuchs. Die Schwerpunkte der Kurse und Seminare reichen von Management und Unternehmensführung über Betriebswirtschaft, EDV, Technik, Tourismus, Kommunikation und Rhetorik bis hin zur berufsspezifischen Sprachausbildung und zu Sprachreisen (Bundesministerium für Unterricht und kulturelle Angelegenheiten 1999: 50).

Der Verband Österreichischer Volkshochschulen (VÖV)

Die traditionsreichste Einrichtung der Erwachsenenbildung in Österreich stellen die Volkshochschulen dar. Sie bestehen seit mehr als hundert Jahren und sehen sich als der Demokratie verpflichtete, von politischen Parteien unabhängige Bildungseinrichtungen, welche die Menschenrechte achten und verteidigen. In den Veranstaltungen wird Wert darauf gelegt, keine antidemokratischen, antisemitischen, rassistischen und frauenfeindlichen Inhalte zu verbreiten oder Menschengruppen zu diskriminieren. Die Volkshochschulen haben es sich zur Aufgabe gemacht, derartigen Tendenzen entgegenzuwirken und Aufklärungsarbeit zu leisten (Bundesministerium für Unterricht und kulturelle Angelegenheiten 1999: 42).

Die ARGE Region Kultur

Eine besondere Institution in der Erwachsenenbildung ist die Arbeitsgemeinschaft für regionale Kultur und Bildung (ARGE Region Kultur). Die ARGE Region Kultur fungiert einerseits als österreichweite Trägerorganisation für spezielle Angebote in der Erwachsenenbildung und Kulturarbeit, andererseits als Dachorganisation von lokalen und regional tätigen Bildungs- und Kultureinrichtungen. Sie engagiert sich in den Bereichen „soziale, kulturelle und politische Bildung" unter anderem mit sozialpolitischen Inhalten und beschäftigt sich auch mit Fragen der Kulturentwicklung. Die ARGE Region Kultur leistet Öffentlichkeitsarbeit, Vernetzung und Fortbildung in den Bereichen Kultur und Bildung, unterstützt soziokulturelle Einrichtungen, ethnische Minderheiten und interkulturelle Beziehungen (Bundesministerium für Unterricht und kulturelle Angelegenheiten 1999: 53).

Aufgrund der großen Vielfalt von Institutionen und Organisationen im Bereich der Erwachsenenbildung konnten hier nur einige exemplarisch vorgestellt werden. Man sieht jedoch schon an dieser Auswahl, dass ihre Themenbereiche sehr gut mit ethnologischem Wissen kombinierbar und ergänzbar wären. In vielen Bildungsbereichen sind ethnologische Themen bislang jedoch nur schwach vertreten. Dies bietet durchaus die Chance, ethnologisches Wissen vermehrt einzubringen. Der Bogen wäre hier von kreativen Projekten wie Trommel- oder Töpferkursen bis zu Informations- und Filmveranstaltungen über außereuropäische Kulturen zu spannen. Es muss, gerade auch im Bildungsbereich, die Aufgabe der EthnologInnen sein, ihr Wissen über „fremde Kulturen" gezielt zu vermarkten und einer breiten Masse zugänglich zu machen. Da die Erwachsenenbildung eine gewisse Freiheit in der Konzeption und Umsetzung von Bildungsmaßnahmen lässt, können neue Kurse und Seminare sehr leicht im Angebot diverser Bildungseinrichtungen aufgenommen werden. Neben der Arbeit als KursleiterIn besteht für EthnologInnen weiters die Möglichkeit, als pädagogische MitarbeiterIn oder AssistentIn in einer VHS hauptberuflich tätig zu sein. Dieses Arbeitsprofil umfasst die organisatorische und inhaltliche Betreuung von Veranstaltungen wie auch die Entwicklung und Durchführung von einzelnen Projekten. Eine weitere Chance, als EthnologIn im Bereich der Erwachsenenbildung tätig zu sein, wäre einen eigenen Verein zu gründen oder mit einem bereits bestehenden Verein zu kooperieren. Die Arbeitsgebiete variieren also von der Planung über die Organisation und Leitung der Kurse sowie deren pädagogischer Betreuung bis hin zur Gründung eines eigenen Unternehmens im Bereich der Erwachsenenbildung (Interview Khannoussi-Gangoly).

Zur besseren Veranschaulichung soll nun auf die Erfahrungen von Ingrid Rauch näher eingegangen werden, die an der Volkshochschule Alsergrund in Wien tätig ist und über ihre Arbeit sowie laufende ethnologische Projekte berichtet.

Ingrid Rauch: Pädagogische Assistentin an der Volkshochschule Alsergrund[1]

Ingrid Rauch studiert Ethnologie und Kommunikationswissenschaften an der Universität Wien. Ihr Aufgabenbereich in der VHS ist sehr vielfältig. Sie plant und koordiniert Sprachkurse, Wissensprogramme, Kinder- und Jugendkurse. Weiters betreut sie einige Projekte der VHS, wie etwa die Veranstaltungsreihen „Gegenstimmen“ und „Wienerisch lernen im Internet“.

Der Einstieg in ihren jetzigen Beruf wurde Ingrid Rauch durch ihr organisatorisches Talent und ihr politisches Engagement im Bildungsbereich ermöglicht (Interview Rauch).

Ihr Dienstgeber, die Volkshochschule Alsergrund, ist ein gemeinnütziger Verein.

Die heutigen Volkshochschulen bemühen sich, ein reichhaltiges Kurs- und Veranstaltungsprogramm anzubieten, um den gesellschaftlichen Ansprüchen Rechnung zu tragen. Als übergeordnete Instanz fungiert der Wiener Dachverband der Volkshochschulen, der gegenüber der Stadt Wien als Subventionsträger auftritt.

Die Zuschüsse sind seit 1973 durch ein Förderungsgesetz sichergestellt, das die staatliche Unterstützung und Subventionierung für die Erwachsenenbildung und das Büchereiwesen regelt. Der Wiener Dachverband stellt eine „gesellschaftliche Willensgruppe“ dar, die nicht unmittelbar mit dem Staat oder den politischen Parteien verbunden ist und in der Öffentlichkeit ihre eigenen Interessen und die ihrer Mitglieder vertritt (Verband der Wiener Volksbildung o.J.). Die Tätigkeitsfelder der Volkshochschulen sind im Allgemeinen Organisation und Durchführung von Veranstaltungen im Bereich der Erwachsenenbildung. Allen Konzepten sind die Prin-

1. Der folgende Text basiert auf einem Interview mit Ingrid Rauch vom 15.3.2000 und auf von ihr zur Verfügung gestellte Materialien.

zipien der Überparteilichkeit und der Überkonfessionalität eigen. Das Ziel bei Kursen und Vorträgen ist die Entfaltung der persönlichen, beruflichen und körperlichen Fähigkeiten innerhalb der Gesellschaft im Sinne einer ständigen Weiterbildung. Das Angebot erstreckt sich von Sprachen, Allgemeinbildung, Wirtschaft, Beruf, Persönlichkeitsbildung, Kreativität, Kunst und Freizeitgestaltung bis hin zum großen Themenkomplex der Gesundheit. Die Kursinhalte werden zum Beispiel in Form von Vorträgen, Seminaren, Arbeitsgemeinschaften, durch Selbsterfahrungs- und Selbsthilfegruppen oder Einzelunterricht angeboten (Verband der Wiener Volksbildung o.J.).

Die Geschichte der Erwachsenenbildungsvereine beginnt mit so genannten „Sonntagsvorträgen", die im 19. Jahrhundert von einzelnen Gelehrten für Handwerker und Gewerbetreibende abgehalten wurden. Um 1870 entstanden auf dem Gebiet der damaligen Habsburgermonarchie, darunter auch in Wien, die ersten Volksbildungsvereine. Zwei Institutionen dieser Art, die Wiener Stammvolkshochschulen Urania und Volksheim, wurden um 1900 gegründet. Im Konzept der Volkshochschulen wurde Wert auf eine sozialreformerische Bildungsarbeit gelegt. Diese sah Lehren und Lernen als Mittel zur Versöhnung der gesellschaftlichen Klassen. Während der Jahre 1918 bis 1933/34 erlebte die Wiener Volksbildung in der sozialdemokratisch regierten Hauptstadt der Ersten Republik ihre Blütezeit. Nach der austrofaschistischen Periode des Ständestaates wurden die Volkshochschulen während der NS-Herrschaft in die Freizeitorganisationen „Kraft durch Freude" eingegliedert, die der „Deutschen Arbeitsfront" angehörten. Deren Ziel war primär die Indoktrination mit nationalsozialistischer Ideologie. In der Zweiten Republik wurde die Institutionalisierung und Differenzierung der Erwachsenenbildung auf demokratischer Grundlage neu aufgenommen.

Für EthnologInnen besteht die Möglichkeit zum Beispiel als KursleiterIn, pädagogische/r AssistentIn oder ProjektmitarbeiterIn tätig zu werden. Die Dienstverhältnisse an Volkshochschulen unterliegen unterschiedlichen Bestimmungen. Neben Personen in einem Angestelltenverhältnis gibt es auch freie MitarbeiterInnen mit befristeten Verträgen und dementsprechend mangelhafter Absicherung (Verband der Wiener Volksbildung o.J.). Für KursleiterInnen und hauptberufliche MitarbeiterInnen der Volkshochschulen werden interne Weiterbildungsseminare abgehalten (Interview Rauch).

Ingrid Rauch sprach sich dafür aus, EthnologInnen an Volkshochschulen und anderen Kultur- und Bildungseinrichtungen berufliche Möglichkeiten zu eröffnen. Die AbsolventInnen eines Ethnologiestudiums würden neben ihrer wissenschaftlichen Qualifikation auch fachliche Kompetenzen mitbringen. Eine Besonderheit dieser Ausbildung ist die Förderung des holistischen Denkens der EthnologInnen. Sie werden dazu angehalten, mehrere Seiten eines Problems oder die verschiedenen Sichtweisen der involvierten Menschen zu berücksichtigen, um so zu Lösungen der jeweiligen Aufgabe zu kommen. Kulturelle Aspekte und gesellschaftlich relevantes Wissen fließen ebenfalls in die Arbeit von EthnologInnen ein. Die Volkshochschulen erwarten von zukünftigen KursleiterInnen auch Fetrigkeiten im Umgang mit Medien, die für das Abhalten von Seminaren und Vorträgen notwendig sind. Im Rahmen des Ethnologiestudiums kann das Präsentieren von Forschungsergebnissen mit visuellen und Audiosystemen erlernt werden. Diese Kenntnisse sind für den Bereich der Erwachsenenbildung von großem Vorteil (Verband der Wiener Volksbildung o.J.).

Ein Beispiel für ein von EthnologInnen betreutes Projekt an der Volkshochschule Alsergrund ist die mehrteilige Vortrags- und Diskussionsreihe „krank.gesund.sein. Konzepte, Diagnosen & Therapien im Kulturvergleich". Der zweite Teil dieser Reihe wird im Wintersemester des Jahres 2000/01 angeboten. Die Veranstaltungen in diesem Rahmen werden in Zusammenarbeit mit dem Institut für Ethnologie, Kultur- und Sozialanthropologie der Universität Wien und dem Institut für Geschichte der Medizin, Abteilung für Ethnomedizin, durchgeführt. Die Koordination haben Dr. Johanna Feest und Dr. Johann Heiß inne (Volkshochschule Alsergrund 1999). Der Themenschwerpunkt zieht ein breites Publikum an. Vor allem Menschen mit gesundheitlichen Problemen erhoffen sich von den Vorträgen Anregungen und Alternativen zur Schulmedizin (Interview Rauch).

Eine Reihe von WissenschafterInnen ist schon seit Jahren mit den verschiedensten Zugängen (pharmakologischen, medizinischen, sozialwissenschaftlichen etc.) und Fragestellungen auf diesen Gebieten tätig. Ein Kreis von spezialisierten Vortragenden bemüht sich, einen Teil der Forschungsergebnisse in einer aufgearbeiteten Form einem breiten, interessierten Publikum zugänglich zu machen. Ein Beispiel aus der ersten Vortragsreihe, die im Herbst und Winter 1999/2000 stattfand, war der Vortrag „Medizinmänner – Kräuterapotheke – Rituale" (Benke 2000: 21) über die „indianischen" UreinwohnerInnen Nordamerikas. Am Beispiel der Ojibwa und Navaho wurden zwei unterschiedliche Ansätze aufgezeigt, die das grundlegende Weltbild und die starke Verflechtung von Religion und Sozialstruktur verdeutlichen (Volkshochschule Alsergrund 1999).

Die beschriebene Vortragsreihe untermauert den akuten Bedarf an ethnologischem Wissen im Bildungsbereich. Ingrid Rauch betont die Vorteile der breit gefächerten Ausbildung der EthnologInnen ebenso wie die Notwendigkeit, sich weiterzubilden und Wissen zu sammeln. Computer- und Sprachkenntnisse etwa sind Voraussetzungen für den Berufseinstieg. Im Interview äußerte sich Ingrid Rauch allerdings kritisch zu Karriereplanung und Berufseinstieg, denn für EthnologInnen gibt es kein fertiges Berufsprofil. Dies ist Schwierigkeit und Chance zugleich, denn mit Engagement,

Kreativität und Mut stehen den AbsolventInnen des Ethnologiestudiums viele Möglichkeiten offen (Interview Rauch).

Ein weiteres wichtiges Arbeitsfeld für EthnologInnen ist die Kulturvermittlung im Museum. Dabei geht es darum, BesucherInnen anregende, aktivierende Kommunikationsangebote zu machen. Verena Traeger und Eva Kolm, zwei sehr erfolgreiche Vertreterinnen dieses Berufszweiges, zeichnen ein recht facettenreiches Bild ihrer Tätigkeitsbereiche.

Verena Traeger: Bildungsaktivistin und Kulturvermittlerin[2]

Wie viele andere EthnologInnen arbeite ich seit Jahren für und mit den unterschiedlichsten Zielgruppen in verschiedensten Bildungsbereichen mit der Absicht, Menschen für andere Kulturen, Lebensweisen und Lebensbedingungen zu sensibilisieren und um zwischen Kulturen zu vermitteln. Ich begann bereits während meiner Studienzeit mein regionales Fachwissen (in meinem Fall aus dem Regionalgebiet Nordamerika und Arktis) als freischaffende Ethnologin „zu vermarkten" und für ein breiteres Publikum verständlich aufzubereiten.
Seit 1982 betreute ich immer wieder Ausstellungen als Kuratorin. Durch meine ethnographische Sammlung konnte ich z.B. kleine Wanderausstellungen zum Thema „Eskimo/Inuit" in verschiedenen Museen der Bundesländer organisieren und ich habe auch an einer Ausstellung mit der permanenten Eskimo-Sammlung des Völkerkundemuseums in Wien gearbeitet. Seit 1985 publiziere ich regelmäßig und werde häufig von Fernsehen und Radio als Expertin eingeladen. Ebenso halte ich Vorträge, sowohl auf internationalen Fachkonferenzen (zum Beispiel North American Indian Workshop, DGV-Tagungen[3], IASSA[4]-Konferenzen, Inuit-Studies-Konferenzen usw.) als auch in Volkshochschulen, Schulen, Behindertenheimen, Museen oder in Stadtbibliotheken. Es gibt eine kontinuierliche Nachfrage an Workshops zum Thema „Eskimo/Inuit" sowie zu nordamerikanischen IndianerInnen. Daneben konzipiere und realisiere ich verschiedenste museumspädagogische Aktivitäten – wie zum Beispiel themenbezogene Sonntagsaktivitäten für Familien im Völkerkundemuseum und Ferienspiele im Rahmen der Aktionen der MA 13[5]. Im Laufe der letzten Jahre gelang es mir, einige ethnologische Veranstaltungen, wie grönländisches Frauentheater und Maskentanz oder Kehlkopfsängerinnen der Quebec Inuit, nach Wien zu holen. 1994 begann ich des Weiteren, Video-

2. Der folgende Abschnitt wurde von Verena Traeger verfasst.
3. Tagungen der „Deutschen Gesellschaft für Völkerkunde e.V.".
4. Inuit Arctic Social Sciences Association.
5. Die Magistratsabteilung 13 der Stadt Wien ist für das Wiener Ferienspiel zuständig. Hier können Projekte eingereicht und mit der MA 13 als Partnerin ausgeführt werden.

projekte zu realisieren. Seit 1996 bin ich nun als externe Lektorin am Institut für Ethnologie, Kultur- und Sozialanthropologie in der akademischen Lehre aktiv.

Daneben bin ich gelegentlich als Übersetzerin tätig und bearbeite verschiedenste dänische oder schwedische Fachtexte für das deutsche Lesepublikum. 1997 wurden zum Beispiel eine Broschüre über die Jäger und Fischer von Uummannaq in Westgrönland sowie ein Katalogbeitrag für das Kunstforum in Wien von mir ins Deutsche übersetzt. 1999 begleitete ich im Rahmen der „Amerika" – Ausstellung im Oberen Belvedere Rex Lee Jim, einen Navaho-Schriftsteller, als Dolmetscherin und moderierte Diskussionsrunden mit indianischen VertreterInnen. Neben mehreren Reiseleitungen in Europa arbeitete ich 1997 auch für „Greenland Tourism" und hielt in Südgrönland für skandinavische SchiffstouristInnen Fachvorträge auf einem Eisbrecher. Häufig zieht man mich als ethnologische Beraterin für diverse Projekte heran. So entstanden 1998 zum Beispiel ein eskimoisch inspirierter Katalog zu Schmuckdesign, ebenso eine Analyse über Totempfähle für ein Wiener Designstudio. 1999 wiederum erstellte ich für ein Hamburger Antiquariat eine Expertise zu Eskimoabbildungen des 19. Jahrhunderts. Im Jahr 2000 betreute ich unter anderem ein österreichisches Filmprojekt als Aufnahmeleiterin bei den Inughuit oder Polareskimo in Nordgrönland und bei den Nisga'a in Britisch Kolumbien, für das ich 1999 recherchiert habe. Gelegentlich verkaufe ich ethnologische Fotos und erhalte Honorare für Textbeiträge. Durch mein Zweitfach Kunstgeschichte war es mir möglich, in den letzten Jahren verstärkt im Bereich der Kunstvermittlung in verschiedenen Kunstmuseen zu arbeiten. So war ich im Kunstforum der Bank Austria, im KunstHausWien, in der Kunsthalle oder in der „Amerika"-Ausstellung im Oberen Belvedere als Kunstvermittlerin tätig. Kurzum, ich arbeitete in den letzten Jahren mit und für alle möglichen Gruppen, darunter Kinder, SchülerInnen, Jugendliche, StudentInnen, Erwachsene, SeniorInnen, Behinderte, TouristInnen und natürlich auch für ein Fachpublikum. Viele Projekte entstanden durch Mundpropaganda oder lösten einen Schneeballeffekt aus. So wurde zum Beispiel aus einer Artikelserie im Südwind über „Kinder Ansichten" ein Buch, das 1994 im Lamuv Verlag erschienen ist (Brezlanovits 1994). Durch das Interesse einer Berliner Kinderzeitung an meinem Beitrag über einen grönländischen Jungen entstand wiederum eine jahrelange Zusammenarbeit mit dieser Zeitschrift.

Für den Erfolg als freiberufliche EthnologInnen ist es neben anderem wichtig, geeignete Projekte potentiellen AuftraggeberInnen direkt anzubieten, um auf eigene Fähigkeiten und Kenntnisse aufmerksam zu machen und Interesse an der eigenen Arbeit zu wecken. In jedem Fall müssen wir EthnologInnen anfangen, marktwirtschaftlicher zu denken. Im Berufsalltag ist es unumgänglich, uns und unsere Arbeit zu vermarkten und uns unser Wissen adäquat bezahlen zu lassen. Selbst bei Low-Budget-Produktionen müssen wenigstens Mindesthonorare für die eigene Arbeit einberechnet werden und wissenschaftliche Artikel sollten zumindest geringfügig entlohnt werden.

Mein Studium selbst dauerte lange, unter anderem weil ich noch als Studierende alleinerziehende Mutter wurde. In den 80er Jahren hatte man als Studierende/r den Eindruck, dass der Arbeitsmarkt für EthnologInnen kaum Chancen bieten würde und dass daher der Abschluss des Studiums noch warten könne. Heute weiß ich, dass die Zahl der Arbeitsplätze im Museum und an der Universität zwar sehr begrenzt ist, dass man aber mit Erfindungsgabe sehr wohl Nischen und damit auch Berufsperspektiven für sich entwickeln kann. Ich glaube, dass wir EthnologInnen noch viele Bereiche für uns erschließen könnten.

Eine Möglichkeit wäre, die Ethnologie als Lehrfach in höheren Schulen zu etablieren und uns in Tageszeitungen sowie in Radio- und TV-Sendungen zu aktuellen gesellschaftspolitischen Fragen vermehrt zu Wort zu melden. Die Beantwortung ethnologischer Fragestellungen sowie die Stillung des immensen Wunsches weiter Bevölkerungsschichten nach Informationen über „exotische" Kulturen darf nicht anderen überlassen werden. Als EthnologInnen haben wir gesellschaftliche Verantwortung zu tragen, deshalb wäre es ratsam, uns in berufsorientierten Interessengruppen zusammenzuschließen.

Der gesamte Arbeitsmarkt ist heute in Veränderung begriffen, so dass immer weniger Menschen auf sozial gut abgesicherte und geschützte Arbeitsplätze hoffen können. Andererseits entstehen neue Berufsfelder wie zum Beispiel der große Bereich der Kunstvermittlung, der einst als „Museumspädagogik" und heute als „Kommunikation im Museum" bezeichnet wird. KunstvermittlerInnen haben sich nun in einem Verein zusammengeschlossen und es gibt für sie eigene Ausbildungsmöglichkeiten. In den letzten Jahren schritt ihre Professionalisierung als DienstnehmerInnen zusehends voran, doch die potentiellen ArbeitgeberInnen, in diesem Fall die österreichischen Museen, reagierten auf diese positive Entwicklung zu langsam. Durch die ungleiche Bewertung der Arbeit der KuratorInnen für Kommunikation im Vergleich zu den Aufgaben der AusstellungskuratorInnen wird das Feld der Kunstvermittlung bei Ausstellungen meist zu gering budgetiert. Die AuftraggeberInnen beziehen KunstvermittlerInnen in die eigentliche Ausstellungskonzeption nicht mit ein. Dazu kommt noch die meist schlechte Entlohnung, die Stundenlöhne für Führungen beginnen bei 300 Schilling, aber Vorbereitungszeiten werden bei der Bezahlung oft nicht berücksichtigt und einige ArbeitgeberInnen sträuben sich immer noch gegen die freien Dienstnehmerverträge.

Meine Stärke in dieser sich ständig verändernden Arbeitswelt liegt darin, dass ich über die vom Arbeitsmarkt geforderte Flexibilität verfüge und in keinen starren Arbeitsprozess eingebunden bin. Dennoch gehöre ich als Alleinerzieherin und akademisch ausgebildete Ethnologin zu den am offiziellen Arbeitsmarkt schwer vermittelbaren Gruppen. Der Umstand, dass ich in keinen Statistiken über Arbeitslose aufscheine, resultiert daraus, dass ich bislang fähig war, mir meine temporären beruflichen Projekte und Dienstverhältnisse selbst zu organisieren. Außerdem konnte ich mir ohne fixe Anstellungen als freie Dienstnehmerin oder neue Selbständige nie das Recht auf Arbeitslosenunterstützung erwerben. Ich nahm es also immer in Kauf, sozial schlecht abgesichert und in relativ ungeschützten Arbeitsbereichen tätig zu sein, um mir meinen Berufstraum von der freischaffenden Ethnologin verwirklichen zu können.

Eva Kolm: Kulturvermittlerin[6]

Seit dem Ende meines Studiums 1994 bin ich als Ethnologin und Kulturvermittlerin vor allem im Bereich „Kommunikation im Museum" tätig. Neben meiner Teilzeitbeschäftigung im Verein „Büro für Kulturvermittlung", wo ich auch mein AkademikerInnentraining absolviert und mir damit meinen Arbeitsplatz geschaffen habe, arbeite ich freiberuflich als Kuratorin für Kommunikation, als Beraterin, Workshop- und Seminarleiterin und wissenschaftliche Mitarbeiterin. Seit 1996 bin ich „einschlägig" ehrenamtlich im Österreichischen Verband der KulturvermittlerInnen im Museums- und Ausstellungswesen engagiert.

Meine Tätigkeit sehe ich größtenteils außerhalb von universitärer Lehre und Forschung, empfinde sie aber trotzdem als mit der Wissenschaft sehr stark verknüpft. Ich bewege mich in einem Berufsfeld, das vorwiegend von der öffentlichen Hand finanziert wird, mit allen Vor- und Nachteilen, die sich daraus ergeben.

Die hier vorgestellten Überlegungen sind also vor meinem beruflichen kultur- und bildungspolitischen Hintergrund entstanden und auch stark von meinen persönlichen Arbeitsvorlieben und Neigungen geprägt.

Sind EthnologInnen brauchbar?

Geistes- und sozialwissenschaftlichen Studien eilt ja generell der Ruf voraus, dass sie – gemessen an den Gesetzen der freien Marktwirtschaft – wertlos seien. Dies gilt besonders für „Orchideenfächer" wie die Ethnologie und scheint auch seinen Niederschlag in der beruflichen Karriere der AbsolventInnen des Faches zu finden – wer kann schon von sich sagen, als EthnologIn zu arbeiten? Ich behaupte dies in der Regel, einerseits weil ich auf meine wissenschaftliche Ausbildung stolz bin, andererseits weil ich tatsächlich verschiedene Aspekte des Studiums für meine Arbeit verwerten kann und auch glaube, bestimmte ethnologische Qualifikationen ausmachen zu können, die auf dem Arbeitsmarkt erwünscht sind:

6. Der folgende Textabschitt wurde von Eva Kolm verfasst.

Ethno-ex-zentrismus

Immer wieder überrascht mich, dass es vielen meiner AuftraggeberInnen und KooperationspartnerInnen trotz der viel zitierten Globalisierungstendenzen nicht in den Sinn kommen würde, einen Blick über den europäischen und/oder nordamerikanischen Tellerrand zu riskieren. EthnologInnen sind es gewohnt, nicht-westliche Weltbilder mitzudenken und ins Spiel zu bringen. Das liegt unter anderem am vielfältigen Angebot an regionalspezifischen Lehrveranstaltungen am Wiener Ethnologie-Institut und an der Tatsache, dass die Studierenden sich im ersten Studienabschnitt noch nicht spezialisieren können bzw. dürfen. Dieses Wissen kann sowohl inhaltlich bereichernd wirken als auch alternative Lösungen für Probleme auf der Sach- oder der Beziehungsebene aufzeigen.

Beobachtungskompetenz

Da viele ethnologische Erkenntnisse auf Interpretationen von Daten basieren, die aus „teilnehmender Beobachtung" gewonnen wurden, und dieser Methode ein entsprechender Stellenwert im Unterricht eingeräumt wird, sind EthnologInnen in meinen Augen prädestiniert für die Begleitung und Analyse von Prozessen. Allerdings müssen sie sich zusätzlich die im Arbeitsleben meist ebenfalls geforderten Interventionstechniken aneignen, deren Anwendung für EthnologInnen „im Feld" in der Regel nicht vorgesehen ist.

Interkulturelle Kommunikation

Die Vermittlung zwischen Angehörigen unterschiedlicher Kulturen – auch „Betriebskulturen" oder „Gesprächskulturen" – stellt Vereine wie Unternehmen vor immer neue Herausforderungen. EthnologInnen sind auf inhaltlicher Ebene durch ihr Wissen um gesellschaftliche Unterschiede für Aufgaben wie Vernetzung oder Moderation sowie den Umgang mit Konflikten gut vorbereitet.

Die oben erwähnten Kompetenzen, die EthnologInnen meiner Meinung nach auszeichnen, können als Grundlage für „ethnologische Expertisen" dienen, die am Arbeitsmarkt gefragt sind bzw. gefragt sein sollten. Voraussetzung für deren größere Akzeptanz scheint mir allerdings eine Ergänzung dieser Qualifikationen zu sein.

Ein Hauch von Praxis für die Uni?

Eine Tätigkeit in einem außerwissenschaftlichen Berufsfeld erfordert in hohem Maße die Fähigkeiten, sich und seine Leistungen verkaufen zu können, zu kooperieren und sich mit ökonomischen Begleitumständen auseinander zu setzen.

Jene Qualifikationen für die außerwissenschaftliche Berufspraxis, die meines Erachtens am Institut für Ethnologie, Kultur- und Sozialanthropologie anzubieten wären, betreffen die methodische Ausbildung der Studierenden. Solche praxisrelevanten Fähigkeiten sind nicht nur im „Selbstversuch“, also von jeder Ethnologin/jedem Ethnologen situativ durch „Versuch und Irrtum“ womöglich erst nach Beendigung des Studiums erlernbar. Es wäre besser, sie durch gezielte Trainingsmaßnahmen und die Herstellung von „Laborsituationen“ im Rahmen von universitären Lehrveranstaltungen in die Ausbildung zu integrieren.

Dieser Form des Lehrens und Lernens sind allerdings auch Grenzen gesetzt: Sie erfordert zumeist viel mehr universitäres Personal, was den Einbau von Praxis-Veranstaltungen an der Massenuniversität erschwert. Darüber hinaus erscheint es mir wesentlich, die bildungspolitische Entwicklung im Auge zu behalten und großen Wert auf eine klare Abgrenzung zu von vornherein als Berufsausbildung deklarierten Ausbildungsgängen – zum Beispiel Fachhochschulen – zu legen. Es gilt also, ein ausgewogenes Verhältnis zwischen der wissenschaftlichen Ausbildung und einer ausreichenden Berufsvorbildung zu schaffen.

Folgende methodische Grundlagen, die ich für meine tägliche Arbeit brauche, sind jedenfalls während meiner Studienzeit zu kurz gekommen (ich habe sie mir im Rahmen meines Nebenfachs Pädagogik, im Postgraduiertenlehrgang „Ausbildung zur Kuratorin für Kommunikation im Museum“ sowie in diversen Einzelseminaren und natürlich in der Praxis angeeignet):

Die praktische Anwendung von Erhebungs- und Interpretationsinstrumenten stellt im universitären Ausbildungsalltag eher die Ausnahme dar, obwohl sie unter dem Namen „Feldforschung“ die Basis für das Fach Ethnologie bilden[7]. Der Bogen wäre hier von Quellenstudium, Literaturrecherche über Beobachtungsprotokolle sowie schriftliche (Fragebogen) und mündliche Befragungen (Interviews) bis zur Auswertung von Datenmaterial und ihrer Darstellung zu spannen. Methodenseminare, in denen der Schwerpunkt von vornherein auf dem Erlernen eines bestimmten methodischen Instrumentariums liegt, ermöglichen hingegen das Einüben von Erhebungs- und Interpretationstechniken, erfordern ein an Projektarbeit orientiertes Vorgehen und weisen damit automatisch einen höheren Grad an praktischer Relevanz auf.

Neben den erwähnten Ansätzen zur Projektarbeit wären Kenntnisse aus dem Bereich des Projektmanagements besonders hilfreich für den Einstieg in die Berufswelt: Es geht hier also um die Fähigkeit der zukünftigen AbsolventInnen, ein Projekt abzuwickeln, wie zum Beispiel die Projekteinreichung und Berechnung der Kosten. Solche Fertigkeiten ermöglichen einen großen Entwicklungsschritt in Richtung Professionalisierung. Wahrscheinlich würden eine Einführung in die „Welt der Financiers“ (sowohl öffentlicher als auch privater) sowie die speziellen Förderprogramme und

7. Eine solche Ausnahme bilden die regelmäßig angebotenen Lehrveranstaltungen aus dem Bereich der Medien, also Foto-, Film-, und Tonaufnahmen, und seltener jene aus dem der Materialkunde.

Anlaufstellen bereits mehrere Hürden auf dem dornigen Weg der projektzentrierten, oft freiberuflichen Tätigkeit beseitigen.
Das führt zu einer weiteren Schwachstelle der universitären Ausbildung zur Ethnologin/zum Ethnologen, nämlich zum Bereich der Präsentation. Die Anforderungen an die Präsentation von Ideen und Ergebnissen sind zu Recht hoch, und diesem Umstand sollte auch im Rahmen des Studiums Rechnung getragen werden: Schulungen und Übungsmöglichkeiten zum Abfassen von Texten – ich denke hier an den Aufbau verschiedener Textsorten wie Projektantrag, Artikel, Evaluation, den Umgang mit Zitaten aus Literatur und Interviews, das Abfassen von kurzen Stellungnahmen ohne lange Vorbereitungszeit etc. – wurden bisher meist nur im Rahmen von Tutorien als Thema behandelt. Neben dem Kennenlernen der „üblichen Standards" könnte der Einsatz von Kreativitäts- und Strukturierungsmethoden[8] viel zu einer Weiterentwicklung der in der Schule erlernten Kompetenzen beitragen.
Ähnliches gilt für das Vorbereiten von Redebeiträgen. Neben dem klassischen Referat, das methodisch gesehen nur durch „learning by doing" unterrichtet wird, scheint mir eine Schulung der Studierenden zu einer effizienteren „Einmischung" in Diskussionen, Tagungen u. ä. sehr wichtig zu sein. Meines Erachtens kann diese Fähigkeit durch entsprechende rhetorische Unterweisung trainiert werden.
Nicht zuletzt sollte der multimedialen Aufbereitung von ethnologischem Wissen ein höherer Stellenwert beigemessen werden. Beispielhaft seien hier Ausstellungen (von der Wandzeitung bis zur Objektpräsentation) sowie computerunterstützte Präsentationen erwähnt.

Ein „starkes" Institut im Rücken

Nur noch gelegentlich bin ich am Institut für Ethnologie, Kultur- und Sozialanthropologie, aber trotz Umbenennung, Umbau und immer weniger bekannten Gesichtern fühle ich mich dort jedesmal „zu Hause". Auch wenn ich nach meinem Beruf gefragt werde, spüre ich diese Verbundenheit mit „meiner" scientific community. Ich bin überzeugt davon, dass es vielen meiner ehemaligen KollegInnen ebenso geht, und verfolge daher gespannt die weitere Entwicklung der neu gegründeten AbsolventInnenorganisation des Instituts. Es scheint mir sehr sinnvoll, gerade die in „entfernten" Berufsfeldern tätigen AbsolventInnen durch gezielte Informationen stärker an das Institut zu binden. Damit wird auch eine Möglichkeit eröffnet, Know-how und berufliche Kontakte für einen Informationspool zu nutzen, der zur Bildung von „ethnologischen Seilschaften" in der Berufswelt notwendig wäre.

---

8. Unter Kreativitätsmethoden versteht man Methoden, die dabei helfen, übliche Bahnen und festgetretene Wege zu verlassen und neue Ideen zu finden. Mit Strukturierungsmethoden meine ich hier sowohl Gliederung und Layout von Texten als auch den richtigen Einsatz von Tafeln, Pinnwänden, Overheadfolien, Power Point etc.

Nicht zuletzt möchte ich hier für eine verstärkte Öffentlichkeitsarbeit seitens des Instituts für Ethnologie, Kultur- und Sozialanthropologie plädieren: Zum einen vermisse ich die Anerkennung von EthnologInnen als ExpertInnen, die in Österreich – vor allem auch im Vergleich zu anderen Ländern – dementsprechend selten zu öffentlichen Auftritten geladen sind. Hier trägt das Institut meines Erachtens einen großen Teil der politischen Verantwortung, diese Situation durch Stellungnahmen zu gesellschaftlichen Entwicklungen im In- und Ausland zu verbessern. Zum anderen ist das Qualifikationsprofil von EthnologInnen weitgehend unbekannt, was die „Besetzung" neuer Berufsfelder besonders erschwert. Wenn es gelingt, die Öffentlichkeitsarbeit des Instituts erfolgreicher zu gestalten, wird es auch für seine AbsolventInnen leichter sein, in gesellschaftsrelevante außeruniversitäre Tätigkeitsfelder vorzudringen.

Schluss: Der Arbeitsmarkt – eine Herausforderung für EthnologInnen!

Wie Eva Kolm in ihren abschließenden Worten, so werfen auch ihre KollegInnen in ihren Beiträgen einen kritischen Blick auf die Anforderungen des Arbeitsmarkts an EthnologInnen im Allgemeinen und auf ihren eigenen beruflichen Werdegang im Besonderen. Ihre Anregungen für Veränderungen betreffen vor allem praxisrelevantes Wissen und Können, wie zum Beispiel Computerkenntnisse, Know-how im Umgang mit Medien, Kommunikation und Interaktion. Eine Lehrveranstaltung, die als Aufbruch in einen praxisnahen Unterricht gesehen werden kann, ist die Lehrveranstaltung „Projektmanagement für EthnologInnen", die im Wintersemester 2000/01 erstmals angeboten wurde. In einer Laborsituation arbeiteten die TeilnehmerInnen unter Bedingungen, die so nahe wie möglich an der Realität eines zu entwickelnden Projekts liegen sollten. Das Ziel der Lehrveranstaltung war es, in wenigen Wochen in Gruppenarbeit einen vollständigen Projektantrag zu erstellen, der tatsächlich, wenn gefordert, bei potentiellen AuftraggeberInnen eingereicht werden konnte. Die Spielregeln des Kurses orientierten sich an der Wirklichkeit und waren sehr strikt. Mit viel Enthusiasmus und unter großem Zeitdruck erstellten die Gruppen abgabereife (!!) Anträge zu einem von ihnen selbst entwickelten Projekt, welche sie in der Abschlussveranstaltung einem kritischen Publikum präsentierten. Anschließend diskutierten die StudentInnen mit dem Leiter der Lehrveranstaltung, Thomas Lackner[9], Verbesserungsmöglichkeiten für ähnliche Kurse in der Zukunft.

Wie die Expertinnen, die hier einen Beitrag lieferten, bereits schilderten, ist ein Berufseinstieg niemals einfach, vor allem nicht für AbsolventInnen

9. Ein Interview mit Thomas Lackner enthält der Beitrag von Gönitzer, Zoubek und Warta.

eines „Orchideenfaches". Die Schwierigkeiten sind durch den sich sehr rasch verändernden Arbeitsmarkt gegeben. Wir betrachten diese Situation als spannende Herausforderung an uns EthnologInnen, unsere Chance mit Selbstbewusstsein zu ergreifen, um unsere „besondere Form von Wissen" gezielt zu vermarkten und uns den Möglichkeiten und Perspektiven des Arbeitsmarktes zu stellen!

Liste der geführten Interviews

Gaby Khannoussi-Gangoly, Interview zum Thema: EthnologInnen in Bildung und Kultur, 16. Oktober 2000, Wien, Transkription des Interviews im Besitz der Verfasserinnen.
Ingrid Rauch, Interview zum Thema: EthnologInnen in Bildung und Kultur, 15. März 2000, Wien, Transkription und Tonband im Besitz der Verfasserinnen.

Verwendete Materialien, Literatur

BENKE, Christine
2000 Die Volkshochschule Alsergrund Währing Döbling, Programm Herbst/Winter 00/01. Wien.
BREZLANOVITS, Carola (Hg.)
1994 Kinder Ansichten. Göttingen.
BUNDESMINISTERIUM FÜR UNTERRICHT UND KULTURELLE ANGELEGENHEITEN (HG.)
1999 Erwachsenenbildung in Österreich. 4. Auflage. Wien.
TRAEGER, Verena
1994 Cola für Grönland. Eine Jägergesellschaft im Aufbruch. Sind die Grönländer Dänen? In: Brezlanovits, Carola (Hg.): Kinder Ansichten. Göttingen, S. 88-97.
VERBAND DER WIENER VOLKSBILDUNG (Hg.)
o.J. Die Wiener Volkshochschulen. Hoch im Kurs (Broschüre der Wiener Volkshochschulen für ihre Mitarbeiter). Wien, o.S.
VOLKSHOCHSCHULE ALSERGRUND (Hg.)
1999 krank-gesund-sein. Konzepte, Diagnosen & Therapien im Kulturvergleich (Broschüre zur Vortragsreihe 1999/2000). Wien.

Ethnologie und Medien: Restplatzbörse oder riskante Chance?

Interviews mit Irmgard Kirchner und Heidi Weinhäupl

Theresa Dirtl und Julia Obenaus

Zu Beginn

... Ethnologie und Medien. Spannende Kombination. Klingt interessant. Spontane Assoziationen: Reisen, GEO, Dokumentarfilme der erlebten Welten, ein großes fasziniertes Publikum ...
Weitere Assoziationen: Fragezeichen. Berufschancen? Möglichkeiten zur Realisierung der eigenen Träume neben unzähligen anderen MitträumerInnen? Gesicherte Existenz oder ewig freie Mitarbeit? Was ist, wenn mir irgendwann die Abenteuer ausgehen? Ich zu alt und bequem werde für ein Nomadenleben? Nagen am Hungertuch? ...
Das sind alles Vorstellungen und daran anschließende Fragen, die mit Sicherheit nicht nur uns beschäftigen, sondern jede/n, die/der sich für eine berufliche Kombination aus Ethnologie und Medien interessiert.
Fragen, die wir auf den nächsten Seiten im Interesse all jener EthnologInnen, die ihre Schreib- und Recherchefreudigkeit und ihr Medieninteresse zu ihrem zukünftigen Beruf machen wollen, zu beantworten bemüht sind.

Was und warum?

Zum Inhalt

Anfangs möchten wir kurz erklären, wie wir bei unserer Recherche vorgegangen sind und warum wir die Interviews schließlich mit diesen Personen geführt haben: Zuerst haben wir Kontakt zu verschiedenen Printmedien aufgenommen, um über die Zahl der bei ihnen angestellten EthnologInnen Auskunft zu erhalten. Der Gedanke dabei war, uns ein Bild der momentanen Arbeitssituation von EthnologInnen im journalistischen Bereich zu machen. Das Ergebnis war folgendes:

- bei der Tageszeitung *Der Standard* sind zwei Ethnologinnen beschäftigt,
- bei der Tageszeitung *Die Kronenzeitung* ist ein Ethnologe tätig,

- bei der Tageszeitung *Die Presse* arbeitet ein Ethnologe,
- für die internationalen Monatszeitschriften *GEO* und *National Geographic* arbeiten keine EthnologInnen.

Das erste Interview führten wir mit Irmgard Kirchner, Chefredakteurin der österreichischen Monatszeitschrift *Südwind*[1], die im Rahmen der Veranstaltung „Wozu Ethnologie heute?" im Mai 1999 am Institut für Ethnologie, Kultur- und Sozialanthropologie einen Vortrag zum Thema Ethnologie und Medien hielt. Unsere zweite Interviewpartnerin war Heidi Weinhäupl, Ethnologiestudentin, die beim *Standard* als freie Mitarbeiterin tätig ist. In den Interviews ging es um die unterschiedlichen Zugangsweisen zweier Ethnologinnen zu den Medien, um ihre Lebenswege, um ihre Tätigkeiten bei den Printmedien, um ihre persönlichen Meinungen zum Ethnologiestudium und um ihre Zukunftsperspektiven bezüglich Ethnologie und Medien. Wir wählten Heidi Weinhäupl und Irmgard Kirchner, weil sie auf verschiedenen Stufen ihrer beruflichen Karriere stehen, möglicherweise aufgrund ihres Altersunterschiedes verschiedene Auffassungen vom Ethnologiestudium und von ihrem Arbeitsfeld haben und bei Medien unterschiedlicher Art arbeiten.

Let's talk about...

Interview mit Irmgard Kirchner[2] – Chefredakteurin des Magazins Südwind

Wie war Ihr beruflicher Werdegang und wie sind Sie zu Ihrem derzeitigen Beruf beim Südwind gekommen?

Ausschlaggebend für meine Berufswahl zur Journalistin war vor allem die Lust am Schreiben, wobei auch Talent dafür vorhanden war. Dass ich beim Südwind tätig bin, hat mit Ethnologie zu tun. Ich bin während meines Studiums viel gereist, habe darüber geschrieben, dann Zeitschriften kontaktiert und meine Geschichten verkauft.

War das schwierig?

Nein, es ist nicht schwierig, wenn man gut schreibt. Und jede Zeitung ist dankbar, wenn sie gute Angebote bekommt. Hauptabnehmerinnen waren bei mir Fachzeitschriften im deutschsprachigen Raum, auch Tageszeitungen, Monatszeitschriften und Illustrierte. Und so baut man sich natürlich Kontakte auf. Speziell als EthnologIn ist es nicht so schwierig, weil oft über Winkel der Erde berichtet wird, die nicht so viel bereist werden. Wenn diese Artikel gut geschrieben, mit Fotos versehen und sorgfältig re-

1. Südwind – Das Magazin für Entwicklungspolitik, wird von Martin Jäggle, Eva Kreisky und Brigitte Pilz herausgegeben.
2. Das Interview wurde am 10.2.2000 von Theresa Dirtl und Julia Obenaus geführt.

cherchiert sind, bin ich mir sicher, dass sie dementsprechend untergebracht werden können. Wenn es zu einer Geschichte keine passenden Fotos gibt, auch nicht über Agenturen, so kann man die Geschichte nicht verkaufen. Es gibt einige wichtige Dinge, die man wissen sollte, wenn man Geschichten verkaufen will: Wie lange sollen sie sein, wie sollen sie geschrieben sein, was müssen sie unbedingt noch beinhalten, z.B. Fotos.

Um noch einmal zum Studium zurückzukommen: Inwieweit ist das Ethnologiestudium für Ihren Beruf als Journalistin hilfreich?

Ethnologie ist insofern für mich sehr hilfreich, als dass sie – und das ist meine ganz persönliche Erfahrung – sowohl den Blick für hierarchische Verhältnisse als auch für Alltagsrealitäten schärft. Hier sehe ich wirklich einen Wissensvorteil anderen Sparten gegenüber. EthnologInnen können sich besser vorstellen, wie zum Beispiel das Alltagsleben organisiert ist. Wenn es in einem Artikel um Frauen der Entwicklungszusammenarbeit geht, wissen sie über geschlechtliche Arbeitsteilung besser Bescheid. Das soll heißen, dass ich nicht über ethnologische Themen im strengen Sinn schreibe, dass aber die Ethnologie als Hintergrundwissen sehr hilfreich ist. Mein Fachgebiet ist Afrika und für mich persönlich war die Beschäftigung mit der vorkolonialen und kolonialen Geschichte sehr hilfreich. Es erledigen sich viele Fragen und auch Vorurteile, wenn man etwas über historische Prozesse weiß.

Was war Ihr Zweitfach und können Sie das auch verwerten?

Psychologie. Das kann ich, abgesehen vom Umgang mit Menschen, für meine journalistische Tätigkeit nur marginal verwerten. Aber ich habe auch teilweise Rechtswissenschaften studiert, was mir sehr geholfen hat. Besonders mit Rechtsgeschichte habe ich mich beschäftigt, natürlich auch mit einem ethnologisch-historischen Hintergrund. Rechtsgeschichte ist ein ergiebiges Feld für Grundsätze sozialer und politischer Organisation.

Haben Sie das Ethnologiestudium mit der Intention begonnen, Journalistin werden zu wollen?

Nein, es war eher umgekehrt. Ich wollte eigentlich Wissenschafterin werden, weil ich eine „angeborene" Neugierde an der Welt habe und mich interessiert, was es gibt, was sich tut, und zwar von der wissenschaftlichen Seite her. Aber irgendwann bemerkte ich, dass mich der Journalismus mehr anspricht, weil ich damit ein größeres Feld abdecken kann. Einerseits finde ich, dass es für die geistige Entwicklung sehr hilfreich, wenn nicht sogar unerlässlich ist, sich ein Mal in seinem Leben mit einer ganz speziellen Sache intensiv auseinander zu setzen. Andererseits steht dem die Vorstellung von der täglichen Beschäftigung gegenüber. Ich möchte gern viele verschiedene Themen rasch, aber trotzdem mit Niveau erarbeiten, was in der Wissenschaft nicht möglich ist. Im Journalismus kann ich vieles einfach ausdrücken, was ich in der Wissenschaft sehr fundiert belegen muss. Natürlich muss man auch im Journalismus gut recherchieren, aber es ist doch eine andere Art von Recherche.

Haben Sie sich während des Studiums bereits Zusatzqualifikationen angeeignet?

Das Talent zum Schreiben hat man oder man hat es nicht, aber das journalistische Repertoire, das Redigieren und Fragetechniken betreffend, habe ich später gelernt. Ich belegte in Deutschland Kurse dazu und bildete mich auf diese Weise im Journalismus weiter. Als ich studiert habe, hat es in Österreich keine standardisierte JournalistInnenausbildung gegeben, nur das Publizistikstudium und Volontariate.

Sehen Sie bezüglich der berufsspezifischen Ausbildung Schwächen am Ethnologiestudium, die beseitigt werden sollten?

Das Ethnologiestudium kann keine JournalistInnenausbildung sein. Man kann vom Universitätsstudium das Beste verlangen, und zwar das Beste von der Ethnologie. Es würde keinen Sinn machen, zusätzlich zum Studium noch Kurse in Schreiben und Journalismus anzubieten. Wenn die StudentInnen ein wunderbares Angebot an Lehre und Forschung bekommen und zusätzlich die Möglichkeit zu Auslandsaufenthalten und internationalen Kontakten haben, dann fügt sich das und die StudentInnen arbeiten selbständig weiter um ihr Ziel zu erreichen. Dadurch wird die Persönlichkeitsentwicklung gefördert, weil die StudentInnen ihre Vorstellungen, Interessen und Talente selbst erfahren. Das Ziel des Ethnologiestudiums kann nichts anderes sein als Menschen auszubilden, die im Sinne der Wissenschaft tätig sind. Das ist natürlich eine Herausforderung: Man studiert etwas, das einen interessiert, weil man wissen will, wie Wissen produziert wird und welches Wissen es bereits gibt. Und für den eigenen kleinen Beitrag an der Wissensproduktion wird man mit einem akademischen Grad belohnt. Wenn die Ethnologie als Wissenschaft wirklich in der Gegenwart positioniert ist, muss sie sich auch mit aktuellen gesellschaftspolitischen Problemen auseinandersetzen, wodurch sie automatisch praxisbezogen wird. Aber sie gewinnt nicht an Praxis, indem man noch zusätzlich Handwerkszeug mit in den Ausbildungsplan nimmt. Wenn ich auf einer Universität bin und mir aussuchen kann, was ich gerne hätte, dann möchte ich das, was ich nur dort kriegen kann. Ich wäre gern Austauschstudentin, ich würde gerne an internationalen Kontakten partizipieren. Einen Fotokurs mache ich aber dann auf der Volks- oder Filmhochschule.

War das auch der Inhalt Ihres Vortrages bei der Veranstaltung „Wozu Ethnologie heute?“ im Mai 1999?

Ja, auch damals sagte ich, dass sich die Ethnologie auf das Ureigenste konzentrieren und eine sehr gute Ethnologie sein sollte. Der Weg dazu wäre einfach, in der Forschung auf dem aktuellen Stand zu bleiben, den Leuten die Möglichkeit zu Auslandsaufenthalten zu geben und sie vielleicht auch an Forschungsgeldern teilhaben zu lassen. Wie ich gelesen habe, hat das Institut sehr viele internationale Kontakte und ist in vielen Gremien vertreten. Es wäre sehr von Vorteil, wenn das in die Praxis der StudentInnen einfließen würde und sie daran teilhaben könnten. Denn am meisten haben mir in der Ethnologie die Auslandsaufenthalte genützt, und zwar für Archivstudien in Forschungsinstitutionen oder bei Feldforschungen. Das hat mich persönlich am weitesten gebracht. Im Dissertationsstadium, als ich dann an einem konkreten Forschungsprojekt gearbeitet habe, bin ich vom Institut sehr unterstützt worden.

Wie sieht die Arbeitsstruktur speziell beim Südwind aus?

Wir sind eine Mini-Redaktion, bestehend aus vier Angestellten, wobei wir eine Menge freier MitarbeiterInnen haben. Ich bin die einzige Ethnologin in der Redaktion, aber unter den freien JournalistInnen sind auch einige EthnologInnen, die sich mit für uns interessanten Themen beschäftigen. Auch andere AkademikerInnen, wie PolitologInnen, DolmetscherInnen oder RomanistInnen, bieten sich für unsere entwicklungspolitische Zeitschrift als AutorInnen an. Manche Medien bevorzugen hingegen spartenspezifische Fachleute, zum Beispiel Sportredaktionen, die nur SportwissenschafterInnen einstellen. Anderen wiederum ist die Fähigkeit zur Recherche und zum Schreiben wichtiger als der Ausbildungsweg.

Schicken Sie auch ReporterInnen und KorrespondentInnen in die Länder, über die Sie berichten?

Nein, das können wir uns nicht leisten, aber wir partizipieren am großen Korrespondentennetz von anderen Medien mit, das heißt, es gibt KorrespondentInnen, die ökonomisch schon abgesichert sind und für ein Zeilenhonorar für uns schreiben. Wir kaufen praktisch die Artikel ein.

Wir haben uns bei verschiedenen Printmedien über den Ausbildungsweg der Angestellten erkundigt und waren sehr überrascht, dass bei GEO und National Geographic keine einzige EthnologIn arbeitet. Wie erklären Sie sich das?

In GEO und National Geographic schreibt die Crème de la Crème der Reisereportage, sozusagen der Himmel der JournalistInnen. Da reicht vielleicht oft die Qualität der Artikel nicht. Die besten Reisereportagen kommen im deutschsprachigen Raum einfach von GEO, weil dort das Budget und die Zeit vorhanden sind. Den ReporterInnen werden ohne weiteres längere Reisen bezahlt. Gute JournalistInnen beschäftigen sich auch sehr intensiv mit Literatur für ihre Artikel. Für eine gute Recherche braucht man natürlich genügend Zeit. Deshalb landen bei GEO vielleicht auch eher Leute, die einen journalistischen Biss haben, die gut schreiben können und die gut im Team – zum Beispiel mit FotografInnen – arbeiten. Gut schreiben heißt, die Geschichte muss verstanden werden, und dazu muss man beim Niveau der LeserInnen ansetzen. Es geht nicht um ein Fachpublikum, das den Artikel kritisiert, es geht darum, in den LeserInnen ein Bild entstehen zu lassen. Sie müssen mit der Geschichte etwas anfangen können, sie sollen angeregt und ihr Interesse soll geweckt werden. Und wenn es eine Ethnologin/ein Ethnologe schafft, das eigene Wissen der Gesellschaft gut zu vermitteln, und sie/er somit einen kulturellen Beitrag leistet, dann ist sie/er auch eine gute JournalistIn.

Wird es in Zukunft im Bereich Printmedien bestimmte Arbeitsbereiche geben, wo EthnologInnen gefragt sein könnten?

Das kann man so nicht beantworten. wenn heute jemand hereinkommt und sagt, ich bin EthnologIn und möchte bei Ihnen arbeiten, dann beeindruckt mich das weniger, sondern ich würde fragen: „Wo waren Sie oder worüber würden Sie gerne schreiben, was sind Ihre Geschichten?" Wichtig ist, sich selbst herauszufordern, sich einschätzen zu können, die eigenen Talente und Interessen zu kennen, sich etwas zuzutrauen. Zu beachten ist auch, dass das Niveau der Medien nicht immer gleich ist. Man muss überlegen, für welches Medium man schreibt, was man bei den LeserInnen jeweils voraussetzen kann und wo man ansetzen muss. Generell denke ich, dass das ethnologische Wissen ein Schatz ist, der es verdient, unters Volk gebracht zu werden. Aber der Weg dahin ist nicht, Ethnologie unbedingt mit Journalismus zu verbinden oder die Ethnologie als Weg zum Journalismus zu sehen. Genauso kann ein/e gute/r MusikwissenschafterIn oder PolitologIn JournalistIn sein, und zwar mit den jeweiligen fachspezifischen Ansätzen und Sichtweisen.

Danke für das Interview.

Interview mit Heidi Weinhäupl[3] – Ethnologistudentin und freie Mitarbeiterin beim Standard

Wie bist du zum Standard gekommen?

Ich habe die HTL (höhere technische Lehranstalt) absolviert und dann begonnen, Publizistik und verschiedene Nebenfächer zu studieren, unter anderem Ethnologie. Auf meine Bewerbung hin hat sich mir die Gelegenheit geboten, für eine Fachzeitschrift (Elektronik-Report) zu schreiben. Als im

3. Das Interview wurde am 7.1.2000 von Theresa Dirtl und Julia Obenaus geführt.

Standard eine Anzeige für die Teilnahme an einer „student academy" in New Orleans ausgeschrieben wurde, habe ich mich dafür beworben und bin aufgrund meiner Ausbildung und Praxis ausgewählt worden. Nach unserer Rückkehr haben die anderen TeilnehmerInnen und ich darüber einen Artikel im Standard verfasst. Ich habe dann angefangen, ab und zu für die Zeitung zu schreiben, bis ich durch einen glücklichen Zufall als pauschalierte Mitarbeiterin für die Neuen Medien, eine Beilage im Standard, angestellt wurde. Pauschaliert sein heißt, dass man einen fixen Lohn erhält, unabhängig davon, wieviel man schreibt. Daneben gibt es noch Angestellte und freie MitarbeiterInnen, die nach geschriebenen Zeilen bezahlt werden. Nach einer harten sechsmonatigen Lernphase habe ich begonnen, langsam meine Fühler auch in andere Redaktionen beim Standard auszustrecken, und nun schreibe ich öfters auch Artikel für den Bereich Bildung und arbeite beim Schülerstandard mit.

Inwieweit ist das Ethnologiestudium für deine Arbeit beim Standard hilfreich?

In manchen Bereichen kann ich das Wissen, das ich mir durch das Ethnologiestudium aneigne, anwenden, aber nur als Werkzeug. Zum Beispiel, wenn ich Artikel redigiere, in denen ausländerfeindliche Aussagen vorkommen, dann ist mir das sehr wohl bewusst, während das dem/der VerfasserIn nicht auffällt. Man reflektiert solche Dinge als EthnologIn anders. Eins zu eins übernehmen kann ich ethnologische Lerninhalte nur selten, es kommt aber schon vor, vor allem dann, wenn ich mir meine Themen selbst aussuchen kann.

Hast du das Ethnologiestudium mit der Intention begonnen, Journalistin zu werden?

Die Ethnologie hat für mich mit der Zeitung überhaupt nichts zu tun. Ich habe Ethnologie zu studieren begonnen, nachdem ich diese Reise nach New Orleans machen durfte und dann beim Standard zu arbeiten anfing. Ich wäre nie auf die Idee gekommen, deshalb Ethnologie zu studieren, weil ich bei einer Zeitung arbeiten will.

Ist der Beruf des Journalisten/der Journalistin dein Berufsziel oder ist es momentan nur ein Nebenjob?

Es ist mehr als ein Nebenjob, es wächst sich auch zeitlich mittlerweile eher zu einem Vollzeitjob aus. Wenn man es wirklich ernsthaft betreibt und bei der Zeitung auch weiterkommen will, kann es schon sehr stressig sein. Ich weiß nicht, ob man das auf Dauer aushalten kann. Aber man gewöhnt sich auch schnell daran – und es ist eine Herausforderung. Was mir anfangs große Probleme bereitet hat, ist die Tatsache, dass man sich mit einer Sache nie wirklich eingehend beschäftigen kann. Man rennt dauernd Neuigkeiten hinterher und kann nicht das machen, was wirklich interessant wäre. Vielleicht möchte ich einmal bei einer Non-Profit-Organisation arbeiten, für deren Ziele ich einstehen kann. Dafür wäre die Ethnologie sicherlich von Vorteil, vor allem, weil ich das Fach aufgrund meines Interesses und nicht wirklich berufsbezogen studiert habe.

Siehst du bezüglich der berufsspezifischen Ausbildung Schwächen am Ethnologiestudium, die beseitigt werden sollten? Oder gibt es nur Stärken?

Für mich liegen die Stärken darin, dass man Themen wie Ausländerfeindlichkeit, Migration oder Rassismus viel mehr reflektiert. Was mir immer wieder auffällt ist, dass die evolutionistische Sicht in den Medien noch sehr verbreitet ist. Ich bin in dieser Hinsicht schon sehr durch mein Studium geprägt und bin daher auch viel kritischer und vorsichtiger. Etwas, das nicht direkt eine Schwäche ist, aber ich mir wünschen würde, wäre, dass Foto- und Filmseminare zu anderen Zeiten und damit auch für Berufstätige angeboten werden. Aber berufsbezogener würde ich das Ethnologiestudium nicht machen. Den neuen Studienplan finde ich sehr gut, jede/r kann sich durch das Angebot verschiedener Module einen berufsbezogenen Schwerpunkt setzen. Aber ich würde auf keinen Fall Fächer wie Wissenschaftsgeschichte weglassen, denn genau das ist im Arbeitsleben sehr hilfreich. Man lernt zu reflektieren, mit einem Stoffgebiet umzugehen, lernt Sichtweisen verschiedener WissenschafterInnen kennen und eigene zuzuordnen. Das finde ich sehr wichtig. Die Praxisorientierung wird einem sowieso nicht auf einer Schule oder Universität vermittelt, das muss man im Job lernen.

Hast du dir bereits während des Studiums Zusatzqualifikationen angeeignet?

Ja, als ich für diese elektronische Fachzeitschrift gearbeitet habe, wurde ich auf Seminare geschickt, die Schreibtechnik oder Kreativität beim Schreiben zum Inhalt hatten. Außerdem habe ich einige Bücher zu diesen Themen gelesen.

Würdest du noch andere Zusatzqualifikationen empfehlen, die man sich außerhalb des Studiums aneignen sollte, wenn man im Bereich Medien arbeiten will?

In den ersten Stunden des Publizistikstudiums wird empfohlen, täglich sieben Zeitungen zu lesen und eine Kartei mit interessanten Artikeln anzulegen, um verschiedene Blickwinkel zu bekommen und zu erkennen, wie in den verschiedenen Medien geschrieben wird. Das macht natürlich niemand. Aber man sollte zumindest eine Zeitung am Tag lesen. Wenn man sich bei einer Zeitung bewirbt, sollte man sich vorher sehr umfassend über das Medium informieren, und zwar längere Zeit zurückreichend. Man kann auch schon während des Studiums immer wieder Artikel anbieten, große Vorteile bringen dabei natürlich persönliche Kontakte. Wenn man sicher sein kann, dass der Artikel mit Interesse gelesen wird, hat man einen großen Vorsprung anderen gegenüber. Allerdings sollte man dann in der Lage sein, den Artikel schnell fertig stellen zu können. Schreibtechnische Seminare sind auch sehr hilfreich, meistens aber für StudentInnen sehr teuer.

Wieviel kostet das durchschnittlich?

Wenn man bei der Journalistengewerkschaft ist, zwischen 2000 und 5000 Schilling, (ca. 140-370 Euro); diese Kurse würde ich aber nicht empfehlen, da sie sehr hoch spezialisiert sind. Das Journalistenkuratorium bietet Blockveranstaltungen an, die kostenpflichtig, aber zu empfehlen sind. Unbedingt vorschlagen würde ich ein Volontariat bei einer Zeitung. Die Bezahlung ist zwar nicht gut, aber für viele ist es der Einstieg in die Medienbranche. Wenn man sich bewährt, ist man sofort dabei, zwar als freie/r MitarbeiterIn, aber immerhin.

Wie sieht die Arbeitsstruktur beim Standard aus?

Die Aufnahmeprüfung sieht folgendermaßen aus: Es wurde ein Gespräch mit mir geführt, dann musste ich einen Vortrag über Technik und Medien in der Zukunft halten und zum Abschluss wurde ich ein paar Dinge auf Englisch gefragt. Einen Testartikel musste ich allerdings nicht schreiben. Was die verschiedenen Arten von Artikel betrifft, so gibt es große Unterschiede. Ist es ein tagesaktuelles Thema, dann hat man nur sehr wenig Zeit, meistens ungefähr drei Stunden. Das ist zu wenig für eine intensive Recherche und da passieren auch leicht Fehler. Für Beilagen wie Neue Medien suche ich mir das Thema selbst aus und habe dann etwa drei Wochen Zeit.

Arbeiten auch noch andere EthnologInnen beim Standard?

Ich kenne noch eine zweite.

Und welche Ausbildung haben deine KollegInnen?

Ich würde sagen, sehr bunt gemischt. Es arbeiten sehr viele PublizistikstudentInnen beim Standard, auch Geschichts- und WirtschaftswissenschafterInnen oder InformatikerInnen. Es haben bei weitem nicht alle einen Studienabschluss.

Wir haben uns bei verschiedenen Printmedien über den Ausbildungsweg der Angestellten erkundigt und waren sehr überrascht, dass bei GEO und National Geographic kein/e einzige/r EthnologIn tätig ist. Wie erklärst du dir das?

Soviel ich weiß, ist GEO sehr stark naturwissenschaftlich ausgerichtet, im Sinne des Chefredakteurs. Es ist möglich, dass er an MitarbeiterInnen mit naturwissenschaftlichen Kenntnissen mehr interessiert ist. Außerdem gibt es bei GEO gerade für ethnologische Themen sicher schon genug JournalistInnen. Meines Wissens nach werden nun eher JournalistInnen für technische Themen, für den Computer- und Internetbereich gesucht. Aber für die althergebrachten Themen ist der Bedarf wohl gedeckt, vielleicht waren die EthnologInnen auch zu langsam. Bei GEO ist es auch sehr schwierig hineinzukommen. Es genügt nicht, einen genialen Artikel zu schreiben und hinzuschicken, er muss auch gelesen werden. Da das Angebot an guten Reportagen bei GEO sicher sehr groß ist, wird es ohne Beziehungen oder ohne Kontaktperson sehr schwierig sein, dass der Artikel den langen Weg bis zur Publikation tatsächlich schafft.

Wird es deiner Meinung nach in Zukunft im Bereich Printmedien bestimmte Arbeitsbereiche geben, wo EthnologInnen gefragt sein könnten?

Ich sehe kein spezielles Arbeitsfeld für EthnologInnen. Spezielle Themen – wie etwa Globalisierung – werden sicherlich auch für EthnologInnen interessant sein. Aber generell, glaube ich, wird sich der Journalismus weiterhin so bunt zusammensetzen wie bisher. Diejenigen, die Ethnologie studiert haben, werden von dem Wissen in ihrer journalistischen Branche ebenso profitieren wie jene, die zum Beispiel Philosophie studiert haben.

Und was meinen wir dazu? Reflexion und Stellungnahme zu den Interviews

Beruflicher Werdegang

Irmgard Kirchner studierte Ethnologie im Hauptfach. Ihr Zugang zum Journalismus war das Interesse am Schreiben, und Grund für die Wahl des Ethnologiestudiums war die Lust am Reisen. Heidi Weinhäupl studiert Ethnologie im Nebenfach. Ihr spezifisches Vorwissen im technischen Bereich ermöglichte ihr den Eintritt in die Medienbranche. Durch Eigeninitiative fand Kirchner Abnehmer für ihre Artikel, während Weinhäupl durch einen Wettbewerb, der vom *Standard* ausgeschrieben wurde, die Möglichkeit hatte, sich dort zu etablieren. Beide bildeten sich daraufhin selbständig im Journalismus weiter.
Kommentar: Eigeninitiative, Engagement und Flexibilität bei der Verfolgung eines gesetzten Zieles sind wesentliche Voraussetzungen für die Verwirklichung des Berufwunsches. Freie Mitarbeit und Volontariate schon während des Studiums sind unerlässlich.

Ethnologiestudium

Beide Interviewpartnerinnen sind der Meinung, dass das Ethnologiestudium nicht berufsspezifischer ausgerichtet werden soll. Für sie ist es ein Faktum, dass man das für den Beruf nötige Know-how nicht auf der Universität, sondern erst in der Berufspraxis selbst erfährt. Weinhäupl begrüßt den neuen Studienplan, bei dem man sich durch das Angebot verschiedener Module einen berufsbezogenen Schwerpunkt setzen kann. Kirchner hingegen würde am Studium nichts verändern. Sie betont ausdrücklich, dass sich die Ethnologie weiterhin auf die wissenschaftliche Arbeit beschränken soll. Weiters hebt sie hervor, dass Auslandsaufenthalte, die sie im Laufe ihres Studiums absolvierte, für sie besonders nützlich und hilfreich waren.

Kommentar: Aufgrund der Aussagen beider Interviewpartnerinnen wird deutlich, dass ein Ethnologiestudium alleine als Ausbildung für eine journalistische Tätigkeit nicht ausreicht. Einschlägige Erfahrungen im außereuropäischen Raum während des Studiums und darüber gut verfasste Artikel können den Ausgangspunkt für einen Beruf im journalistischen Bereich bilden.

Berufspraxis/Arbeitsfeld

Berufsbegleitend besuchten beide Interviewpartnerinnen diverse Fortbildungsseminare und -kurse (Inhalte: Fragetechniken, Rhetorik, Redaktion etc.). Die Stellenvergabe orientiert sich an verschiedenen Kriterien, wie folgende Beispiele zeigen: *GEO* stellt ein hohes Anforderungsprofil an die BewerberInnen (Berufspraxis, Flexibilität, Teamgeist etc.), während Südwind größeres Augenmerk auf das Talent zu schreiben und zu recherchieren legt.

Kommentar: EthnologInnen, die im Bereich Medien arbeiten wollen, sollten bei der Themenauswahl flexibel sein, gut schreiben können und Zusatzqualifikationen aufweisen. Zu den beiden Interviews haben wir auch Literatur zu diesem Thema untersucht und weitere Beispiele für EthnologInnen im Arbeitsfeld Medien gefunden, auf die wir hier kurz eingehen möchten.

... und noch zwei Expertinnen

Dorle Drackle befasst sich in der Festschrift „Wozu Ethnologie?“ (1999: 261-283) unter Bezugnahme auf deutsche Verhältnisse mit dem Thema „Medienethnologie: Eine Option auf die Zukunft“. Darin erklärt sie den Begriff Massenmedien sowie den Zusammenhang von Medien und Kultur. Sie geht auf die verschiedenen Arten von Medien ein, führt Beispiele zur Praxis der Medienethnologie an und nimmt Stellung zur Zukunft dieses Tätigkeitsbereiches. Medienethnologie ist für die Autorin ein sehr weitreichender Begriff, über dessen Bedeutung es noch keine Übereinkunft gibt. Bisher gibt es zwei inhaltliche Ausrichtungen: einerseits die Erforschung der Medien, das heißt Untersuchungen zu Prozess, Struktur und Funktion von Medien, und andererseits der praktische Anwendungsbereich, der sich mit der Weitergabe ethnologischer Forschungsergebnisse und Theorien an ein nicht-ethnologisches Publikum beschäftigt. Die Ethnologie und Praxis betreffend glaubt Drackle, dass EthnologInnen es bisher vermieden haben, an die Öffentlichkeit zu treten und ihre Erkenntnisse einem breiten Publikum zu vermitteln. Schuld daran sei die Angst der

EthnologInnen davor, dass durch eine Popularisierung der Ethnologie ihre Inhalte und ihre Wissenschaftlichkeit leide oder ganz verloren gehe. Diese Ansicht teilt interessanterweise keine unserer beiden Interviewpartnerinnen. Im Unterschied zu Weinhäupl und Kirchner plädiert Drackle für die Erweiterung der rein akademischen Ausbildung in Richtung Anwendungsorientierung und für eine solide Ausbildung von EthnologInnen auf dem Gebiet Medienethnologie. Bei diesem Vergleich ist nochmals zu berücksichtigen, dass Drackle ihre universitären und ethnologischen Erfahrungen in Deutschland anspricht.

Christiane Kahrmann, die als Redakteurin bei einer entwicklungspolitischen Zeitschrift (E+Z) tätig ist, beschreibt in dem Artikel „Ethnologie und Medien" (1998: 121ff) ihren Lebensweg, den Berufsalltag und ihre Erfahrungen bezüglich des Ethnologiestudiums. Ähnlich wie unsere beiden Interviewpartnerinnen empfiehlt sie eindringlich, ein Volontariat bei einer Zeitung zu machen, am besten über mehrere Monate hinweg, um Einblick in den Produktionszyklus einer Zeitung zu bekommen. Danach sollte man als freie/r MitarbeiterIn arbeiten, um sich einerseits bekannt zu machen und andererseits in den Genuss von Entlohnung zu kommen. Eine andere Möglichkeit, um sich in diesem Beruf etablieren zu können, stellt ein Aufbaustudium Journalismus dar. Wie Weinhäupl empfiehlt auch Kahrmann, möglichst früh zusätzliche Praktika in einem für einen persönlich interessanten Bereich zu absolvieren, wie zum Beispiel bei entwicklungspolitischen Fachzeitschriften oder in der Öffentlichkeitsarbeit von entwicklungspolitischen Organisationen. Kurse zu Recherche- und Interviewtechnik sind ebenso sehr von Vorteil wie auch Erfahrungen im außereuropäischen Raum. Im Unterschied zu Weinhäupl und Kirchner, die man als sehr theoriebegeisterte Ethnologinnen bezeichnen kann, kritisiert Kahrmann am Ethnologiestudium die zu einseitige Ausbildung zum/zur WissenschafterIn, fügt jedoch hinzu, dass Vorlesungen über politische und soziale Organisationsformen für ihren jetzigen Beruf nützlich waren. Ein ernstes Anliegen ist es der Autorin, das klischeehafte Bild vom „Traumberuf JournalistIn" zu relativieren. Tatsächlich traumhaft ist er nur für wenige, sehr bekannte Personen, um deren Artikel sich die Printmedien reißen. Die meisten JournalistInnen hingegen müssen das anbieten, was gefragt ist. Ihr eigener Berufsalltag als Redakteurin entspricht nicht dem schön schillernden Berufsklischee, da sie sich hauptsächlich mit Organisation, Terminarbeit, Telefonieren, Redigieren und Korrekturlesen beschäftigt und versucht, auf dem entwicklungspolitisch aktuellsten Stand zu bleiben.

... für diejenigen, die noch immer nicht aufgeben wollen

Ein Beispiel für Ausbildungsmöglichkeiten im journalistischen Bereich ist ein Diplom-Studiengang Journalistik an der katholischen Universität Eichstätt in Deutschland. Heidie Guilino hat eine Broschüre mit dem Titel

„Reisejournalismus als Berufsfeld" (Hömberg/Tonnemacher 1995) herausgegeben, in dem unter anderem die Anforderungen an ReisejournalistInnen und die Zugangsvoraussetzungen zum speziellen Beruf der/des ReisejournalistIn dargestellt werden. Auch Kahrmann erwähnt in ihrem Artikel, dass in Deutschland die Möglichkeit besteht, Aufbaustudien in Journalismus zu absolvieren, die etwa in München, Mainz, Berlin, Hannover und Stuttgart angeboten werden. Der Aufbaustudiengang hat den Vorteil, dass man sich mit allen Medien – elektronischen Medien sowie Hörfunk und Fernsehen – auseinandersetzen kann. Im zweiten Jahr erfolgt die Spezialisierung auf eines dieser Medien. Auch in Österreich gibt es eine Reihe von Ausbildungsmöglichkeiten im journalistischen Bereich, und zwar folgende:

- Donau-Universität Krems

  Dies ist eine sehr teure und damit elitäre postgraduelle Ausbildung, die das gesamte Medienspektrum abdeckt und für Medienschaffende, MediengestalterInnen und JournalistInnen aller Bereiche von Interesse sein könnte.
- Paris-Lodron-Universität Salzburg – Abteilung für angewandte Kommunikationswissenschaft
- Kuratorium für Journalistenausbildung

  Hier handelt es sich um eine gewerkschaftlich geführte JournalistInnenakademie. Es werden viele Seminare, zumeist in Salzburg, angeboten. MedienmacherInnen-Allround-Ausbildung für Radio, TV, Online-JournalistInnen, die der Österreichische Rundfunk (ORF) zusammen mit der Handelskammer in Tirol anbietet.
- Schul-Projekt in Wien

  Für Jugendliche ab der 10. Schulstufe mit den Schwerpunkten Fremdsprachen, Kommunikation, soziale Kompetenz und Nutzung „intelligenter" Werkzeuge. Projekte in Radio- und Internetjournalismus werden angeboten.[4]

Und was bringt die Zukunft?

Dorle Drackle und Christiane Kahrmann sind der Meinung, dass besonders solche Medien an Bedeutung gewinnen werden, für deren Verständnis Lesen und Schreiben nicht mehr alleinige Grundvoraussetzungen des Konsums sind. Computer, Anwendungen im Multimedia-Bereich und Verbindungen innerhalb weltweiter Datenaustauschnetze rücken immer stärker in den Vordergrund. Das Internet als Informationsquelle gewinnt für alle Wissenschaftsbereiche zunehmend an Bedeutung. Hier sieht Drackle für EthnologInnen eine große Chance, besonders für diejenigen Forschungsrichtungen, die die Aktivitäten im Netz beobachten und sich mit den neuartigen Beziehungsformen, die sich durch elektronische Medi-

4. Nähere Informationen unter: http://www.journalismus.at.

en ergeben, beschäftigen. Aufgrund der Perspektive von EthnologInnen, die auf das Lokal-Globale und auf die Gestaltung menschlicher Beziehungen ausgerichtet ist, wäre das Thema virtuelle Medien für sie besonders interessant und sie hätten aufgrund ihres Studiums auch ein gutes Vorwissen in diesen Bereichen. Drackle kritisiert, dass es im deutschsprachigen Raum bisher noch keine Zusammenarbeit zwischen MedienvertreterInnen und EthnologInnen gegeben hat. Bei Kahrmann, Weinhäupl und Kirchner werden die Neuen Medien als zukünftige Chance für EthnologInnen nicht erwähnt, sie sehen keine speziellen Nischen mit Arbeitsmöglichkeiten für Ethnologinnen.

Zum Abschluss ...

Es gibt zwei Möglichkeiten das hier Diskutierte zu rezipieren:

a) Die romantische Vorstellung vom Traumberuf als GEO-Reisejournalist wird relativiert, vielen ist nun die Motivation genommen worden.
b) Trotz der nicht so rosigen Aussichten ist immer noch genügend Optimismus und Selbstbewusstsein bei den EthnologiestudentInnen vorhanden, um ihr Berufsziel einer praktischen Verbindung von Ethnologie und Medien zu verwirklichen.

Trotz einiger Ernüchterungen und Enttäuschungen haben wir als Autorinnen es dennoch geschafft, Punkt a zu überwinden und uns an Punkt b zu orientieren. Wir hoffen, damit auch Zustimmung bei den LeserInnen zu finden. Denn laut den Aussagen unserer Interviewpartnerinnen – die zugleich Beispiele für eine erfolgreiche Praxis in diesem Feld sind – ist es durchaus machbar, in der Medienbranche als EthnologIn tätig zu sein. Obwohl das Angebot für eine Ausbildung im journalistischen Bereich in Österreich nicht sehr breit gefächert ist, so kann man durch Engagement und Flexibilität sehr viel erreichen und sich seinen Berufswunsch erfüllen. Wichtig dabei ist, möglichst viele sinnvolle Praktika in verschiedenen Bereichen zu absolvieren und trotz Schwierigkeiten nicht aufzugeben. Denn guter Journalismus braucht das breite und ausgewogene Alltagsverständnis von EthnologInnen!

Literatur

DRACKLÉ, Dorle

1999 Medienethnologie: Eine Option auf die Zukunft. In: Kokot, Waltraud/Drackle, Dorle (Hg.): Wozu Ethnologie? Festschrift für Hans Fischer. Berlin, S. 261-283.

HÖMBERG, Walter/TONNEMACHER, Jan

1995 Reisejournalismus als Berufsfeld. Kulturvermittlung, Service, Tourismuskritik (= Eichstätter Materialien zur Journalistik 5). Eichstätt.

KAHRMANN, Christiane
1998 Ethnologie und Medien. Als Redakteurin bei einer entwicklungspolitischen Zeitschrift (E+Z). In: Lange, Bastian/Itter von, Marc/Schrör, Thomas (Hg.): Kursbuch Ethnologie und Beruf. Erfahrungen, Berufswege und Informationen für Studierende der Ethnologie und der Kulturwissenschaften. Marburg, S. 121ff.

Ethnologie und Entwicklungszusammenarbeit – Ein Neubeginn?

Hemma Burger-Scheidlin, Julia Fraunlob und Julia Schwaighofer

Einleitung

Der Begriff „Entwicklung“, wie er im Rahmen von Entwicklungsprojekten verwendet wird, wird von unserem Interviewpartner Günther Stachel (Näheres siehe unten) folgendermaßen definiert:

> Im Prinzip haben wir den Kant'schen Entfaltungsbegriff. Das heißt, unsere Aufgabe ist es mitzuhelfen, dass das Individuum in der Gemeinschaft seine Persönlichkeit entfalten kann. Man versucht die Hindernisse, die dieser Entfaltung im Wege stehen könnten, wie Armut, Hunger, soziale Unterdrückung und Freiheitseinschränkung etc., zu beseitigen. (Interview Stachel)

Die ursprüngliche Idee der Entwicklungshilfe war, das wirtschaftliche Niveau so genannter „Entwicklungsländer“ allmählich dem Niveau der Industriestaaten anzugleichen. Mittlerweile ist man dazu übergegangen, gemeinsam mit der Bevölkerung vor Ort Projekte zu planen und durchzuführen und ihnen nicht ein westliches Konzept von Entwicklung aufzuzwingen. Deshalb spricht man inzwischen nicht mehr von „Entwicklungshilfe“ , sondern von „Entwicklungszusammenarbeit“ (EZA).

Generell gesprochen läuft das System der Entwicklungszusammenarbeit folgendermaßen ab: Ein Geldgeber, sei es ein Staat oder ein für den Zweck eingerichteter Fond, stellt einer Entwicklungshilfeorganisation Geld für bestimmte Projekte zur Verfügung. Die Organisation ihrerseits entwickelt, im Idealfall in Kooperation mit der Bevölkerung, der das Projekt zugute kommen soll, ein Konzept für dieses Projekt. Nach Einschulung entsprechender Fachkräfte im Geberland läuft das Projekt, je nach thematischem Inhalt und finanziellen Mitteln, durchschnittlich zwei bis fünf Jahre unter der Leitung eines Fachmanns/einer Fachfrau des Geberlandes. Danach wird die Leitung einem/einer lokalen SpezialistIn oder einer eigens dafür eingeschulten Person anvertraut. Nach der Abwicklung des Projektes kommt es zu einer Evaluierung, d.h. Auswertung der Ergebnisse, des (Miss-)Erfolgs etc., Gutachten werden erstellt.

Parallel zur staatlichen Entwicklungszusammenarbeit gibt es noch die von privaten Organisationen (NGOs = Non-Governmental Organisations) erstellten und finanzierten Projekte, die an keine öffentlichen entwicklungspolitischen Kriterien gebunden sein müssen.

Innerhalb der meisten österreichischen und deutschen EZA-Institutionen ist eine zunehmende Wertschätzung interkultureller Fähigkeiten zu beobachten. Egal ob es sich um Gesundheits-, Bildungs- und Agrarwirtschaftsprojekte handelt oder um Themen wie Menschenrechte und Demokratisierung: Um EZA-Projekte erfolgreich abzuwickeln, ist es äußerst wichtig, die kulturellen und sozialen Gegebenheiten der Menschen, denen die Projekte zugute kommen sollen, zu kennen und zu berücksichtigen. Und dennoch arbeiten in Österreich in letzter Zeit verhältnismäßig wenige EthnologInnen im EZA-Bereich. Die Ursachen liegen zum einen bei den diversen Entwicklungsorganisationen, zum anderen aber am Studium und bei den AbsolventInnen selbst. Die ArbeitgeberInnen in der EZA wissen oft nur wenig über die Disziplin Ethnologie und somit über die konkreten Fähigkeiten von Sozial- und KulturanthropologInnen. Bislang zeigte sich die Ethnologie als Wissenschaft eher zurückhaltend bis skeptisch in der Diskussion von Entwicklungspolitik, dementsprechend wenig Lehrveranstaltungen wurden zu dieser Thematik angeboten.

Zugleich hat sich in Europa aber auch die Einstellung zur EZA in vielerlei Hinsicht gewandelt. Von den 60ern bis in die 80er Jahre des 20. Jahrhunderts galten EZA-Einsätze für EthnologInnen noch als „das" klassische außerakademische Betätigungs- und Berufsfeld. Die Kritik an herkömmlicher „Entwicklungshilfe" und der Rückzug des Staates aus vielen Bereichen bilateraler EZA führten in der Folge aber zu einem starken Nachlassen des ethnologischen Engagements in der EZA. Gleichzeitig entstand auch ein verstärktes Interesse von EthnologInnen an neuen Tätigkeitsfeldern und Themen im eigenen Land, die im Zuge von Globalisierung und Migration aktuell wurden.

Unser Artikel skizziert theoretische und praktische Beiträge, welche die Sozial- und Kulturanthropologie von heute für die EZA leisten kann. Hinweise bezüglich der Qualifikationen, die für die Arbeit in der EZA erforderlich sind, und der Arbeitsbereiche, in denen EthnologInnen vorwiegend tätig sind, werden kurz erörtert. Den Abschluss bildet eine Vorschau auf die nächste Zukunft der EZA ganz allgemein und im Besonderen auf die Berufschancen von EthnologInnen in diesem Bereich. Unser Artikel basiert auf der Auswertung von Interviews, die wir mit vier in der EZA tätigen ÖsterreicherInnen durchführten, und von Literatur aus Deutschland. An dieser Stelle möchten wir unsere vier InterviewpartnerInnen kurz anhand ihrer Lebensläufe vorstellen:

Wilfriede Grünberg, * 1944:

1963 Beginn des Ethnologiestudiums mit Nebenfach Psychologie bzw. Sprachwissenschaft – Abbruch im Dissertationsstadium; Entwicklungshelferin bei zwei Projekten in Paraguay; 1977 Rückkehr nach Österreich und erneuter Studienbeginn; 1980 Studienabbruch. Evaluierung der beiden Projekte in Paraguay. In den 80er Jahren erfolgen zwei weitere Aufenthalte in Paraguay: Beschäftigung mit Jäger- und SammlerInnenvölkern. Ab 1985 ist Grünberg freie Mitarbeiterin im ÖED (Österreichischer Entwicklungsdienst); Durchführung von Vorbereitungskursen für EntwicklungshelferInnen und Anfang der 90er Jahre Durchführung von Auswahlseminaren. Ab 1993 in der Projektbetreuung und -evaluierung tätig. 1995 Publikation einer Übersetzung von Guaraní-Texten. Derzeit Abhaltung von Seminaren zur Projektarbeit mit indigenen Völkern sowie Betreuung von zwei Regenwaldprojekten, eines in Brasilien und eines in Kolumbien.

Barbara Kühhas, * 1967:

Von 1985 bis 1993 Ethnologiestudium; während des Studiums ca. zwei Jahre Feldforschung in Mexiko. 1988 bis 1999 freie Mitarbeit bei der Gesellschaft für bedrohte Völker (GfbV). 1993 Erstellung der Dokumentation „Frauenrechte – Menschenrechte: Bestandsaufnahme nach der UN-Weltkonferenz über Menschenrechte im Juni 1993 in Wien". Ab 1995 Mitarbeit bei Global 2000. Von 1995 bis 1997 Menschenrechtsbeobachterin in Guatemala für die UNO. 1998 Dissertation. 1998/1999 Projektreferentin für humanitäre und strukturelle Hilfe in Bosnien bei CARE Österreich. Seit Mai 1999 Projektreferentin für den Bereich Demokratisierung – Gender – Menschenrechte bei CARE Österreich.

Dominique Mair, * 1956:

Studium der Völkerkunde und Sprachwissenschaft, 1984 Promotion. Akademikertraining am Museum für Völkerkunde. 1995/1996 dreimonatige Feldforschung über Initiationsriten in Togo. 1996 sechs Monate Bildungsarbeit beim ÖED. Mitarbeit bei der Koordinierungsstelle der österreichischen Bischofskonferenz für internationale Entwicklung und Vision, der Dachorganisation aller katholischer NGOs, mit Zuständigkeit für Afrika. 1990 Projektbearbeitung in der Afrikaabteilung der Caritas. Ein Semester Lehrauftrag am Institut für Völkerkunde über EZA und angewandte Ethnologie. Von 1994 bis 1999 Mitarbeit an verschiedenen Projekten in Uganda, u.a. am Museum in Kampala.

Günther Stachel, * 1944:

Arbeit als Lehrer, dann Studium der Landwirtschaft. Von 1974 bis 1976 Berater für Agrarökonomie in Kamerun. 1976/1977 Tätigkeit im Milchwirtschaftsfond. 1977/1978 ein weiterer Aufenthalt in Kamerun. Ab 1979 tätig im Landwirtschaftsministerium, seit 1980 mit Agrarprojekten der staatlichen Entwicklungszusammenarbeit betraut. Ab 1986 Leiter dieser

Projektabteilung und seit 1992 Leiter der Gruppe „Programme und Projekte“ im Außenministerium.

Fähigkeiten und Qualifikationen

Zu Beginn soll ein Überblick über die wichtigsten Qualifikationen stehen, die EthnologInnen in die EZA mitbringen sollten. Studienbedingt verfügen EthnologInnen über ein umfassendes Wissen bezüglich kultureller Gegebenheiten, es mangelt jedoch oft an praktischen Fähigkeiten, was zu einem Hindernis werden kann. Uwe Kievelitz, Ethnologe und seit über 14 Jahren in der deutschen EZA tätig, unterteilt die Qualifikationen, die EthnologInnen für einen Beruf in der EZA mitbringen sollten, in persönliche und fachliche Fähigkeiten (Kievelitz 1997: 70):

Persönliche Fähigkeiten: Kreatives und analytisches Denken; soziales Engagement; Standfestigkeit im Meinungsstreit, gleichzeitig aber immer Bereitschaft zu Kompromissen; Belastbarkeit; Teamfähigkeit; schnell und gut schreiben zu können; systemisches Denken; Fähigkeit sich in unterschiedliche Fachthemen schnell einarbeiten zu können; Fähigkeit mit widersprüchlichen Situationen und Anforderungen leben zu können sowie Sensibilität für verschiedenste Menschen und Kulturen.

Fachliche Fähigkeiten: Feldforschungserfahrung; Kenntnisse qualitativer sozialwissenschaftlicher Methoden und Verfahren; Kenntnisse einer größeren Weltreligion; Kenntnisse und Fähigkeiten in ethnologischer Theorienbildung; Erfahrungen in Sozialethnologie und Funktionen sozialer Systeme; gute Sprachkenntnisse; Kenntnisse sozialwissenschaftlicher Planungs-, Monitoring- und Evaluierungsverfahren; Grundkenntnisse von Ökosystem-Zusammenhängen (oder anderen Themenfeldern wie Bildung, Gesundheit); Kenntnisse und Interesse an Organisationsanalyse und -beratung sowie Trainings- und Moderationsfähigkeiten.

Qualifikationen und EZA-relevante Themen in der Ethnologie

In einigen Punkten sind sich alle konsultierten InterviewpartnerInnen und AutorInnen einig: Sozial- und KulturanthropologInnen zeichnen sich durch interkulturelle Sensibilität aus, besitzen interkulturelle Fähigkeiten.

> EthnologInnen haben einen anderen Zugang zur Realität und zu anderen Kulturen. Gerade in der EZA ist kulturelle Sensibilität wichtig, und diese fehlt vielen Leuten einfach, weil sie sie nie gelernt haben. Ich glaube, EthnologInnen haben einen riesigen Vorteil, der immer mehr anerkannt wird, da die Projekte ja funktionieren sollen. (Interview Kühhas)

- EthnologInnen sollten mit der Problematik von Ethnizität vertraut sein und eine kritische Haltung gegenüber Ethnozentrismus einnehmen. Gefragt sind Sozial- und KulturanthropologInnen daher auch verstärkt in den Bereichen Demokratisierung, Menschenrechte und multiethnische Zusammenführung. Die Menschenrechtsabteilung bei CARE zum Beispiel wurde von unserer Interviewpartnerin Kühhas maßgeblich aufgebaut.

- Der Schutz von Indigenen und Rechtshilfe bezüglich Landtitel und deren Selbstverwaltung sind von besonderer Bedeutung. Eine juristische Grundausbildung gilt in diesem Punkt allerdings als nahezu unerlässlich.

- Zu den weiteren Qualifikationen, die für eine erfolgreiche Entwicklungszusammenarbeit als unbedingt notwendig gelten, gehört eine besondere Aufmerksamkeit für gesellschaftliche Zusammenhänge. Der wissenschaftliche Ansatz der Ethnologie zeichnet sich unter anderem durch eine holistische (ganzheitliche) Betrachtungsweise aus, durch die verschiedene Kulturen, unterschiedliche politische und wirtschaftliche Systeme in ihren Vernetzungen erfasst werden und in lokale, regionale und darüber hinausgehende Zusammenhänge gebettet werden. Dieses Wissen wird zum Teil durch die im Zuge eines Ethnologiestudiums vorzunehmende regionale Spezialisierung und somit regionale Kompetenz gefördert. Es ist immer zu beachten, dass es nicht nur um die Zielgruppe, sondern auch um das Umfeld geht, „[um] die umliegende Bevölkerung, Konflikte zwischen Sesshaften und Nomaden zum Beispiel. Die sind in der EZA nie miteinbezogen worden, obwohl man aus Erfahrung weiß, dass es da zu Konflikten kommen kann“ (Interview Grünberg). Grünberg hebt aus eigener Erfahrung hervor, wie hilfreich es ist, „dass ein Blick für das, was es an anderen Organisationsformen und Gedankenbildern gibt, vorhanden ist, und dass man diese Organisationsformen und Gedankenbilder, so man ihnen begegnet, auch benennen kann“ (Interview Grünberg). Durch das Studium entwickelt man eine gewisse Sensibilität, die in bestimmten Situationen eher nach der Vernetzung von Handlungen und deren Konsequenzen suchen lässt. Dadurch fällt es leichter, politische und wirtschaftliche Gegebenheiten verschiedenster Art mit einem Wissen über Denkstrukturen und soziale Umstände in Verbindung zu bringen, ein Punkt, der bei vielen Projekten nicht genug berücksichtigt wird.

- Ein wichtiger Aspekt ist weiters die Sensibilisierung für Machtverhältnisse. Stachel betont, dass man über Machtstrukturen, Machtverhältnisse und Kontrolle in der betroffenen Gesellschaft vor und nach dem Projekt Bescheid wissen sollte, „wie die Gesellschaft funktioniert und zusammenhält oder durch welche Klüfte sie gespalten ist“ (Interview Stachel), damit zum Beispiel bei einem Wasserprojekt klar ist, wer den Wasserzugang verwalten soll, wer davon profitieren und wer dadurch Nachteile erleiden wird.

- Ein weiterer Einsatzbereich von EthnologInnen ist jener der angewandten Kulturökologie, wie beispielsweise die Untersuchung von Produktionssystemen und Agrarforschung. Mit derartigen Projekten soll gewährleistet werden, dass nur an die soziale Struktur angepasste und ökologisch verträgliche Techniken zum Einsatz kommen (Bräuer 1990: 32).[1] In diesem Zusammenhang spielt in Österreich die von Grünberg erarbeitete „sozioökologische Checkliste" ein Rolle. Eine Liste, anhand derer die soziale und ökologische Sinnhaftigkeit und Verträglichkeit eines Projektes überprüft werden soll.
- Die Thematik der Geschlechterverhältnisse ist ein weiteres Themenfeld, mit dem sich die Sozial- und Kulturanthropologie auseinandersetzt. Besonderes Augenmerk wird hier auf die geschlechtliche Gleichbehandlung gelegt. Speziell im Rahmen von Projekten zur Förderung von Frauen, die zunehmend ins Leben gerufen werden, ist die Berücksichtigung von Gender notwendig. In Deutschland zum Beispiel erarbeitete ein Team von EthnologInnen ein Gender-Konzept zur Frauenförderung für das BMZ (Bundesministerium für wirtschaftliche Zusammenarbeit und Entwicklung). Auch in Österreich spielt die Berücksichtigung der Rechte der Frauen eine wesentliche Rolle bei der Prüfung von Projekten. Kriterien dabei sind nach Küblböck:

  a) direkte Konsultationen von Frauen beim Projektdesign;

  b) aktive Beteiligung der Frauen der Zielgruppe an der Projektimplementierung;

  c) Identifikation von Barrieren für die Partizipation von Frauen und Maßnahmen zu deren Überwindung;

  d) Sicherstellung der Partizipation von Frauen im gesamten Projektzyklus durch Expertise (Küblböck 1999: 26).

Speziell für die Durchführung von Genderanalysen und Beratungen von Frauengruppen und Frauenorganisationen werden EthnologInnen zu Rate gezogen.

Zusammenfassend sei hier erwähnt, dass die angeführten Kompetenzen natürlich intensiver zum Einsatz kommen können, wenn der Ethnologe/die Ethnologin aufgrund längerer Auslandserfahrungen, zum Beispiel im Rahmen eines Feldforschungsaufenthaltes, und bei entsprechenden Sprachkenntnissen besonders gut mit der Zielregion vertraut ist.

Um sich den Einstieg in die EZA zu erleichtern, ist die Aneignung von Zusatzqualifikationen während des Studiums unumgänglich. Der folgende Abschnitt behandelt diese Zusatzqualifikationen und in diesem Zusammenhang die unserer Meinung nach auftretenden Mängel im Aufbau des Ethnologiestudiums.

1. Seit 1.10.1988 wird in Deutschland jedes Projekt einer Umweltverträglichkeitsprüfung unterzogen (Bräuer 1990: 32).

Zusatzqualifikationen und Kritik am Studium

Folgende Anforderungen potentieller Arbeitgeber in der EZA werden häufig an EthnologInnen gestellt: Sie müssen die entwicklungspolitische Terminologie beherrschen und eine gewisse Kenntnis der auftraggebenden Institutionen und ihrer Arbeitsweise haben. Stachel meint, dass EthnologInnen zusätzliche Qualifikationen auch im juridischen oder betriebswirtschaftlichen Bereich haben sollten (Interview Stachel). Das Entwickeln von unterschiedlichen Kreditkonzepten, die Erarbeitung eines Buchführungssystems, das Erstellen von Budgetplanung und -kontrollen und allgemein organisatorische Aufgaben sind natürlich weitere Fähigkeiten, die man beherrschen sollte (Michaelis-Seidler 1988: 48).

Da von den meisten EZA-Institutionen die mangelnde Praxisnähe von Universitäts-AbsolventInnen kritisiert wird, ist es von Vorteil, wenn man schon während des Studiums praktische Erfahrung sammelt, indem man etwa bei einem Entwicklungsprojekt „hineinschnuppert", bei einer Organisation mitarbeitet oder ein Volontariat macht. Kühhas zum Beispiel betrieb lange Zeit Feldforschung in Mexiko und Guatemala und arbeitete während ihres Studiums bei der Gesellschaft für bedrohte Völker, bei Global 2000 und einigen anderen Organisationen.

Diesbezüglich zeichnet sich heute in Österreich und Deutschland ein gewisser Generationensprung ab. Während AbsolventInnen, die in den letzten 10 Jahren ihr Ethnologiestudium beendeten, hervorheben, einige für die EZA nützliche Qualifikationen erworben zu haben, bezweifeln die meisten AbsolventInnen der 70er und 80er Jahre, dass sie während des Studiums angeeignete Inhalte in ihre spätere berufliche Tätigkeit direkt einbringen konnten. Für Grünberg war die auf der Universität Wien sehr theoretische Ausrichtung unvereinbar mit den praktischen Erfahrungen, die sie schon während des Studiums machte. Das bewog sie dazu, das Studium abzubrechen. Ähnlich beklagt auch die ältere Generation deutscher AbsolventInnen, dass es überhaupt nicht oder nur äußerst selten Lehrveranstaltungen zu „Entwicklungsthematiken" gab (Krisch 1998: 114, 116).

Sowohl in den von uns durchgeführten Interviews als auch in der themenrelevanten Literatur kommen einige Verbesserungsvorschläge für das Ethnologiestudium zum Ausdruck, das generell als zu wenig praxisorientiert gesehen wird. So wird beispielsweise vorgeschlagen, mehr Seminare anzubieten, in denen Recherche gelehrt und Teamgeist gefördert wird, Protokolle und Rezensionen geschrieben und die Endprodukte von den Lehrenden gründlich kontrolliert werden. Dies könne derzeit aufgrund der hohen Zahl von Studierenden, die auf eine/n ProfessorIn kommt, nicht ausreichend geschehen. All das wäre eine Vorbereitung für diejenigen, die später Projektanträge oder Projektberichte schreiben müssen. Fachleute, die im Bereich der EZA tätig sind, sollten zu Vorträgen eingeladen werden, und Lehrende könnten zum Beispiel Kontakte mit interessierten Organisationen knüpfen, die Freiwillige suchen und Praktika anbieten. Wei-

ters könnte man im Rahmen von Seminaren Projekte zusammenstellen oder Projektwochen veranstalten, um einen Einblick in reale Projektabläufe zu vermitteln.
Im folgenden Kapitel werden mögliche Arbeitsfelder von Sozial- und KulturanthropologInnen im Rahmen von Projekten und/oder Organisationen besprochen. Zusätzlich wird auf die in der Literatur geübte Kritik am verwaltungstechnischen Apparat vieler Entwicklungshilfeorganisationen eingegangen, da dieser oft Ursache für das Scheitern (bzw. Nicht-Zustandekommen) von Projekten ist und EthnologInnen hier wichtige Grundsatzarbeit leisten könnten.

EZA-Institutionen und Projekte

Tätigkeitsbereiche im Rahmen von EZA-Organisationen und Projekten

In Deutschland sind in den oberen Etagen der Verwaltung der EZA-Institutionen relativ wenige EthnologInnen beschäftigt. Die meisten EthnologInnen sind in der Projektvorbereitungsphase und Ausbildung sowie in bereits laufenden Projekten als BeraterInnen vor Ort und als GutachterInnen tätig.
Bildungsarbeit, das heißt in diesem Fall Vermittlung von ethnologischem Grundwissen, ist ein Bereich, der von EthnologInnen oft übernommen wird. EntwicklungshelferInnen soll dabei ein möglichst umfangreiches Wissen über das Zielland und die Zielregion vermittelt werden. Kurse, die auf den Auslandsaufenthalt vorbereiten, werden veranstaltet und Seminare abgehalten. Sowohl Mair als auch Grünberg haben sich im Laufe ihrer beruflichen Tätigkeit dieser Arbeit gewidmet, wenn auch beide die kurze Dauer der ethnologischen Zusatzausbildung für EntwicklungshelferInnen kritisieren (Interview Mair, Interview Grünberg).
In zahlreichen Organisationen arbeiten Sozial- und KulturanthropologInnen bei der Projektplanung und der internen Erfolgskontrolle, das heißt bei Projektfortschrittskontrollen mit. Auch im Rahmen von Feasibility-Studien (projektvorbereitende Untersuchungen) kommen EthnologInnen zum Einsatz (Bliss 1997: 23). Der im vorigen Abschnitt bereits erwähnte Einblick sowohl in die eigene als auch in die fremde Kultur sowie ein Wissen über lokale Machtstrukturen kommen hier positiv zum Tragen. Da jedes Projekt in gewisser Weise mit kulturellem Wandel und der Suche nach neuen Identitäten verbunden ist, ist es die Aufgabe von EthnologInnen, der betroffenen Gruppe notwendige Neuerungen und Umstrukturierungen so zu vermitteln, dass sie gesellschaftlich akzeptiert werden. Am Beispiel Wasser verdeutlicht Stachel diesen Gewohnheitswandel, den es zu fördern gilt:

> Man kann kein Wasserprogramm ohne Hygieneprogramm machen. Man hat herausgefunden, dass die meisten Infektionen bei Wasser-

> verschmutzung auftreten, also muss man die Infektionskette, die bei der Benützung des Wassers auftritt, unterbrechen. Das heißt aber de facto Lebensgewohnheiten ändern. (Interview Stachel)

Auch als *ProjektberaterInnen* direkt vor Ort kommen EthnologInnen zum Einsatz. So zum Beispiel Martin Michaelis-Seidler, der von „Dienste in Übersee“ (einer Arbeitsgemeinschaft evangelischer Kirchen in Deutschland zur Vermittlung von EntwicklungshelferInnen) in den Benin gesandt wurde, um dort als Projektberater in einer ländlichen Selbsthilfeorganisation zu fungieren. Michaelis-Seidler sollte den Projektleiter bei der Planung, Budgeterstellung, Buchführung und Redaktion von Berichten beraten und bei der Ausbildung beninischer MitarbeiterInnen behilflich sein.
Beim DED (Deutschen Entwicklungsdienst) ist es mittlerweile häufig der Fall, dass bei Entwicklungshilfeteams zumindest eine Ethnologin oder ein Ethnologe dabei ist und bei technisch ausgerichteten Projekten Beratungsfunktionen und Querschnittsaufgaben übernimmt. Das bedeutet, dass sie/er zwischen den verschiedenen ProjektmitarbeiterInnen und der lokalen Bevölkerung vermittelt, da in diesem Fall nicht mehr die technischen Fragen im Vordergrund stehen, sondern vor allem Fragen der Vermittlung und Akzeptanz. EthnologInnen können durch ihr Wissen als Schnittstelle zwischen der Lokalbevölkerung und der Organisation agieren. Folgendes Modell von Euler soll dies veranschaulichen (Bräuer 1990: 164):

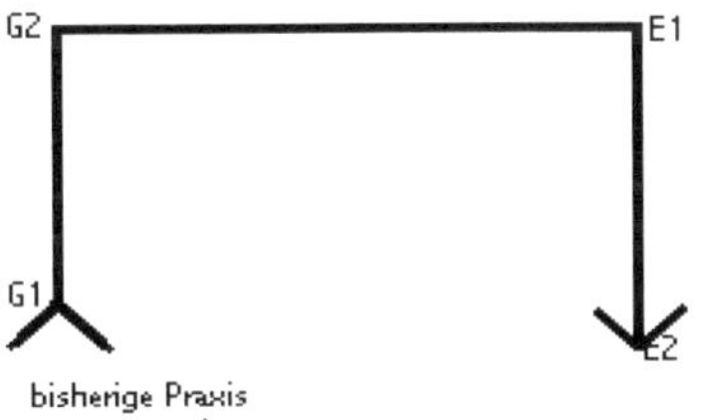

G1 = Geber 1: EH-Spender, NGO
G2 = Geber 2: ODA
E1 = Empfänger 1: 3.Welt-Regierungen
E2 = Empfänger 2: Betroffene

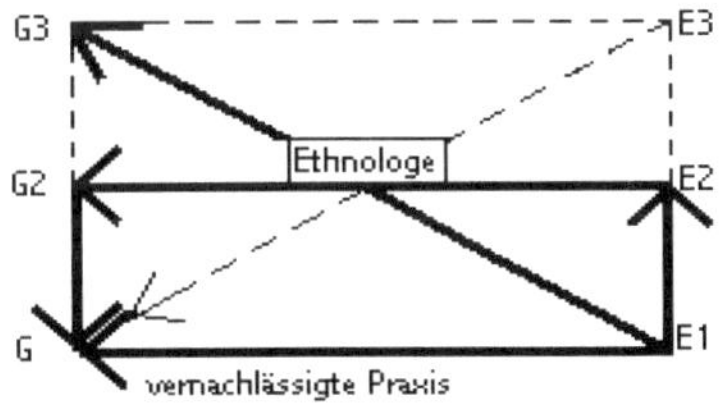

G1 = EH-Spender
G2 = NGO
G3 = ODA
E3 = 3.Welt-Regierung
E2 = 3.Welt-NGO
E1 = Betroffene

Einige Sozial- und KulturanthropologInnen beschäftigen sich mit der Evaluierung von Projekten. Frank Bliss zufolge zeichnen sich die von EthnologInnen erstellten *Gutachten* tendenziell durch einen holistischen Ansatz aus. Es wird nach der Ursache von Phänomenen gefragt und Wirkungszusammenhänge werden aufgezeigt.

> Einige Gutachten haben historische Tiefe und zeigen den Wandel innerhalb der bearbeiteten Bereiche auf. Häufiger als in anderen

> Studien werden Gender-Aspekte berücksichtigt und es erfolgt eine geschlechterspezifische Präsentation der Informationen. (Bliss 1997: 25)

Bestandteil jedes erfolgreichen Projekts sollte eine Betrachtung der „Geber" und „Nehmer" sein. Die soziokulturellen Hintergründe beider Parteien und die darin möglicherweise implizierten Konfliktsituationen zu durchleuchten gehört zu den Themenbereichen, deren sich in der EZA tätige Sozial- und KulturanthropologInnen annehmen sollten. Dass die Ursache für das Scheitern von Projekten aber nicht nur in den unterschiedlichen Interessen von „GeberInnen" und „NehmerInnen" liegen muss, sondern auch allgemein auf der Seite des „Gebers" zu finden sein kann, wird im nächsten Punkt gezeigt.

Verwaltungstechnische Mängel im System der Entwicklungshilfe

- EntwicklungshelferInnen bekommen bisher eine zu kurze Ausbildung, um ausreichende ethnologische Grundkenntnisse zu erwerben. Ein diesbezügliches Seminar, das sich „Ethnologische Grundlagen" nennt und derzeit von Grünberg geleitet wird (Interview Grünberg), dauert beim ÖED zum Beispiel nur zwei Tage – zu kurz, um sich ein tiefer gehendes Wissen anzueignen.
- Die Reisen, die als Grundlage für die Projektplanung dienen, sind teilweise viel zu kurz, um einen umfassenden Eindruck von der Situation vor Ort zu bekommen. Selbst eine auf bereits existierenden Kontakten basierende Planungsreise impliziert, dass man sich mit den lokalen InformantInnen erst kurzschließen muss, um eine gewisse Orientierung zu gewinnen, ganz zu schweigen von Erstbesuchen in neuen Regionen, die mit DolmetscherInnen-, InformantenInnen- und Unterkunftssuche verbunden ist. Finanziell ist es kaum möglich, dass sich ein/e MitarbeiterIn vor Projektbeginn monatelang bei der Zielgruppe aufhält. Mair betont zu Recht, dass es Jahre braucht, bis man einen genauen Einblick gewonnen hat. Gerade deshalb wäre es dringend erforderlich, bei Projektplanungen zukünftig von Anfang an Sozial- und KulturanthropologInnen, die mit der gegebenen Region schon viel länger vertraut sind, einzubeziehen (Interview Mair).
- Weiters ist zu beachten, dass die Länderkenntnisse und interkulturellen Kompetenzen der zuständigen MitarbeiterInnen des Verwaltungsapparates (wie GutachterInnen und ReferentInnen) bisweilen nicht sehr ausgeprägt sind, da ihnen oft die Bearbeitung ganzer Gruppen von Projekten untersteht, die Großräume bis zu ganzen Kontinenten umfassen. Daher tendiert man dazu, Checklisten zu Rate zu ziehen, in denen überblicksmäßig projektrelevante und kulturspezifische Kriterien angeführt sind. Es werden somit oft Projekte vergeben und Gutachten erstellt, ohne wirklich fundierte lokale Kenntnisse zu

besitzen. Solche Kriterienkataloge werden durchaus auch von EthnologInnen erarbeitet:

> Gefragt sind bei der Fülle der Kulturdefinitionen vor allem regionale Generalisationen, auf das Dorf, die Region und das Land bezogen, die die Kultur der dort lebenden Menschen ausreichend erfassen. Diese allgemeingültigen Erkenntnisse über Kultur sollen von EthnologInnen zusammengetragen, operationalisierbar gemacht werden und als Handbuch für Entwicklungspraktiker dienen. (Bräuer 1990: 108)

Es lassen sich jedoch spezifische Situationen und Probleme nicht einfach anhand von Checklisten behandeln oder lösen, auch nicht auf Basis schon vorhandener Akten dieses oder eines ähnlichen Projekts, die hinzugezogen werden. Diese Grundlagen, die Entscheidungsfindungen erleichtern sollen, ersetzen nicht die ExpertInnen, welche die sozialen und kulturellen Rahmenbedingungen des Nehmerlandes genau kennen und auf lokale und temporäre Gegebenheiten eingehen können.

- Die Verwaltungsstruktur der „GeberInnen“ sollte von Kritik nicht verschont werden. Generell haben große Organisationen einen hohen Personalaufwand und folglich ist die Projektdurchführung von einer gewissen Anonymität gekennzeichnet. In Bezug auf die EU meint Kühhas, dass die EU-Richtlinien für die Erstellung eines Projektes oft schwer zu durchschauen seien die EU vor allem langsam, schwerfällig und sehr bürokratisch sei und es sogar Personalmangel gäbe (Interview Kühhas). Mair ergänzt, dass die EU-Projekte in Brüssel entschieden würden und daher vom eigentlichen Schauplatz des Geschehens weit entfernt seien (Interview Mair). Aus Erfahrung weiß man, dass Kleinprojekte schon durch ihre stärkere Einbindung der lokalen Bevölkerung viel größere Akzeptanz und Beteiligung der Betroffenen hervorrufen. Warum es dennoch, vor allem in staatlichen Organisationen, vermehrt zur Erstellung von Großprojekten kommt, skizziert Helmut Bräuer folgendermaßen:

> Will er [der zuständige Beamte] auch nur annähernd über die Projekte informiert und sachkundig sein, wird er praktisch aus verwaltungstechnischen Gründen gezwungen, statt zwischen fünfzig und hundert Kleinprojekten pro Jahr lieber einige Großprojekte zu verwirklichen. Das geschieht aus Kenntnis des Sachverhalts, dass die Prüfung einer Menge von Kleinprojekten arbeits- und zeitaufwendiger ist als die von wenigen Großprojekten, insbesondere wenn sie mit der gebotenen Sorgfalt vorgenommen wird. (Bräuer 1990: 85)

Dazu kommt noch eine finanzielle Komponente. Wenn der vorgeschriebene Jahresetat (das in einem Jahr zur Verfügung stehende Budget) nicht

verwendet wird, kommt es zu einer Kürzung des Etats. Um das zu verhindern, „kommt es kurz vor Jahresabschluss häufig zu unreflektierten Anschaffungen, die primär im Rahmen der Etatausschöpfung getätigt werden" (Bräuer 1990: 85).
Eine Änderung dieser systemimmanenten Missstände und die kritische Durchleuchtung des gesamten Systems sind daher in nächster Zukunft sicher vonnöten, um den Erfolg von Projekten gewährleisten bzw. verbessern zu können.
Im letzten Kapitel wird nun eine Vorausschau auf mögliche Arbeitsfelder in der EZA, die von EthnologInnen bisher noch nicht so intensiv verfolgt wurden, gegeben. Tätigkeitsbereiche, die sich anbieten würden, sollen angerissen und neue Ideen aufgeworfen werden.

Zukunftsperspektiven

EthnologInnen sind Fachleute für die soziokulturelle Dimension in der EZA.

> EthnologInnen könnten angesichts ihrer ethnographischen Kenntnisse, theoretischen Einsichten und methodischen Fähigkeiten [...] der Entwicklungszusammenarbeit im konkreten Fall zu mehr Effizienz verhelfen. (Prochnow 1996: 82)

Nachdem es momentan einen Trend hin zu einer verstärkten Berücksichtigung von soziokulturellen Faktoren gibt, dürfte es EthnologInnen eher wieder möglich sein, in der EZA zu arbeiten. Allerdings müssen Sozial- und KulturanthropologInnen sich in dieser Hinsicht auch neu und verstärkt etablieren und präsentieren, um entsprechende Organisationen davon zu überzeugen, dass es von Vorteil wäre, vermehrt ethnologisches Wissen und ethnologische Fähigkeiten in ihre Arbeit einzubinden.
Nicht nur bei der Konfrontation mit einer lokalen, „fremden" Gesellschaft ist eine ethnologische Sichtweise wichtig, sondern auch für die Strukturen innerhalb einer EZA-Organisation ist ein ethnologischer Blick durchaus hilfreich. Denn eine Organisation wie etwa die GTZ (Gesellschaft für technische Zusammenarbeit) in Deutschland stellt ein „eigenständiges soziales System dar, das nach eigenen und oft nicht leicht durchschaubaren Werten, Regeln und Sozialbeziehungen funktioniert. [...] Manchmal kann ein ethnologischer Blick helfen, Probleme zu lösen – die eigenen aber auch die Probleme in der Zusammenarbeit [...]" (Kievelitz 1997: 66).
In der deutschen EZA, wie zum Beispiel innerhalb von staatlichen Institutionen wie dem DED, werden EthnologInnen auf verschiedenen Positionen beschäftigt:

> Theoretische und praktische Erfahrungen mit der deutschen und internationalen Entwicklungszusammenarbeit sind hier Voraussetzungen

> zungen, um die Konkurrenz mit anderen Disziplinen erfolgreich zu bestehen. (Bliss 1997: 31-33)

Bliss nimmt an, dass die zukünftigen „Potentialbereiche" für EthnologInnen auf Projektebene, als Fachkräfte für ländliche Beratung, Gender und Kommunikation, und bei der Arbeit als freie GutachterInnen liegen:

> Für freie GutachterInnen wird bei knapper werdenden Mitteln einerseits der Konkurrenzdruck zunehmen, auf der anderen Seite ist die Phase des Technikermonopols sicherlich beendet. Die Tendenz geht eindeutig dahin, SpezialistInnen für die genannten zielgruppennahen Themenbereiche stärker als bisher und sogar zu Lasten der technischen Disziplinen einzusetzen. Es bleibt zu hoffen, dass sich zukünftig EZA-erfahrene EntwicklungsethnologInnen hier an vorderer Stelle wiederfinden werden. (Bliss 1997: 33)

Trotz positiver Aussichten innerhalb der EZA sieht der Arbeitsmarkt für EthnologInnen zumindest in Österreich derzeit eher eng aus, weil die EZA hier zur Zeit einen marginalen Stellenwert hat und ständige Budgetkürzungen den Spielraum vieler Organisationen drastisch verkleinern. Im internationalen Vergleich bewerten unsere vier InterviewpartnerInnen den Stellenwert der EZA in Österreich einheitlich als sehr schlecht: Dies nicht nur deshalb, weil Österreich schon bisher seine internationalen Verpflichtungen nicht erfüllte, sondern zusätzliche Budgetkürzungen im Bereich der EZA durchführte. Die momentane bilaterale Hilfe (d.h. Programm- und Projekthilfe) Österreichs beträgt 72 Millionen Euro, wobei laut Stachel 20 Prozent Kürzungen in Aussicht sind (Interview Stachel). Die nordischen Länder (Dänemark, Schweden, Norwegen), aber auch Holland oder die Schweiz haben im Vergleich viel höhere Auflagen und erfüllen diese auch besser.

> Österreich liegt mit 0,22 Prozent [des BSP] an drittletzter Stelle in der Liste der OECD[2]-Geberländer und an vorletzter Stelle der EU-Mitgliedsstaaten. Die ODA (Official Development Assistance, so die international übliche Bezeichnung für EZA) der skandinavischen Länder überstieg auch 1998 das von der UNO formulierte 0,7 Prozent Ziel [des BSP] (1998: Dänemark 0,99 Prozent, Norwegen 0,91 Prozent, Niederlande 0,80 Prozent, Schweden 0,72 Prozent). (Küblböck 1999: 51)

Damit liegt Österreich weit hinter den meisten Geber-Ländern zurück. Diese Sparmaßnahmen mit dem Argument der wirtschaftlich notwendigen Budgetsanierung zu rechtfertigen, greift aber längerfristig gesehen

2. OECD = Organisation for Economic Cooperation and Development.

sehr kurz, wie Gamani Corea, ehemaliger UNCTAD[3]-Generalsekretär feststellte:

> Ich möchte jedoch einmal klarstellen, dass man die Hilfe für Entwicklungsländer nicht als zusätzliche Belastung der Industrieländer [...] sehen sollte. Sie eröffnet den Industrieländern selbst viel mehr Zukunftsperspektiven und neue Potentiale, um ihre Genesungsprozesse zu beschleunigen. Es wird nämlich nach meiner Ansicht nicht genügend anerkannt, dass Prosperität und zügiger Fortschritt in den unterentwickelten Ländern zu Stabilität in den Wirtschaften der Industrieländer beitragen würde. Programme, die den Bedürfnissen der Entwicklungsländer entsprechen, sollten als Bestandteil einer globalen Strategie zur Aktivierung der Weltwirtschaft gesehen werden, nicht nur als zusätzliche Forderung an die ohnehin schon belasteten Industrieländer. (Corea in Bräuer 1990: 58f.)

Bezüglich der Unübersichtlichkeit der Geldervergabe und der damit oft zusammenhängenden Zweckentfremdung finanzieller Mittel durch die „NehmerInnen" ließe sich wichtige Grundsatzarbeit leisten, die im Weiteren für die Qualität und Sinnhaftigkeit der Projekte zuträglich sein könnte.

> EthnologInnen könnten zumindest Erklärungshilfe für diese abweichende Verwendung der Gelder leisten, [...] kulturell bedingte Verhaltensmuster der Beamten und Menschen in den Behörden sowie Strukturen bezüglich der Verwaltungsapparate verständlicher machen und [...] zur Sensibilisierung gegenüber den eigenen westlichen Ideologien und Theorien über Entwicklung beitragen. (Bräuer 1990: 58)

Unserer Meinung nach wäre eine Aufschlüsselung der verwaltungsinternen Strukturen durchaus auch in den Geber-Ländern sinnvoll, um die Vergabe von Projekten und Subventionen zu objektivieren und ihre Sinnhaftigkeit näher prüfen zu können.

Drei unserer InterviewpartnerInnen kamen im Laufe des Gesprächs auf die Umstände in Österreich und die damit zusammenhängende Finanzierung der EZA zu sprechen. Ihrer Meinung nach ist ein Grund für die schlechte Position der EZA im mangelnden öffentlichen Interesse zu suchen. Helmut Bräuer sieht darin eine Aufforderung an Sozial- und KulturanthropologInnen, sich verstärkt zu präsentieren, und subsumiert diese Problematik unter folgendem Stichwort: „Fehlendes Engagement der Ethnologen in der Öffentlichkeit und in Fachpublikationen" (Bräuer 1990: 113).

Die Hauptaufgabe wäre, die Gegenwartssituation der Entwicklungsländer und die daraus resultierende Bedeutung der EZA in der Öffentlichkeit

3. UNCTAD = United Nations Conference of Trade and Development.

verstärkt zu präsentieren, und zwar auf eine Weise, die für ein breites, nichtakademisches Publikum verständlich ist und die finanzielle Unterstützung als sinnvoll erscheinen lässt. Wie Kühhas hervorhebt, spricht dieses Publikum viel mehr auf Katastrophenhilfe, nicht aber auf Entwicklungsprojekte an – Katastrophen sind in den Medien präsent, also steigt die Spendenfreudigkeit der Bevölkerung. Die komplexen Aufgaben der EZA, die auf längerfristige Unterstützung angelegt sind, kommen bei den Leuten nicht an (Interview Kühhas). Um die Spendenbereitschaft zu heben müssen primär die interkulturelle Toleranz und das Verständnis für fremde Kulturen im eigenen Land gefördert werden, der vorherrschende Eurozentrismus ist zumindest teilweise zu überwinden, Verantwortungsgefühl soll erzeugt werden. EthnologInnen sollten sich viel mehr darum bemühen, dass der österreichischen Bevölkerung durch Bildungsarbeit die Angst vor dem Fremden genommen wird. In diesem Zusammenhang rät Stachel, fremde Kulturen sowohl mit fassbaren Elementen wie der Musik oder der „kulinarischen Kulturschiene“ näher zu bringen als auch Lokalblätter in die Arbeit mit einzubeziehen (Interview Stachel). Mair weist zusätzlich auf Werbespots und Zeitungen als Vermittlungsmöglichkeiten hin (Interview Mair). Die Mitarbeit bei Organisationen wie der „Gesellschaft für bedrohte Völker“ und Eigeninitiativen stellen ebenfalls einen wichtigen Schritt in der Aufklärungsarbeit dar. In entwicklungspolitischen Medien wie zum Beispiel der Zeitschrift „Südwind“ sind EthnologInnen immer stärker vertreten. Auch durch derartige Aktivitäten kann der Prozess des Nachdenkens sowohl in der EZA als auch in der Öffentlichkeit gefördert werden.

Abschließend sei auf die schwierigen Arbeitsbedingungen hingewiesen, denen in der EZA arbeitende EthnologInnen ausgesetzt sein können.

Nicht unerwähnt sollte bleiben, dass der akademische Titel für viele Arbeitsstellen in der EZA wichtig ist. Martin Michaelis-Seidler bezeichnet einen akademischen Grad als notwendige formale Voraussetzung, um überhaupt vermittelt zu werden (Michaelis-Seidler 1988: 51), und Grünberg hat in ihrem Interview darauf hingewiesen, dass ihr in ihrer beruflichen Laufbahn aufgrund des fehlenden Titels einige Schranken auferlegt wurden (Interview Grünberg).

Die Frage des Entgelts in der EZA hängt vom jeweiligen Bereich ab, in dem man tätig ist. So verdient man auf ExpertInnenebene bei weitem besser als auf der unteren NGO-Ebene. Außerdem sind die Verträge bei den NGOs meist befristet, so dass man nicht mit einer kontinuierlichen Anstellung rechnen kann. Der Weg dorthin ist steinig und erfordert viel Idealismus, da man oft nur über Volontariate zu einer Stelle kommt.

Man sollte sich bei jeder Tätigkeit in der EZA bewusst sein, dass man zeitlichen und inhaltlichen Vorgaben und somit immer gewissen methodischen und inhaltlichen Einschränkungen ausgesetzt ist. Oft werden für GutachterInneneinsätze von EthnologInnen zu kurze Zeiträume berechnet, obwohl die Interaktion mit Menschen einen weitaus längeren Zeitrahmen benötigen würde, als zur Klärung rein technischer Fragen notwendig erscheint. Diese Tatsachen führen dann häufig zu einem für EthnologInnen unbefriedigendem Ergebnis (Bliss 1997: 29). Zudem gehen die Anforderungen vor allem bei Basisprojekten weit über fachliche Kompetenzen hinaus. Dazu berichtet Michaelis-Seidler:

> Die Mitarbeit in diesem Basisprojekt hat an mich – ähnlich wie meine Feldforschung – einen ganzheitlichen Anspruch gestellt und tagein tagaus alle Bereiche meiner Persönlichkeit (heraus)gefordert: nicht allein den Fachmann für irgendwas, sondern das Fach und den Mann; den Intellektuellen und den Handwerker in mir; meine Vater-, Bruder- und Sohn-Eigenschaften, je nach Situation und Gegenüber; mein hellhäutiges Äußeres und mein im Dunkel liegendes Innenleben; Geist, Seele und Bauch. (Michaelis-Seidler 1988: 50)

Trotz dieser Sachverhalte ist die EZA ein faszinierendes Berufsfeld, in dem es viele Möglichkeiten des kreativen Einbringens ethnologischen Denkens und Wissens gibt:

> Arbeit in der Entwicklungszusammenarbeit ist [...] ein faszinierender Beruf, begleitet allerdings von vielen Frustrationen, Rückschlägen und Konflikten. Es ist ein Arbeitsfeld, in dem lebenslanges Lernen angesagt ist. Gerade hierfür halte ich EthnologInnen mit ihrer permanenten Neugier auf verschiedenste kulturelle Lebensformen gut geeignet. (Kievelitz 1997: 69)

Anhang: Entwicklungspolitische Organisationen in Österreich

Die folgende Liste soll einen Überblick über die verschiedenen, teilweise im Text erwähnten NGOs in Österreich geben. Im Bereich der Nichtregierungsorganisationen existiert seit 1988 die Arbeitsgemeinschaft Entwicklungszusammenarbeit (AGEZ), eine „Plattform von 30 entwicklungspolitischen Nicht-Regierungs-Organisationen (NRO)", die gegründet wurde, „um die gemeinsamen Anliegen gegenüber der Öffentlichkeit und der Regierung besser vertreten zu können". Der AGEZ gehören Organisationen an, die u.a. „eine Entwicklungszusammenarbeit fördern, die durch ökonomische Selbstbestimmung, politische Partizipation und kulturelle Entfaltung zu mehr Gerechtigkeit zwischen Süden und Norden beiträgt, den Benachteiligten im Süden zur Seite steht und die Diskriminierung der Frauen abbaut ..."[4]

4. Folder der Arbeitsgemeinschaft Entwicklungszusammenarbeit, Juni 1999.

AGEZ-Mitgliedsorganisationen – ordentliche Mitglieder:

Afro-Asiatisches Institut in Wien – AAI
Arbeitsgemeinschaft Weltläden
Berufspädagogisches Institut Mödling – BPI
CARE Österreich
Christoffel Blindenmission – CBM
Dreikönigsaktion. Hilfswerk der Katholischen Jungschar – DKA
Entwicklungshilfe-Klub
Entwicklungswerkstatt Austria – EWA
Evangelische Arbeitsgemeinschaft für Entwicklungszusammenarbeit – EAEZ
EZA Entwicklungszusammenarbeit mit der Dritten Welt GmbH
Frauensolidarität
Hilfswerk Austria
Institut für Internationale Zusammenarbeit – IIZ[5]
Katholische Frauenbewegung Österreichs – KFBÖ
Katholische Männerbewegung Österreichs – KMBÖ
Kofinanzierungsstelle für Entwicklungszusammenarbeit – KFS
Koordinierungsstelle der österreichischen Bischofskonferenz für internationale Entwicklung und Mission – KOO
Österreichischer Entwicklungsdienst – ÖED
Südwind. Verein für entwicklungspolitische Bildungs- und Öffentlichkeitsarbeit
Österreichisches Nord-Süd-Institut für Entwicklungszusammenarbeit
TransFair Österreich
Außerordentliche Mitglieder:
AGEZ – Oberösterreich
AGEZ – Steiermark
AGEZ – Tirol
AGEZ – Vorarlberg
Gesellschaft für bedrohte Völker Österreich – GfbV
Informationsgruppe Lateinamerika – IGLA
Österreichische Forschungsstiftung für Entwicklungshilfe – ÖFSE
Wiener Institut für Entwicklungsfragen und Zusammenarbeit – VIDC
WIDE-Österreich – Netzwerk Women in Development Europe

Liste der geführten Interviews

Friedl Grünberg, Interview zum Thema: Berufsaussichten für EthnologInnen in der EZA, 8.12.1999, Wien, Transkription und Tonband im Besitz der Verfasserinnen.

5. Mit 1.1.2001 haben sich ÖED, IIZ und KFS darüber hinaus zu einer gemeinsamen Organisation zusammengeschlossen, die den Namen „Horizont 3000" trägt.

Barbara Kühhas, Interview zum Thema: Berufsaussichten für EthnologInnen in der EZA, 9.12.1999, Wien, Transkription und Tonband im Besitz der Verfasserinnen.

Dominique Mair, Interview zum Thema: Berufsaussichten für EthnologInnen in der EZA, 21.12.1999, Wien, Transkription und Tonband im Besitz der Verfasserinnen.

Günther Stachel, Interview zum Thema: Berufsaussichten für EthnologInnen in der EZA, 20.1.2000, Wien, Transkription und Tonband im Besitz der Verfasserinnen.

Literatur

BLISS, Frank

1997 Zum Verhältnis von Entwicklungsethnologie und staatlicher Entwicklungszusammenarbeit in Deutschland. In: Entwicklungsethnologie. Zeitschrift der Arbeitsgemeinschaft Entwicklungsethnologie e. V. (1997), Heft 2, S. 11-38.

BRÄUER, Helmut

1990 Arbeitsfeld Entwicklungszusammenarbeit. Kritische Untersuchung der deutschen Entwicklungspolitik aus entwicklungsethnologischer Sicht. Münster.

KIEVELITZ, Uwe

1997 Ethnologische Perspektiven entwicklungspolitischer Arbeit. In: Entwicklungsethnologie. Zeitschrift der Arbeitsgemeinschaft Entwicklungsethnologie e. V. (1997), Heft 2, S. 52-75.

KRISCH, Franziska

1998 Spaß haben, die Welt bereisen, und dabei Geld verdienen. In: Lange, Bastian/Itter, Marc von/Schrör, Thomas (Hg.): Kursbuch Ethnologie & Beruf. Marburg, S. 114-120.

KÜBLBÖCK, Karin

1999 Qualitative Merkmale. In: Österreichische Entwicklungspolitik. Berichte, Analysen, Informationen. Wien, S. 51-54.

MICHAELIS-SEIDLER, Martin

1988 Projektberater einer Selbsthilfeorganisation in Westafrika. In: Fischer, Hans (Hg.): Wege zum Beruf. Möglichkeiten für Kultur- und Sozialwissenschaftler. Berlin, S. 43-53.

PROCHNOW, Martina

1996 Entwicklungsethnologie: Ansätze und Probleme einer Verknüpfung von Ethnologie und Entwicklungshilfe. Zur Diskussion in der deutschsprachigen Ethnologie. Hamburg.

Der (berufliche) Alltag in NGOs
Zwischen Autonomie und finanzieller Absicherung

Interviews mit Verena Ahne, Gustav Glaser, Thomas Lackner, Herbert Langthaler und Aurelia Weikert

Gerit Gönitzer, Christine Zoubek und Christian Warta

In diesem Beitrag gehen wir der Frage nach, welche Kompetenzen EthnologInnen als MitarbeiterInnen in NGOs, Vereinen und sozialen Organisationen mitbringen und welche noch angeeignet werden müssen. Da es uns ein Anliegen war, ein möglichst wirklichkeitsnahes Bild des „ethnologischen Agierens" in verschiedenen Nichtregierungsorganisationen aufzuzeigen, entschieden wir uns für die Methode des ExpertInneninterviews. Wir stellten fest, dass die befragten EthnologInnen sehr gerne und ausführlich über ihre Tätigkeiten berichteten und von unserem Vorhaben einer Zusammenfassung bzw. Darstellung möglicher ethnologischer Betätigungsfelder angenehm überrascht waren. Bevor wir die LeserInnen mit den Aussagen der Fachfrauen und -männer konfrontieren, wollen wir sie in Form einer allgemein gehaltenen Einführung mit der generellen Problematik des Berufsfeldes NGO bekannt machen. Daran schließt eine kurze Evaluierung des ethnologischen Know-hows und seiner spezifischen Relevanz für die Arbeit in einer NGO an. Dann folgt der empirische Teil, bestehend aus vier Interviews mit MitarbeiterInnen aus verschiedenen – größeren und kleineren – österreichischen Organisationen, welche zu Beginn jedes Interviews vorgestellt werden.

Einleitung

Die Arbeitsfelder Vereine, soziale Organisationen und NGOs gewinnen unter angehenden EthnologInnen zusehends an Attraktivität. Obwohl die steigende Beliebtheit dieser Arbeitsbereiche auf verschiedene Faktoren zurückzuführen ist, können zwei Pluspunkte gleich vorweg genannt werden: die Möglichkeit, im Laufe des Studiums erworbene Kenntnisse aktiv und unmittelbar humanitären Zwecken zur Verfügung zu stellen, und die Tatsache, dass der Zugang zu diesen Arbeitsgebieten meist ohne gröbere Stolpersteine zu bewältigen ist.

Das Akronym NGO – im deutschen Sprachraum ist auch dessen Pendant NRO geläufig – steht für weltweit verbreitete Gruppen, die mit viel Einsatz auf humanitäre Probleme aufmerksam machen und entsprechende Lösungsansätze erarbeiten. Ihr Engagement umfasst ein breites Spektrum, das auf lokaler Ebene beginnt, auf regionaler und nationaler Ebene fortgesetzt wird und bis zur Bekämpfung globaler Probleme reicht. In diesem Kontext können regional aktive NGOs beispielsweise als „Stimme der Sprachlosen" auftreten, indem sie die Rechte marginaler Bevölkerungsgruppen artikulieren und für deren Verwirklichung kämpfen. Andere Gruppen wiederum überwachen das Einhalten der Pressefreiheit in verschiedenen Ländern oder rebellieren gegen die weltweite Umweltzerstörung. Wie dieser kleine Ausschnitt aus dem vielfältigen Spektrum von NGO-Aktivitäten zeigt, bewegen diese sich nicht nur auf unterschiedlichen territorialen Ebenen, sondern engagieren sich auch für verschiedenste Anliegen. Somit sind sie „[...] als Implementationsorgane (vorrangig Entwicklungs-NGOs), als Akteure im Prozess der Problemidentifikation und -definition (Umwelt-NGOs) oder als Beteiligte an der Entwicklung von Normen (Menschenrechts-NGOs)" (Altvater/Brunnengräber/Walk 1998: 24) tätig. Allerdings ist bei dieser Differenzierung zu bedenken, dass eine effiziente Problembekämpfung nur unter Berücksichtigung aller drei Domänen möglich ist.

Obwohl die Einsatzbereiche von NGOs sehr vielseitig sind und ein eher heterogenes Gesamtbild vermitteln, haben die einzelnen Gruppierungen einige Gemeinsamkeiten. An erster Stelle muss ihre weltanschaulich motivierte Einstellung genannt werden, die mit ökonomischer Gewinnmaximierung und politischer Machtakkumulation nichts gemein hat. NGOs verfolgen ihre Anliegen unabhängig von Profitabsichten mit dem deklarierten Ziel, die jeweiligen Lebensumstände der Gruppen, für die sie sich einsetzen, zu verbessern.

Organisiert sind sie oft als Vereine, da diese Art der Rechtsform dem „Non-Profit-Konzept" am ehesten entspricht. Das wiederum erlaubt ihnen auch, das Augenmerk auf Probleme zu legen, die von staatlicher Seite – aus welchen Gründen auch immer – gerne übersehen werden. Dazu zählt etwa der schwierige Zugang zu Ausbildungsmöglichkeiten für minderprivilegierte Gruppen der Gesellschaft in den so genannten „unterentwickelten" Ländern. Hier greifen NGOs ein, indem sie beispielsweise durch spezielle Ausbildungsprogramme die Weiterbildung der Menschen fördern und somit einen Beitrag zur Verbesserung ihrer Lebensumstände leisten. Um welche Art von Diskriminierung, Degradierung und Diffamierung es sich auch immer handeln mag – NGOs sensibilisieren die Öffentlichkeit für Missstände jeglicher Form und bemühen sich, auf diesem Weg möglichst rasche Problemlösungen zu finden.

Staatliche Organisationen und NGOs greifen des Öfteren auch dieselben Thematiken auf. In diesen Fällen verschafft die Maxime der Unabhängigkeit den nichtstaatlichen Organisationen zwar einige Vorteile staatlichen Einrichtungen gegenüber, konfrontiert sie aber auch mit einer Menge Nachteile.

Ein Vorteil von NGOs ist ihre Fähigkeit, schnell und flexibel handeln zu können: Während staatliche Organisationen dazu tendieren, gesellschaftspolitische Anliegen fernab des Geschehens zu diskutieren, werden viele NGOs von den Betroffenen selbst ins Leben gerufen bzw. stehen in einem direkten Dialog mit ihnen. Durch ihren Einsatz vor Ort können NGOs die aktuell herrschende Situation erkennen und Lösungen finden, die mit den Weltanschauungen, kulturellen Werten und sozialen Normen der betroffenen Bevölkerung kompatibel sind. Die beiderseitige Partizipation am Prozess der Problemlösung kann schließlich zu Regelungen führen, die eine langfristige Verbesserung der Zustände verheißen. NGOs treten in der Regel dort auf, wo staatliche Entscheidungen gegen die Interessen der Betroffenen gefällt werden. Nichtstaatliche Organisationen machen auf Mängel und Schwachstellen aufmerksam, die der Staat nicht sieht oder nicht sehen will. Aus Sicht der Betroffenen genießen NGOs häufig ein dementsprechend höheres Vertrauen als staatliche Einrichtungen. Allerdings muss betont werden, dass nicht alle NGOs diesem Idealbild entsprechen. Immer wieder melden sich kritische Stimmen zu Wort: „Nicht alle [NGOs, Anm. d. AutorInnen] sind kompetent, nicht alle sind basisorientiert, nicht wenige sind einfach nur ein falsches Etikett für privatwirtschaftliche Initiativen [...]" (Post/Preuss 1997: 161).

Die Arbeit einiger Gruppen sollte daher kritisch hinterfragt und die Effektivität ihrer Leistung analysiert werden. So kann festgestellt werden, ob sie auch tatsächlich das ausführen, wofür sie eintreten.

Die Vorgehensweise nichtstaatlicher Organisationen bringt aber nicht nur Vorteile, sondern auch Nachteile mit sich, die paradoxerweise unmittelbar mit ihren Stärken zusammenhängen. Wie bereits beschrieben wurde, stimmen von Regierungen getroffene Entscheidungen häufig nicht mit den Bedürfnissen von Teilen der Bevölkerung überein. Diese Diskrepanzen sind oft Auslöser für das Einschreiten von NGOs, die demnach gegen staatliche Interessen agieren. Aus diesem Grund bleiben ihnen Türen zu nationalen Ressourcen weitgehend verschlossen: Finanzielle Schwierigkeiten sind die Folge. In sehr vielen Fällen können NGOs kaum auf öffentliche Subventionen zurückgreifen. In der Regel sind sie gezwungen, andere Geldgeber ausfindig zu machen. Viele NGOs sind daher auf Spenden der Bevölkerung angewiesen und/oder müssen sich durch temporär begrenzte, unsichere Projektfinanzierung über Wasser halten. Die beschränkten finanziellen Möglichkeiten machen es wiederum schwierig, kompetente MitarbeiterInnen längerfristig bezahlen zu können. Eine weitere Schwachstelle von NGOs ist die geringe Einflussnahme auf die Gesetzgebung, welche auf ihre regierungsunabhängige Positionierung zurückzuführen ist. „[...] NGOs haben nur bei den ‚soft issues', d.h. in den Politikfeldern Ökologie und Soziales, gewisse Informationsrechte und Mitbestimmungsmöglichkeiten" (Altvater/Brunnengräber/Walk 1998: 24). Schließlich können NGOs staatliche Aufgaben nicht ersetzen, sondern lediglich ergänzen. Ihr größtes Verdienst besteht darin, rasch und unbürokratisch zu helfen, staatliche Akteure auf Mängel und Schwachstellen innerhalb des Systems aufmerksam zu machen und zum Reagieren zu bewegen. Vor diesem Hintergrund leisten sie einen wesentlichen Beitrag als stärkendes Element demokratischer Strukturen und fungieren generell als Mittlerinnen zwischen gesellschaftlichen Anliegen und staatlichen Interessen.

„Sind wir Spezialisten oder Generalisten? Was können wir, was wollen wir und vor allem auch: Was traut man uns zu?" (Weber 1991: 47)

Mit diesem Zitat leiten wir einen Abschnitt ein, der sich mit den Stärken und Schwächen der ethnologischen Ausbildung aus dem Blickwinkel unserer InterviewpartnerInnen auseinandersetzt und die Möglichkeiten beleuchtet, ethnologisches Fachwissen innerhalb von NGOs, Vereinen und sozialen Organisationen umzusetzen.

In allen Gesprächen wurde deutlich, dass ethnologisches Know-how eine Bereicherung darstellt. Kompetenzen wie interkulturelles Verständnis, Interesse an der Auseinandersetzung mit dem Fremden oder auch detailliertes Wissen um kulturelle Identität sind für dieses Studium elementar. Wer erwägt, eine/n EthnologIn in einer Organisation zu beschäftigen, wird sich in erster Linie auf diese Kompetenzen beziehen. Welche Fertigkeiten bringen EthnologInnen sonst noch mit?

Menschen, die sich für dieses Studium entscheiden, scheinen häufig von ähnlichen Motivationen geleitet zu sein: ihren Fähigkeiten zur Empathie, ihrem kritischen Blick auf die Gesellschaft und dem Wunsch nach einem friedlichen Miteinander. Ein Ethnologiestudium fördert nicht nur die Kenntnisse fremder Kulturen und Traditionen, sondern erweitert auch den Blick für multikulturelle Zusammenhänge und die Gestaltung gesellschaftlicher Beziehungen. Profundes Interesse an sozialen Verbesserungen steht im Mittelpunkt ethnologischer Präferenzen und nicht – wie gerne unterstellt wird – die Sehnsucht nach der Ferne.

Viele NGOs werden von ähnlichen Intentionen geleitet, was in weiterer Folge zu dem Schluss führen könnte, dass auch viele EthnologInnen bei diesen Organisationen beschäftigt werden. Dieser Schluss erweist sich jedoch als Trugschluss. Für die Entscheidung, jemanden für einen bestimmten Job anzustellen, sind in erster Linie nicht universitär erworbene Qualifikationen ausschlaggebend, sondern vielmehr außeruniversitäre. Dazu gehören Durchsetzungsvermögen, Teamgeist und Flexibilität. Übereinstimmend stellen unsere InterviewpartnerInnen fest, dass diese im Arbeitsalltag dringend benötigten Fähigkeiten kaum während des Studiums erlernt, sondern vorher oder nachher in mühevoller Kleinarbeit erarbeitet werden mussten.

Und das führt uns nun zu den Schwachstellen der ethnologischen Ausbildung am Institut für Ethnologie, Kultur- und Sozialanthropologie (vor der Einführung des neuen Studienplans): Einstimmig wird „zu wenig Praxisnähe" attestiert. Die Absolvierung von Praktika im Rahmen des Studiums wäre hilfreich, die Förderung von Teamarbeit, aber auch „Leadership-Schulungen" und das Erlernen einer effizienteren Arbeitsweise, also einer Orientierung an den tatsächlichen beruflichen Anforderungen, wären für die Zukunft wünschenswert. Außerdem solle das Institut seinen langjährigen „Dornröschenschlaf" beenden und sich aktiver am multikulturellen Geschehen in Österreich beteiligen. In der Öffentlichkeit sei viel zu wenig bekannt, über welche Kompetenzen EthnologInnen verfügen. Dadurch komme es immer wieder zu Vorurteilen und einer gewissen Geringschätzung gegenüber AbsolventInnen dieser Studienrichtung. Darauf wird besonders im letzten Interview dieses Kapitels eingegangen.

Allerdings: „Ein Studium ist nicht nur eine Eintrittskarte für eine sichere Berufslaufbahn und wir sollten unseren Studierenden auch nicht diese eindimensionale Orientierung unterstellen. Studieren ist auch Anspruch an Wissenserwerb, an Horizonterweiterung, an Problemdiskussion" (Greverus 1991: 13).

Es ist also auch gerade die theoretische wissenschaftliche Auseinandersetzung, die von den StudentInnen geschätzt wird. Mindestens genauso wichtig aber wie ein erfolgreicher Studienabschluss, so die Conclusio der Interviews weiter, seien daher das Interesse und die Bereitschaft, bereits während des Studiums praktische Erfahrungen zu sammeln. Unsere InterviewpartnerInnen absolvierten entweder Praktika oder erweiterten ihren praktischen Horizont durch freiberufliche oder ehrenamtliche Tätigkeiten. Dadurch fiel die konkrete Berufswahl nach Studienabschluss nicht mehr ganz so schwer und man konnte gegenüber potentiellen ArbeitgeberInnen bereits mit einiger Berufserfahrung aufwarten.

Interview mit Verena Ahne und Thomas Lackner/ Global 2000

Als erstes stellen wir ein Interview mit MitarbeiterInnen von Global 2000 vor. Global 2000 ist eine unabhängige, im Umweltsektor beheimatete NGO. Obwohl österreichischen Ursprungs, sucht und fördert Global 2000 die Zusammenarbeit mit ähnlichen Organisationen und versteht sich als Teil eines internationalen Netzwerks. Die Finanzierung von Global 2000 erfolgt zu einem Großteil durch Spendengelder und zu einem geringen Teil in Form staatlicher Projektzuschüsse, welche die deklarierte Unabhängigkeit der Unweltorganisation nicht gefährden. Sie erzielt ihre Erfolge, indem sie die Öffentlichkeit über diverse Probleme informiert, Lösungen findet und mit viel Engagement für die Durchführung dieser Lösungen eintritt. Die Aktivitäten von Global 2000 sind breit gefächert und beinhalten den Kampf gegen das Abholzen des Regenwaldes genauso wie das Eintreten für eine gentechnik- und atomfreie Zukunft.

Wer die Annahme vertritt, dass diese Sektoren mit Ethnologie relativ wenig zu tun haben, der irrt: Tatsache ist, dass Umwelt, Gesellschaft und Kultur nur schwer voneinander zu trennen sind und der Bereich Umweltschutz ein großes Betätigungsfeld für EthnologInnen darstellt.

Die beiden Interviewten sind ausgebildete EthnologInnen und MitarbeiterInnen von Global 2000. Beide betonen, in dieser Organisation ihre berufliche Herausforderung gefunden zu haben. Sie bemerken jedoch auch, dass ein Studienabschluss allein für das Bestehen im beruflichen Alltag zu wenig sei: Flexibilität sei genauso notwendig wie praktische Kenntnisse in Rechnungswesen, Öffentlichkeitsarbeit und manch anderen Bereichen.

Verena Ahne

Nach der Matura entschied sich die 1967 Geborene für ein wirtschaftliches Studium, wechselte jedoch bald ihre Studienrichtung und begann 1987 mit dem Studium der Völkerkunde und einer Fächerkombination. Nach dem Abschluss 1995 begab sich Verena Ahne auf eine längere Asienreise; 1997 war sie in der Umweltberatung Österreich und Umweltberatung Europa tätig. Im selben Jahr begann sie ihre Arbeit bei Global 2000 und war gleichzeitig als Korrektorin und Journalistin beschäftigt. Derzeit übt sie den Beruf der Wissenschaftsjournalistin im Redaktionsbüro Langbein & Skalnik aus.

Thomas Lackner

1963 im steirischen Bruck an der Mur geboren, immatrikulierte er zuerst Medizin in Graz, machte eine Lehrabschlussprüfung als Einzelhandelskaufmann und inskribierte 1985 das Studium der Völkerkunde/Fächerkombination in Wien. Seine Studienzeit verbrachte er teilweise in Mexiko, wo er sich als Stipendiat Kenntnisse zweier Indianersprachen aneignete, eine Feldforschung durchführte und als Volontär einer Umweltorganisation fungierte. 1994 war Thomas Lackner als wissenschaftlicher Berater im Rahmen einer Ausstellung am Wiener Museum für Völkerkunde tätig; ein Jahr später begann seine vielseitige Beschäftigung bei Global 2000. 1999 schloss er sein Studium mit ausgezeichnetem Erfolg ab, im Jahr 2000 beendete er – ebenfalls mit Auszeichnung – den Universitätslehrgang Internationales Projektmanagement in Graz.

„Wir EthnologeInnen wissen eben, dass die eigene Methode, die Welt zu retten, mit der Art und Weise übereinstimmen muss, wie das die indigene Bevölkerung sieht" (Interview Ahne & Lackner: Lackner)

Welche Ausbildung habt ihr absolviert und welche Tätigkeiten übt ihr heute bei Global 2000 aus?

Ich bin seit 1995 bei Global, hatte aber bereits 1988 Kontakte zu Umweltschutzorganisationen. Damals kam ich über eine Freundin in das Nationalparkinstitut Donau-March-Thaya-Auen[1], welches nach den Hainburgunruhen gegründet wurde. Die Aufgabe dieses Institutes war es, ein Nationalparkgebiet zu definieren. Ich wurde ursprünglich als Kopiergehilfe angestellt, habe aber aufgrund der hohen Personalfluktuation immer mehr Tätigkeiten im Bürobereich übernommen. Schließlich wurde ich als direkter Assistent der Büroleiterin beschäftigt. Danach erhielt ich ein Austauschstipendium nach Mexiko, wo ich zwei Jahre studierte und meine Diplomarbeit vorbereitete. Über persönliche Kontakte kam ich zu einer ethno-ökologischen Organisation, die versuchte, mit IndianerInnen vor Ort ökologische Projekte auf die Beine zu stellen und gleichzeitig ihre Ressourcen zu schützen. Fast ein Jahr lang habe ich intensiv an diesem Projekt mitgearbeitet.

Wieder in Wien, absolvierte ich den Zivildienst und besuchte die letzten Vorlesungen auf der Uni. Ich signalisierte gegen Ende des Studiums in der NGO-Szene, dass ich für einen Job zur Verfügung stünde – und wurde von Global 2000 angesprochen. Zunächst bekam ich einen relativ einfachen Job in der Datenbankverwaltung.

Nach einigen Monaten wurde eine Stelle in einem neugeschaffenen Projektbereich ausgeschrieben, für die ich mich beworben habe. Ich bekam den Job und übe ihn seit März 1996 aus. Meine Aufgabe besteht im Wesentlichen darin, Projekte aufzustellen, die mit den Kampagnenzielen kohärent sind und dennoch soviel Geld einbringen, dass damit die Kampagnenarbeit unterstützt werden kann. Primär handelt es sich um eine Art Symbiose aus Know-how- und Mittelbeschaffung. Zu Beginn meiner Anstellung bei Global brachte ich kleine Projekte, die brachlagen, auf Vordermann; später reichte ich auch eigene Projekte ein. Ich arbeitete zum Beispiel gemeinsam mit Oliver Korschil, der seit 1993 bei Global zwei sehr große Regenwaldprojekte betreut hat. Diese Arbeit unterbrach ich aufgrund eines Projekts über die Koordination indigener Landrechte in Paraguay. Da musste ich vor Ort sein und das bedeutete auch, dass ich relativ kurzfristig eine besonders fähige Person finden musste, die mich in

1. Das Nationalparkinstitut wurde im Jahre 1993 der Marchfeldkanal-Betriebsgesellschaft (der ehemaligen Marchfeldkanal-Errichtungsgesellschaft) eingegliedert, welche seither die Koordinationsaufgaben übernimmt.

Wien ersetzen konnte. Mir ist Verena Ahne eingefallen, der ich jetzt das Wort übergebe. (Interview Ahne & Lackner: Lackner)

Nach dem Studium bin ich über das AkademikerInnentraining in die Umweltberatung einer Umwelt-NGO eingestiegen. Ein halbes Jahr lang bestand meine Aufgabe im Schreiben und Ausarbeiten von Anträgen, zu denen auch Endberichte zu EU-Projekten gehörten.

Aufgrund meiner guten Englischkenntnisse meinten die Leute von Global, dass ich geeignet wäre, einen Projektbereich zu übernehmen. Mir wurde zwar nicht die ganze Verantwortung übertragen, aber ich musste doch in Eigenverantwortung Projektanträge, finanzielle Kalkulationen, Endberichte usw. verfassen. (Interview Ahne & Lackner: Ahne)

Welche Charakteristika sind eurer Meinung nach für EthnologInnen wesentlich; was definiert EthnologInnen als solche?

Ihr Interesse an außereuropäischen Kulturen. Für mich sind EthnologInnen per Definition – wenn es „richtige" EthnologInnen sind – generell global denkende Menschen. Und solche Menschen werden gebraucht, wenn es darum geht, große Zusammenhänge real beurteilen zu können. Wenn man zum Beispiel durch die Medien erfährt, dass asiatische Städte innerhalb der nächsten fünfzig Jahre so wachsen werden, dass die Hälfte des noch nicht bebauten Ackerlandes verstädtern wird, dann muss man als EthnologIn sofort aufspringen und sagen: Ah, ich weiß, warum diese Städte so rasch wachsen und warum Leute in die Städte migrieren. EthnologInnen kennen die verschiedensten Aspekte von Kulturen – und das können, meiner Meinung nach, nicht viele Leute. (Interview Ahne & Lackner: Lackner)

EthnologInnen zeichnen sind durch ihren gesellschaftskritischen Ansatz aus. Das ist bei SoziologInnen vielleicht nicht so – die sind, glaube ich, hauptsächlich in Statistik bewandert, während in der Ethnologie die qualitative Sozialforschung dominiert.

Als ich mit dem Studium anfing, habe ich mich nie der Illusion hingegeben, dass ich danach sofort einen Job finden und als Ethnologin arbeiten würde. Es wird auch nicht dauernd vermittelt, dass man nur glücklich wird, wenn man als EthnologIn arbeitet. Insofern ist das Studium für die persönliche Entwicklung sehr vorteilhaft. Wer auf „rein" ethnologische Arbeit fixiert ist, bekommt wahrscheinlich ein Problem: Flexibilität ist sehr wichtig. Ich kenne keinen einzigen arbeitslosen Ethnologen und keine einzige arbeitslose Ethnologin und viele arbeiten meiner Meinung nach auch in sehr interessanten Branchen. Diese Flexibilität zeichnet EthnologInnen in großem Maße aus. Sie ist genau das, was in den Karriereseiten neben Teamfähigkeit und Wissensmanagement als Schlüsselkompetenz gefragt ist. Heute geht es darum, eigenständig und verantwortungsbewusst arbeiten zu können und um Kommunikation nach außen. Das können

EthnologInnen auf jeden Fall – aber das können auch SoziologInnen. (Interview Ahne & Lackner: Ahne)

Inwieweit konnten die Kenntnisse, die euch im Studium vermittelt wurden, in der Praxis angewendet werden?

Als ich als Ethnologe bei Global anfing, wollte ich eine teilnehmende Beobachtung durchführen und danach eine Monographie über die „Globalis" schreiben. Aber letztendlich stellte ich fest, dass mich die politische Arbeit, die Kampagnenarbeit und die damit verbundene Verantwortung sehr beansprucht haben. Mir macht die Arbeit viel Spaß – und mein Ziel ist es immer noch, NGO-Arbeit zu „ethnologisieren". Durch mein ganzes Wissen, das ich auf der Uni vermittelt bekommen habe, verfüge ich über eine spezielle Art von Know-how, die in der NGO-Szene nicht jede und jeder hat.

Damit meine ich zum Beispiel mein Wissen darüber, wie indigene Völker ihr Universum organisieren. Ich weiß, dass Modelle der so genannten Entwicklungszusammenarbeit scheitern müssen, solange sie nicht mit den Anschauungen der indigenen Völker kompatibel sind. Wir EthnologInnen verstehen, dass die eigene Methode, die Welt zu retten, nicht mit der Sichtweise der indigenen Bevölkerung übereinstimmen muss. Global hat großes Glück gehabt, da die Organisation bereits seit langer Zeit mit Friedl und Georg Grünberg (zwei in Brasilien tätigen österreichischen EthnologInnen) zusammenarbeitet.[2] Diese Zusammenarbeit hat sich auf die Regenwaldprojekte positiv ausgewirkt.
Wenn wir auf der globalen Ebene bleiben, dann sind es EthnologInnen, die mit komplizierten Zusammenhängen und ihren Auswirkungen vertraut sind. Wir können beispielsweise fachfremden Leute erklären, warum in Mexico-City so viele Menschen in Slums leben und warum es zur Verstädterung kommt. Wir können den Konnex von Verstädterung und Slumbildung erläutern und demonstrieren, wie diese Phänomene mit den Großgrundbesitzern zusammenhängen und welche Rolle unsere Kaufhausketten dabei spielen – oder welche Bedeutung deutsche Kaffeeimporteure in diesem Kreislauf einnehmen.
Diese Zusammenhänge zu erkennen ist ein Teil der Ethnologie, der richtig umgesetzt werden sollte. EthnologInnen müssen als Sprachrohr fungieren und den Leuten schnell und umfassend diese Zusammenhänge begreiflich machen. Letzteres habe ich jedoch erst in meinem Job gelernt. (Interview Ahne & Lackner: Lackner)
Mit Vorurteilen behaftete Menschen erkennen diese Zusammenhänge oft nicht und sagen, dass die MexikanerInnen einfach unterentwickelt seien

2. Siehe auch das Interview mit Friedl Grünberg im Beitrag von Burger-Scheidlin, Fraunlob und Schwaighofer.

und nichts organisieren könnten. Aber eigentlich hatte ich nicht den Eindruck, dass ich etwas, das ich speziell im Studium gelernt habe, in der „freien Wildbahn" direkt anwenden konnte. Vielleicht ist für das Studium eine Art skeptische Grundhaltung, ein kritisches Grundverständnis, notwendig. Diese kritische Auseinandersetzung ist auch bei den NGOs notwendig, da sie meistens gesellschaftliche Probleme aufgreifen, die sonst gerne tabuisiert werden. Diese Probleme werden an die Öffentlichkeit gebracht und dort diskutiert. Ich glaube, die Fähigkeit zur konstruktiven Kritik wurde durch das Studium verstärkt.

Ich bezweifle, dass ich nur aufgrund meines Ethnologiestudiums besser prädestiniert bin dazu, Neues zu bewältigen. Das wäre meiner Ansicht nach eine Idealisierung, ehrlich gesagt. Jede Arbeit – und ich habe inzwischen schon sehr viele verschiedene Tätigkeiten ausgeübt – ist für mich etwas Neues und ich muss mich wieder einarbeiten. Wenn ich bemerke, dass irgendwo etwas ins Extreme geht, versuche ich immer, die andere Position einzunehmen und zu verstehen; im Sinne von Empathie. Das war immer schon so und ist durch das Ethnologiestudium noch zusätzlich gefördert worden. Vielleicht bin ich auch deshalb zur Ethnologie gekommen. (Interview Ahne & Lackner: Ahne)

Wenn die NGOs Leute brauchen, greifen sie dann auch gezielt auf EthnologInnen zurück? Welche Positionen können sie eurer Meinung nach besetzen – wofür sind EthnologInnen besonders geeignet?

Mir fällt spontan ein wichtiger Bereich ein, der mit NGO-Arbeit zwar weniger zu tun hat, aber der sehr im Kommen ist: Tourismus. Hier sollten EthnologInnen für ein sensibles Reisen plädieren. (Interview Ahne & Lackner: Ahne)

Stimmt. Einige NGOs sind im Tourismusbereich beschäftigt. Ich habe zum Beispiel einen konkreten Projektantrag aus Brasilien, wo mit Hilfe der KautschukpflanzerInnen ein Ökotourismusprojekt im Entstehen ist. Das wurde von den NGOs vor Ort vorgeschlagen.[3]

Umweltschutzorganisationen suchen sehr oft Personal. Ich war bei der Personalsuche zuerst eher auf Gesinnungsgenossenschaft und Seelenverwandtschaft ausgerichtet, aber diese Orientierung hat sich überhaupt nicht bewährt. Bei der Personalrekrutierung lege ich mittlerweile Wert auf be-

3. Das Projekt ist eine Kooperation von Global 2000 mit den Seringueros, nachhaltig wirtschaftenden KautschukproduzentInnen, welche sich in der CNS, dem Conselho Nacional de Seringueros organisieren. Eine Komponente neben der politischen Organisation ist die Erschließung neuer Einkommensquellen für die Kautschukzapfer, die aufgrund ökonomischen Drucks immer öfter den Regenwald verlassen und ihn so einer möglichen illegalen Ausbeutung aussetzen. Im ersten Projektschritt sollen u.a. die Möglichkeiten einer Implementierung von Ökotourismus im Regenwald untersucht werden.

rufliche Kompetenzen. Es ist einerlei, ob es sich dabei um SoziologInnen, PsychologInnen oder EthnologInnen handelt.

Wenn sich jemand vorstellt und sagt, sie oder er habe bereits bei Projekten mitgearbeitet und ich bemerke im Gespräch, dass die Person das Wesentliche weiß und versteht, ist mir das lieber als ein wirklich tolles Hintergrundwissen. Es sei denn, es handelt sich um eine Studie, die spezielles ethnologisches Fachwissen erfordert. Ich würde beispielsweise EthnologInnen beschäftigen, wenn man viel Reisen und mit wenig Komfort auskommen muss und es darum geht, an vielen verschiedenen Ebenen der Realität die Augen offen zu halten.

Generell kann man sagen, dass bei den Umwelt-NGOs Anforderungen gefragt sind, die eigentlich jeder sensible, im Kommunizieren einigermaßen kompetente Mensch mitbringen kann.

Aber wenn man die EZA-NGOs anschaut und NGOs, die viel im Ausland tätig sind, kommt das Studium schon hundertprozentig zur Geltung. In diesen Bereichen werden auch EthnologInnen gesucht. (Interview Ahne & Lackner: Lackner)

Welche zusätzlichen Qualifikationen sollten EthnologInnen bereits während des Studiums erwerben?

Zum Beispiel Kenntnisse im Bereich der Marktforschung. Im Moment führen wir eine Studie für das Wissenschaftsministerium, Haus der Zukunft, durch. Dabei wird ermittelt, welche Hindernisse es gibt oder geben könnte, wenn man versucht, Strohballenbau[4] in Österreich einzuführen. Da gibt es eine juristische Komponente, die sich auf die Bauordnung bezieht, eine Komponente im technischen und eine andere im sozioökonomischen Bereich. Die ganzen Pro und Kontras müssen aufgeschrieben, statistisch ausgewertet und in eine Studie eingebracht werden. Für diese Studie würde ich niemals EthnologInnen suchen. Wären sie in der Marktforschung ein bisschen bewandert, hätten sie so viele Möglichkeiten.

Die wissenschaftlichen Methoden, die im Studium vermittelt werden, wie etwa das wissenschaftliche Schreiben und das kritische Lesen, konnte ich im Berufsalltag überhaupt nicht anwenden. Hier geht es darum, Informationen möglichst prägnant und umfassend in alle Windrichtungen zu verteilen. Dazu zählen auch Kostenrechnung, Projektmanagement und Ähnliches. Dieses Wissen ist eine Grundvoraussetzung in den meisten Berufssparten und sollte von EthnologInnen unbedingt angeeignet werden. Ich habe es mir selbst beibringen müssen. (Interview Ahne & Lackner: Lackner)

---

4. Strohballenbau ist der Bau von Nutz- und Wohngebäuden mit Strohballen, welche gegenüber anderen Materialien ökologische und ökonomische Vorteile haben. Näheres unter: http://www.global2000.at/tnawaro/strohballenbau.htm und http://www.global2000.at/tnawaro/fotoroman.htm.

Was Thomas über das Schreiben sagt, stimmt absolut. Im Studium lernt man nicht, schnell prägnant Texte zu verfassen. Man lernt Recherchieren, lernt Sprachen etwas besser – aber auch JournalistInnen wissen, wie sie zu ihren Informationen kommen und haben zum Teil nicht studiert.
Außerdem ist alles, was in den Bereich Projektarbeit fällt, für EthnologInnen im höchsten Maße förderlich. Das beginnt beim Antragstellen und geht über Ideensammeln und Informationeneinholen bis zum Geldbeschaffen. Der Erfolg hängt sehr oft davon ab, mit welchen Leuten man kooperiert und wie Anliegen formuliert werden. Außerdem muss man Abrechnungen machen, Kosten kalkulieren, realistisch berechnen und so verwalten, dass man damit auch auskommt. Zusätzlich sind natürlich Computerkenntnisse wie Word, Excel und Internet wichtig. Schließlich sollten sie über das verfügen, was man heute unter Schlüsselkompetenzen zusammenfassen kann: Kommunikationsfreude, Teamwork etc.
Ich finde, Teamarbeit sollte gefördert werden. Gerade EthnologInnen empfinde ich als extrem individualistisch, da sie sich gerne gegen gesellschaftliche Werte und Normen auflehnen. Dadurch sind sie schon beinahe teamunfähig. Der Aufbau von Seminaren und Gruppenarbeiten sollte die Teamfähigkeit unterstützen. Es nützt nichts, wenn man in einer Gruppe nur über ein Thema diskutiert – Aufgaben sollten verteilt und Ziele definiert werden. Das wäre viel sinnvoller, da es dem realen Berufsleben gleichkommt. Da muss auch jeder einen ganz speziellen Inhalt erarbeiten und die Sache wird gemeinsam präsentiert.
Außerdem sollte das Studium Führungskompetenzen vermitteln, aber es hat den Anschein, dass es gerade bei EthnologInnen problematisch ist, von Führung zu sprechen. Das Erwerben von Führungskompetenz in einer kleinen Gruppe könnte ruhig unterstützt werden! (Interview Ahne & Lackner: Ahne)

Wenn ihr einen Appell an angehende EthnologInnen richten könntet – wie lautet der?

EthnologInnen sollten viel stärker in den Vordergrund treten, viel lautere MahnerInnen sein. Ich höre nichts über das Institut in den Medien. Es sollte verstärkt im Internet vertreten sein und eine Lobby für all jene werden, die durch die Globalisierung keine mehr besitzen. Das Institut braucht eine PR-Abteilung. (Interview Ahne & Lackner: Ahne)
Da könnten EthnologInnen gleich selber mitarbeiten. Öffentlichkeitsarbeit ist alles: Tut es und redet darüber!
Ich habe den Eindruck, dass viele EthnologInnen die eigene Kultur gar nicht kennen. Sie durchschauen die Hauptdoktrin, sozusagen den Gott und Moloch, die Finanzwirtschaft, überhaupt nicht. EthnologInnen sind bei außereuropäischen Kulturen bewandert, können aber schwer identifizieren, wo bei uns der Hase im Pfeffer liegt. Mit dem Eigenen sollte wesentlich kritischer umgegangen werden – und zwar nicht auf einer ideologischen Stufe. Es ist nicht wirklich bedeutend, welchen politischen

Hintergrund ein Großfinancier hat, sondern was die Kapitalflüsse und das Finanzwesen bewirken. EthnologInnen, die wirklich die Welt verbessern wollen, sollten sich mehr Wirtschaftskompetenz aneignen. Wirtschaftskompetenz ist eine Schlüsselkompetenz, die für den persönlichen Broterwerb wichtig ist.

Ich bin auf der Seite der Action Anthropology und da werden Leute benötigt, die wirklich etwas auf die Beine stellen. Dazu sind andere Fähigkeiten notwendig als im wissenschaftlichen Bereich. Aber auch die Wissenschaft sollte man nicht außer Acht lassen, da sie sich teilweise wiederum mit der Action Anthropology überschneidet. (Interview Ahne & Lackner: Lackner)

Und wie lautet ein Appell an die Ethnologie als Wissenschaft und deren VertreterInnen?

Ich habe ein bisschen den Eindruck gewonnen, es wird bei den EthnologInnen alles glorifiziert, was gemacht wird; sie scheinen die umfassendsten Kompetenzen aller Kompetenzen zu haben etc. Vielleicht sollte man ein bisschen auf dem Boden der Realität bleiben und sehen, was wirklich Sache ist; wo die Leute tatsächlich tätig sind, nachdem sie das Ethnologiestudium beendet haben.

Was die WissenschafterInnen betrifft: Sie sollen ihr Wissen produzieren, aber es dann auch verbreiten. Es nützt nichts, wenn neues Wissen produziert wird und niemand davon erfährt. (Interview Ahne & Lackner: Ahne)

Ich kann es nur nochmals betonen: Öffentlichkeitsarbeit muss viel stärker gefördert werden. Was nützt es, wenn große Fortschritte gemacht werden; wenn fantastische Leute eingeladen werden, um die neueste Forschung zu präsentieren – und niemand weiß etwas davon! Wenn man es in der Ausbildung schaffen würde, mehr Leute in Projekten zu engagieren, wäre das für die Praxis sehr vorteilhaft. Dann würde auch die Rate der StudienabbrecherInnen zurückgehen. Aber so wie es jetzt ist, bekommen die StudentInnen einen sehr idealistischen Anspruch vermittelt. Sie verfügen zwar über ein diffiziles, eigentlich einmaliges Wissen und stehen dennoch plötzlich vor der Situation, dass sie damit nichts anfangen können. Die AbsolventInnen sollten ihr Wissen praktisch umsetzen können und handelte es sich dabei nur um das Organisieren eines Sommerlagers. Dafür sollte das Institut sorgen.

Ein Thema haben wir nur kurz angesprochen, nämlich die Ausbildung zur Feldforschung. Ich habe das Gefühl, dass mir die teilnehmende Beobachtung in manchen Krisensituationen geholfen hat, eine gewisse Distanz zu bewahren. Damit wurde ich möglicherweise vor großen Frustrationen bewahrt. Ich habe zwar keine Idee, wie man das realisieren kann, aber ich hätte mir im Feld sicher leichter getan, wenn ich konkrete Übungen zur Feldforschungspraxis absolviert hätte. Oder wenn spezielle Vorlesungen

zu dieser Thematik angeboten worden wären. Das hätte mir viel von meiner Angst genommen.
Wenn es die Reform gibt[5] und die StudentInnen auf der Ethnologie lernen, Projekte zu machen, und sie anschließend die wissenschaftliche Richtung einschlagen, dann werden sie auch in dieser Richtung wesentlich besser sein. Ich bin davon überzeugt, dass sie ihre Ergebnisse auch besser – jetzt unter Anführungszeichen – vermarkten oder bekannt machen werden. Sie werden über ein grundlegendes kaufmännisches Wissen verfügen; sie werden wissen, dass sie selbst nach dem Vertrieb ihrer Ergebnisse fragen müssen. Das sind Aufgaben, die ihnen niemand abnimmt. Wenn man Bücher liest und Seminararbeiten verfasst, kann man sich sein Thema noch aussuchen. Man wählt die schönen, interessanten Bereiche und bearbeitet sie. Das bringt einen aber heutzutage nicht wirklich weiter. Während der Arbeit in Projekten wird man von Anfang an mit Situationen konfrontiert, die weniger angenehm sind. Das bedeutet: Strukturieren, einen Zeitplan einhalten, Konflikte in der Gruppe durchstehen usw.: Dieses Knowhow sollte man möglichst bald beherrschen. Dann wird auch bald klar, wer wirklich den Weg bis zum Ende gehen möchte und wer nicht. (Interview Ahne & Lackner: Lackner)

Danke für das Interview.

Interviews mit Aurelia Weikert, Mitarbeiterin des Vereins „Miteinander Lernen – Birlikte Ögrenelim"[6], und mit Herbert Langthaler vom Verein „Asylkoordination"

Die beiden Vereine „Miteinander lernen – Birlikte Ögrenelim" und „Asylkoordination", die auf den folgenden Seiten vorgestellt werden, scheinen auf den ersten Blick wenig gemein zu haben.
„Miteinander Lernen – Birlikte Ögrenelim" entstand 1984 aus einem Projekt der „Frauensolidarität" und ist eine Organisation mit feministischem Selbstverständnis, die sich ausschließlich an Frauen türkischer Herkunft und deren Familien wendet. Die „Asylkoordination" ist ein Netzwerk aller österreichischen NGOs, die in der Flüchtlingsbetreuung bzw. gegen AusländerInnenfeindlichkeit tätig sind. In beiden Organisationen waren und sind EthnologInnen fix angestellt, beide Vereine haben immer wieder mit erheblichen Finanzierungsproblemen zu kämpfen und müssen jedes Jahr wieder um Subventionen bangen. In den folgenden Interviews spiegelt

5. Anmerkung der AutorInnen: die Studienplanreform ab Wintersemester 2002/03.
6. Siehe auch Interviews mit weiteren Mitarbeiterinnen dieses Vereins im Beitrag von Siegert und Czarnowski.

sich die Tatsache wieder, dass ein Ethnologiestudium nicht unbedingt Berufserfolg garantiert, aber ein breit gestreutes Interesse und auch Flexibilität durchaus zu einer erfolgreichen Berufslaufbahn in einem ethnologienahen Bereich führen können.

„Mit den Fragen – Was ist Ethnologie? Was kann man damit machen? verhält es sich ähnlich wie mit der Frage nach dem Sinn des Lebens. Jeder muss darauf seine persönliche Antwort finden“ (Haindl 1991: 19). Das trifft auch auf die Lebensläufe unserer beiden InterviewpartnerInnen zu und wird in ihren Stellungnahmen deutlich.

Die Stimmung, die vermittelt wird, ist gedämpft optimistisch. Das Studium war durchaus bereichernd, vermittelte viele wertvolle Einsichten, ist aber ohne zusätzliche Praktika oder Ausbildungen nur schwer „zu verkaufen“. Ihre heutige konkrete Arbeitssituation erleben beide als sehr befriedigend.

Aurelia Weikert

Die 1960 geborene Ethnologin und Politikwissenschafterin hat ihr Studium 1997 beendet. Seit 1988 arbeitet sie bei „Miteinander Lernen – Birlikte Ögrenelim (Bildungs-, Beratungs- und Psychotherapiezentrum für Frauen, Kinder und Familien)“, zuerst auf Honorarbasis, später wurde sie fix angestellt. Ihre Arbeitsbereiche sind Geschäftsadministration und -organisation sowie Kursleitung. Darüber hinaus ist sie als Autorin und Vortragende zu den Themen Bevölkerungspolitik, Eugenik, Fortpflanzungstechnologie und Gentechnologie tätig. Seit Oktober 2000 hat sie einen Lehrauftrag am Institut für Ethnologie, Kultur- und Sozialanthropologie.

Herbert Langthaler

Er wurde 1957 in Wien geboren und studiert seit 1977 Ethnologie und Publizistik. Seine Dissertation zum Thema „Sklavenhandel und seine Auswirkungen auf die Gesellschaften im Einzugsgebiet des Sultanats Sansibar“ ist kurz vor der Fertigstellung. Weitere Forschungen führten ihn nach Nepal, in den Irak, in die Türkei und nach Tansania.

Seit 1984 ist er journalistisch tätig, unter anderem für das ORF-Radio und verschiedene Printmedien (Standard, Falter, Salto etc.), als Redakteur für die Zeitschriften „Triebwerk“ und „Planet“ sowie als Chefredakteur von „asylkoordination aktuell“. Von 1989 bis 1994 war er Mitarbeiter des „Österreichischen Informationsdienstes für Entwicklungspolitik“ in den Bereichen Informationsmanagement, Archiv und Redaktion des Magazins „EPN“ („Entwicklungspolitische Nachrichten“, später „Südwind-Magazin“). Bereits seit 1991 ist er Vorstandsmitglied der „Asylkoordination Österreich“, seit 1999 ist er im Rahmen seiner Tätigkeit für den Verein Koordinator für das Projekt „Schule ohne Rassismus“.

„Ich habe schon gewusst, dass ich kein gesichertes Berufsfeld ansteuere" (Interview Weikert)

Erzähl uns vom Verein „Miteinander Lernen" – seit wann gibt es ihn, was sind die Betätigungsfelder bzw. die Zielsetzungen und was genau ist dein Aufgabengebiet?

Der Verein heißt „Miteinander lernen – Birlikte Ögrenelim, Bildungs-, Beratungs- und Psychotherapiezentrum für Frauen, Kinder und Familien". Er existiert seit 1986 und ging ursprünglich aus einem 1983 entstandenen Projekt der „Frauensolidarität"[7] mit dem Namen „Türkinnenprojekt Ottakring" hervor. Drei Frauen waren die Initiatorinnen, damals haben sie ehrenamtlich bzw. auf Honorarbasis gearbeitet. Die ursprüngliche Idee war, Deutschkurse und Sozialberatung für Frauen aus der Türkei anzubieten. Mittlerweile wurde das Angebot erweitert – wir bieten neben Deutschkursen auch Alphabetisierungskurse in türkischer Muttersprache an, daneben begleitende Kinderbetreuung, damit die Frauen die Kurse überhaupt in Anspruch nehmen können. Darüber hinaus gibt es Lernhilfe bzw. Nachmittagsbetreuung für Pflichtschulkinder und ein ausgedehntes Beratungs- und Psychotherapieangebot. Das Beratungsangebot reicht von Gesundheits- über Sozial- und Erziehungsberatung bis zu frauenspezifischer, arbeits- und familienrechtlicher oder juristischer Beratung, wenn nötig mit Dolmetscherin. Der dritte Bereich umfasst die Psychotherapie, das sind Einzel-, Paar- oder Familientherapien, die prinzipiell für alle offen sind, nicht nur für Menschen aus der Türkei. Außerdem führen wir vermehrt Seminare und Informationsveranstaltungen für MultiplikatorInnen durch, d.h. LehrerInnen, SozialarbeiterInnen etc., die sich für Integration interessieren bzw. sich damit auseinandersetzen. Die Hauptziele des Vereins sind aber sicherlich „Hilfe zur Selbsthilfe" und Auftreten gegen jegliche Politik von Rassismus, Ausgrenzung oder Diskriminierung.[8]

Mein Aufgabengebiet bei „Miteinander Lernen" ist die administrative und finanzielle Verwaltung sowie die Durchführung von Deutschkursen. Grundsätzlich funktioniert die Organisation des Vereins so, dass alle, die bei uns beschäftigt sind – das sind zur Zeit zehn Personen – auch Vorstandsmitglieder sind (die Reinigungskraft ausgenommen). Dabei handelt es sich um das so genannte Großteam, das nach einer genau festgelegten Geschäftsordnung den Verein verwaltet und Entscheidungen trifft. Der Vorteil des Großteams liegt in seiner Transparenz: Alle wissen gleichermaßen Bescheid und sind auch in die Entscheidungsbildung eingebunden. Außerdem gibt es noch die so genannten Fachbereiche, in denen die jeweiligen MitarbeiterInnen kleinere, ihre Arbeit betreffende Entscheidungen autonom treffen können.

---

7. Verein Frauensolidarität – Entwicklungspolitische Initiativen für Frauen in der „Dritten Welt".
8. Vergleiche auch: Verein Miteinander Lernen/Birlikte Ögrenelim (Hg.) 1995.

Unsere finanziellen Mittel sind leider immer knapp. Die Ausgaben decken wir ungefähr zu einem Zehntel aus eigenen Einnahmen ab, die wir aus den Gebühren für die Kurse, die Kinderbetreuung, die Lernhilfe und die Psychotherapie lukrieren, die restlichen neun Zehntel kommen aus verschiedenen Subventionstöpfen, wie etwa von der Gemeinde Wien (MA 57, Wiener Integrationsfonds), dem Bund (z.B. Unterrichts-, Familien-, Frauen-, Sozialressort), aber auch von anderen Einrichtungen, wie z.B. „Licht ins Dunkel" oder der Österreichischen Nationalbank. Und dann haben wir noch ein EU-Projekt, das im Rahmen der „Urbanprojekte" angesiedelt ist. Das Projekt läuft seit 1997, der Schwerpunkt liegt auf gesundheitlicher und psychosozialer Betreuung von MigrantInnen.

Welche Berufsgruppen sind bei euch neben EthnologInnen noch vertreten und wie findet ihr euer Personal?

Neben drei angestellten Ethnologinnen gibt es bei uns noch Pädagoginnen, Psychotherapeutinnen, Sozialarbeiterinnen, Supervisorinnen, weiters sind die Studienrichtungen Ökonomie, Turkologie und Islamwissenschaften vertreten. Bis auf die Juristin und die Ärztin, die auf Honorarbasis arbeiten, sind bei uns alle fix angestellt. Außer mir und einer zweiten Kollegin sind auch alle, die bei uns arbeiten, zweisprachig (deutsch/türkisch), wir sind fünf Frauen, die in Österreich geboren sind, und vier Frauen, die in der Türkei geboren sind. Die Fluktuation ist bei uns sehr gering.

Unser Personal finden wir hauptsächlich über Mundpropaganda, aber auch über Arbeitsamtausschreibungen. Wir fragen sozusagen meist im Bekanntenkreis, wenn wir jemanden brauchen. Das erspart uns auch eine Menge Arbeit, denn das Auswahlverfahren bei Leuten, die sich extern bewerben, ist sehr mühsam und arbeitsaufwendig. Ich selbst bin ebenfalls so zum Verein gekommen. Eine Studienkollegin hat mich angesprochen und gefragt, ob mich diese Arbeit interessieren würde. Ich habe angefangen und sehr schnell festgestellt, dass ich da gut hineinpasse.

Wir bieten auch immer wieder Praktika an, die gerne in Anspruch genommen werden; hauptsächlich im Bereich Kinderbetreuung und Lernhilfe (StudentInnen der Sozialakademie oder pädagogischen Akademie). Manchmal kommen LehramtsstudentInnen zu uns, die bei den Kursen zuhören oder daran teilnehmen – jedoch nur, wenn es den Kursteilnehmerinnen auch recht ist. Wir respektieren, wenn die Anwesenheit von PraktikantInnen als störend empfunden wird. Zivildiener hatten wir bislang noch keine, doch auch diese Möglichkeit haben wir schon in Erwägung gezogen.

Wie wird das Angebot von eurer Klientel aufgenommen? Gibt es anderswo noch vergleichbare Einrichtungen?

Unser Vorteil ist, dass wir da ansetzen können, wo viele staatliche Einrichtungen anstehen, nämlich bei der Betreuung in der Muttersprache, was die Angebote (Kurse, Beratung, Psychotherapie) für alle Beteiligten viel effizienter macht. Die Angebote sind teilweise kostenlos, teilweise ist ein kleiner Betrag zu bezahlen. Es besteht bei uns auch die Möglichkeit der Ratenzahlung oder eines Sozialtarifs, sodass niemand aus finanziellen Gründen auf einen Kurs oder eine Psychotherapie verzichten muss.

In den Bundesländern gibt es meines Wissens zwar Beratungsstellen, die aber immer nur einen Teilbereich dessen abdecken, was wir bieten. Es gibt Flüchtlingsbetreuungsstellen oder arbeitsmarktpolitische Beratung, aber so umfassend wie wir – nämlich auch im Bereich Psychotherapie in der Muttersprache – arbeitet außer uns kaum jemand. In Wien sind einige verwandte Organisationen beheimatet, mit denen wir auch eng zusammenarbeiten, wie z.B. „LEFÖ“, „Peregrina“ oder der „Orientexpress“[9].

Wo siehst du spezielle Chancen oder Möglichkeiten für EthnologInnen in eurem Bereich? Gibt es bestimmte Kompetenzen oder Grundlagen, die diese mitbringen und welche für euch interessant wären?

Diese Frage ist etwas schwierig zu beantworten. Einerseits ist es natürlich kein Zufall, dass bei uns Ethnologinnen oder überhaupt Leute aus dem sozialwissenschaftlichen Bereich arbeiten. Wichtig ist die Neugierde und die Fähigkeit, mit Menschen in Kontakt zu treten, mit ihnen zu kommunizieren.

Aber auch die Reflexionsfähigkeit, die im Ethnologiestudium vermittelt wird – „Ich und die Anderen“, „Eigenes und Fremdes“ – diese spezifische Sichtweise bzw. die Bereitschaft, überhaupt damit umzugehen, die habe ich schon während des Studiums erworben und davon mitgebracht. Allerdings war es so, dass ich zu Beginn des Studiums schon gewusst habe, dass ich damit kein gesichertes Berufsfeld ansteuere, wie etwa, wenn man Jus oder Medizin studiert. Das erhöht die Flexibilität, sich auch auf Berufe einzulassen, die nicht unbedingt rein ethnologiespezifisch sind. Ich habe zu Beginn des Studiums nicht gewusst, was ich später einmal damit machen werde, ich bin in meinen jetzigen Beruf sozusagen hineingewachsen.

9. LEFÖ – Lateinamerikanische Exilierte Frauen in Österreich (besteht seit 1985): Die Entwicklung der weiblichen Migration zur Arbeitsmigration in die „reichen Länder“ Westeuropas, die in immer aussichtslosere Arbeits- und Lebenssituationen mündet, bildet die Ausgangslage für die Arbeit in LEFÖ und hat die Arbeitsbereiche in den letzten Jahren bestimmt. Peregrina: Rechts- und Sozialberatung, psychologische Therapie und Deutschkurse für Migrantinnen sowie Abhaltung von Antirassismusworkshops. Orientexpress: Beratung, Betreuung, Begleitung für Migrantinnen jedweder Herkunft.

Wie sollte das Studium deiner jetzigen Erfahrung nach umgestaltet werden, um es für AbsolventInnen leichter zu machen, das Wissen auch beruflich zu verwenden? Oder anders gefragt, jetzt, wo du im Berufsleben stehst, denkst du dir da manchmal: Diese oder jene Kompetenz hätte ich mir gerne während meines Studiums erworben, dann würde ich mir jetzt leichter tun?

Die Beantwortung dieser Frage fällt mir nicht leicht. Ich habe im Laufe der Zeit gemerkt, dass ich das Studium als rein theoretische Grundlage sehr geschätzt habe. Das heißt, die Möglichkeit der wissenschaftlichen Auseinandersetzung, der Diskussion, der Wissensbildung, ohne gleich darüber nachdenken zu müssen, wie ich das später im Beruf verwerten kann, war für mich am Studium sehr bereichernd. Es ist daher schwierig zu sagen, welches praxisrelevante Modul man hier einbauen könnte. Die Kompetenzen, die bei uns zur Zeit vorhanden sind, sind im Laufe der Zeit gewachsen, das Projekt hat sich sozusagen einerseits mit den dort tätigen Frauen entwickelt, andererseits aufgrund der Anforderungen der Klientel.

Wichtig sind für mich in erster Linie der Wille zur Flexibilität und die Bereitschaft, sich Wissen auch nach dem Studium in diversen Fortbildungen anzueignen, wenn es für den Beruf notwendig sein sollte, so wie ich mir meine finanziellen und organisatorischen Kompetenzen auch nachher angeeignet habe. Dafür wäre im Ethnologiestudium kein Platz, oder es müssten solche Module nahezu in jedes Studium eingebaut werden.

Vielleicht wäre es günstig, ein Praxismodul zu erwägen, ein mehrwöchiges Praktikum in einem ethnologiespezifischen Gebiet freier Wahl, um die Verbindung des doch sehr theoretischen Studiums zur Praxis besser herstellen zu können. Das wäre letztendlich auch für diejenigen von Vorteil, die sich danach trotzdem für eine wissenschaftliche Laufbahn entschließen. Meiner Ansicht nach wäre es wünschenswert, schon in den Schulunterricht mehr ethnologische Inhalte einzubauen. Es hat diesbezüglich in den 80er Jahren auch schon einmal Versuche gegeben, im Rahmen eines mehrsemestrigen Seminars auf der Ethnologie, aber mehr ist daraus leider nicht geworden.

Danke für das Gespräch.

„Jeder muss das Recht haben, seine Kultur auszuleben" (Interview Langthaler)

Erzähl mir ein wenig vom Verein „Asylkoordination", was sind eure Ziele, die Hauptaufgaben eurer Tätigkeit und was ist dein Aufgabengebiet?

Den Verein gibt es seit 1991 und er ist eigentlich eine politische Organisation. Damals hatten wir allerdings nicht einmal ein eigenes Büro und auch kein Geld, um jemanden anzustellen. Die Arbeit erfolgte ehrenamtlich und mit viel Enthusiasmus aller Beteiligten. Das Büro gibt es jetzt seit Ende 1993. Anlässlich des EU-Jahres gegen Rassismus habe ich eine Rundreise mit Journalisten veranstaltet, nach London und nach Amsterdam, um zu untersuchen, wie sich die dortigen Vorgehensweisen in Sachen Flüchtlinge und Integration von unseren unterscheiden. Damals war ich für die Dauer des Projektes beim Verein angestellt. Und jetzt, seit Juni 1999, bin ich erstmals für 30 Stunden fix hier beschäftigt.

Wir sind ein Dachverband für alle Flüchtlingsorganisationen in Österreich. Wir betreiben in erster Linie Öffentlichkeitsarbeit, Vernetzungs- und Koordinationsarbeit. Dabei beobachten wir auch die Szene, d.h. die Entwicklungen im politischen Bereich, die Entscheide des Bundesasylamtes etc. Wir organisieren alle sechs Wochen ein Koordinationstreffen für alle in diesem Bereich tätigen Organisationen zum Meinungs- und Erfahrungsaustausch und versuchen so, die Leute auf dem Laufenden zu halten. Darüber hinaus machen wir Schulprojekte, wir haben z.B. den so genannten „Info-Bus Miteinander Leben“, der verschiedene Schulen besucht und die SchülerInnen für die Thematik sensibilisieren soll. Die SchülerInnen werden angeregt, in einer Art Rollenspiel das Asylverfahren zu erleben und zu erleiden. Ich bin zur Zeit für ein Projekt mit dem Titel „Schule ohne Rassismus“ angestellt, das für Gymnasien-Oberstufen konzipiert ist und fächer- und klassenübergreifend arbeitet. Ab dem kommenden Schuljahr wollen wir auch mehr mit Pflichtschulen zusammenarbeiten. Diese Projekte bieten sozusagen einen Rahmen für Antirassismusarbeit in den Schulen, stellen externe Module wie z.B. das Rollenspiel oder andere theaterpädagogische Einheiten zur Verfügung, gemeinsam mit einer beratenden, begleitenden Hilfestellung für die LehrerInnen. Und dann versuchen wir natürlich, entsprechende Medienarbeit zu leisten und das Projekt in der Öffentlichkeit bekannt zu machen.

Ich bin anlässlich einer Rundreise zur Asylkoordination gekommen, die von „CEDRI“ (Comité Européen pour la Défense des Réfugiés et des Immigrés) zusammen mit einigen Flüchtlingshilfsorganisationen veranstaltet wurde und Schubhäftlinge, Grenzgefängnisse u.ä. besucht hat. Darüber habe ich Beiträge für den Standard, den Falter und auch für das Radio gestaltet. Diese Thematik hat mich sehr interessiert. 1991 wurde die Asylkoordination gegründet und damals wählte man mich zum Obfrau-Stellvertreter. Diese Position habe ich seither inne.

Finanziert wird unsere Arbeit zu einem sehr geringen Teil aus Mitgliedsbeiträgen und Spenden, der Rest kommt von verschiedenen Ministerien und manchmal auch von der EU, diese Gelder sind projektbezogen. Wir koordinieren z.B. auch die österreichische Mitgliedschaft im Dachverband aller europäischen Flüchtlingsorganisationen „ECRE“, d.h., wir bringen uns auch auf europäischer Ebene durch Lobby-Arbeit etc. ein.

Wie viele Leute sind zur Zeit bei euch beschäftigt und aus welchen Berufssparten kommen sie? Gibt es noch andere EthnologInnen?

Zur Zeit sind wir zu dritt, aber das schwankt je nach Projekt zwischen zwei und vier Personen. Meistens schaffen wir es, zwei Leute regulär zu beschäftigen, die anderen kommen manchmal übers AkademikerInnentraining zu uns oder sind PraktikantInnen, denen wir dann einen Teilbereich der Arbeit zuweisen. Das sind meist PolitologInnen, PsychologInnen, SoziologInnen oder AbsolventInnen der Sozialakademie.

Bei uns im Verein gibt es sonst keine EthnologInnen, wir sind eine sehr kleine Organisation und kämpfen auch immer wieder damit, die notwendigen finanziellen Mittel zu bekommen, aber im Bereich Integration kenne ich sehr viele EthnologInnen, z.B. bei der Caritas, dem Flughafensozialdienst, bei Miteinander Lernen etc.

Was glaubst du, wo und wie könnten EthnologInnen mitarbeiten? Welche Kompetenzen würdest du dir im Bereich Migration und Flüchtlingsarbeit wünschen?

Erstens ist eine fundierte wissenschaftliche Auseinandersetzung seitens der EthnologInnen mit den Themen Migration, Flucht, Rassismus ein wichtiger Beitrag. Das sollte auch bereits während der Ausbildung mehr Bedeutung haben. Ich habe mir diese Kenntnisse neben dem Studium in Arbeitskreisen etc. angeeignet.

Zu weiteren wünschenswerten Fähigkeiten gehört alles, was zur Zeit unter dem Schlagwort „interkulturelles Management" läuft. Das bezieht sich auf die Bereiche, bei denen es um die Vermittlung des Slogans „all different, all equal" geht. Diesen Slogan mit wissenschaftlichem Leben zu füllen, wäre eine wichtige Aufgabe der Ethnologie. Ich muss gestehen, ich bin zur Zeit nicht genau über das Veranstaltungsangebot zum Thema Migration und Flüchtlinge an der Universität informiert, aber erfahrungsgemäß weiß ich, dass im Bereich Rassismus und Migration nicht gerade viele Lehrveranstaltungen geboten werden.

Ich muss aber auch sagen, dass bei uns relativ viele StudentInnen auftauchen, die sich zu verschiedenen Themenbereichen informieren wollen, es sind jedoch kaum EthnologInnen darunter. Ein Grund dafür könnte sein, dass unsere Arbeit eher politisch orientiert ist. EthnologInnen wählen ihr Studium oft aufgrund einer Unzufriedenheit mit der eigenen Kultur – die Lust auf das „Fremde" lockt sie. Auf der Ethnologie geistert immer noch ein statisches Kulturverständnis herum. Die Möglichkeit, das Leben, die Beziehungen, die Wirtschaft anders zu organisieren, wird heute nicht mehr wahrgenommen. Andererseits scheint bei den EthnologInnen noch sehr viel Exotismus im Spiel zu sein. Da wird dann das Anderssein, die Differenz, zu sehr herausgestellt. Es müsste bei den EthnologInnen ein Diskussionsprozess in Gang kommen. Die Wiener Ethnologie scheint unentschlossen, sich dieser „Differenz-/Universalitätsdebatte" zu stellen und sich zu positionieren. Das wäre wichtig und es wäre auch eine Voraussetzung dafür, dass sich EthnologInnen in diese Arbeit fundiert einbringen. Ich tendiere ja schon fast dazu, die kulturellen Aspekte überhaupt auszuklammern, weil das heutzutage oft so missbraucht wird.

Aber wenn du die kulturellen Aspekte ausklammerst, worauf beziehst du dich dann?

Auf Ökonomie oder auf rechtliche Aspekte. Das Problem ist nicht, dass die Leute eine andere Kultur haben, sondern dass sie nicht gleichberechtigt sind. Ob jemand eine andere Kultur hat, ist unserer Gesellschaft in Wirklichkeit völlig egal. Ich habe auch eine andere Kultur als meine NachbarInnen. Die ganze Kulturdebatte, die immer wieder geführt wird, ist im Grunde genommen Rassismus, also ein konstruiertes Problem. Man muss der Gesellschaft vor Augen führen, dass erstens die kulturellen Unterschiede in unserem Zusammenleben für das Funktionieren der Gesellschaft keine Bedeutung mehr haben; zweitens, dass jeder das Recht haben muss, seine Kultur auszuleben, solange er damit niemand anderem wehtut, und drittens, dass alle, die hier leben, arbeiten und Steuern zahlen, auch die gleichen politischen Rechte haben müssen.
Das sind die drei Punkte, auf die man sich beziehen muss.

Danke für das Gespräch.

Interview mit Gustav Glaser, Verein Wiener Jugendzentren

Das Interview mit Gustav Glaser vom Verein Wiener Jugendzentren bildet den Abschluss unseres Beitrags über die Tätigkeiten in NGOs. Die Entscheidung, dieses Gespräch am Ende unseres Artikels zu Papier zu bringen, begründet sich auf dem Gegensatz seiner Aussagen zu den vorangegangenen Gesprächen. Hier spiegeln sich einige der Vorurteile wider, die über EthnologInnen häufig kolportiert werden. Der Verein Wiener Jugendzentren beschäftigt zur Zeit keine EthnologInnen, obwohl sich für diese hier durchaus ein breites Betätigungsfeld ergeben würde, wenn man bereit ist, die teilweise familienunfreundlichen Arbeitsbedingungen (Nachmittagsdienste, geringfügige Beschäftigung etc.) in Kauf zu nehmen. Der Verein Wiener Jugendzentren ist keine NGO, sondern eine von kommunaler Hand sowie zu einem kleinen Teil auch durch eigene Einnahmen finanzierte Einrichtung der Stadt Wien. Der Schwerpunkt der Tätigkeit liegt in der Jugendarbeit und dabei wiederum in der Schaffung von Mitspracherechten für Jugendliche, der Erweiterung der Räume (für Jugendliche) und der Bemühungen, verschiedenste Freizeitangebote sportlicher, kultureller und künstlerischer Natur zur Verfügung zu stellen. Darüber hinaus kooperiert der Verein mit dem Arbeitsmarktservice zum Zwecke der Be-

schäftigungs- und Berufsorientierung von Jugendlichen. Interkulturelle Arbeit ist ein weiteres Anliegen des Vereins. „Förderung von Offenheit, Respekt und Toleranz gegenüber Menschen unterschiedlicher ethnischer Herkunft" wird angestrebt, heißt es im Tätigkeitsbericht 97/98 – es fragt sich, warum dabei bisher nicht auf EthnologInnen zurückgegriffen wurde.
Gustav Glaser
Er studierte Soziologie und Politikwissenschaften und promovierte in Soziologie. Im Verein Wiener Jugendzentren arbeitet er als Betriebsratsvorsitzender, vorher war er Projektleiter für ein Stadtteilprojekt im 2. Wiener Gemeindebezirk. 1979 begann er seine Tätigkeit als Betreuer im Jugendzentrum Rennbahnweg.

Erzählen Sie uns über den Verein, seit wann gibt es ihn, was sind seine Hauptaufgaben und Ziele?

Der Verein existiert seit 21 Jahren, aber Jugendzentren gibt es schon länger. Der Verein ist eine Dachorganisation, in der alle Jugendzentren zusammengefasst sind. Die Idee der Jugendzentren entstand 1952 aus der Einsicht, dass es in den Stadtrandgebieten kaum kommunikative Einrichtungen für Jugendliche gibt. Es gab die „Häuser der Begegnung", die aber eher von Erwachsenen frequentiert wurden, was mitunter zu Problemen führte, wenn sich Jugendliche einbringen wollten.
Wir verfügen zur Zeit über etwa 35 Einrichtungen, nämlich: Jugendzentren, die ein sozialpädagogisches Konzept haben, Jugendtreffs, das sind kleinere Einrichtungen mit mehr Stadtteilbezug, Bassenas, kommunikative Einrichtungen, die aber nicht nur von Jugendlichen genützt werden, und mobile Einrichtungen wie Street-Work, Back on Stage u.ä., die in Parks oder zu anderen Jugendtreffpunkten gehen und dort verschiedene Tätigkeiten starten, wie Theater oder auch Fußball- und Volleyballmatches etc. Dann gibt es auch „Case-Work", es werden z.B. Partys oder andere Veranstaltungen in Kaffeehäusern oder Lokalen organisiert, es gibt im 2. Bezirk ein Internet-Café etc.
Bei unserer Arbeit unterscheiden wir zwischen Kindern, Junioren und Jugendlichen. Kinder sind so ca. bis zum 12. Lebensjahr, ab diesem Zeitpunkt bis zum 15. oder 16. Lebensjahr spricht die Literatur von „Lückenkindern", das sind jene, auf die niemand achtet, die weder Kinder noch Jugendliche sind. Nach dieser Phase kommen die Jugendlichen oder auch jungen Erwachsenen. Im Streetwork-Bereich befassen wir uns durchaus auch mit jungen Erwachsenen bis etwa 23 oder 24 Jahre. In den Jugendzentren haben wir eher mit Junioren und jüngeren Jugendlichen zu tun, ab dem 16. Lebensjahr etwa gehen die Jugendlichen „auf die Piste", d.h., sie sind vermehrt außerhalb der Jugendzentren unterwegs.
Es handelt sich bei diesen Menschen nicht unbedingt um Jugendliche, die unter den weit gefassten Begriff „sozial vernachlässigt" fallen. Drogensüchtige, gewaltbereite oder rechtsradikale Jugendliche gibt es bei uns

kaum. Eine Zielgruppe wären Jugendliche oder jugendliche ZuwanderInnen, die auf der Straße sind oder sich herumtreiben, diese werden von uns für Aktionen oder Projekte zusammengesammelt . Wir sind auf jeden Fall eine freizeitbezogene Organisation, nicht so wie der „Ganslwirt" (eine Anlaufstelle für Drogensüchtige in Wien) oder Ähnliches, diese Stätten haben eine ganz andere Ausrichtung. Wir arbeiten natürlich auch mit solchen Einrichtungen zusammen, vermitteln Jugendliche, die Beratungen oder Hilfestellungen brauchen, die wir ihnen im Jugendzentrum nicht anbieten können.

Das Hauptziel des Vereines ist es, den Jugendlichen einen Rahmen zu geben, in dem sie sich orientieren können. Das schließt mitunter auch Berufsberatung, Begleitdienste zu Ämtern oder Ähnliches mit ein.

Kann man sagen, wie hoch der Anteil an Kindern und Jugendlichen aus Zuwandererfamilien ist, bzw. gibt es spezielle ZuwanderInnenprojekte?

Das kommt ganz auf den Standort des Jugendzentrums an. In einem alten Bezirk ist der Anteil an MigrantInnen ziemlich hoch, im Gegensatz zu Stadtrandgebieten, hier ist der Anteil geringer, nimmt aber stetig zu. In diesen Stadtrandgebieten finden sich die Kinder der zweiten und dritten Generation.

Dafür ist eine entsprechende Gestaltung der Arbeit erforderlich, z.B. bereiten Differenzen in den Interessen zwischen den verschiedenen Ethnien häufig Probleme. Die türkischen Jugendlichen haben andere Interessen als die bosnischen oder österreichischen. Die Gruppen wollen oft lieber unter sich bleiben und mischen sich nur höchst selten. Begegnung ist nur dann möglich, wenn jeder von seinem sicheren Hafen ausgehen kann. Die einen wollen Fußball spielen, die anderen lieber tanzen, wieder andere spielen lieber Basketball. Das hängt häufig damit zusammen, wie alt die jungen Menschen sind oder wie lange sie schon in Österreich leben.

Spezielle ZuwanderInnenprojekte gibt es nicht, außer dass man in den Jugendcafés auf die Lebens- oder Essgewohnheiten der verschiedenen Kulturen mehr eingeht, z.B. türkischen Kaffee anbietet oder Ähnliches. Einmal gab es eine Aktion für die so genannten „papierlosen Jugendlichen", die hier in Österreich unverschuldeterweise in die Illegalität gedrängt wurden, weil die zuständigen Erwachsenen die notwendigen Papiere nicht beschafft hatten. Wir setzten uns dafür ein, dass sie hierbleiben konnten und ihre Papiere unbürokratisch bekamen.

Wer steht politisch hinter dem Verein, wie finanziert er sich?

Wir finanzieren unsere Arbeit im Wesentlichen durch Subventionen, hauptsächlich von Seiten der Gemeinde Wien, weiters bekommen wir auch Geld von der EU, vom AMS (für jugendarbeitsmarktpolitische Projekte) und zu einem geringen Teil verfügen wir auch über Eigenmittel aus

Einnahmen (z.B. aus den Jugendcafés). Die Subventionen sind Grundfinanzierungen, d.h. nicht projektbezogen. Zuständig ist die Magistratsabteilung 13 in Wien, die bisher relativ wenig Einfluss auf unsere Aktivitäten nahm. Das Landesjugendreferat bringt sich mehr ein und zur Zeit läuft eine Diskussion, ob der Verein nicht einen anderen rechtlichen Status erhalten soll, genauere Verträge etc. Bisher wurden von unserer Seite Tätigkeitsberichte vorgelegt und die Finanzgebarung überprüft, aber viel mehr Kontrolle hatten wir nicht. Das wird sich jetzt möglicherweise ändern.
Der Vorstand setzt sich aus roten und schwarzen GemeinderätInnen sowie aus FunktionärInnen der Jugendarbeit auf Wiener Ebene zusammen.

Wie viele Angestellte hat der Verein und aus welchen Berufssparten kommen sie?

Insgesamt beschäftigen wir zur Zeit ca. 300 Leute, inklusive administratives und technisches Personal sowie BedienerInnen. In der Anfangsphase beschäftigte der Verein sehr viel Personal, das nebenberuflich arbeitete, seit den 80er Jahren setzte dann eine zunehmende Professionalisierung ein. Da wurden Leute angestellt, die mit Jugendarbeit schon Erfahrung hatten, z.B. aus Sozialberufen oder AbsolventInnen der Soziologie. Jetzt haben wir auch, je nach Stadtteil und Erfordernis, viele MitarbeiterInnen aus den klassischen Herkunftsländern der ZuwanderInnen wie der Türkei oder dem ehemaligen Jugoslawien, die zum Teil auch aus ganz anderen Berufssparten kommen.
Nach unserer Erfahrung wirkt sich eine Mischung aus MitarbeiterInnen mit einer sozialen Berufsausbildung und Leuten, die aus anderen Berufen kommen, aber gerne Jugendarbeit machen, eventuell auch schon eine gewisse Lebenserfahrung mitbringen, sehr positiv auf die Arbeit aus. Es gibt in Österreich eigentlich keine Ausbildung für Jugendarbeit wie etwa in den Niederlanden oder in Deutschland, wo es Fachhochschulen für Sozialwesen gibt und Sozialpädagogik ein Schwerpunktbereich der Ausbildung ist. Oder in Frankreich gibt es eine eigene Ausbildung für „soziokulturelle Animation“. In Österreich findet man den Terminus „Jugendlicher“ in der Ausbildung kaum, es gibt entweder Ämter, wie Jugendamt oder Sozialamt, oder man spricht von „Familien“. Aber Jugendliche mit ihrer speziellen Problematik der Ablösung von der Familie etc. werden als Zielgruppe selten genannt. Erst in den letzten Jahren greifen die Sozialakademien diese Thematik auf.
Das heißt, dass die Leute, die bei uns arbeiten, „angelernt“ sind. Es gibt, und das ist auch meine Sorge als Betriebsrat, keine Einschulungen für neue MitarbeiterInnen, sondern sie werden traditionsgemäß im Rahmen der Teams, mit denen sie arbeiten, angelernt. Der AkademikerInnenanteil unter den MitarbeiterInnen ist sehr gering, maximal 10 Prozent. EthnologInnen gibt es meines Wissens gar keine bei uns. Das liegt wahrscheinlich auch daran, dass die universitären Studien nicht unbedingt praxisbezogen sind.

Wie viele Leute stellt der Verein jährlich ein und wie kommen Sie zu Ihrem Personal?

Wir haben eine relativ hohe Fluktuation, zwischen 20 Prozent und 25 Prozent im Jahr. Was wir besonders dringend brauchen sind Männer. Für diese Art von Job melden sich tendenziell eher Frauen, vermutlich weil sie sich mehr soziale Kompetenz zutrauen oder weil in den pädagogischen Berufen mehr Frauen vertreten sind. Wir versuchen immer, unsere Teams möglichst gemischt zu halten, das hat sich bei der Arbeit bewährt. Ein anderer Grund mag sein, dass wir vor allem Teilzeitjobs und diese wiederum hauptsächlich nachmittags, in der Freizeit der Jugendlichen, anbieten, das scheint für Männer weniger attraktiv zu sein. Manchmal beschäftigen wir Zivildiener, die nach Abschluss ihres Zivildienstes bei uns bleiben, weil ihnen die Arbeit Spaß macht.

Unsere MitarbeiterInnen finden wir einerseits durch Mundpropaganda, manchmal treten sie von selbst an uns heran, entweder nach Abschluss ihrer Ausbildung auf der Sozialakademie oder weil sie schon einmal ein Praktikum gemacht haben etc. Bestimmte Stellen schreiben wir im Standard oder im Falter aus. Wir bieten gelegentlich auch Praktika an, die natürlich auch für EthnologInnen offen stehen.

Was wissen Sie von der Ethnologie als Studienrichtung, oder anders gefragt, was stellen Sie sich vor, was ein/e EthnologIn kann und tut?

Es ist mir bekannt, dass das Ethnologiestudium eines der überlaufensten Fächer ist. Ich weiß, dass EthnologInnen immer im Ausland sind oder versuchen, ins Ausland zu kommen. Aber auch im Inland könnte man durchaus als EthnologIn tätig sein.

Wenn EthnologInnen bei uns arbeiten möchten, dann müssten sie sicherlich etwas von Jugendlichen verstehen oder zumindest eine gewisse Offenheit für Kinder und Jugendliche und deren Probleme mitbringen. Ich weiß nicht, inwieweit der Blick dafür während des Studiums geschärft wird. Wichtiger als interkulturelle Kompetenz, die sich so nach Schlagwort anhört, ist wohl die soziale Kompetenz. Auch die Frage von Nähe und Distanz ist hier essentiell – ich muss bei der Arbeit mit Jugendlichen einiges aushalten können, darf mir keine Übergriffe erlauben, muss aber auch meine Grenzen mit Bestimmtheit zu erkennen geben. Das sind alles Dinge, die man auf der Universität nicht lernt.

Danke für das Gespräch.

Liste der geführten Interviews

AHNE, Verena/LACKNER, Thomas

2000 Interview zum Thema: EthnologInnen in NGOs, 15. Februar, Transkription des Interviews im Besitz der Verfasserinnen.

GLASER, Gustav

2000 Interview zum Thema: EthnologInnen in NGOs, 25. Jänner, Tonband und Transkription des Interviews im Besitz der Verfasserinnen.

LANGTHALER, Herbert

2000 Interview zum Thema: EthnologInnen in NGOs, 20. Jänner, Tonband und Transkription des Interviews im Besitz der Verfasserinnen.

WEIKERT, Aurelia

2000 Interview zum Thema: EthnologInnen in NGOs, 2. Februar, Tonband und Transkription des Interviews im Besitz der Verfasserinnen.

Literatur

ALTVATER, Elmar/BRUNNENGRÄBER, Achim/WALK, Heike

1998 Substitut des Staatsvolkes? NGO's als neue Akteure transnationaler (Umwelt-)Politik. Online im Internet: http://www.berlinet.de/blue21/Text05.html (Stand: 25.5.2000). Printversion In: Ökologisches Wirtschaften, 2/1998, S. 23-25.

GREVERUS, Ina-Maria

1991 Kultur als Beruf? Reflexionen einer Ausbildenden. In: Institut für Kulturanthropologie und Europäische Ethnologie der Universität Frankfurt/M. (Hg.): Kultur als Beruf. Kulturanthropologische Praxis nach dem Examen. Frankfurt/M..

HAINDL, Erika

1991 Der Mensch braucht zum Leben eine greifbare Wirklichkeit. In: Institut für Kulturanthropologie und Europäische Ethnologie der Universität Frankfurt/M. (Hg.): Kultur als Beruf. Kulturanthropologische Praxis nach dem Examen. Frankfurt/M..

POST, Uli/PREUSS, Hans-Joachim

1997 Wer zu spät kommt... Drei Herausforderungen für Nichtregierungsorganisationen. In: Entwicklung + Zusammenarbeit, Jg. 38/7, S. 160-161.

VEREIN MITEINANDER LERNEN/BIRLIKTE ÖGRENELIM (Hg.)
1995 Frauen im Fremdland – Bildungsarbeit, Beratung und Psychotherapie mit Migrantinnen. Wien.

WEBER, Ulla
1991 Wir Spezialisten im Grundsätzlichen. In: Institut für Kulturanthropologie und Europäische Ethnologie der Universität Frankfurt/M. (Hg.): Kultur als Beruf. Kulturanthropologische Praxis nach dem Examen. Frankfurt/M.

Ethnologie und das Berufsfeld „Friedenseinsätze internationaler Organisationen"

Florian Smutny unter Mitarbeit von Peter Hazdra[1]

Einleitung

Das Feld der internationalen Organisationen ist ein kleines Universum.[2] Grundsätzlich wird unterschieden zwischen: International Governmental Organisations (IGOs) und International Non-Governmental Organisations (NGOs).[3] Dieser Beitrag beschäftigt sich mit potentiellen Berufsfeldern für EthnologInnen innerhalb von IGOs. Ein zentraler Aufgabenbereich von IGOs wie der UN, des UNHCR, der OSZE, aber auch der EU sind Friedenseinsätze.[4] Warum würde die Tätigkeit bei Friedensmissionen gerade für EthnologInnen eine besondere Herausforderung darstellen? Warum sollten sich EthnologieabsolventInnen verstärkt in diesem Berufsfeld einbringen? Die Antwort liegt im Kontext, in dem Friedenseinsätze stattfinden. Konflikte manifestieren sich oft in sehr unterschiedlichen, manchmal sehr komplizierten kulturellen Settings. Friedensschaffende Maßnahmen sowie Konfliktprävention bedürfen daher einer hohen Sensibilität in Bezug auf lokale Umstände, wenn sie erfolgreich sein wollen.

---

1. Peter Hazdra ist Autor des Textabschnittes „Zivile Berufsbilder in internationalen Friedensoperationen" sowie des Praxisbeispiels in dem Abschnitt „Ethnologische/Sozialanthropologische Qualitäten". Die Interviews mit Peter Hazdra und Eva Kalny und auch die einleitende Literaturrecherche habe ich gemeinsam mit Georg Zeiner durchgeführt. Mein besonderer Dank gilt Peter Hazdra für seine tatkräftige Unterstützung bei der Verfassung dieses Artikels.
2. Es soll hier vorweg angemerkt werden, dass in diesem Rahmen nur in groben Zügen auf die Materie eingegangen werden kann. Ziel des Artikels ist es, möglichst viele Bereiche anzuschneiden, um LeserInnen aufmerksam und neugierig auf diese Berufsfelder zu machen.
3. Vgl. z.B. Nohlen 1998, Woyke 1998.
4. Begriffserklärung: UN, Vereinte Nationen (United Nations): Die Organisation der Vereinten Nationen (United Nations Organisation, UNO); UNHCR, Amt des Hochkommissars der UN für Flüchtlinge (UN-High Commissioner for Refugees); OSZE, Organisation für Sicherheit und Zusammenarbeit in Europa; EU, Europäische Union.

EthnologInnen sind besonders darauf trainiert, interkulturelle oder ethnische Gegebenheiten und Differenzierungen zu berücksichtigen. Bei der Implementierung von friedensschaffenden oder konfliktpräventiven Maßnahmen hätten MitarbeiterInnen von IGOs mit ethnologischem Knowhow daher die einmalige Chance ihr interkulturelles Wissen in die Arbeit einfließen zu lassen. Oft behindern oder blockieren Missverständnisse, Unklarheiten oder schlichtes Unverständnis den Friedensprozess zwischen Streitparteien oder zwischen VertreterInnen internationaler Organisationen und lokalen VertreterInnen bzw. Behörden. EthnologInnen wären mit ihrem erlernten Fingerspitzengefühl dazu prädestiniert in die Rolle von VermittlerInnen zu schlüpfen. Dadurch bekämen sie die Chance den verschiedenen Interessensparteien über etwaige kulturell oder ethnisch bedingte Hürden hinweg zu helfen. Eine gewissermaßen ethnologisch fundierte Mediation könnte somit einen wesentlichen Beitrag zur Effizienz von Friedenseinsätzen leisten.

Der Beitrag ist folgendermaßen gegliedert: Zu Beginn werden die Rahmenbedingungen erläutert, innerhalb derer internationale Organisationen zur Zeit agieren (vgl. „Positiver Friede“). Internationale Friedenseinsätze finden heute im Wesentlichen im Geiste eines positiven Friedensverständnisses statt. Vor diesem Hintergrund hat sich ein sehr heterogenes Berufsfeld entwickelt, auf das im zweiten Punkt konkreter eingegangen wird. Zum zweiten Teil „Zivile Berufspotentiale in internationalen Friedensoperationen“ hat Peter Hazdra (Ethnologie- und Jusabsolvent), der eine jahrelange und sehr vielseitige Berufserfahrung in diesem Bereich vorweisen kann, einen Beitrag verfasst. Nach diesem Abstecken des Themas werden die spezifischen Qualitäten und möglichen Vorzüge von EthnologInnen in Verbindung mit diesem Berufsfeld erörtert (Ethnologische/Sozialanthropologische Qualitäten). Peter Hazdra wird diesen Punkt schließlich mit einem Praxisbeispiel aus seiner Berufserfahrung, einem UN-Einsatz in Kambodscha, abrunden. Im letzten Punkt (Einstiegsmöglichkeiten, Qualifikationen, Arbeitsverhältnisse) wird etwas näher auf die Arbeitsverhältnisse und Einstiegsmöglichkeiten innerhalb von IGOs eingegangen. Dabei werden auch allgemeine Anforderungen und Qualifikationen, die für die Arbeit in IGOs in Frage kommen, angeschnitten. Für die beiden letzten Punkte sind zwei EthnologieabsolventInnen interviewt worden, die bei internationalen Organisationen oder Einsätzen Berufserfahrung gesammelt haben: der bereits erwähnte Peter Hazdra und Eva Kalny, die beim UNHCR arbeitete. Das Datenmaterial aus den beiden Interviews wurde in den Text eingearbeitet. Im Anhang befinden sich schließlich Kontaktadressen zwecks weiterer Informationen und Bewerbungen sowie die Lebensläufe der zwei interviewten EthnologieabsolventInnen.

„Positiver Frieden"

Friedenseinsätze internationaler Organisationen orientieren sich an einem bestimmten Rahmen, dem Völkerrecht. Völkerrechtliche Bestimmungen sind nicht starr, sondern wandeln sich im Zuge gesellschaftlicher Veränderungen. So kam es beispielsweise nach dem Zweiten Weltkrieg und der Gründung der Vereinten Nationen (UN) im Jahre 1945 zu einem entscheidenden Wendepunkt innerhalb des Völkerrechts. Durch das Gewaltverbot (Art. 2 Abs. 4 SVN)[5], welches sowohl Krieg als auch Gewalt verbietet, wird die Schwelle hin zum modernen Völkerrecht überschritten. Zentrales Anliegen des modernen Völkerrechts sind die Herstellung und Sicherung von Frieden. Die gegenwärtige Basis für Frieden ist dessen Gewährleistung durch militärische und diplomatische Mittel (z.B. durch kollektive Sicherheitssysteme). Dies entspricht einem „negativen Friedensbegriff" (= Nicht-Krieg). Diese Strategie der Friedenssicherung wäre jedoch längerfristig unzureichend. Deshalb orientiert sich die internationale Gemeinschaft jenseits der Strategie zur Verhinderung von Krieg zunehmend an einem positiven Friedensbegriff[6]. Aus dieser Sicht bedeutet „Nicht-Krieg" noch lange nicht Frieden. Zwei grundlegende Ziele im Sinne eines positiven Friedensbegriffes sind die Konfliktprävention, sodass Krieg und Gewalt erst gar keine Chance haben zu entstehen[7], und die Konsolidierung des Friedens.

Die Vereinten Nationen sind nach dem Ende des Kalten Krieges verstärkt dazu übergegangen, ihre Ziele aus einem positiven Friedensverständnis abzuleiten. Sehr konkret kam dies erstmals 1992 unter UN-Generalsekretär Boutros Ghali zum Ausdruck, der in seiner „Agenda für den Frieden"[8] die wesentlichsten Ziele der UN in der Friedens- und Sicherheitspolitik mit vier Begriffen auf den Punkt brachte:

- Vorbeugende Diplomatie,
- Friedensschaffung,
- Friedenssicherung,
- Friedenskonsolidierung.

Eine der zentralen Aufgaben der internationalen Gemeinschaft heute ist also der Aufbau einer stabilen Friedensstruktur in Krisenregionen oder

5. Vgl. auch Neuhold/Hummer/Schreuer 1997.
6. Die Unterscheidung zwischen positivem und negativem Friedensbegriff geht auf Johan Galtung zurück. Vgl. Matthies 1995: 8-38, Nohlen 1998: 173-178, Randelzhofer 1979: 22-39, Woyke 1998: 227-232.
7. So hält UN-Generalsekretär Kofi A. Anan in „Partnerships for Global Community" im „Annual Report on the Work of the Organisation" von 1998 fest: „Conflict Prevention (...) should be one of the Organization's deepest commitments, yet there is still too little emphasis on preventive action."
8. „Agenda for Peace", http//www.un.org./Docs/SG/agpeace.html sowie das Dokument „Supplement to an Agenda for Peace".

Kriegsgebieten. Dies ist oft ein sehr lang andauernder Prozess. Die UN sprechen deshalb auch von einem „conflict-to-peace-continuum" (UNRISD 1994:11).

Die Aufgaben in diesem Kontinuum sind so vielseitig, dass die Einsätze neben einer militärischen Sicherung auch zivile, humanitäre, politische und entwicklungspolitische Komponenten erfordern. Nur durch eine multiple Strategie sind dauerhafte Friedensregelungen und die Bewältigung von Kriegsfolgen zu erreichen. Eine Organisation alleine wäre mit diesen Aufgaben überfordert. Deshalb arbeiten die UN, das UNHCR, die OSZE, die EU und NGOs bei Einsätzen im Bereich der Konfliktprävention und Friedenskonsolidierung gegebenenfalls aktiv zusammen. Für BerufseinsteigerInnen, die sich an Einsätzen internationaler Organisationen beteiligen wollen, ergibt sich somit ein sehr weites, vielfältiges und anspruchsvolles Arbeitsfeld, das man unter dem Begriff „Friedensarbeit" zusammenfassen könnte. Die Vorteile dieses Arbeitsgebietes liegen darin, dass man nicht an eine einzige Organisation gebunden ist und dass der Aufgabenbereich immer wieder gewechselt oder erweitert werden kann. Peter Hazdra, der diese vielseitigen Möglichkeiten von Friedensarbeit in seiner bisherigen Berufslaufbahn genutzt hat, wird im nächsten Punkt einen Einblick in die vor allem für EthnologInnen relevanten Berufsmöglichkeiten bei internationalen Einsätzen geben.

Zivile Berufsbilder in internationalen Friedensoperationen[9]

Die Art der Konflikte auf dieser Welt hat sich nach dem Ende des Kalten Krieges fundamental geändert: Standen früher zwischenstaatliche Auseinandersetzungen im Vordergrund, so handelt es sich heute überwiegend um intranationale Konflikte, die sehr komplex sind und immer wieder zu humanitären Katastrophen führen. Derartige Krisen bedürfen einer multidimensionalen Antwort. Dementsprechend hat die internationale Gemeinschaft verschiedene Aufgaben wahrzunehmen, insbesondere:

- Aufträge militärischer Natur durchzuführen (wie z.B. Waffenstillstand zu überwachen, Truppenrückzug zu verifizieren, Kombattanten zu entwaffnen, Aktivitäten ziviler Komponenten zu sichern);
- die einheimischen Polizeikräfte zu überwachen und auszubilden;
- die einheimische Verwaltung zu kontrollieren;
- humanitäre Hilfe zu leisten bzw. Flüchtlinge zu repatriieren;
- die Einhaltung internationaler Menschenrechtsstandards zu überwachen und Demokratisierungsprogramme zu initiieren;
- Wahlen vorzubereiten, durchzuführen und/oder zu überwachen;
- den Wiederaufbau zu organisieren.

9. Der folgende Textabschnitt wurde von Peter Hazdra verfasst.

Die Internationale Gemeinschaft muss im Einzelfall entscheiden, welche der genannten Komponenten notwendig sind, um das beabsichtigte Ziel (z.B. Deeskalation, friedliche Konfliktbeilegung, Rechtsstaatlichkeit, Demokratisierung, Entwicklung einer Zivilgesellschaft, Linderung menschlichen Leides) zu erreichen.

Als AkteurInnen kommen verschiedene internationale Organisationen bzw. deren Teilorganisationen in Frage. An dieser Stelle seien nur die (aus europäischer Sicht) wichtigsten genannt:

Die *Vereinten Nationen*: Vor allem zwei Untergliederungen des UN-Sekretariats, das Department of Peace-keeping Operations (DPKO) und das Department of Political Affairs (DPA), sowie verschiedene relativ autonom agierende Unterorgane der Generalversammlung (das UN-Flüchtlingshochkommissariat, das Büro des Menschenrechtshochkommissars, das Welternährungsprogramm usw.) sind in Friedensmissionen aktiv.

Die *Organisation für Sicherheit und Zusammenarbeit in Europa (OSZE)*: Hier sind vor allem die verschiedenen großen Missionen in Bosnien-Herzegowina und im Kosovo zu nennen, aber auch die Langzeitmissionen in verschiedenen Staaten des ehemaligen Ostblocks und die kleineren Wahlbeobachtungsmissionen, welche vom Büro für demokratische Institutionen und Menschenrechte in Warschau koordiniert werden.

Die *Europäische Union (EU)* beteiligt sich oft an Wahlbeobachtungseinsätzen und spezialisiert sich in letzter Zeit (z.B. im Kosovo) zunehmend auf den Wiederaufbau.

Daneben spielen natürlich das *Internationale Komitee vom Roten Kreuz*, die *Föderation der Rotkreuzgesellschaften* und zahlreiche Nichtregierungsorganisationen eine wichtige Rolle, auf die allerdings im Folgenden nicht eingegangen werden kann. Um Synergieeffekte zu nutzen und Doppelgleisigkeiten zu vermeiden, sollten die verschiedenen Akteure möglichst eng miteinander kooperieren und ihre Vorgangsweise aufeinander abstimmen.

Im Aufbau und in der Gliederung der Missionen gibt es naturgemäß große Unterschiede, ganz allgemein kann aber Folgendes gesagt werden: Vertikal gliedert sich jede Mission in ein Hauptquartier, wo bestimmte Aufgaben (z.B. Öffentlichkeitsarbeit, Administration, Logistik) zentral wahrgenommen werden, darunter gibt es Regionalbüros und, zumindest in großen Missionen, Feldbüros, die auf unterster Ebene jeweils für ein bestimmtes Gebiet verantwortlich sind. Grundsätzlich gibt es zwei Möglichkeiten, für die oben genannten Organisationen zu arbeiten: Entweder werden MitarbeiterInnen von der Organisation direkt unter Vertrag genommen, oder sie werden „sekundiert", also von der Regierung ihres Heimatstaates bezahlt und der Organisation zur Verfügung gestellt.

Im Folgenden möchte ich mich auf jene typischen Tätigkeitsbereiche in internationalen Friedensmissionen konzentrieren, für die m.E. EthnologInnen am ehesten in Frage kommen: Menschenrechtsbeobachtung und Demokratisierung, Wahlvorbereitung und -durchführung sowie der gesamte Bereich der humanitären Hilfe. Die Kurzdarstellung soll angehenden EthnologInnen helfen abzuschätzen, welche Herausforderungen auf sie zukommen. Primäre Intention ist es, der/dem Einzelnen die Entscheidung zu erleichtern, ob bzw. in welchem Bereich ein Engagement für sie/ihn allenfalls in Frage kommen könnte – einerseits, um eine bessere individuelle Vorbereitung zu ermöglichen, andererseits, um Fehlbesetzungen und die damit regelmäßig verbundenen Probleme und Frustrationen für alle Beteiligten vermeiden zu helfen.

Menschenrechtsbeobachtung und Demokratisierung

Die Arbeit von MenschenrechtsbeobachterInnen beinhaltet verschiedene Aspekte: Im Mittelpunkt steht die Beobachtung der Menschenrechtssituation in einem bestimmten Staat oder Gebiet. Dazu ist es unerlässlich, regelmäßige Kontakte mit den einheimischen Behörden, mit Polizei und Armee, mit den lokalen Nichtregierungsorganisationen und natürlich mit der lokalen Bevölkerung zu pflegen. Wenn ein/e BeobachterIn von Menschenrechtsverletzungen erfährt, wird sie/er in der Regel eine Untersuchung einleiten, wobei allerdings immer auf die Einschränkungen durch das jeweilige Mandat zu achten ist. Außerdem ist ein gewisses Fingerspitzengefühl im Umgang mit lokalen Autoritäten angebracht, damit für die Zukunft eine Gesprächsbasis erhalten bleibt. Ein besonders sensibler Bereich ist auch die Beobachtung von Gerichtsverfahren. Über ihre Tätigkeit, die generelle Entwicklung der Menschenrechtssituation und das Ergebnis allfälliger Ermittlungen müssen MenschenrechtsbeobachterInnen regelmäßig an das jeweilige Hauptquartier berichten.

Ein zweites, völlig anders geartetes Tätigkeitsfeld ist die „technische" Hilfestellung bei der Ausarbeitung von Gesetzen. Dies ist jedoch eine sehr juristische Arbeit, die einschlägiges Spezialwissen voraussetzt und daher für EthnologInnen weniger geeignet erscheint.

Ein drittes Tätigkeitsfeld besteht darin, Programme zur Menschenrechtserziehung und Demokratisierungsprojekte (Schaffung einer Zivilgesellschaft) zu planen und durchzuführen. Die Gastländer stehen den beiden letztgenannten Tätigkeitsbereichen im Allgemeinen eher wohlwollend gegenüber (nicht zuletzt, weil hier erhebliche finanzielle Zuwendungen seitens der Staatengemeinschaft zu erwarten sind), während sie die Beobachtungs- und insbesondere die Untersuchungstätigkeit oft mit Argwohn betrachten oder überhaupt ablehnen. Eine wirklich sinnvolle Menschenrechtsarbeit ist aber erfahrungsgemäß nur durch die Kombination aller genannten Verfahren zu erreichen.

Wahlen

Im Großen und Ganzen sind bei der Vorbereitung und Durchführung von Wahlen drei Kategorien von Personen involviert: *ExpertInnen* (z.B. für Logistik, Rechtswesen etc.) sowie Langzeit- und KurzzeitwahlbeobachterInnen. Internationale ExpertInnen werden vor allem dann gefordert sein, wenn die internationale Gemeinschaft nicht bloß national organisierte Wahlen beobachtet, sondern Wahlen in Eigenverantwortung organisiert und durchführt. In diesem Fall hat nämlich die mit der Durchführung beauftragte Mission sämtliche Vorbereitungstätigkeiten selbst wahrzunehmen, was ungleich mehr Personal- und Sachaufwand erfordert. Die internationalen ExpertInnen müssen den Bedarf für sämtliche Wahlmaterialien selbst ermitteln, verschiedenste Formulare entwerfen, tausende einheimische MitarbeiterInnen für Wählerregistrierung und Wahldurchführung einstellen, einschulen und überwachen sowie die gesamte Logistik planen. Dazu kommt die Schaffung der rechtlichen Grundlagen. Da in krisengeschüttelten Ländern meist keine brauchbare Wahlordnung vorhanden ist, muss diese erst entworfen und während der Wahlvorbereitungsphase den Erfordernissen entsprechend laufend adaptiert werden – eine Tätigkeit, für die SpezialistInnen erforderlich sind. Hauptaufgabe der *LangzeitwahlbeobachterInnen* ist es, ständige Verbindung zu den Wahlkommissionen aller Ebenen, zu den lokalen Behörden des Gastlandes, verschiedenen nationalen Beobachtergruppen, den politischen Parteien, anderen internationalen Organisationen und Nichtregierungsorganisationen sowie zur einheimischen Bevölkerung zu halten. Erster Schritt des Wahlprozesses ist die Registrierung der WählerInnen (eine permanent geführte Wählerevidenz wie etwa in Österreich existiert in den wenigsten Staaten). Diese Registrierung erfordert ausgedehnte Reisen, auch in abgelegene Gegenden, was mit nicht unerheblichen Strapazen verbunden sein kann, wofür gerade EthnologInnen aber durch die Möglichkeit der unmittelbaren Kommunikation mit der autochthonen Bevölkerung, durch deren Freundlichkeit und ihre oft berührende Neugierde mehr als entschädigt werden. Parallel zur Registrierung der WählerInnen erfolgt auch die Registrierung der wahlwerbenden Gruppen. Danach beginnt der Wahlkampf, und in dieser Zeit ist die Gefahr gewalttätiger Ausschreitungen erfahrungsgemäß besonders hoch. Zu den Aufgaben von LangzeitbeobachterInnen gehört in dieser Phase unter anderem das Beobachten von Kundgebungen der Parteien, die Untersuchung von behaupteter Benachteiligung einzelner wahlwerbender Gruppen durch Behörden, von Einschüchterungsversuchen seitens politischer Konkurrenten oder schlimmstenfalls von gewalttätigen Übergriffen. Schließlich müssen LangzeitwahlbeobachterInnen den Einsatz der KurzzeitbeobachterInnen koordinieren, d.h., insbesondere logistische Vorbereitungen treffen, die Einsatzgebiete festlegen und die KurzzeitbeobachterInnen einweisen. Nach den Wahlen sind die Stimmenauszählung und in der Folge das Ermittlungsverfahren zu überwachen. Letzter und oft heikelster Punkt ist, dafür zu sorgen, dass das Wahlergebnis auch in der politischen Realität umgesetzt wird, d.h., in der demokratischen Zusammensetzung der staatlichen Institutionen seinen Niederschlag findet.

Die Beobachtung des eigentlichen Wahlvorganges obliegt in der Regel *KurzzeitwahlbeobachterInnen.* Sie sind bloß wenige Tage vor und nach der Wahl vor Ort und arbeiten normalerweise in Teams, die aus zwei internationalen BeobachterInnen verschiedener Nationalität, einer/einem DolmetscherIn und einer/einem FahrerIn bestehen. An Material erhalten sie ein Fahrzeug, ein Funkgerät oder Mobiltelefon und Karten des Einsatzgebietes. Zu den Aufgaben der KurzzeitwahlbeobachterInnen zählt es, die Schlussphase des Wahlkampfes, den Urnengang selbst sowie die Stimmenauszählung vor Ort zu beobachten und darüber zu berichten.

Humanitäre Hilfsaktionen

Unter dem Begriff „humanitäre Hilfe" sind sehr verschiedene Aktivitäten zu subsumieren. Humanitäre Katastrophen, seien sie nun durch Naturgewalten oder durch Menschen ausgelöst, führen oft zu massiven Fluchtbewegungen. Vordringliche Aufgaben sind daher in diesen Fällen die Errichtung und Organisation von Lagern für Flüchtlinge und intern Vertriebene[10] und deren Versorgung mit Lebensmitteln und Gebrauchsgütern des täglichen Bedarfs. Weiters müssen diese Personen medizinisch behandelt und oft auch psychologisch betreut werden. Wenn die Lage in ihrer Heimat eine Rückführung in absehbarer Zeit nicht zulässt, müssen auch Erziehung bzw. Ausbildung für Kinder und Jugendliche organisiert werden. Wie praktische Erfahrungen aus verschiedenen Konflikten zeigen, kann die Aufrechterhaltung von Recht und Ordnung in den Lagern zum Schlüsselproblem werden. Es kommt dabei einerseits darauf an, Übergriffe auf die LagerbewohnerInnen hintanzuhalten, andererseits aber auch zu verhindern, dass die Lager als militärische Basen einer Konfliktpartei beziehungsweise als Ausgangspunkte für Raubzüge gegen die lokal ansässige Bevölkerung genutzt werden. Um all dies zu gewährleisten, bedarf es einer engen Zusammenarbeit zwischen den verschiedenen Hilfsorganisationen, den lokalen Behörden und Sicherheitskräften sowie allenfalls anwesenden internationalen Militär- oder Polizeikräften. In der Regel wird eine *Lead Agency* bestimmt, welche die Tätigkeit aller Organisationen in einem bestimmten Bereich koordinieren soll, was leider in der Praxis oft durch Partikularinteressen einzelner Organisationen oder durch persönliche Animositäten erschwert wird.

Sobald sich die Lage in den Herkunftsgebieten der Flüchtlinge bzw. Vertriebenen stabilisiert hat, muss deren Rückführung organisiert werden. Dazu genügt es nicht, die entsprechenden Transportkapazitäten zur Verfügung zu stellen, vielmehr müssen komplexe Wiedereingliederungsprogramme vorbereitet werden. Diese können, abhängig von der konkreten

10. Unter Flüchtlingen versteht man gemäß der Genfer Flüchtlingskonvention vom 28. Juli 1951 Personen, die sich aus begründeter Furcht vor Verfolgung außerhalb ihres Heimatlandes befinden. Personen, die sich in ihrem Heimatstaat aufhalten, werden dagegen als intern Vertriebene (*Internally Displaced People, IDPs*) bezeichnet.

Situation, beinhalten: ein Konzept für die Zuteilung von Land sowie von landwirtschaftlichen Geräten, Hausrat und/oder Baumaterialien, die zeitlich befristete Grundversorgung mit Saatgut, eine finanzielle Starthilfe usw. Dabei darf allerdings auch auf jene Bevölkerungsteile nicht vergessen werden, die ihre Heimat nicht verlassen haben. Unterbleiben Maßnahmen zur Unterstützung dieser Menschen, kommt es unvermeidlich zu Konflikten mit den HeimkehrerInnen, die deren Reintegration erschweren oder sogar unmöglich machen können. Erfolgt die Wiederansiedlung in ein feindliches Umfeld, so wird in der Regel eine weitere Beobachtung der RückkehrerInnen notwendig sein. Das UNHCR beschäftigt dafür eigene *Protection Officers*, deren Tätigkeitsprofil sich weitgehend mit jenem von MenschenrechtsbeobachterInnen deckt.

Ethnologische/Sozialanthropologische Qualitäten

Nach diesem kurzen Blick auf potentielle Arbeitsfelder werden nun ethnologische Qualitäten im Zusammenhang mit Friedenseinsätzen beleuchtet. Aus welcher Forschungstradition kommen die ethnologischen Skills? Untersuchungsgegenstand dieser relativ jungen Disziplin in den Sozialwissenschaften ist die „Menschheit" selbst, in all ihren vielfältigsten Ausformungen. Oder mit den Worten von Claude Lévi-Strauss, einem der bedeutendsten Anthropologen und Sozialwissenschafter des 20. Jahrhunderts:

> Die Ethnologie – oder, wie man heute eher sagt, die Anthropologie – weist sich als Untersuchungsgegenstand den Menschen zu, unterscheidet sich von den anderen Humanwissenschaften aber dadurch, daß sie ihren Gegenstand in seinen unterschiedlichsten Äußerungsformen zu erfassen bestrebt ist. (Lévi-Strauss 1993: 53)

Das „Chamäleon Mensch" soll also in seinen unterschiedlichsten sozialen bzw. kulturellen Ausprägungen erfasst werden. In einem weiteren Schritt jedoch will die Disziplin auf Gemeinsamkeiten oder Allgemeines des menschlichen Seins rückschließen, um so Erkenntnisse über das kulturelle und soziale Wesen Mensch selbst zu bekommen.

Nach dieser äußerst knappen Beschreibung der Disziplin werden nun relevante ethnologische Qualitäten für das Berufsfeld „Friedensarbeit" angesprochen. Die Qualitäten lassen sich in zwei wesentliche Bereiche unterteilen, jenem des „ethnologischen Fachwissens" und jenem der „Sensibilität bezüglich interkultureller oder ethnischer Unterschiede".

Ethnologisches Fachwissen

Der erste Bereich spricht die Qualität an, ethnologisches Wissen und Fachwissen direkt zu verwerten, welches vor allem Bereiche wie Wahl- und Menschenrechtsbeobachtung sowie Flüchtlingshilfe betreffen könnte.

Zu diesem Bereich gehören regionales Schwerpunktwissen und lokale Sprachkenntnisse. Regionales Schwerpunktwissen konzentriert sich zumeist auf einen Kontinent oder größeren geographischen (Kultur-) Raum. Neben den Pflichteinführungen in die verschiedenen Regionalgebiete (z.B. Afrika, Mittelamerika, Zentralasien etc.) werden die StudentInnen während ihrer Ausbildung dazu angehalten, sich auf ein bestimmtes Gebiet zu konzentrieren, um ihr Wissen zu vertiefen. Was zunächst im Allgemeinen studiert wird, wie z.B. Verwandtschaftssysteme, Rechtssysteme, religiöse Weltbilder, gesellschaftliche Institutionen, politische Macht- und Herrschaftsstrukturen oder unterschiedliche Wirtschaftsweisen, wird in Verbindung mit dem ausgewähltem Regionalgebiet im Speziellen untersucht. Auf diese Weise ist es möglich, ein/e ExpertIn auf einem bestimmten Regionalgebiet zu werden. Bei einer Bewerbung für einen internationalen Einsatz im „eigenen" Regionalgebiet bringt man so die besten Voraussetzungen mit. Vertraut mit lokalen Strukturen und der Beherrschung einer „größeren" lokalen Landessprache, auf deren Erlernen man sich während des Studiums ebenfalls spezialisiert hat, ist es möglich, sich schnell vor Ort zurechtzufinden. Ethnologische Fachkenntnis betrifft jedoch nicht nur „theoretisches Wissen", sondern gerade auch „praktisches Wissen", welches durch eine so genannte Feldforschung in dem jeweiligen Regionalgebiet selbst erworben wird und die meist am Ende der Ausbildung steht. Die Feldforschung ist ein zentraler Baustein der Sozial- und Kulturanthropologie. Sie bedeutet einen längeren Aufenthalt über einige Monate in einer lokalen Gesellschaft unter Einsetzung der teilnehmenden Beobachtung. Diese qualitative Methode wird unabhängig vom jeweiligen Forschungsschwerpunkt angewandt. Der oder die ForscherIn versucht sich die „fremden" kulturellen Normen und Wertvorstellungen selbst anzueignen, um sie besser verstehen zu können. Die jeweiligen Codes, Regeln und Normen werden erlernt, indem die ForscherInnen „24 Stunden pro Tag" – meistens im Rahmen einer Gastfamilie – in den Alltag der jeweiligen lokalen Gesellschaft eingebunden werden. Der Feldforschungsprozess wird in der Literatur oft mit der Sozialisierung eines Kindes von klein auf verglichen. Mittels dieser „Taktik" ist es möglich, kulturspezifische Phänomene eben von Innen – also mit der gleichen kulturellen Brille, welche auch von den AkteurInnen selbst „benützt" wird – wahrzunehmen, deuten und verstehen zu können. Mit anderen Worten:

> Through its dependence on long-term fieldwork, anthropology has the advantage of generating first-hand knowledge of social life at the level of everyday interaction. (Eriksen 1993: 1)

Gerade bei internationalen Konflikten, bei denen eben oft auch viele kulturelle oder lokale Parameter eine entscheidende Rolle spielen, könnte sich ein „first-hand knowledge" als ein wichtiger Beitrag zur Beilegung dieser

Konflikte erweisen. Eine zusätzliche Überlegung ergibt sich aus der provokanten Frage, ob der eine oder andere internationale Einsatz (unter anderem) nicht auch aufgrund von Unwissenheit und mangelnder Kompetenz der internationalen VermittlerInnen in Bezug auf ihr „Einsatzgebiet" gescheitert ist. Dazu Hazdra:

> In Ruanda beispielsweise gibt es natürlich auch traditionelle Streitbeilegungsmechanismen, die man unter Umständen heranziehen kann, um gröbere Konflikte in Flüchtlingslagern zu entschärfen. (Interview Hazdra)

Ist das nicht ein spezifisch ethnologisches Wissen, welches höchst relevant für den Erfolg eines internationalen Einsatzes sein könnte? Damit soll nicht gesagt werden, dass ethnologisches Wissen das „Zaubermittel" für die Entschärfung von Konflikten sei. Das Scheitern von Vermittlungs- und Friedensmissionen hat natürlich mehrdimensionale Gründe. Aber wenn die internationale Gemeinschaft es in Zukunft mit ihren Friedensmissionen ernst meint, dann muss sie sich verstärkt den lokalen und kulturellen Gegebenheiten widmen. Dies sind die Rahmenbedingungen, in denen sich Konflikte manifestieren. Sie genauer zu kennen, heißt eben auch etwaige Konflikte besser verstehen und möglicherweise beilegen zu können. Dazu braucht es allerdings das fachspezifische Wissen von EthnologInnen.

Sensibilität bezüglich kultureller oder ethnischer Unterschiede

Der zweite Bereich, ethnologische Kompetenz in die Arbeit internationaler Friedenseinsätze einfließen zu lassen, ist eher ein indirekter und spricht eine gewisse Haltung oder Ethik von EthnologInnen an.

Das Ethnologiestudium ist nicht ausschließlich ein Prozess des Erwerbens von Wissen und Erkenntnis. Das Studium bietet auch die Chance, sich eine bestimmte Ethik anzueignen. Dies betrifft den Umgang mit „fremden Kulturen". Die Auseinandersetzung mit den Inhalten des Studiums sowie etwaige Feldaufenthalte erfordern eine generelle Offenheit zu allem, was einem neu oder fremd erscheint. Nimmt man die Herausforderung an, so wird Ethnologie im Laufe der Ausbildung zu etwas „Einverleibtem", zu einem „gewissen Naturell" (Interview Hazdra) oder zu „einer grundsätzlichen Einstellung" (Interview Kalny). Zentral für diese Einstellung ist sicher – so banal es auch klingen mag –, dass einem allgemein „der Kontakt mit Leuten gefällt" (Interview Hazdra). Für die Arbeit in internationalen Organisationen ist so eine Einstellung sicher von Vorteil. Bei Wahl- und Menschenrechtsbeobachtungen oder humanitären Einsätzen ist der Kontakt zur lokalen Bevölkerung oder zu lokalen Behörden unerlässlich. In solchen Situationen ist ein „richtiger" zwischenmenschlicher Umgang von großer Bedeutung, nicht zuletzt für den Erfolg eines Einsatzes. Betreffend den „richtigen“ Umgang kann ethnologische Sensibilität sehr hilfreich sein. Als internationale/r VermittlerIn muss ich die Kompetenz besitzen, Vertrauen zur lokalen Bevölkerung und zu wichtigen EntscheidungsträgerInnen aufzubauen. Diplomatie und Vermitteln können jedoch nicht funktionieren, wenn ich mich nicht mit lokalen Sitten und Gebräuchen auseinandergesetzt habe. Ein „richtiger Umgang“ beinhaltet zum Beispiel, das man „einem moslemischen Syrer nicht unbedingt Schweinefleisch und Whisky anbietet“ (Interview Hazdra). Das Beispiel wirkt vielleicht banal, diese und ähnliche Fehler sollen jedoch laut Peter Hazdra bei internationalen Einsätzen schon vorgekommen sein.

Gerade als VermittlerIn sollte es eine Selbstverständlichkeit sein, eben nicht arrogant aufzutreten und zu glauben für alles eine „bessere“, was meist heißt westliche Lösung zu haben und diese auch gegen den Willen der Betroffenen durchsetzen zu wollen. Es ist gerade die Ethnologie gewesen, die unreflektierte westliche Standpunkte und Wertvorstellungen[11] kritisch durchleuchtet hat.

Innerhalb der Menschenrechtsarbeit beispielsweise, so Eva Kalny, kann sich so ein ethnologischer Zugang „als sehr nützlich“ erweisen. Es „ist ein Zugang, der auf kulturelle Unterschiede Rücksicht nimmt, gleichzeitig jedoch nicht die Universalität der Menschenrechte ausschließt“ (Interview Kalny). Kalny betont, dass sich menschenrechtliche Werte sehr wohl auch in anderen Kulturen finden lassen. In diesen nichtwestlichen Systemen werden sie lediglich auf unterschiedliche Art und Weise argumentiert. „Klare Kenntnisse“ (Interview Kalny) über einen bestimmten kulturellen Kontext können von EthnologInnen abgerufen werden, sobald es um die Entkräftung von Vorurteilen geht. Zum Beispiel das Vorurteil, dass die Unterdrückung der Frauen im Islam „per se etwas Islamisches“ wäre:

> Zu sagen, dass ich auch Frauenrechte im Islam begründen kann, ist ein Ansatz, den Nicht-EthnologInnen kaum treffen würden, außer es sind Muslime. Zu sagen: Seht her, da gibt es eben auch Frauenorganisationen in diesen Ländern, und die können Frauenrechte auch aus dem Koran heraus argumentieren... Als EthnologInnen lernen wir, darauf die Aufmerksamkeit zu lenken. Es geht um Kenntnisse über Kulturen, aber eben auch um Differenzierungen innerhalb dieser. (Interview Kalny)

Auch in der Flüchtlingsarbeit, bei der Arbeit im UNHCR, kann eine „ethnologische Ethik“ von beträchtlicher Hilfe sein. Ethnologieabsolventin Eva Kalny beschreibt dies rückblickend so:

> Es geht ja nicht nur darum, was ich mir an Wissen erworben habe [...]. Das Studium war einfach eine Zeit der Auseinandersetzung; ich habe in anderen Kulturen gelebt, und dabei auch bestimmte

11. In der Fachsprache wird der Begriff *Ethnozentrismus* verwendet.

Freundschaften geschlossen. All das hat nun mal Konsequenzen. Mein Zugang zur Flüchtlingsarbeit und zu Kontakten mit den Leuten ist schon geprägt von dem Verständnis für andere Kulturen und dem Wunsch sie zu respektieren und zu verstehen. Und dabei kann ich wesentliche Fragen stellen, die Nicht-EthnologInnen wahrscheinlich nie stellen würden. Ich habe meine ethnologische Forschung in einem Land im Bürgerkrieg (Guatemala) gemacht und weiß, wie belastend diese Situation ist. Natürlich hat all das dann Einfluss auf meine Arbeit, wo ich zum Beispiel tagelang bis spät in die Nacht Anrufe von Kosovo-AlbanerInnen entgegennehme[12], die alle total fertig sind, weil sie nicht wissen, wo ihre Verwandten sind. Ich gehe als Ethnologin einfach anders damit um. Es ist eine gewisse Sensibilität, eine gewisse Erfahrung in diesem Bereich und ein grundsätzlicher Wille. (Interview Kalny)

Conclusio

Diese beiden Bereiche ethnologischer Qualitäten – also „Ethnologisches Fachwissen" sowie „Sensibilität bezüglich kultureller oder ethnischer Unterschiede" – sind in der Praxis nicht voneinander zu trennen. Für ethnologische SozialwissenschafterInnen sollten diese beiden Bereiche eng miteinander verknüpft sein. Brauchbares ethnologisches Fachwissen lässt sich ohne eine gewisse „Sensibilität", was kulturelle Belange angeht, nicht lukrieren. Vielleicht ist es gerade das, was die besondere Qualität von EthnologInnen ausmacht.

Welche Rolle spielen nun diese „Qualitäten" im Rahmen des Berufsfeldes „Friedensarbeit internationaler Organisationen"? Einen ganz wesentlichen Bereich, in dem ethnologische Sachkenntnis zur Entfaltung kommen könnte, sehe ich in der Vermittlung bei Konfliktsituationen. Dies betrifft jedoch nicht nur die „klassische" Vermittlung zwischen Konfliktparteien, sondern auch jene zwischen internationalen ExpertInnen selbst und lokalen AnsprechpartnerInnen. EthnologInnen haben meiner Ansicht nach sehr gute Voraussetzungen, eine wichtige Rolle in einem spezifischen Prozess zu spielen, dem bei Streitbeilegungen internationaler Konflikte in Zukunft eine wachsende Bedeutung zukommen wird. Dies ist der Prozess einer Mediation. Unter Mediation versteht man die Vermittlung zwischen zwei (oder mehreren) Streitparteien durch eine „neutrale" dritte Partei. Mit hoher Wahrscheinlichkeit werden die UN oder die OSZE sich künftig bei internationalen Konflikten verstärkt auf eine mediative Rolle konzentrieren. Für EthnologInnen gilt daher, sich in Zukunft bei Einsätzen, die

12. Während ihrer Tätigkeit beim UNHCR war Eva Kalny zuerst für bosnische Flüchtlinge, danach für Flüchtlinge aus dem Kosovo zuständig. Sie betreute während der humanitären Evakuierungsaktion von Kosovo-AlbanerInnen aus Mazedonien die telefonische Anlaufstelle für Familienangehörige in Österreich, die Informationen über ihre im Krieg vertriebenen Verwandten zu erhalten hofften.

einen mediativen Ansatz verfolgen, verstärkt einzubringen, da ihre Skills und ihr Wissen unverzichtbar sind.

Um diesen Punkt abzurunden, ist Peter Hazdra gebeten worden, ein Beispiel aus seiner reichhaltigen beruflichen Praxis darzustellen, bei dem ihm sein ethnologisches Wissen von besonderer Hilfe gewesen ist. Interessant ist sein Beispiel vor allem auch deshalb, weil es gerade eben jene genannten Eckpfeiler von ethnologischen Qualitäten, also „Fachwissen", „interkulturelle Sensibilität" sowie „Vermittlerrolle", anspricht.

Ein Beispiel aus der Berufspraxis[13]

Die ideale Verbindung von beruflicher Tätigkeit und ethnologischem Interesse ergab sich für mich – eher zufällig – in Kambodscha 1992/93: Ich gehörte zu einem international zusammengesetzten BeobachterInnenteam der Übergangsverwaltung der Vereinten Nationen, welches die Entwaffnung von Kombattanten der Regierungsarmee in Zentralkambodscha beaufsichtigen sollte. Wir waren in dem abgelegenen Dorf Pralay in der heftig umkämpften Provinz Kompong Thom einquartiert, das nur ein paar hundert Einwohner zählt und damals keinerlei Infrastruktur aufwies. Nach der (aus politischen Gründen erfolgten) Suspendierung des Entwaffnungsprozesses bestand unsere Hauptaufgabe in der physischen Präsenz, der Beobachtung der Lageentwicklung und der Vermittlung zwischen den Konfliktparteien.

Dabei war meine ethnologische Vorbildung in mehrerlei Hinsicht von großem Nutzen: Zunächst bei der Verhandlungsführung mit kambodschanischen GesprächspartnerInnen. Für KambodschanerInnen gilt lautes Sprechen oder Schreien, überhaupt jegliche Art von emotionaler Überreaktion als unpassendes und grob unhöfliches Verhalten. Auch bei Verhandlungen darf keiner der PartnerInnen die Kontenance verlieren, andernfalls verliert er sein Gesicht und damit die Achtung seines Gegenübers. Die einzig wirklich akzeptierte Reaktion ist ein Lächeln. Da ich durch das Studium der Fachliteratur über das Phänomen des „Sourire Khmer" Bescheid wußte, konnte ich mich von vornherein darauf einstellen und erwarb so bald die Anerkennung meiner GesprächspartnerInnen, sodaß die Verhandlungen meist erfolgreich verliefen. Viele der in Kambodscha eingesetzten internationalen VermittlerInnen wußten über die einheimischen Traditionen nichts oder wollten sich einfach nicht an ihnen unverständliche Regeln halten. Meist scheiterten diese Personen fachlich wie persönlich, waren arg frustriert und suchten oft genug schließlich um Versetzung an.

Auch in einer zweiten Hinsicht war mein Interesse für Ethnologie von großer Bedeutung: Es ermöglichte bzw. erleichterte den Zugang zur loka-

13. Das folgende Beispiel wurde von Peter Hazdra verfasst.

len Bevölkerung. Da das winzige Dorf oft durch Witterungsverhältnisse oder Kampfhandlungen von der Außenwelt abgeschnitten und unsere Mobilität zusätzlich durch den zeitweiligen Ausfall des einzigen Fahrzeuges eingeschränkt war, begann ich bald, täglich ein bis zwei Rundgänge durch das Dorf zu machen. Vor allem interessierte mich die Arbeit der Bauern/Bäuerinnen und der zahlreichen HandwerkerInnen. Dabei hatte ich zwei entscheidende Vorteile, die EthnologInnen im Feld oft nicht genießen: Erstens war der Grund meiner Anwesenheit (Beobachter der Vereinten Nationen) allgemein einsichtig und es gab diesbezüglich keinen Rechtfertigungsbedarf, und zweitens blieb ich lange genug vor Ort, um einen gesamten Jahreszyklus in teilnehmender Beobachtung mitzuverfolgen. So begleitete ich die Bauern/Bäuerinnen zum Pflanzen und später zur Ernte auf die Reisfelder, studierte die verschiedenen Verarbeitungsmethoden des Reises und die dabei verwendeten Maschinen sowie die Gewinnung und Verwendungsmöglichkeiten des Saftes der landestypischen Zuckerpalme. Weiters beschäftigte ich mich mit der Tätigkeit der zahlreichen HandwerkerInnen, ließ mir die einzelnen Arbeitsschritte – z.B. bei der Herstellung eines Ochsenkarrens oder einer Reismühle – erklären und gab selbst eine Reihe von Gegenstände in Auftrag (nach meiner Rückkehr vermachte ich diese Objekte dem Museum für Völkerkunde in Wien).

Durch die ausführlichen Gespräche mit den verschiedensten Personen erwarb ich nicht nur Grundkenntnisse der Khmer-Sprache, sondern konnte unschätzbare Einblicke in die Denkweise/Gefühlswelt der Menschen und die Probleme des dörflichen Zusammenlebens gewinnen. Und ich lernte, dass es viel leichter ist, mit den Menschen des Gastlandes in Kontakt zu treten und in weiterer Folge ein Vertrauensverhältnis zu ihnen aufzubauen, wenn sie den Eindruck haben, dass man ein bisschen von ihrer Lebensweise versteht und sich ehrlich für ihre Probleme interessiert. Freilich sind solche Unterhaltungen nie „Einbahnstraßen": Der Gast muss bereit sein, auch von sich und seiner Heimat zu erzählen und immer wieder die gleichen, zum Teil naiv anmutenden Fragen zu beantworten. Durch den ursprünglich aus rein privatem Interesse für ethnologische Fragestellungen entstandenen, engen Kontakt mit der Bevölkerung konnte ich schließlich auch unmittelbaren Nutzen für meine berufliche Aufgabe ziehen, denn bald wurde mir bewusst, dass in einer Gesellschaft ohne Massenmedien die Weitergabe von Informationen praktisch ausschließlich über persönliche Gespräche erfolgt. Da in der dörflichen Umgebung über fast alles geredet wird und mir gegenüber offenbar keine Vorbehalte bestanden, wusste ich stets frühzeitig über die aktuelle Lageentwicklung einschließlich Truppenbewegungen, bevorstehende Angriffe der Roten Khmer, gesellschaftliche und politische Konflikte auf lokaler Ebene und ganz allgemein über die allerneuesten Gerüchte Bescheid. Besonders nachdem zu Jahresanfang 1993 der Bürgerkrieg wieder voll aufgeflammt war, waren diese In-

formationen buchstäblich überlebenswichtig, und manchmal gelang es mir, durch vorsichtige Vermittlung das Schlimmste abzuwenden.
Rückblickend betrachtet war die Zeit in Pralay für mich sicherlich die schönste, fachlich interessanteste und menschlich bereicherndste meines Lebens.

Einstiegsmöglichkeiten, Arbeitsverhältnisse, Qualifikationen

Einstiegsmöglichkeiten

UN – Vereinte Nationen
Die UN ist ein globales System kollektiver Sicherheit und ein Zentrum zur Harmonisierung von internationalen Interessen. Hauptaufgabe der Vereinten Nationen ist die Erhaltung des Weltfriedens. Weitere wichtige Tätigkeitsbereiche sind die Förderung von internationalen Beziehungen wirtschaftlicher, sozialer und kultureller Art. Analog zu dieser Aufteilung lassen sich zwei Bereiche in der Organisationsstruktur ausmachen. Zum einen der Sicherheitsrat, der für Zwangsmaßnahmen meist militärischer Art zuständig ist. Zum anderen der Wirtschafts- und Sozialrat und die Generalversammlung, deren Aufgaben grundsätzlich zivile Angelegenheiten, also wirtschaftliche, soziale und kulturelle Belange betreffen. Die Mitgliedsstaaten der UN übernehmen bestimmte vertragliche Verpflichtungen. Diese finden sich vor allem in der Charta der UN und betreffen wichtige Punkte wie Gewaltverzicht, Einhaltung von Sanktionen gegenüber Drittstaaten, Friedenssicherung usw.[14]
Die Vereinten Nationen beschäftigen ihr Personal in verschiedenen Kategorien von Dienstverhältnissen. Für Leute, die gerade ein Studium abgeschlossen haben, ist die wahrscheinlichste Einstiegsform eine Anstellung als *United Nations Volunteer (UNV)* oder als *Junior Professional Officer (JPO)*. UNVs sind im Allgemeinen in Entwicklungsländern stationiert. Aufgabenbereiche sind entwicklungspolitische und humanitäre Anliegen. Üblicherweise sind UNVs für eine Dauer von zwei Jahren im Einsatz – dies kann unter bestimmten Umständen, etwa im Falle von „peacebuilding" oder „humanitarian relief", jedoch auch kürzer ausfallen. JPO-KandidatInnen benötigen ein Master's degree (oder etwas Äquivalentes). Die fließende Beherrschung von zumindest zwei der drei Arbeitssprachen (Englisch, Französisch, Spanisch) im *United Nations Development Program (UNDP)*, welchem JPOs zugeteilt sind, ist obligatorisch. Gerne gesehen sind Auslandserfahrung in Entwicklungsländern sowie ein Zweit- bzw. Postgraduate-Studium. Weiters müssen informationstechnologische und interpersonale Kenntnisse und Fähigkeiten vorgewiesen werden können. Die Vereinten Nationen betonen auch Qualifikationen wie etwa eine „cul-

14. Vgl. Woyke 1998, Nohlen 1994 und 1998.

tural and gender sensitivity". Hierbei könnten EthnologInnen Vorteile gegenüber anderen KandidatInnen haben. JPO-Verträge sind auf ein Jahr befristet, mit einer Option auf ein weiteres.

OSZE – Organisation für Sicherheit und Zusammenarbeit in Europa

Die OSZE[15] ist eine gesamteuropäische Sicherheitsorganisation mit 55 Mitgliedsstaaten. Bis 1994 hieß diese Organisation *Konferenz über Sicherheit und Zusammenarbeit in Europa (KSZE)*, danach wurde sie in OSZE umbenannt. Die KSZE hat ihre Geburtsstunde im Jahre 1975 in Helsinki, als die KSZE-Schlussakte von 35 europäischen und nordamerikanischen Staaten unterzeichnet wurde. Die KSZE entstand in einer Phase der Entspannung des Ost-West-Gegensatzes. Ihr Ziel war es, die negativen Folgen der Teilung Europas und Deutschlands zu vermindern. Bis zum Fall der Sowjetunion und des Ostblocks diente sie vor allem als eine Vermittlungsplattform zwischen den beiden Supermächten. Nach dem Ende des Kalten Krieges rückt das einst geteilte Gesamteuropa wieder zusammen. Die OSZE nimmt bei diesem Prozess eine neue, wichtige Rolle ein. Ziel ist es, eine gesamteuropäische „Friedenszone" zu errichten, Konflikte zu verhindern oder zu befrieden (Frühwarnung, Konfliktverhütung, Krisenbewältigung und Normalisierung der Lage nach Konflikten). Konkret konzentriert sich die OSZE auf eine aktive Politik zur Sicherung und Förderung von Demokratie, Rechtsstaat und Menschenrechten (vor allem in postsozialistischen Regionen). Der Ständige Rat tagt wöchentlich in der Wiener Hofburg; daneben unterhält die OSZE Büros und Kommissariate in Polen, den Niederlanden, der Tschechischen Republik, Usbeskistan und in Österreich.

In der Organisation sind ca. 200 fixe MitarbeiterInnen beschäftigt; darüber hinaus sind weitere 2.500 Fachkräfte bei Missionen und internationalen Einsätzen tätig. Der Bedarf an Arbeitskräften ist abhängig von internationalen Ereignissen und lokalen Entwicklungen. Das Einsatzgebiet konzentriert sich derzeit auf Südosteuropa und die Nachfolgestaaten der UdSSR sowie die Teilrepubliken der Russischen Föderation. Zwecks Bewerbungen siehe die Kontaktadressen im Anhang

Friedenszentrum Burg Schlaining

In der Burg Schlaining befinden sich zwei Institutionen, das *Österreichische Studienzentrum für Frieden und Konfliktlösung (ÖSFK)* bzw. *Austrian Study Center for Peace and Conflict Resolution (ASPR)* und das *European University Center for Peace Studies (EPU)*. Das ÖSFK hat sich zwei wesentliche Aufgaben gesetzt: Erstens, zur weltweiten Erhaltung bzw. Förderung des Friedens beizutragen, und zweitens, das Engagement bei friedlichen Strategien der Konfliktlösung. Zu diesen Aufgabenbereichen werden entsprechende Ausbildungsprogramme, Forschungsseminare und fachspezifische Praxis

15. Vgl. Woyke 1998, Nohlen 1994 und 1998.

angeboten und vermittelt. Ein wesentlicher Schwerpunkt des ÖSFK liegt in der Ausbildung von Fachkräften für Friedenseinsätze. Es werden (u.a.) folgende Programme angeboten:

- International Civilian Peace-keeping and Peace-building Training Programme (IPT)
- Mission Preparation Training Programme for the OSCE (MPT)
- Summer Academy on OSCE
- Training Programme on Preparation, Implementation, and Conflict Management for Bosnia and Herzegovina

Neben diesen Programmen führt das ÖSFK auch noch einzelne Projekte (derzeit in Kroatien, im Kosovo und in Südafrika) durch, welche der friedlichen Konfliktlösung und dem peacebuilding dienen. Der Forschungsschwerpunkt des ÖSFK liegt zur Zeit auf einem fünfjährigen internationalen Projekt zur Zukunft der europäischen Sicherheits- und Friedenspolitik: „Friedensmacht Europa? Strategien für den Aufbruch ins 21. Jahrhundert".[16] Weiters veranstaltet das ÖSFK jedes Jahr eine internationale Sommerakademie mit diversen Workshops. In der Burg Schlaining befindet sich auch das neu eröffnete *Europäische Museum für Frieden*. Themenbereiche sind Gewalt und ihre Vermeidung, Konflikte und Konfliktlösungsstrategien sowie Frieden und Entwicklung. Die Sonderausstellung von 2001 hatte das Thema „Mediation".

Das EPU bietet englischsprachige Studienprogramme an:

- Special Undergrade Academic Programmes: ein Semester. Analyse von (aktuellen) Konflikten und Konfliktursachen, peacebuilding etc.
- International Advanced Study Programme in Peace and Conflict Transformation: Master of Advanced Studies (MAS)-Certificate: die Dauer beträgt jeweils zwei Semester von drei Monaten und dazwischen eine Forschungsperiode sowie eine weiterer Forschungsabschnitt am Ende des Zyklus zur Verfassung der MAS-Thesis. Die Absolvierung des Programms entspricht einer Postgraduate-Ausbildung.

EU, Europäische Union

Postgraduiertenausbildung:

Seit 1997 gibt es einen einjährigen europäischen Postgraduate-Lehrgang „Human Rights and Democratization" an der Universität in Padua, der von der Europäischen Union unterstützt wird. In dieser interdisziplinären

16. Nach der neu zu beurteilenden Weltsituation im Zuge der Terroranschläge auf das *World Trade Center* und das *Pentagon* in den USA am 11. September 2001 hat dieser Forschungsschwerpunkt zusätzlich an Aktualität gewonnen. Das ÖSFK sollte hier m.E. seiner Verantwortung nachkommen und als „moralische" und wissenschaftliche Instanz auf die europäischen Entscheidungsträger einwirken, dass das Internationale Völkerrecht gewahrt wird, die UNO wieder stärker in den Vordergrund rückt, und geplante militärische Aktionen oder Kriegshandlungen (v.a. durch die USA) einer kritischen Prüfung unterzogen werden.

Ausbildung werden vor allem völkerrechtliche Bestimmungen sowie verschiedenste Bereiche der Menschenrechte und Demokratisierung, unter anderem die praktische Menschenrechtsarbeit, durchgenommen.[17]

Menschenrechte
Die Achtung und Verwirklichung der Menschenrechte und Grundfreiheiten (*Universal Declaration of Human Rights* am 10.12.1948) ist eines der wichtigsten Ziele der UN (Art. 1 Ziff. 3, UN-Charta). Alle Mitgliedsstaaten sind verpflichtet, „gemeinsam und jeder für sich" (Art. 56, UN-Charta), dieses Ziel anzustreben, womit der Menschenrechtsschutz ein internationales Anliegen geworden ist. Die wirksame Umsetzung erfolgt über den Sicherheitsrat (Art. 39, UN-Charta), dessen Entscheidungen für alle Mitgliedsländer verbindlich sind. Regionaler Menschenrechtsschutz bezüglich Europa richtet sich nach der EMRK, *der Europäischen Konvention zum Schutz der Menschenrechte und Grundfreiheiten* (4.11.1950), die innerhalb des Europarates beschlossen wurde. Die dazugehörigen Institutionen sind die Menschenrechtskommission und der Europäische Gerichtshof für Menschenrechte. Durch die Möglichkeit einer Individualbeschwerde ist das europäische System bisher das effizienteste.

EZA, AKP-Staaten, „Positiver Frieden"

Am 23.6.2000 wurde das Nachfolgeabkommen der Lomé-Konvention in Cotonou im westafrikanischen Benin zwischen den AKP-Staaten und der EU unterzeichnet.[18] Die Entwicklungszusammenarbeit (EZA) zwischen den AKP-Ländern und der EU wurde im neuen Abkommen grundlegend überarbeitet, um den neuen geopolitischen Trends (Ende des Kalten Krieges, Globalisierung) gerecht zu werden. Innerhalb der Entwicklungszusammenarbeit der EU hat sich zunehmend der Trend durchgesetzt, Entwicklungshilfe mit den Themen „Menschenrechte", „Demokratisierung" und „Rechtsstaatlichkeit" zu verknüpfen, die konkrete Vertragsziele darstellen. In diesen drei Bereichen wird die EU zukünftig mit den AKP-Staaten im Rahmen der neuen Verträge enger zusammenarbeiten. Kommt es zu (schweren) Verletzungen der Vertragsziele (Artikel 96 und 97), so wird ein Verfahren eingeleitet, in welchem beispielsweise Menschenrechtsver-

17. Weitere Informationen siehe: Vorlesungsverzeichnis Universität Wien (EU-Lehrgänge) bzw. Ludwig-Boltzmann-Institut für Menschenrechte.
18. Die AKP-Staaten sind ehemalige Kolonien heutiger EU-Staaten. Sie befinden sich in Afrika, der Karibik und im Pazifik, deshalb die Abkürzung „AKP". Seit 1975 gibt es laufende EZA- und Handelsabkommen mit der EWG/EU. Das erste Abkommen wurde in Togo, Lomé, abgeschlossen, daher der Name *Lomé-Abkommen*. Für nähere Information siehe: http://www.eu.comission/development sowie diverse Überblickslexika (siehe Literaturliste).

letzungen überprüft werden (Konsultationsverfahren). Dadurch soll Druck auf die Verantwortlichen ausgeübt werden, menschenrechtliche oder demokratische Grundstandards nicht weiter zu verletzen. Dies kann bis zur (vorrübergehenden) Aussetzung der EZA gehen (Suspendierungsverfahren). In den neuen Verträgen wurde weiters beschlossen, die Vertragsziele um die Materie der „Good Governance“ (verantwortungsvolle Regierungsarbeit) zu erweitern. *Good Governance* geht weit über die Menschenrechtsmaterie hinaus und spricht Themen wie die Garantierung von sozialen Rechten, das Funktionieren von Institutionen, Korruptionsbekämpfung sowie generell das Funktionieren einer entwickelten Zivilgesellschaft an. Ein intensivierter politischer Dialog zwischen der EU und den AKP-Staaten soll in Zukunft schon im Vorfeld mögliche Verletzungen der Vertragsziele verhindern. Der politische Dialog ist im neuen Abkommen zu einer fixen Säule, neben den beiden anderen Säulen EZA und Handelsbeziehungen, geworden. Ziel des politischen Dialoges ist es schlussendlich eine Plattform zu schaffen, um Themen zu diskutieren, die alle drei Säulen betreffen. Kurz: innerhalb der Säule politischer Dialog sollen die Bereiche Krisenprävention und -bewältigung, Friedenssicherung, Menschenrechte, Demokratie, Rechtsstaatlichkeit sowie Good Governance intensiver behandelt und mit entwicklungspolitischen Fragen sowie Fragen der Handelsbeziehungen untereinander verknüpft werden. Mit dieser multiplen Politik befinden sich die EU und ihre Programme[19] eindeutig innerhalb des Paradigmas eines positiven Friedensverständnisses.

Da die EU in Zukunft eine noch viel wichtigere Rolle spielen wird als heute, ist es für AbsolventInnen, die im Bereich der Friedensarbeit tätig sein wollen, unerlässlich sich über die vielseitigen Beschäftigungsmöglichkeiten auf EU-Ebene zu informieren. Die Bereiche, die für EthnologieabsolventInnen hier insbesondere in Frage kommen könnten, sind die Generaldirektion Entwicklung (Development Directorate-General), die Generaldirektion Außenbeziehungen (External Relations), der Gemeinsame Dienst für Außenbeziehungen (SCR, Common Service for External Relations) sowie das Humanitarian Aid Office (ECHO) innerhalb der Europäischen Kommission. Eine empfohlene Einstiegsmöglichkeit wäre hier über ein EU-Praktikum (STAGE).

19. Es existieren folgende Instrumente der EU-Entwicklungszusammenarbeit: 1. Projekthilfe (verstärktes Engagement in den Bereichen der *Good Governance* und Förderung der Zivilgesellschaft), 2. Programme (Strukturanpassungsprogramme, STABEX, SYSMIN), 3. Förderung von Projekten von NGOs der Entwicklungszusammenarbeit [NGDOs: *Non Governmental Development Organisations*]), 4. Nahrungsmittelhilfe und humanitäre Hilfe.

Praktika

Viele internationale Organisationen oder Teilorganisationen bieten regelmäßig Praktikumsplätze an. Kalny betont hierbei den Bonus von bereits absolvierten Praktika für einen späteren Berufseinstieg:

> Ein Praktikum ist sicher ein interessanter Einstieg. Man hat relativ viel an Routinegeschichten zu erledigen, aber man lernt auch die Strukturen kennen. (Interview Kalny)

Bei Jobnachbesetzungen wird schließlich eher auf PraktikantInnen zurückgegriffen als auf BewerberInnen, die noch nicht innerhalb der Organisation gearbeitet haben. Da Praktika in der Regel unbezahlt sind, ist es günstig, rechtzeitig einen Antrag für ein Stipendium zu stellen. Für die Einreichung eines Postgraduate-Stipendiums werden in der Regel das Bewerbungsschreiben, ein Lebenslauf, zwei Empfehlungsschreiben, das Diplomprüfungszeugnis, ein Zeugnis über Kenntnis der erforderten Fremdsprache (Toeffel-Test) und der Nachweis eines Praktikumsplatzes (welcher nachgereicht werden kann) verlangt. Adressen für nähere Informationen befinden sich im Anhang.

Arbeitsverhältnisse

> In der UNO gibt es zwei Kategorien von hauptberuflicher Beschäftigung, die für EthnologInnen interessant sein können. Erstens die „Ps", the professionals, und zweitens die „Gs", general staff. Ps haben die rotierenden Jobs. Das heißt, man beginnt in einem bestimmten Land und wird dann in ein anderes versetzt. Der „G.-staff" ist in der Regel der lokale staff in den jeweiligen Nationalstaaten. (Interview Kalny)

Wenn man in den UN angestellt wird, fällt man nicht unter das jeweils lokale Arbeitsgesetz und Versicherungssystem. Es werden nur zwölf Gehälter ausgezahlt, die jedoch nicht steuerpflichtig sind. Es gibt einen eigenen Pensionsfonds. Ab fünf Beschäftigungsjahren fällt man in diesen Fonds hinein. Sollte man insgesamt unter fünf Jahren in den UN gearbeitet haben, besteht auch die Möglichkeit sich die eingezahlten Beiträge wieder auszahlen zu lassen.
Beim UNHCR gibt es zwei große Arbeitsbereiche, den rechtlichen Bereich (Legal Unity) und das „Community Service". Eva Kalny berichtet hier aus ihren Erfahrungen:

> Das „Community Service" betrifft die Arbeit in Flüchtlingslagern und alles, was damit zusammenhängt. Das UNHCR betreut Flüchtlingslager jedoch nur außerhalb von Westeuropa. Das „Community Service" ist sicher für EthnologInnen der viel interessantere Teil. Allerdings ist es auch der Teil, wo immer mehr eingespart wird. Sollte man als Nicht-JuristIn einsteigen und nicht im „Community

> Service“ arbeiten, dann ist man immer irgendwo dazwischen. (Interview Kalny)

UNHCR, Amt des Hochkommissars der UN für Flüchtlinge (UN-High Commissioner for Refugees)
Die Aufgabe des UNHCR ist es, „Personen zu schützen und zu unterstützen, die ihr Heimatland als Flüchtlinge verlassen haben“ (Nohlen 1994: 251, 697). Konkret lässt sich die Arbeit in zwei Bereiche unterteilen:
1. Rechtsschutzmaßnahmen (die Sicherung der Anerkennung des Flüchtlingsstatus, welcher sich an den Menschenrechten orientiert);
2. Maßnahmen zur Lösung von Flüchtlingsproblemen (Organisation der Aufnahme in Zufluchtsländern oder der Rückkehr in die Herkunftsländer).

Auslandseinsätze werden von Peter Hazdra wie folgt eingeteilt:

> Militärbeobachtungseinsätze dauern in der Regel ein Jahr, sind aber unter Umständen verlängerbar. Militärische Auslandseinsätze gelten in Österreich rechtlich als Präsenzdienst. Bei einem zivilen Einsatz als MenschenrechtsbeobachterIn kann man ungefähr mit einem sechs- bis zwölfmonatigen Einsatz rechnen. Bei Wahlbeobachtungseinsätzen ist die Einsatzdauer entsprechend kürzer: Zwei bis vier (in Ausnahmefällen auch mehr) Monate für LangzeitwahlbeobachterInnen, 10 bis 15 Tage für KurzzeitwahlbeobachterInnen. Für einen humanitären Hilfseinsatz rechnet man mit mindestens drei Monaten Aufenthalt. (Interview Hazdra)

Zu einem Problem könnte die Ungewissheit und Unregelmäßigkeit internationaler Einsätze werden. Für die Termine muss man sich relativ kurzfristig entscheiden und die Zeit zwischen den Einsätzen will auch irgendwie genutzt werden. Für jemanden, der/die flexibel und ungebunden ist und Auslandserfahrung machen will, ist dies als ein Vorteil zu sehen. Für jemanden, der/die eine dauerhafte, kontinuierliche und langfristige Arbeit verfolgen will, ist das natürlich ein Nachteil.

Qualifikationen

Die Beherrschung mehrerer Fremdsprachen ist für die Arbeit in internationalen Organisationen von großem Vorteil und wird in bestimmten Bereichen auch ausdrücklich verlangt. Was auf jeden Fall verlangt wird, sind (gute) Englischkenntnisse. In den UN, im UNHCR oder der OSZE ist Englisch Arbeitssprache. Die Arbeitstreffen und die ganze Kommunikation finden in englischer Sprache statt.

Was man in UN-Organisationen oder bei der OSZE auch „immer tun muss, ist Berichte zu schreiben" (Interview Kalny). Da auch das Ethnologiestudium zu einem wesentlichen Teil ein Lese- und Schreibstudium ist, könnte dies ein Vorteil für die Arbeit in IGOs sein. Eine gewisse Exaktheit und die Fähigkeit zum logischen Denken, was für wissenschaftliches Arbeiten unerlässlich ist, ist SozialwissenschafterInnen als Qualifikationsbonus sicherlich anzurechnen.

Weitere allgemein wichtige Qualifikationen für dieses Berufsfeld wären zum Beispiel noch „rhetorische Fähigkeiten, Teamarbeit und Projektarbeit sowie ein Wissen über die Organisationen selbst" (Interview Kalny). Letztendlich sollte man „den generellen Aufbau kennen, um sich dann auch drinnen halbwegs bewegen zu können. Grundsätzlich sollte man wissen, wofür die Organisation steht, was ihr Arbeitsgebiet ist und deren ungefähre Grundsätze" (Interview Kalny).

Abschließend lässt sich sagen, dass die Aneignung bestimmter Grundkenntnisse über folgende Bereiche nützlich wäre:

> Grundlagen der internationalen Organisationen und der internationalen Beziehungen, Basiswissen über Menschenrechte sowie (falls man im Einsatzraum mit Soldaten zu tun hat) auch Grundlagen der zivil-militärischen Zusammenarbeit. (Interview Hazdra)

Darüber hinaus sind folgende Spezialkenntnisse von Vorteil:

> Speziell im Menschenrechtsbereich, und noch mehr im Wahlbereich, muss man Gesetze, Verordnungen, internationale Abkommen usw. lesen und verstehen können. Daher braucht man in diesen Bereichen ganz sicher ein gewisses rechtliches Grundwissen, das in humanitären Hilfseinsätzen eher nicht erforderlich ist. (Interview Hazdra)

Weiß man während des Studiums schon, dass man einmal in diesem Berufsfeld arbeiten will, so kann man die Chance nützen und zum Beispiel ehrenamtlich bei einer NGO mitarbeiten. Dadurch besteht die Möglichkeit sich zum Beispiel juristisches Wissen anzueignen, welches später einmal von großem Nutzen sein kann. Den daraus resultierenden Erfahrungsgewinn hat Eva Kalny im Interview regelmäßig betont: „Die ganze Ausbildung zur Flüchtlingsarbeit hatte ich durch die ehrenamtliche Arbeit bei amnesty international" (Interview Kalny).

Zusammenfassung

In diesem Artikel wurde der Versuch gemacht, Beschäftigungsmöglichkeiten innerhalb von internationalen Organisationen, die sich an Friedensmissionen beteiligen, für EthnologieabsolventInnen auszuloten. Was vermittelt werden sollte ist, dass dieses Berufsfeld nicht nur ein sehr vielfältiges und schillerndes ist, sondern auch, dass die Anforderungen, die dieses Berufsfeld stellt, gerade für EthnologInnen höchst relevant sind (Stichwort: Fachwissen, Vermittlerrolle, Mediation). Kurz: EthnologInnen wären aufgrund ihrer spezifischen Ausbildung perfekt geeignet dafür, einen wesentlichen Beitrag zur Bewältigung internationaler Konflikte zu liefern. Aber neben den interessanten Möglichkeiten und Potentialen, die dieses Berufsfeld bietet, gilt es auch die extremen und daher für den/die Einzelne/n belastenden Umstände der Arbeitsbedingungen zu beachten. Ein Job bei Friedenseinsätzen ist sicher keine „leichte" Angelegenheit, egal ob man nun im UNHCR-Büro in Wien sitzt und die telefonische Anlaufstelle für Kosovoflüchtlinge übernommen hat, wie im Falle von Eva Kalny, oder ob man auf einer UN-Mission in Kambodscha tätig ist, wie im Falle von Peter Hazdra. Beide Beispiele zeigen, dass es zeitweise zu schwerwiegenden (psychischen) Belastungen kommen kann. Doch wer sich zutraut, relativ flexibel zu sein, dem/der ist zu empfehlen, sich die Möglichkeiten in diesem Berufsfeld etwas näher anzusehen. Es geht nicht zuletzt auch darum, wertvolle Berufserfahrungen zu sammeln, die später einmal für vollkommen andere Berufsrichtungen ebenso wichtig sein können.

Kontaktadressen

EPU Friedenszentrum Burg Schlaining
A-7461 Stadtschlaining
http://www.aspr.ac.at

EU-Praktika: Bundesministerium für Finanzen, Abt. VII/7
Himmelpfortgasse, A-1010 Wien;
Bundeskanzleramt, Abt. II/7,
Möllwaldplatz 4/IV, A-1040 Wien,
EU: http://europa.eu.int http://europa.eu.int/austria

OSZE Sekretariat
Kärntner Ring 5-7, A-1010 Wien
http://www.osce.org

ÖSFK Friedenszentrum Burg Schlaining
A-7461 Stadtschlaining
http://www.aspr.ac.at

Außendienststelle das ÖSFK:
3. Stock der österreichischen Staatsdruckerei
Rennweg 16, A-1030 Wien

ÖAD – Österreichischer Akademischer Austauschdienst
http://www.oead.ac.at

Stipendienangebote: http://stimadb.oead.ac.at.

UN-Websites:http://www.un.org
siehe auch: http://www.uno.de
http://un.org/Depts/OHRM/

UNHCR: http://www.unhcr.ch/welcome.htm
http://www.unhcr.de/employ/praktika.htm

UNO-Praktika: Informationsdienst der Vereinten Nationen
Internationales Zentrum Wien, Wagramerstraße 5, 1220 Wien

United Nations Office in Geneve
Information Service
Palais de Nations, CH-1211 Geneva 1
htttp://www.unprof.net/

UNESCO-Praktika: Österreichische UNESCO-Kommission
Mentergasse 11, A-1070 Wien

UNV und JPO: Ministerium für Auswärtige Angelegenheiten, BMfaA
Abt. VII. 1: Multilaterale Entwicklungszusammenarbeit,
Abt. II. 5: Internationale Organisationen
Ballhausplatz 2, A-1014 Wien
http://www.bmaa.gv.at

InterviewpartnerInnen

Peter Hazdra
Matura, Militärdienst, Jus-Studium, dazwischen einige friedenserhaltende Einsätze bei der UN-Truppe in Zypern, dann im Missionshauptquartier in Syrien: „Das waren vom Tätigkeitsbereich her eher zivile Jobs, aber von Militärpersonen ausgeführt“ (Interview Hazdra). Dann Abschluss des Jus-Studiums, Gerichtspraktikum, begann (nebenbei) Ethnologie zu studieren: „Bin dann noch ein paar Mal als unbewaffneter Militärbeobachter ins Ausland gegangen – nach Kuwait, Kambodscha, Ruanda – und schließlich auf die zivile Schiene umgestiegen“ (Interview Hazdra). Menschenrechtsbeobachter in Bosnien mit der OSZE, OSZE-Langzeitwahlbeobachter in Kroatien, Sicherheitsbeauftragter der UNO-Menschenrechtsmission in Ruanda, Langzeitwahlbeobachter der EU in Kambodscha. Zwischendurch: Promotion zum Dr.iur. mit einer Dissertation über die UNO-Friedensoperation in Kambodscha. Nach dem Abschluss des Ethnologie-Studiums vor dreieinhalb Jahren als Forscher im Bereich Konflikttransformation am Institut für Friedenssicherung und Konfliktmanagement der Landesverteidigungsakademie tätig. Seither einige kurze Einsätze als Wahlbeobachter.

Eva Kalny
Matura, nach einem Jahr Technische Mathematik an der TU Studiumswechsel: Ethnologie und Spanisch. Feldforschungen in Guatemala über den Einfluss von Repression und Diskriminierung auf indigene Kinder (Diplomarbeit) sowie Gewohnheitsrecht und Situation von Frauen in indigenen Gemeinden (Dissertation, Ende 2000 abgeschlossen). Arbeit zu Lateinamerika (Österreichisches Lateinamerika-Institut) und im Flüchtlingsbereich (Hemayat – Verein für die psychologische und medizinischen Betreuung von Folter- und Kriegsüberlebenden, UNHCR). Ehrenamtliche Tätigkeit im Menschenrechtsbereich, insbesondere bei amnesty international.

Literatur

Friedens- und Konfliktforschung, Internationale Organisationen, Völkerrecht

ANAN, Kofi A.
1998 Partnerships for Global Community. Annual Report on the Work of the Organisation. UN-Department for Public Information: New York.

BLUMENWITZ, Dieter
1994 Die humanitäre Intervention. In: Aus Politik und Zeitgeschichte. Beilage zur Wochenzeitung „Das Parlament", B 47/94, 25.11.1994, S. 4.

DELBRÜCK, Jost (Hg.)
1979 Völkerrecht und Kriegsverhütung. Zur Entwicklung des Völkerrechts als Recht friedenssichernden Wandels. Institut für Internationales Recht, Universität Kiel. Berlin.

FALTERBAUM, Johannes
1994 Entwicklungsförderung im Völkerrecht. In: Aus Politik und Zeitgeschichte. Beilage zur Wochenzeitung „Das Parlament", B 47/ 94, 25.11.1994, S. 22f.

GUSTENAU, Gustav (Hg.)
2000 Humanitäre militärische Intervention zwischen Legalität und Legitimität. Baden-Baden.

HAEDRICH, Martina/RUF, Werner (Hg.)
1996 Globale Krisen und europäische Verantwortung – Visionen für das 21. Jahrhundert. Baden-Baden.

HAZDRA, Peter
1997 Die UNO-Friedensoperation in Kambodscha. Vorgeschichte, Konzept, Verlauf und kritische Evaluierung des internationalen Engagements. Frankfurt/M., Wien.

KIMMINICH, Otto

2000 Einführung in das Völkerrecht. (7., völlig überarb. u. erw. Aufl.) Tübingen.

KÜHNE, Winrich

1994 Die Friedenssicherung der Vereinten Nationen in der Krise? Eine Zwischenbilanz. In: Aus Politik und Zeitgeschichte. Beilage zur Wochenzeitung „Das Parlament", B 2/94, 14.1.1994, S. 18-27.

MATTHIES, Volker (Hg.)

1995 Der Transformationsprozess vom Krieg zum Frieden – ein vernachlässigtes Forschungsfeld. In: Ders. (Hg.): Vom Krieg zum Frieden. Kriegsbedingungen und Friedenskonsolidierung. Bremen, S. 8-39.

NEUHOLD, Hanspeter/HUMMER, Waldemar/
SCHREUER, Christoph (Hg.)

1997 Österreichisches Handbuch des Völkerrechts, Band 1: Textteil. (3., völlig überarb. Aufl.) Wien.

NOHLEN, Dieter (Hg.)

1998 Wörterbuch Staat und Politik (5. Aufl.). München.

OECD

1998 Conflict, Peace and Development. Cooperation on the Threshold of the 21st Century, Development Co-operation Series. Paris.

OTUNNU, Olara A./DOYLE, Michael W. (Hg.)

1998 Peacemaking and Peacekeeping for the New Century. Proceedings of a seminar held in March 1995 convened by the Government of Austria and the International Peace Academy. Lanham, Maryland (u.a.).

PÖLLINGER, Sigrid

1998 Der KSZE/OSZE Prozess. Ein Abschnitt europäischer Friedensgeschichte. Wien.

RANDELZHOFER, Albrecht

1979 Der Friedensbegriff des Völkerrechts. In: Delbrück, Jost (Hg.): Völkerrecht und Kriegsverhütung. Zur Entwicklung des Völkerrechts als Recht friedenssichernden Wandels. Referate, Berichte und Diskussionen eines Symposiums, S. 22-39.

UN

1994 Agenda für den Frieden. Vorschläge des UN-Generalsekretärs Boutros Ghali zur Friedens- und Sicherheitspolitik der Vereinten Nationen, In: Aus Politik und Zeitgeschichte. Beilage zur Wochenzeitung „Das Parlament", B 2/94, 14.1.1994, S. 17 (siehe ebenso: Boutros Boutros Ghali: An Agenda for Peace, 2nd Edition, With the New Supplement and Related UN Documents, United Nations, New York, 1995; Dokumentnummer A/50/60-S/1995/1 vom 3.1.1995).

1998 Die Vereinten Nationen und die Menschenrechte. In: Aus Politik und Zeitgeschichte. Beilage zur Wochenzeitung „Das Parlament", B 49/98, 2.12.1998, S. 16-23.

1998 Langzeitmissionen der OSZE (Tabelle). In: Aus Politik und Zeitgeschichte. Beilage zur Wochenzeitung „Das Parlament", B 16-17/98.

UNRISD (UN Research Institute for Social Development)

1994 Rebuilding Wartorn Societies. Problems of International Assistance in Conflict and Post-Conflict Situations, Genf.

WOYKE, Wichard (Hg.)

1998 Handwörterbuch Internationale Politik. (7. Aufl.) Opladen, Stuttgart.

Ethnologie, Feldforschung

AMIT, Vered (Hg.)

2000 Constructing the field. Ethnographic fieldwork in a contemporary world. London.

ERIKSEN, Thomas Hylland

1993 Ethnicity and Nationalism. Anthropological Perspectives. London.

FISCHER, Hans (Hg.)

1985 Feldforschungen. Berichte zur Einführung in Probleme und Methoden. Berlin.

1998 Ethnologie. Einführung und Überblick. Berlin.

KALNY, Eva

2000 Das Gesetz, das wir im Herzen tragen. Kulturanthropologie und familienrechtliche Normen in zwei Mayagemeinden (Sacapulas, El Quiché, Guatemala). Phil. Diss. Univ. Wien.

LÉVI-STRAUSS, Claude

1993 Der Blick aus der Ferne. Frankfurt/M..

MUNCK, Victor C. de (Hg.)

1998 Using methods in the field. A practical introduction and casebook. London.

NORDSTROM, Carolyn (Hg.)

1995 Fieldwork under fire. Contemporary studies of violence and survival. Berkeley.

Entwicklungszusammenarbeit (EZA)

BONK, Claudia

1999 Conference Report Lomé 2000 and beyond, In: Journal der Entwicklungspolitik, XV/2, Vienna Palais Auersperg, S. 331-352.

DEUTSCHES ÜBERSEE-INSTITUT (Hg.)

1999 Jahrbuch Dritte Welt 2000. Daten, Übersichten, Analysen. München.

KAPPEL, Robert

1999 Die entwicklungspolitischen Fehlleistungen des Kooperationsmodells von Lomé. In: Journal der Entwicklungspolitik, XV/2, S. 247-256.

NOHLEN, Dieter (Hg.)

1994 Lexikon Dritte Welt. Länder, Organisationen, Theorien, Begriffe, Personen. Hamburg.

NUSCHELER, Franz (Hg.)

2000 Entwicklung und Frieden im 21. Jahrhundert. Zur Wirkungsgeschichte des Brandt-Berichtes. Bonn.

STÖCKL-PUKALL, Ernst

1999 Stand und Diskussion der Verhandlungen zwischen der Europäischen Union und den AKP-Staaten. In: Journal der Entwicklungspolitik, XV/2, S. 275-292.

WERTHER-PIETSCH, Ursula

1999 EU-AKP-Verhandlungen – Wegweiser ins 21. Jahrhundert, In: Journal der Entwicklungspolitik, XV/4, S. 437-444.

Mediation

BERCOWITCH, Jacob (Hg.)

1994 Mediation in International Relations. Multiple Approaches to Conflict Management. New York.

GANGULY, Rajat/TARAS, Raymond C.

1998 Understanding Ethnic Conflict. The International Dimension. New York.

PFAFFENHOLZ, Thania

1997 Zivile Konfliktverarbeitung – ein internationaler Überblick. In: Vogt, Wolfgang R. (Hg.): Gewalt und Konfliktbearbeitung. Befunde – Konzepte – Handeln. Baden-Baden.

SISK, Timothy

1996 Power Sharing and International Mediation in Ethnic Conflicts. Washington.

ZARTMAN, I. William/RASMUSSEN, J. Lewis (Hg.)

1997 Peacemaking in International Conflict. Methods & Techniques. United States Institute of Peace. Washington.

EthnologInnen ins Gesundheitswesen!

Sonja Siegert und Julia Czarnowski

Was ist der Grund, dass EthnologInnen im Gesundheitswesen kaum vertreten sind? Liegt es an den EthnologInnen selbst, die sich zu wenig zu Wort melden, oder an ihrer qualitativen Arbeitsweise, die bisher von vielen MedizinerInnen unterschätzt worden ist? Elisabeth J. Sobo, eine Ethnologin aus den USA, hinterfragt die Situation der Ethnologie im medizinischen Bereich folgendermaßen:

> Does it benefit medical anthropology to adapt to a world in which the golden standard for academic achievement is a „scientific" one? (Sobo o.J.)

Ist es nicht höchste Zeit für EthnologInnen zu zeigen, dass ihre Arbeitsmethoden zwar nicht quantitative Beweise liefern, jedoch wertvolle Querverbindungen schaffen und die Arbeitsweisen diverser Nachbardisziplinen sinnvoll ergänzen können? Eine dieser Methoden ist die Feldforschung, die sicherlich zu den wichtigsten Arbeitsmethoden von EthnologInnen gehört. Sie ist gekennzeichnet durch starke Kontextbezogenheit und baut nicht auf Statistiken auf. Aber gerade Letzteres erscheint vielen MedizinerInnen als zu „unwissenschaftlich", obwohl speziell mit dieser Arbeitsweise tiefer gehende Lösungsvorschläge erarbeitet werden können. Ein weiterer Grund, weshalb EthnologInnen bisher im Gesundheitssektor kaum vertreten sind, liegt darin, dass ethnologische Theorien und Persönlichkeiten im medizinischen Bereich oftmals nicht bekannt sind beziehungsweise ihre Bücher und Artikel nicht unter „medizinisch" registriert werden. Nach unseren Recherchen in diesem Bereich müssen wir die Bedenken von Elisa J. Sobo ernst nehmen und dennoch das Engagement von EthnologInnen im Gesundheitswesen voll bejahen.

Dieser Beitrag beleuchtet die gegenwärtige Situation und erläutert mögliche Einsatzgebiete von EthnologInnen im Gesundheitswesen. Er gliedert sich in folgende drei Abschnitte: Der erste soll dem/der LeserIn die besonderen Qualitäten von EthnologInnen in Bezug auf das Gesundheitswesen näher bringen. Der zweite Abschnitt berichtet über einige der von uns als besonders wichtig erachteten möglichen Einsatzgebiete von EthnologInnen in Medizin, Psychiatrie, Therapie sowie im medizinisch-sozialen Dienst inklusive des medizinischen Consultings. Und im dritten Teil haben wir versucht, durch einige Stimuli die LeserInnenschaft anzuregen, von uns nur angerissene Bereiche aufzugreifen und auf eigene Weise kreativ zu werden.

Was haben EthnologInnen in diesem Bereich anderen voraus?

Nicht jede/r macht sich von der Arbeit eines Ethnologen/einer Ethnologin ein adäquates Bild. In vielen Köpfen spukt noch die exotische Vorstellung von VölkerkundlerInnen herum, die in den verstecktesten Winkeln der Erde nach einem noch unentdeckten „Stamm" suchen. Doch die heutige Ethnologie befasst sich unter anderem mit Transkulturalität, Identitätsfragen, Globalisierung, Migration und Konfliktforschung – also mit Themen, die in unserer heutigen Gesellschaft immer wichtiger werden. Hier weisen EthnologInnen Qualifikationen auf wie in keinem anderen Bereich. Wahrscheinlich ist das der Grund, weshalb in den USA und in vielen anderen Ländern EthnologInnen schon längst auf verschiedene Weise im Gesundheitssektor integriert sind. Dort wird bereits – freilich unter völlig anderen, nämlich meist ‚privatisierten' Voraussetzungen – seit langer Zeit das praktiziert, was in Österreich noch in den Kinderschuhen steckt: „Cultural Competency" als ein Pflichtfach an den medizinischen Fakultäten. Außerdem gibt es dort interdisziplinäre medizinische Zentren. Traditionelle und klassisch-medizinische Behandlungen befinden sich also Tür an Tür. In Österreich müssen diese Dinge erst etabliert werden, obwohl hier rund 758.000 ausländische MitbürgerInnen leben, das entspricht etwa 9,3 Prozent der Gesamtbevölkerung (Statistik Austria 2000). Dabei sind in dieser Zahl jene ZuwanderInnen noch nicht enthalten, die bereits die österreichische Staatsbürgerschaft besitzen. Auch deren Einstellung zu „krank" und „gesund" entspricht oft nicht den schulmedizinischen Vorstellungen. Die medizinische und psychotherapeutische Behandlung und Beratung von Menschen mit anderem kulturellen Hintergrund ist also nicht mehr nur „die Ausnahme". Aus dieser Problematik ergibt sich ein neues Beschäftigungsfeld für EthnologInnen. Denn mit dem Abschluss des Ethnologiestudiums besitzen die AbsolventInnen eine breit gefächerte Ausbildung zu genau solchen Fragen des Interkulturellen Zusammenlebens.

Innerhalb der ethnologischen Ausbildung werden dem/der StudentIn einige Kenntnisse über das „kulturelle Vokabular" vermittelt. Aufgrund dieses Vokabulars verfügen ethnologisch Geschulte bereits über Vorkenntnisse in Bezug auf den soziokulturellen Hintergrund eines Menschen, noch bevor sie mit diesem in persönlichen Kontakt treten (Chrisman/Maretzki 1982: 180). Einen besonderen Stellenwert innerhalb dieses „kulturellen Vokabulars" nimmt die Sprache ein. Ruth Kronsteiner, eine ausgebildete Psychotherapeutin und Ethnologin, die vor allem mit türkischen Migrantinnen arbeitet, betont in Bezug auf die Sprache das „selbständige Infragestellen“ der Bedeutungen von Wörtern, die nicht der eigenen Muttersprache angehören:

> Beim Zugang zu einer Fremdsprache darf man nicht so selbstverständlich davon ausgehen, dass der semantische Inhalt für alle derselbe ist. Das ist das eine. Und das andere ist, dass die Person, mit der man zusammenarbeitet und die muttersprachlich Türkisch spricht, plötzlich dieses Wort auch anders sieht oder draufkommt, dieses Wort könnte man auch anders verstehen. Das Verständnis des Wortes relativiert sich. Auch in meiner Muttersprache, im Deutschen, merke ich, dass sich bei mir einiges verändert oder relativiert hat. Was ich früher als selbstverständliche Gemeinsamkeit angenommen habe, hat sich als nicht so selbstverständlich herausgestellt. (Interview Kronsteiner)

Der Medical Anthropologist Bernhard Hadolt ist sogar der Auffassung, dass EthnologInnen sowohl VermittlerInnen der kulturspezifischen Konzeptionen sind als auch die kulturgebundenen „Empfindungen“ und „körperlichen/leiblichen Wahrnehmungen“ einer Person richtig einordnen können (Interview Hadolt). Körperwahrnehmungen zum Beispiel werden je nach persönlichem Kontext und Erfahrungshintergrund (sprich: Kultur, Umgebung, Familie etc.) unterschiedlich interpretiert.

Gerade in einer Zeit der zunehmenden Konzentration von Menschen aus unterschiedlichen Kulturen in den urbanen Zentren, ist es wichtig herauszufinden inwiefern der soziale und kulturelle Hintergrund eines Patienten/einer Patientin seine/ihre Vorstellungen von der Gesundheitsversorgung beeinflusst (Pine 1999). Auch angesehene ÄrztInnen der klassischen Schulmedizin erkennen dieses Postulat an und heben seine Wichtigkeit im Heilungsprozess hervor. Deshalb ist es höchste Zeit, dass EthnologInnen als „SpezialistInnen soziokultureller Belange“ endlich die Initiative ergreifen. Erst wenn EthnologInnen und ihre Arbeit von den MedizinerInnen wahrgenommen werden, wird man in solchen Fragen auf sie zurückgreifen und die unersetzlichen Qualitäten dieser SpezialistInnen erkennen. Ruth Kronsteiner unterstreicht eben diese Besonderheiten der Ethnologie:

> Für mich war die Ethnologie immer sehr hilfreich und ist es bis heute. Ich greife immer wieder darauf zurück, was die Sensibilität für das Anderssein und das Fremdsein betrifft. (...) Viele Leute in den öffentlichen Berufen oder im medizinischen Bereich sind durch die andere Kultur schwer verunsichert. Oft hat das eigentliche Problem mit Kultur überhaupt nichts zu tun. Aber die andere Kultur macht so große Angst, dass das, was dahinter steht, nicht mehr gesehen werden kann. Und eine EthnologIn hat davor nicht

> so große Angst. Ich habe keine Angst vor einer anderen Kultur. Das unterscheidet mich von vielen anderen PsychotherapeutInnen, weil ich während des Studiums gelernt habe, damit umzugehen. (Interview Kronsteiner)

Aber EthnologInnen erfahren während ihres Studiums oder der Feldforschung nicht nur eine Annäherung an das „Andere" und das „Fremde". Alle hier genannten Aspekte von Sensibilisierung und fehlender Xenophobie fallen unter den Oberbegriff „kulturelle Kompetenz", ein Begriff, der ausführlich im Internet auf der US-amerikanischen Homepage des „Cross Cultural Health Care Programs" erläutert wird:

> What is „Cultural competency"? A set of congruent behaviours, attitudes and policies that come together in a system or agency or among professionals that enable effective interactions in a cross-cultural framework. It is the ability of individuals and systems to respond respectfully and effectively to people of all cultures, classes, races, ethnic backgrounds and religions in a manner that recognizes, affirms, and values the cultural differences and similarities and the worth of individuals, families, and communities and protects and preserves the dignity of each. Cultural competency involves recognition and respect for differences among patients in terms of their values, expectations, and experiences with health care, while at the same time recognizing the cultural-based practices and dictates of organized medicine, and the values, expectations, and experiences of the providers who practice it. Culturally competent care becomes possible only with the skillful management of the interplay between these elements which make up a medical encounter, and determine the points of access or barrier at the institutional level. (CCHCP o.J.)

Zusammenfassend kann man sagen, dass EthnologInnen besondere soziokulturelle Qualifikationen für die Arbeit im medizinischen Bereich mitbringen. Dazu gehört die Kenntnis des „kulturellen Vokabulars", welche ermöglicht, sich in die betreffende Person anhand ihrer spezifisch individuellen Sozialisation innerhalb einer bestimmten kulturellen Sphäre einfühlen zu können. Weiters zählt dazu die trainierte Selbsteinschätzung, welche „xenophobes Unbehagen" als Ängste vor dem Anderen/Fremden identifiziert und dadurch Berührungsängste und Hemmschwellen gegenüber der anderen Person und der anderen Kultur abbaut. Diese Kompetenzen sind natürlich bei der praktischen Interaktion mit Menschen aus unterschiedlichen sozialen und kulturellen Systemen von erheblichem Vorteil.

Einsatzbereiche

Im Folgenden werden anhand von acht Interviews mit Personen aus dem medizinisch-sozialen Sektor unterschiedliche Arbeitschancen und Einsatzmöglichkeiten für Ethnologie-AbsolventInnen evaluiert. Die relevanten Bereiche, auf die wir uns dabei konzentrierten, sind:

- die Medizin inklusive der klassischen Schulmedizin und der Medizin-Theorie;
- die Psychiatrie;
- die Psychotherapie einschließlich der Ethnopsychotherapie;
- der medizinisch-soziale Dienst sowie das medizinische Consulting.

Hiermit wollen wir den interessierten LeserInnen ein ausgewogenes Bild ethnologischer Potentiale im Bereich des Gesundheitswesens liefern.

Mit folgenden InterviewpartnerInnen haben wir gesprochen:

Johanna Feest: Ethnologin, Kunst- und Gestalttherapeutin in Ausbildung;
Alexander Friedmann: Leiter der Spezialambulanz für transkulturelle Psychiatrie und migrationsbedingte psychische Störungen am AKH-Wien;
Bernhard Hadolt: Ethnologe und Medical Anthropologist;
Johann Heiß: Ethnologe, Orientalist;
Heinz Katschnig: Psychiater, Vorstand der Universitätsklinik für Psychiatrie am AKH-Wien;
Ruth Kronsteiner: Psychotherapeutin (Psychoanalyse, Systemische Familientherapie) und Ethnologin;
Nilüfer Sözer: Volkswirtin, Sozialberaterin. Mitarbeiterinnen von Miteinander Lernen/Birlikte Ögrenelim – Bildungs-, Beratungs- und Psychotherapiezentrum für Frauen, Kinder und Familien, Zielgruppe sind v.a. Migrantinnen aus der Türkei;
Gerhard K. Tucek: Musiktherapeut, Kulturwissenschaftler, Begründer und Leiter des Institutes für Ethnomusiktherapie in Schloss Rosenau;
Otto Ziwsa: Personalchef von „Ärzte ohne Grenzen“ Wien.

Dem allgemeinen Tenor der Interviewten zufolge kann vorweg gesagt werden, dass EthnologInnen sich für ihre Arbeit unbedingt weiterbilden müssen. Das bis 2002 in Österreich angebotene Studium der Ethnologie qualifiziert die AbsolventInnen in den meisten Fällen noch nicht ausreichend für eine Beschäftigung im Gesundheitswesen. Diesbezüglich verspricht der ab 2002 gültige neue Studienplan deutliche Verbesserungen. Weiters wurde in den Interviews als konkrete Einstiegsmöglichkeit sehr oft die Variante des „Freelancers“ angesprochen, also die einer freiberuflich oder selbständig arbeitenden Person. Denn wie auch in anderen Studienrichtungen scheint es bei der jetzigen Arbeitsmarktsituation unerlässlich zu sein, sich selbständig zu machen und einen eigenen „Kundenstamm“ anzuwerben und aufzubauen.

Von den Interviewten wurde immer wieder betont, dass dem hohen „Bedarf an ethnologischem Know-how“ zu wenig oder keine „ethnologische Präsenz“ gegenüber steht, und zwar nicht nur im Gesundheitsbereich. Johanna Feest meint zu dieser Diskrepanz zwischen bereits hoher Nachfrage und noch spärlichem Angebot recht euphorisch:

> Ich könnte mir vorstellen, dass wesentlich mehr EthnologInnen zusätzlich einen Lehrberuf ergreifen und in den Schulen und multikulturellen Kindergärten eingesetzt werden sollten. In sämtlichen Integrationsgruppen, die es gibt, sollten EthnologInnen zumindest eine beratende Funktion haben. Eigentlich überall! Bei jeder Zeitung sollte ein/e EthnologIn sitzen, denn der Bedarf ist groß. (Interview Feest)

Viele Arbeitsgebiete müssen jedoch erst von den EthnologInnen „erobert“ werden. Dazu gehören auch eine intensivere Öffentlichkeitsarbeit und verstärkte Präsenz bei ArbeitnehmerInnen, Medien und öffentlichen Diskussionen.

Medizin

Da, wie schon erwähnt, das soziokulturelle Umfeld für die Gesundheit jedes Menschen von enormer Bedeutung ist, muss man bei Krankheiten von einer multikausalen Entstehung ausgehen. Dabei gilt: Die Krankheit bei mir ist nicht genauso wie die Krankheit bei jemand anderem, und auch bei mir taucht diese Krankheit niemals zweimal ganz gleich auf. Krankheiten sind nicht statisch, sondern sie unterscheiden sich, gerade weil sie eben nur „Konzepte“ sind. Und doch finden sich in all diesen verschiedenen Konzepten beinahe identische Leitsymptome, d.h. Symptome, die charakteristisch sind für bestimmte psychische und physische Erkrankungen.[1]

Ein Beispiel für die Vergleichbarkeit von Leitsymptomen ist das Krankheitskonzept der tibetischen Medizin. Gesundheit ist hier das Gleichgewicht, während Krankheit ein Ungleichgewicht darstellt. Krank machen Gefühle wie Neid, Begehrlichkeit und Abscheu. Heilen bedeutet, diese Energien wieder ins Lot zu bringen. Die tibetische Medizin – ein Konzept unter vielen – kennt vier Kategorien von Krankheiten, die auch uns bekannt vorkommen werden. Hier die vier Kategorien von Krankheiten in der tibetischen Medizin (Hofman 2000: 294):

- Oberflächliche Krankheiten, die zum Beispiel durch falsche Ernährung entstehen. Sie sind einfach zu kurieren.

1. Leitsymptome sind Symptome, die auf ein spezifisches Syndrom hindeuten. Die Leitsymptome der Schizophrenie sind zum Beispiel Denkstörungen und eventuell Wahnvorstellungen sowie akustische Halluzinationen.

- Krankheiten, die durch die Einwirkung von Geistern und Dämonen entstehen. Therapien sind hier unwirksam und diese PatientInnen brauchen die Hilfe von Lamas.
- „Karmische" Krankheiten: Nach buddhistischer Auffassung tragen wir alle Spuren unserer früheren Leben in uns; sie können sich in schweren Krankheiten wie zum Beispiel Krebs verkörpern.
- Weit zurückreichende Krankheiten, deren Ursprüngen in der Kindheit liegen (Traumata).

Ein anderes medizinisches Konzept ist die westlich-abendländische Schulmedizin. Unter der „Schulmedizin" versteht man die Gesamtheit der Lehren und Praktiken derjenigen Medizinschulen, welche die überwiegend anerkannten Regeln der westlichen ärztlichen Wissenschaft vertreten. Von ihr wird die „Außenseitermedizin" abgegrenzt (Roche Lexikon Medizin 1984). In Österreich wird die Schulmedizin von einem sehr eingeschränkten Wissenschaftsbegriff regiert, wie auch Johanna Feest kritisch bemerkt:

> Ich denke, die Schulmedizin ist eines der Medizinsysteme, der „Heilpraxissysteme", die sich im Laufe der Geschichte entwickelt haben. Und das, was das schulmedizinische System auch auszeichnet, ist der Objektivitätsanspruch, der naturwissenschaftliche Kontext, die hierarchische Strukturierung und der Anspruch, verbindlich und einzig gültig zu sein. Grob vereinfacht vertritt die Schulmedizin einen mechanistischen Ansatz, was sich auch in der Krankenkassendefinition zeigt: „Gesundheit ist die Abwesenheit von Krankheit". Die Krankheit ist ätiologisch erklärt und diagnostisch in einem Kriterienkatalog „Symptome-Syndrome" zusammengefasst. Und das wird weltweit angewandt. Kulturübergreifend werden verschiedene phänomenologisch festgestellte Symptome und Syndrome somit vergleichbar und auch analog behandelbar. In dieser Hinsicht hat die Schulmedizin Sinn und Bedeutung. (Interview Feest)

Johanna Feest ist jedoch auch der Ansicht, dass die Gesundheits-Definition der WHO (World Health Organisation) zu wünschen übrig lässt. Sie lautet folgendermaßen: Gesundheit ist der Zustand des vollkommenen körperlichen, seelischen und sozialen Wohlbefindens. Johanna Feest kritisiert bei dieser Definition von Gesundheit die Implikation des „statischen", da Gesundheit ihrer Meinung nach ein Prozess ist und sich „Gesund-Sein" immer wieder neu formt. Gesundheit kann daher gar nicht „vollkommen" sein. Auch der Ausdruck „Wohlbefinden" kann in ihren Augen nicht mehr als eine subjektive Beurteilung der Situation sein. Parallel zu derartig standardisierten Formen westlicher Gesundheitskonzepte existieren in vielen Teilen der Welt auch ‚traditionelle' und nichtwestliche Formen. Sie können als Ergänzung zum System der Schulmedizin herangezogen werden, wobei es zu Konflikten kommen kann.

Johanna Feest beschrieb uns im Laufe des Interviews jene Kriterien, die bei der Heilung eine Rolle spielen können, und erörterte dabei Ergebnisse einer Studie, die Anfang der 1980er Jahre in Holland gemacht wurde. Im Rahmen dieser Studie untersuchte ein Team von EthnologInnen, ÄrztInnen und PsychologInnen weltweit Medizinsysteme, also den unterschiedlichen Umgang mit Erkrankungen. Ein Resultat dieser Untersuchung war, dass es sehr viele „unspezifische Faktoren" bei der Wirksamkeit von Heilverfahren gibt.

Johanna Feest meint zum Vergleich der Medizinsysteme abschließend, dass sich letztendlich die Stellung der ÄrztInnen in unserer Gesellschaft nicht von der Stellung der HeilerInnen in anderen Gesellschaften unterscheidet. Die einzige Ausnahme sei eine gewisse Tendenz zur Überheblichkeit der „HeilerInnen" in unserer Gesellschaft.

Wie wichtig eine interkulturelle Betrachtungsweise jedoch ist, zeigt eine Auswahl der häufigsten sozialen, kulturellen und medizinischen Problembereiche bei ausgewählten Flüchtlingsgruppen im Harborview Medical Center/USA (EthnoMed 1998/2000):

- Flüchtlinge aus Vietnam: Eisenmangel bei Kleinkindern, da Milch zugeführt wird, sowie regional bedingte Gefährdung durch Hepatitis A/B und Tuberkulose.
- Flüchtlinge aus Kambodscha, Laos: Integrationskonflikt, Eisenmangel, Hepatitis B, ältere Personen sind stark von der chinesischen Medizin beeinflusst, posttraumatische Belastungsstörungen.
- Flüchtlinge aus Somalia: Parasiten bei Kindern, Tuberkulose, Pharaonenbeschneidung bei den Mädchen, Frauen besprechen keine persönlichen Probleme in der Anwesenheit eines Mannes, ernährungsbedingte Verstopfungsprobleme, Beschneidungsmöglichkeiten für die Knaben.

Aber nicht nur Risiken und Problembereiche sind kulturabhängig. Genauso sind es auch bestimmte Vorstellungen von Krankheit und Tod. Johann Heiß schlägt – unter Hinwies auf ein Gespräch mit einer Krankenschwester, die auf einer Intensivstation arbeitet – vor:

> Nach den Aussagen der Krankenschwester würden viele MedizinerInnen, die mit Krankheit und Tod einer anderen Person konfrontiert werden, oft nicht auf die kulturellen Vorstellungen bezüglich Heilverfahren und Sterberituale dieses Menschen eingehen. Vielen Menschen könnten möglicherweise ihre letzten Tage und Stunden auf ihre kulturspezifische Weise angenehmer gestaltet werden, wenn man um ihre Rituale und Wertigkeiten wüsste. Da könnten Ethnologen sicherlich gute Dienste leisten. (...) Wenig aufwendige Kleinigkeiten reichen oft aus, um den Leuten ein würdigeres Dasein zu verschaffen. Auch „Sterben" kann man würdiger! Für alle Beteiligten kann der Tod eines Angehörigen so angenehmer gestaltet werden. (Interview Heiß)

Was den theoretischen Bereich betrifft, gibt es an der Schnittstelle von Ethnologie und Medizin zwei verschiedene Ausrichtungen: die „Ethnomedizin" aus der deutschsprachigen Tradition und die „Medical Anthropology" aus der US-Tradition.

Die klassische Ethnomedizin untersucht die „einheimischen Heilkunden" in verschiederene Kulturen. Das tut sie unter Zuhilfenahme von ethnologischen und medizinischen Methoden sowie Ergebnissen anderer Wissenschaften. Sie interessiert sich primär für die lokalen Vorstellungen und Aktivitäten des Menschen innerhalb seiner Umwelt, die mit seinen Konzeptionen von Gesundheit und Krankheit zusammenhängen. Die einzelnen Heilkunden werden als kulturgebundene, organisch gewachsene Systeme betrachtet, mit denen in einer Gesellschaft die Probleme in Bezug auf Gesundheit, Krankheit, Heilung und Krankheitsverhütung adäquat gelöst werden sollen. Die Ethnomedizin zählt zu den „großen Heilkunden der Welt": die griechisch-abendländische Medizin, die islamisch-arabische Medizin, die europäische Volksmedizin, die Medizin im alten Mesoamerika, Ayurveda in den Darlegungen der indischen Medizin, die chinesische Medizin und die traditionelle Heilkunde Perus (Gottschalk-Batschkus/Prinz/Schuler 1999). Die Ethnomedizin kann entweder regional-ethnographisch oder allgemein-vergleichend ausgerichtet sein (Hirschberg 1988).

Johann Heiß, der sich intensiv mit dem mittelalterlichen arabischen Gesundheitswesen auseinandersetzt, stellt der europäischen Medizin die nahöstliche Medizin gegenüber und schildert in diesem Kontext eine Anekdote aus dem 12. Jahrhundert, wo ein muslimischer und ein christlicher Arzt sich über die europäischen Heilmethoden unterhalten. Während die Europäer versuchten, den erkrankten Körperteil zu entfernen, versuchten die arabischen Mediziner, das ganze Körpersystem aufrechtzuerhalten. So hat man den Heilungsprozess des physischen Körpers, neben operativen und medikamentösen Behandlungen, durch Unterstützung des seelischen Bereichs beschleunigt. Dies geschah insbesondere durch Diäten, Musik und Gebet (Interview Heiß).

Ethnomedizinische Forschung liefert uns also Erkenntnisse in vielen Bereichen und kann somit auch für die westliche Medizin interessant sein. Die in ethnomedizinischen Zentren gesammelten Erkenntnisse könnten der Weiterentwicklung der Gesundheitsplanung sowohl in der westlichen Medizin als auch bei anderen Heilkunden dienen und eine harmonische Zusammenarbeit gewährleisten. Im Rahmen der modernen Gesundheitsplanung könnte beispielsweise die wissenschaftlich fundierte Neubewertung der Heilkunden und der Volksmedizin, die nicht mit Begriffen der akademischen naturwissenschaftlichen Schulmedizin erfasst werden, eine zentrale Aufgabe der Ethnomedizin sein. Aber auch im Bereich der Konfliktanalyse in medizinischen Transfersituationen, die etwa bei „Ärzte ohne Grenzen" von großer Wichtigkeit ist, können ethnomedizinische Erkenntnisse von großem Nutzen sein. Doch dazu mehr am Schluss dieses Abschnittes.

Als Beispiel für die „Neubewertung und Wiederintegration" eines therapeutischen Elements erläutern wir in Folge das oft umstrittene Phänomen der „Trance". Diese war bis ins 17. Jahrhundert auch in die europäische Kultur integriert. Heute, im Zuge der starken Nachfrage, werden Trancetechniken aus anderen Kulturen in Form von Workshops angeboten. Gerhard K. Tucek hebt die in der „orientalischen Musiktherapie" von PatientInnen oft beschriebenen „Zustände erweiterten Wachbewusstseins" als ausgesprochen heilsam hervor. Diese im Menschen tief verankerte Bewusstseinskompetenz sollte seiner Meinung nach unbedingt wieder in unsere Kulturtechniken integriert werden:

> Wir haben das Bedürfnis nach Tranceerfahrung als Verlangen in uns wesenhaft angelegt, sei es jetzt im Kontext einer rituellen Heilzeremonie indigener Völker, in der Technomusik oder im Alkohol- und im Drogenkonsum westlicher Industrienationen. Aus meiner Sicht ist es für Gesundheit in einem umfassenden körperlichen und seelischen Sinne unabdingbar, sich dieser in uns angelegten Kompetenz zu außergewöhnlichen Bewusstseinszuständen bewusst zu werden und diese einer verantwortungsvollen Nutzung zuzuführen. Erst dort, wo kein geeigneter, gesellschaftlich wertgeschätzter schützender Rahmen hierfür besteht, wendet sich dieses an sich gesunde Bedürfnis (in unvollständigen Formen) gegen den Menschen. Aus dieser Sicht wird das große „Besäufnis" am Wochenende zum Ventil, weil man den Wahnsinn des alltäglichen Lebens nicht mehr aushält. (...) Wir verzeichnen eine beunruhigende Zunahme an Personen, die nach derartigen „Wochenendausflügen" in psychotische Episoden abdriften. An dieser Schnittstelle sehe ich ein breites interdisziplinäres Arbeitsfeld, in dem auch EthnologInnen und AnthropologInnen wichtige Beiträge zur Beantwortung der Frage liefern könnten, wie Trance in unsere Kultur reintegriert werden könnte, ohne dass sie – wie bisher – vom gesellschaftlich-kulturellen Gesamtkontext abgespalten ein Eigenleben in Subkulturen in Form von Esoterikkulten, Techno- und Rave-Partys, Drogen- und Alkoholräuschen etc. führen. (Interview Tucek)

In der Erforschung dieser „Zustände erweiterten Wachbewusstseins", die in anderen Kulturen noch nicht verloren gegangen sind, wären nach Tucek EthnologInnen gefragt. Sie könnten eine große Hilfe dabei leisten, die Technik der Trance zu revitalisieren und sie in einen neuen gesellschaftlichen Kontext einzufügen. EthnologInnen sind demnach gefordert, im Zeitalter zunehmender Globalisierung als ÜbersetzerInnen zwischen unterschiedlichen kulturellen Wertesystemen tätig zu sein. Zweifellos hält die Geschwindigkeit der menschlichen Bewusstseinsentfaltung nicht mit der voranschreitenden Entwicklung technischer Machbarkeiten mit, was auf persönlichen wie kulturellen Ebenen zu wachsenden Spannungsfeldern und Unvereinbarkeiten führt.

Ein weiteres Beispiel für die Forschungs- und Arbeitsgebiete der Ethnomedizin ist die Technik. Zum Beispiel sind Prothesen eben nicht nur ein Stück standardisierbarer Technologie, sondern sie werden für eine ganz spezielle Umgebung geschaffen, durch die sich der menschliche Körper bewegt. Verschiedene Kulturen haben ganz verschiedene Vorstellungen davon, was Menschen „behindert" oder „nicht behindert", je nach physischen Aktivitäten. Damit gehen auch gesellschaftliche Werte einher. Ein Beispiel dazu kommt aus den USA, wo für Beinprothesen geworben wird, indem die Werbung betont, wie sehr Prothesen die Fähigkeit zum Autofahren neu eröffnen („Unabhängigkeit", „Freiheit" und „Mobilität"): In diesem Angebot spiegeln sich also nur die Bedürfnisse einer bestimmten Gruppe wieder. Die so beworbenen Prothesen sind jedoch nicht zum Barfussgehen, Hocken oder für Feuchtigkeit geeignet. EthnologInnen arbeiten deshalb mit IngenieurInnen, ProthesenherstellerInnen und PatientInnen bei der Herstellung von Prothesen zusammen, um diese genau auf die Vorstellungen und Wünsche der PatientInnen abzustimmen. Für Länder der sog. „Dritten Welt" (speziell Indien) wurde der „Jaipur"-Fuß entwickelt. Er besteht aus Autoreifengummi, importiertem Aluminiumpapier und Stoff, womit er den Vorteil hat, billig und widerstandsfähig zu sein. Er ist gut für schwüles Wetter, zum Barfussgehen, für Nässe etc. geeignet und passt sich damit den kulturellen und klimatischen Bedingungen an (Kurzman 1997).

Während die Ethnomedizin schwerpunktmäßig eher medizinisch-ethnografisch tätig ist, beschäftigt sich die Medical Anthropology auch mit medizin-theoretischen Fragen. Laut dem Medical Anthropologist Bernhard Hadolt ist sie „erkenntnisleitend", da sie immer wieder auf sich selbst zurück reflektiert (Interview Hadolt). Ihr Hauptaufgabengebiet sehen die VertreterInnen der Medical Anthropology in der Forschung. Abgesehen von wissenschaftlichen Projekten betont Hadolt Beschäftigungsmöglichkeiten bei Gesundheitsprojekten im Rahmen der Entwicklungszusammenarbeit (EZA). Denn überall dort, wo verschiedene Kulturen und kulturelle Konzepte aufeinandertreffen, so Hadolt, sollten EthnologInnen zum Einsatz kommen (Interview Hadolt). Für die in diesem Feld beschäftigten Personen ist es eine wichtige Aufgabe die indigenen Erklärungsmodelle vor Ort zu untersuchen, da diese immer auch eine bestimmte (Be-)Handlungsweise implizieren. Hadolt beschreibt ein Projekt der EZA zu Infektionskrankheiten in Indien, bei dem EthnologInnen die indigenen Konzepte erforschten und damit zwischen InderInnen und dem einheimischen, medizinischen Personal erfolgreich vermittelten konnten. Er ist der Meinung, dass 90 Prozent der Erklärungsmodelle für Krankheiten „subjektiv" seien und nur 10 Prozent „objektiv“ genannt werden können (Interview Hadolt).

Mit internationalen Gesundheitsprojekten in Krisenzonen beschäftigt sich die 1971 in Frankreich gegründete Organisation „Ärzte ohne Grenzen“ (Médecins sans Frontières - MSF), eine der größten medizinischen Hilfsorganisationen der Welt, die 1999 für ihre Tätigkeit den Friedensnobelpreis erhielt[2]. Jährlich werden etwa 2.500 internationale MitarbeiterInnen in über 400 Einsatzgebiete entsendet. Otto Ziwsa, zuständig für die Personalwerbung des 1994 gegründeten MSF-Österreich:

> Drei Elemente haben zur Gründung von „Ärzte ohne Grenzen“ geführt: Erstens, medizinische Nothilfe und Schnelligkeit von Einsätzen. Zweitens, Unabhängigkeit in dem Sinne, dass man selber entscheidet, was man wann und wo tut. Und drittens, offiziell ganz aktiv Sprachrohr sein für Völker in Not, wenn wir der Meinung sind, dass medizinische Hilfe nicht ausreicht, um Leuten wirklich zu helfen. (Interview Ziwsa)

Die Hauptarbeit dieser Organisation ist die medizinische Hilfe, und zwar kurzfristige Katastrophenhilfe bei Naturkatastrophen, akuten Flüchtlingssituationen, aber auch in Form von Impfaktionen und Choleraprogrammen im „instabilen Umfeld“ einerseits und mittelfristige Langzeitprojekte im „stabilen Umfeld“, wie Tuberkulose- und Hygieneprogramme, andererseits. Aktiv Sprachrohr sein („Advocacy“) wird dann eingesetzt, wenn MedizinerInnen in ihrer Arbeit behindert werden, und reicht von „Gesprächen mit Verantwortlichen“ über „Lobbying“, „Pressekonferenzen“, „Gerichtsaussagen“, „öffentliche Aufklärungskampagnen“ bis hin zum „Rückzug aus Protest“.

Otto Ziwsa sieht dennoch, trotz des medizinischen Schwerpunktes, einige Beschäftigungsmöglichkeiten für EthnologInnen, auch wenn vom österreichischen Büro bis heute noch keine entsendet wurden:

> Die MitarbeiterInnen für Auslandseinsätze teilen wir in drei Berufsgruppen ein: Die erste bilden die MedizinerInnen. Die zweite ist der paramedizinische Bereich mit Laborpersonal, KrankenpflegerInnen, Hebammen, PsychologInnen und PsychotherapeutInnen. Und die dritte Gruppe sind die nichtmedizinischen Berufe. Bei Letzteren gibt es zwei Hauptrichtungen: Die eine sind TechnikerInnen/LogistikerInnen, die andere AdministratorInnen, wobei das fließend übergeht in Financial Controllers. Das sind also die Leute, die für die Buchhaltung, für die Projektabrechnung, Behördenkontakte und für die Einhaltung der Gesetze in den jeweiligen Einsatzländern zuständig sind. Das sind dann Personen aus anderen Berufsgruppen wie SozialarbeiterInnen, EthnologInnen und auch Ernäh-

2. Der folgende Abschnitt basiert auf einem Interview mit Otto Ziwsa.

> rungswissenschafterInnen. Es gibt Projekte, wo wir ganz gezielt jemanden suchen, der eben ErnährungswissenschafterIn oder EthnologIn für ein ganz bestimmtes Gebiet ist, weil man irgendwo zum Beispiel ein Familienplanungsprogramm, ein Straßenkinderprogramm oder ein Awareness-Programm für Posttraumata-Kranke durchsetzen will. Die Einsätze sind dann eher kurz und sehr präzise auf das jeweilige Einsatzgebiet zugeschnitten. (Interview Ziwsa)

Otto Ziwsa betont, wie wichtig dabei die regionale Spezialisierung der EthnologInnen sei:

> Wir würden EthnologInnen brauchen, die sich bei einem konkreten Projekt oder in einer Region auskennen. Es wäre für uns gut, wenn wir auf solche Personen gegebenenfalls zurückgreifen könnten, wenn wir sie für eine Evaluierung, eine Erkundungsmission, für Unterstützung oder Ähnliches brauchen. Sehr vorteilhaft wäre es, wenn man einen Pool von Personen hätte, zum Beispiel 15 EthnologInnen, wobei sich eine/r gut in Guatemala auskennt, ein/e andere/r in Tibet und wieder jemand in Ost-Uganda. Wenn man dann ein Mutter-Kind-Programm in Tibet startet, was immer ein sehr sensibler Bereich ist, dann hätte man eine/n EthnologIn im Hinterkopf, den/die man um Unterstützung bitten kann. Wo sicherlich der meiste Bedarf ist, ist als „counsellor" bei bestehenden Projekten und wenn man eine neue Zielgruppe identifiziert, also für eine Erkundungsmission, oder im Anschluss an ein bestehendes Programm, sozusagen eine Erweiterung. Oder ein ganz anderer Einsatz könnte in Richtung „press officer" gehen, als AnsprechpartnerInnen für JournalistInnen. Da kann Ethnologie natürlich auch ein guter Faktor sein, weil man ja oft zwischen JournalistInnen, die da hereinkommen und absolut keine Ahnung haben, und den örtlichen Gegebenheiten vermitteln muss. (Interview Ziwsa)

Wenn EthnologInnen zusätzliche Qualifikationen für Logistik oder Administration mitbringen, „dann ist das natürlich noch besser. Weil zu den Rollen des Administrators gehören auch Behördenkontakte. Und wenn da jemand ist, der Diplomatie jetzt im Sinn von Einfühlungsvermögen und Vorkenntnissen mitbringt, ist es natürlich sehr hilfreich" (Interview Ziwsa). Außerdem könnten EthnologInnen so zugleich mit der Funktion des/der „ProjektleiterIn" oder des „country managers" betraut werden, welche/r einerseits Verhandlungen mit örtlichen Behörden führt, andererseits aber auch als VermittlerIn innerhalb des sprachlich und kulturell zusammengewürfelten Teams fungiert und seine/ihre MitarbeiterInnen auf jeweilige Verhaltensregeln hinweist.

Um als EthnologIn den Ärzten ohne Grenzen zur Verfügung stehen zu können, muss eine Bewerbungsbogen angefordert und ein persönliches

Gespräch durchlaufen werden. Da diese Projekte oft kurzfristig angesetzt werden, muss man flexibel sein. Weiters sind gute Englischkenntnisse notwendig sowie je nach Einsatzgebiet zusätzliche Kenntnisse in Französisch, Spanisch, Russisch, Portugiesisch, Suaheli oder anderen Sprachen von Vorteil. Teamfähigkeit und bereits erworbene Auslandserfahrungen zählen ebenfalls als wichtige Qualifikationen. Für die Mitarbeit gibt es eine Aufwandsentschädigung, aber das Wissen und die Erfahrung, die man sich bei diesen Einsätzen erwirbt, sind von unschätzbarem Wert.

Psychiatrie

Während Psychologie die wissenschaftliche Lehre von den „normalen" seelischen Vorgängen darstellt, ist die Psychiatrie das Gebiet der Medizin, welches sich mit Diagnostik, Therapie und Vorbeugung der seelischen Krankheiten des Menschen befasst. Oft zeigen sich seelische Krankheiten in Form von körperlichen Störungen; sie werden beeinflusst von psychischen, sozialen und somatischen (physisch-körperlichen) Faktoren.

Ein besonderer Bereich der Psychiatrie ist die kulturbezogene Psychiatrie, die sich durch die Arbeiten von Petrilowitsch, Murphy und Wittkower entwickelt hat.[3] Sie setzt sich mit den kulturellen Aspekten von Krankheitsentstehung und Therapieformen auseinander. Die Transkulturelle Psychiatrie, eine Nachfolgedisziplin der kulturbezogenen Psychiatrie, befasst sich mit der Entstehung psychischer Störungen in verschiedenen Kulturen, dem Vergleich der Symptome psychischer Störungen in verschiedenen Kulturen, der Untersuchung kulturspezifischer Störbilder („cultural bound syndromes") und der Frage nach der sozialen Position psychisch Kranker in verschiedenen Kulturen.

In den Psychiatrievorlesungen an der Universität Wien wird gelehrt, dass es auf der ganzen Welt dieselben Psychopathologien gibt, die sich jedoch in der Symptomatik und in ihrer gesellschaftlichen Bewertung unterscheiden (so lautet etwa das Ergebnis einer Studie, dass 1 Prozent der Bevölkerung in jeder der untersuchten Kulturen eine schizophrene Symptomatik aufweist[4]). Diese Unterschiede können eine wichtige Rolle bei der Auswahl einer adäquaten Behandlungsstrategie spielen. Wie wir noch darlegen werden, bedeutet diese Einsicht jedoch nicht, dass sich dieses bisher vorwiegend schulmedizinische „Bollwerk" der Psychiatrie den neuen interdis-

3. Vgl.: Folien – Psychiatrie. Anschauungsmaterial aus dem Besitz von Alexander Friedmann. Einzusehen bei den Verfasserinnen.

4. 1973 kommt die „International Pilot Study of Schizophrenia", welche die Verteilung, das Gepräge und den Verlauf dieser Krankheit in neun kulturell verschiedenen Zentren untersucht und verglichen hat, zu dem Schluss, dass keine Unterschiede in der Kernsymptomatik und in der prozentuellen Verteilung bestehen, jedoch Unterschiede in der Sekundärsymptomatik auftreten und im gesellschaftlichen Umgang mit den Schizophrenen, in den damit verbundenen Behandlungsweisen und in den Verläufen.

ziplinären Behandlungs- und Diagnoseeinsätzen in nächster Zeit entscheidend öffnen wird.

Nicht nur der Ausdruck, sondern auch die Wahrnehmung von psychischen Krankheitsbildern ist je nach soziokulturellem Kontext unterschiedlich. Denn wichtige Kriterien der Erkrankung stellen der Leidensdruck der/des Betroffenen bzw. Selbstgefährdung und Gefährdung anderer dar. Hier spielt der gesellschaftliche Umgang mit den Symptomen und ihre Bewertung eine wichtige Rolle. So wird eine Person unterschiedlich stark in ihrem sozialen Umfeld leiden, je nachdem ob sie als „besonders" oder als „abnorm" eingestuft wird.

Alexander Friedmann ist Leiter der Spezialambulanz im AKH Wien. Er meint, dass Wahnkranke in Gesellschaften, in denen die exakte Darstellung der materiellen Wirklichkeit keine große Rolle spielt, nur dann als Kranke beurteilt werden, wenn sie an „heiligen Prinzipien" und „Tabus" rütteln. Diese durchaus interessante Ansicht Friedmanns sollte unserer Meinung nach vielleicht noch etwas genauer überprüft werden. Offensichtlich aber ist, dass kulturspezifisches bzw. transkulturelles Verständnis von „Kranksein" auch im psychiatrischen Bereich diskutiert wird. Soziokulturelle Fragestellungen sind also auch in diesem Gesundheitssektor von Bedeutung. Trotzdem ist Friedmann davon überzeugt, dass EthnologInnen hier von „keinem größeren Nutzen" seien (Interview Friedmann). Es sprechen viele Fakten gegen diese Meinung. Eine solche Aussage zeigt unseres Erachtens eher, wie sehr manche MedizinerInnen die Augen vor interdisziplinären Vorgangsweisen verschließen.

Untersuchungen unter anderem der WHO haben gezeigt, dass viele psychische Erkrankungen in Ländern der „Dritten Welt" trotz schlechterer Bedingungen einen günstigeren Verlauf nehmen können. Dieses kann zum einen daran liegen, dass die Akzeptanz der Krankheit oder der Behinderung in diesen Gesellschaften oftmals stärker ausgeprägt ist und daher die „compliance" (der Wille zur Mitarbeit beim Prozess der Heilung) der Betroffenen auch vermehrt vorhanden ist. Zum anderen spielen beim Verlauf und bei der Chronifizierung bestimmter Krankheiten (z.B. Schizophrenie) verschiedene soziokulturelle Faktoren eine Rolle, wie z.B. Überschaubarkeit der Gesellschaftsstruktur, soziale und emotionale Geborgenheit, Verbindung von Geborgenheit und Distanz, Akzeptanz einer Leistungsverminderung bzw. Stellenwert von Leistung, Verbindung von Krankheit und Persönlichkeit des Kranken.

In der psychiatrischen Behandlung, wo es schließlich um die Verringerung des persönlichen Leidens geht, sollte unserer Meinung nach verstärkt mit der Person selber oder gezielter an ihrer Umwelt (Eltern, Arbeit, Wohnen) gearbeitet werden (Sozialpsychiatrie). Im Gegensatz zu Friedmanns Position meinen wir, dass EthnologInnen in diesem Feld als Brücke zwischen medizinischen Ansätzen und der Weltsicht des/r PatientInnen dienen können in dem sie beitragen zur Beantwortung der Frage: „Ist dieses Verhalten normal?" Dabei fällt ihnen die Aufgabe zu, eine Behandlung zu fördern, die „kulturell bedeutend" für den Patienten/ die Patientin ist. Denn nur mit einer individuellen Behandlung, die auf das Krankheitskonzept der betroffenen Kultur eingeht, kann wirklich geholfen werden. Gerade in der Psychiatrie ist es aber für die Diagnose und Behandlung wichtig, dass das Individuum in seinem Gesamtkontext gesehen wird. Problematisch sind in diesem Zusammenhang die psychiatrischen Stationen in Großkrankenhäusern, die es kaum zulassen, dass auf das persönliche Umfeld der einzelnen PatientInnen, insbesondere von solchen mit anderem kulturellem Hintergrund, eingegangen werden kann. Als Gegenbeispiel dazu wäre das Modell Oberösterreich zu nennen. Hier wird eine größere Region in Sektoren gegliedert, von denen jeder eine kleinere Krankenanstalt besitzt, die auf die sie umgebenden örtlichen Bedingungen Bezug nehmen soll. Dieses schützt vor dem Abschieben „unbequemer PatientInnen" und gewährleistet die wichtige Kontinuität. In einem solchen Rahmen wäre natürlich die Arbeit von Ethnologen sehr hilfreich.

Eine Ambulanz für transkulturelle Psychiatrie und migrationsbedingte psychische Störungen wurde als Teil der Sozialpsychiatrie der Universitätsklinik für Psychiatrie 1994 in Wien eröffnet.[5] Sie wendet sich an AusländerInnen und inländische Angehörige kultureller Minderheiten sowie an Personen der 3., 4. und 5. Generation von MigrantInnen. Die PatientInnen kommen als „Laufkundschaft" oder werden von anderen Krankenhäusern, von niedergelassenen ÄrztInnen und Hilfsorganisationen zugewiesen. Das Besondere an dieser Spezialambulanz ist, dass auf die kulturelle und religiöse Sozialisation Rücksicht genommen wird. Eine vollständige Betreuung ist aus Raum- und Personalmangel allerdings nicht möglich. Daher liefert die Ambulanz einen Statusbericht, eine „Durchleuchtung des Hinterlandes" der Person und eventuelle Therapievorschläge. Alexander Friedmann, der Leiter dieser Ambulanz, betont, dass ein besonderes Gewicht auf die „Peripheriearbeit" gelegt wird. Das heißt, dass Informationen via Bücher und Internet über den sozialen und kulturellen Hintergrund der PatientInnen gesammelt werden müssen. Die Klinikpraxis wird hauptsächlich von neurotischen und psychoreaktiven Störbildern sowie Verstimmungen und Depressionen geprägt, ein Versuch der Psyche nonverbal Emotionen zu äußern. Da rund die Hälfte der Klientel kein Deutsch spricht und DolmetscherInnen kaum hinzugezogen werden können, muss die erste Kommunikation mit Laut-, Zeichen- und Bildersprache stattfinden.

Interessant erscheint die Einschätzung Friedmanns, dass überflüssige operative Eingriffe hauptsächlich bei AusländerInnen passieren. Ein Grund dafür sei, dass Zustandsbilder nicht auf somatische, sondern auf somato-

5. Der folgende Textabschnitt basiert auf einem Gedächtnisprotokoll des Vortrags und anschließendem Interviews mit Friedmann vom 17.5.2000 in Klosterneuburg.

forme Störungen zurückgehen, die jedoch aus Unwissenheit und aufgrund von Verständigungsproblemen oft nicht erkannt werden. Weiters hat er die Erfahrung gemacht, dass Personen aus europäischen Ländern meist später eine Störung entwickeln als Personen aus asiatischen Ländern. Er erklärt dies mit dem Umstand, dass viele asiatischen Familien größer sind, daher mehr Unterstützung liefern und somit die Erwartungen anders gelagert sind. AsiatInnen erwarten seiner Meinung nach viel eher als „AusländerInnen" und „kulturell Andersartige" behandelt zu werden als EuropäerInnen. Bei ihnen gibt es daher keine späte, starke Enttäuschung und Frustration, sondern vielmehr einen anfänglichen „Schock", der dann relativ schnell wieder abklingt (Interview Friedmann).

Obwohl (oder vielleicht: Gerade weil?) aufgrund der multikulturellen Klientel diese psychiatrische Spezialambulanz als Arbeitsgebiet für EthnologInnen als nahezu prädestiniert erscheint, fällt Professor Friedmanns Einschätzung skeptisch aus. Er meint, dass die Psychiatrie primäres Arbeitsfeld von MedizinerInnen sei und kann sich nicht so recht vorstellen, was „reine" EthnologInnen in diesem Feld leisten könnten. Als Einsatzfelder sieht er eher psychosoziale Betreuungszentren wie zum Beispiel ESRA (Interview Friedmann).

Der Leiter der Sozialpsychiatrie Heinz Katschnig ist da schon etwas optimistischer. Im Interview verwies er auf die Psychiatriereform in Niederösterreich und die Errichtung einiger regionaler Betreuungszentren:

> Also ich könnte mir vorstellen, dass EthnologInnen, die ein bisschen von Sozialpsychiatrie gehört haben und das mit einem Zeugnis belegen, in Niederösterreich vielleicht einmal Arbeitsplätze bekommen können. (Interview Katschnig)

EthnologInnen mit einer Therapieausbildung, mit sozialpsychiatrischem Vorwissen oder mit Erfahrungen in der Sozialarbeit könnten in den sieben sozialpsychiatrischen Stationen des Bundeslandes eventuell eingesetzt werden. Sie müssen sich nur bemerkbar machen und, wie jede/r andere BewerberIn auch, um die Positionen ansuchen (Interview Katschnig).

Abgesehen von der klassischen psychiatrischen und sozialpsychiatrischen Betreuung wäre ein mögliches Arbeitsfeld die Sozialberatung und -betreuung in psychiatrischen, sozialen und medizinischen Zentren. Im Folgenden stellen wir einige solcher Zentren vor:

Das psychosoziale Zentrum ESRA bemüht sich seit seiner Gründung im Jahre 1994 um die medizinische, therapeutische und sozialarbeiterische Versorgung von Opfern der Shoah, also der Judenverfolgung während der NS-Zeit, und von deren Angehörigen - sowie um die Beratung und Betreuung von Mitgliedern der jüdischen Kultusgemeinde in Wien. Dieser Verein bietet weiters Integrationshilfen für jüdische MigrantInnen, die vornehmlich aus osteuropäischen Staaten kommen. Das Angebot der Sozialberatung ist kostenlos, die medizinischen Leistungen werden seit 1996 auch auf Krankenschein angeboten und mit den österreichischen Krankenkassen rückverrechnet; es werden jedoch auch all jene Personen kostenlos behandelt, die nicht versichert sind (ESRA 2000).

An dieser Stelle seien die „posttraumatischen Belastungsstörungen" erwähnt, die speziell bei Flüchtlingen auftreten.[6] Deren Symptome werden in Wien unter anderem in der psychiatrischen Ambulanz für posttraumatische Belastungsstörungen behandelt. Sie können bis zu sechs Monate nach einem extrem belastenden Ereignis wie z.B. Folter, Flucht oder Misshandlung auftreten. Gerade Flüchtlinge sind psychisch besonders verletzlich oder leiden an einer posttraumatischen Belastungsreaktion. Gründe dafür sind: erhöhter Stress durch traumatische Erlebnisse, eine strapaziöse und gefährliche Flucht, kulturelle Konflikte sowie „Kulturschock", Anpassungsprobleme in der neuen Heimat, Sprachprobleme, Verlust von Familienmitgliedern sowie der einstigen Heimat und des gewohnten Alltags. Die Flüchtlinge realisieren, dass die alten Verhaltensweisen nicht mehr gültig sind, aber es mangelt oft an Hinweisen, wie man stattdessen miteinander umgeht. Speziell in den ersten zwei bis drei Jahren sind die Anpassungsschwierigkeiten besonders groß, was zu einer physischen und psychischen Belastungsreaktion führt. Bei einem Teil der Flüchtlinge tauchen nach ca. fünf Jahren auch Symptome der posttraumatischen Belastungsreaktion auf (Depression, Somatisierung, Ängste). Soziale Beziehungen helfen in diesen Jahren der Neuanpassung und geben wenigstens ein gewisses Maß an Orientierung und Stütze. Diese Menschen müssen mit viel Fingerspitzengefühl behandelt werden. In einer genauen Anamnese müssen die Umstände der Flucht und die Erlebnisse der Person geklärt werden. Dies sollte, wenn möglich, in der jeweiligen Muttersprache der Person geschehen (eventuell mit DolmetscherInnen). Als beispielhafte Institution, die bei solchen posttraumatischen Belastungsstörungen Hilfe anbietet, sei der Verein HEMAYAT erwähnt, bei dem auch immer wieder EthnologInnen mitarbeiten. Der hier geleistete therapeutische Aufwand erscheint wesentlich sinnvoller, als wenn „psychische Zusammenbrüche" später notdürftig behandelt werden (Ater 1998).

Bereits seit Jahren kommen immer wieder kosovo-albanische Flüchtlinge nach Österreich. Laut der Arbeitsgruppe zur „Psychotherapie bei Flüchtlingen" im Österreichischen Bundesverband für Psychotherapie sind viele von ihnen sind Überlebende von Folter, Übergriffen, Verfolgungshandlungen und Massakern. Obwohl man noch heute die schwere Traumatisierung durch Entwurzelung, Lagerhaft und Bürgerkrieg bei den bosnischen Familien beobachten könne, sei bis jetzt jedoch fast nichts für Flüchtlinge der kosovo-albanischen Gruppe geschehen, die einer ähnlichen Situation ausgesetzt waren. Derzeit gebe es in Österreich auch kaum muttersprachliche medizinische oder psychotherapeutische Versorgung. Die Arbeits-

6. Vgl. dazu Ottomeyer/Peltzer 2002.

gruppe hat daher eine Liste von PsychotherapeutInnen erstellt, die bereit sind, in einem zeitlich begrenzten und definierten Umfang kostenlose Psychotherapiestunden für Flüchtlinge zu leisten. Dies gilt besonders für bosnisch bzw. serbokroatisch sprechende TherapeutInnen zur Abdeckung jener Teilgruppe der Flüchtlinge, die neben Albanisch auch diese Sprache beherrscht. Zur Behandlung von ausschließlich albanisch sprechenden Flüchtlingen wurde eine Liste von DolmetscherInnen, teilweise mit Psychotherapieerfahrung, erstellt (ÖBVP 2000). Haben EthnologInnen ausreichende Sprachkompetenzen, dann könnte auch diese Arbeit sinnvollerweise in ihren Beschäftigungsbereich fallen.

Eine weitere Institution, die sich unter anderem auf posttraumatische Belastungsreaktionen spezialisiert hat, ist ZEBRA (Zentrum zur sozialmedizinischen, rechtlichen und kulturellen Betreuung von Ausländern und Ausländerinnen in Österreich). Das ZEBRA-Gesundheitsteam bietet: Hilfe bei familiären und gesundheitlichen Problemen, therapeutische Behandlung von Folteropfern und Kriegstraumatisierten, Einzel-, Paar-, Familien- und Gruppentherapien, Beratung bei Familienplanung, Vermittlung von medizinischer Behandlung, ärztliche Beratung und medizinische Gesundheitsberatung. Dieser Verein verfügt über ein breit gestreutes Gesundheitsnetzwerk, in dem auf die speziellen Bedürfnisse von „AusländerInnen" Rücksicht genommen werden kann. Neben Beratung und Begleitung bei gesundheitlichen Fragen verfügt dieser Verein über ein Netzwerk von ÄrztInnen, die den Flüchtlingen mit spezieller Sensibilität begegnen. Das BetreuerInnen-Team ist multiethnisch und multiprofessionell zusammengesetzt, sodass aus der kostenlosen, anonymen Beratung heraus insgesamt zehn Sprachen angeboten werden können (Trojovsky 2000).

Gerade auf dem psychiatrischen Sektor scheint es für EthnologInnen noch viel Arbeit zu geben. Wichtig ist es, sich mit den eigenen Fähigkeiten bekannt zu machen, denn das Einfühlungsvermögen und die kulturelle Kompetenz gepaart mit gewissen Sprachkompetenzen und dem Fehlen von Berührungsängsten machen EthnologInnen zu idealen Arbeits- und Beratungskräften in der Psychiatrie. So meinte auch Heinz Katschnig in Bezug auf sozialpsychiatrische Arbeit in der Region Mistelbach:

> Man muss das Milieu kennen und wissen, was den Leuten etwas bedeutet, um dort Psychiatrie betreiben zu können. (Interview Katschnig)

Wir haben nun einige Arbeitsfelder der klassischen, kulturbezogenen und transkulturellen Psychiatrie vorgestellt und sind zu dem Ergebnis gekommen, dass ein besonderes Gewicht dem sozialen Umfeld zukommt. Wir haben dargestellt, wie im Rahmen der Sozialpsychiatrie mit diesem sozialen Umfeld gearbeitet wird, und stellten fest, dass EthnologInnen sich ihre Position in der Vermittlung zwischen Krankheitskonzepten, Sprachen und

Sozialsystemen erst noch erkämpfen müssen. Bereits etablierte Einsatzgebiete von EthnologInnen sind jedoch die sozialmedizinischen und -psychiatrischen Betreuungszentren.

Psychotherapie (inklusive Ethnopsychotherapie)

Anders als einige der bisher diskutierten Bereiche scheint die Psychotherapie in Kombination mit der Ethnologie ein schon seit längerem bewährtes ethnologisches Tätigkeitsfeld zu sein. Dies soll hier anhand von drei InformantInnen, die in beiden Bereichen ausgebildet sind und ihre Erkenntnisse aus der Ethnologie voll in ihre Arbeit integriert haben, erläutert werden.

Ziel einer Psychotherapie ist es, seelisches Leid zu heilen oder zu lindern, in Lebenskrisen zu helfen, störende Verhaltensweisen und Einstellungen zu ändern und die persönliche Entwicklung und Gesundheit zu fördern. Psychotherapie findet in der Beziehung zwischen dem Therapeuten/der Therapeutin und dem Patienten/der Patientin statt.

Voraussetzung für die Ausbildung zum/zur PsychotherapeutIn in Österreich ist das psychotherapeutische Propädeutikum, welches jedem Fachspezifikum vorangeht. Dieses Propädeutikum stellt einen psychosozialen Grundlehrgang dar.

Die EthnologInnen müssen jedoch eine eigene Erlaubnis im Gesundheitsministerium (Ministerium für soziale Sicherheit und Generationen) für die jeweiligen psychotherapeutischen Fachspezifika, welche die eigentliche Einarbeitung in eine der Therapieschulen bedeuten, einholen. Diese wird normalerweise problemlos gewährt, schürt aber doch den Ärger einiger. Johanna Feest dazu:

> Das Problem ist die Berufspolitik der Ethnologie. Es gibt in Österreich seit 1991 ein Psychotherapiegesetz. In der Vorlaufphase dieses Gesetzes haben sich alle möglichen Berufsgruppen, die nur irgendetwas mit Sozialem zu tun haben, als Quellenberuf angemeldet und sind aufgenommen worden. Die Ethnologie hat das verabsäumt, wobei gerade die Ethnopsychoanalyse[7] einiges zu bieten hätte. Und ich denke mir, dass die Ethnologie auch eine Wissenschaft ist, die sich mit dem Sozialen beschäftigt, mit dem Anderen, dem Fremden und das ist geradezu prädestiniert für die Psychotherapie. (Interview Feest)

Da die Psychotherapieausbildung viel Zeit und Geld kostet, können Studierende das universitäre Angebot wahrnehmen und viele der geforderten Prüfungen durch Vorlesungen der Psychologie absolvieren.[8] Auch hier müssen die StudentInnen eine Bestätigung über die Anrechenbarkeit die-

7. Ethnopsychoanalyse bezeichnet die psychoanalytische Beschäftigung mit der Kultur. Vgl. dazu Reichmayr 1995.

ser Prüfungen vom Ministerium für Soziale Sicherheit und Generationen einholen oder die beiden Abschnitte des Psychologiestudiums beenden und eine Gebühr für die Anrechnung in Kauf nehmen. Auch Therapiesitzungen unter Supervision werden in Form von Gruppentherapien zum Teil auf der Uni angeboten. Hier gilt es, das Vorlesungsverzeichnis zu studieren und die Augen offen zu halten, denn schon das Propädeutikum kann ziemlich teuer werden. Für die Wahl einer Therapieausbildung stehen dem/der Interessierten eine Fülle von bewährten Therapieformen zur Verfügung. Allerdings sind nur 18 davon staatlich anerkannt.

Um einen informierten und empathischen Zugang zu den Patienten, insbesondere aus anderen Kulturkreisen, zu finden, bedarf es eines guten Einfühlungsvermögens in die Person und in ihren sozio-kulturellen Hintergrund. Neben diesem Einfühlungsvermögen bringen EthnologInnen nach Johanna Feest auch die für die Auseinandersetzung mit dem „Anderen" notwendigen Kenntnisse mit:

> Für mich ist Ethnologie nicht nur eine Fachausbildung, sondern gleichzeitig auch eine Welthaltung und eine Menschenbildvermittlung. Was zum Beispiel bei einer Feldforschung herauskommt, ist weniger ein Begreifen des „Anderen" und mehr ein vertieftes Verständnis von Menschsein. Außerdem beginnt das „Andere" nicht außerhalb der Landesgrenze. Das „Andere" ist ja bereits hier! (Interview Feest)

Das heißt, die Rolle der Ethnologie sollte nicht sein, das „Andere" bis ins Detail vom „Eigenen" zu differenzieren. Vielmehr soll sie helfen, in der Auseinandersetzung mit dem „Anderen" die Angst davor zu verlieren. Genau diese wesentliche Errungenschaft aus dem Ethnologiestudium wird auch von der Psychotherapeutin Ruth Kronsteiner hervorgehoben, deren Klientel vorwiegend MigrantInnen aus der Türkei sind:

> Das Problem ist, dass die HelferInnen ein Problem haben und nicht unbedingt die MigrantInnen. Dass die HelferInnen Angst haben vor dem Anderen, vor dem Fremden. Wie oft habe ich das gehört von einer Therapeutin, Psychologin oder Ärztin, die anruft und sagt: „Die Klientin, die ist ja türkischer Herkunft! Stellen Sie sich das einmal vor." Die Panik! Sie kann nicht mehr auf das Problem der Klientin als Ärztin, als Krankenschwester, als Therapeutin oder Psychologin eingehen, weil sie nicht mehr offen sein kann. Vor lauter Angst, weil die Person gebrochen Deutsch spricht, eine andere Kultur hat, sich anders kleidet oder anders ausschaut. Das löst Ängste aus. Viele Leute rufen in unserem Zentrum an und sa-

8. Informationen dazu gibt es beim Österreichischen Arbeitskreis für Gruppentherapie und Gruppendynamik (ÖAGG), A-1080, Lenaugasse 3, 1180, e-mail: propaedeutikum@oeagg.at, Homepage: www.oeagg.at.

> gen zum Beispiel: „Können Sie mit der Person arbeiten, weil die hat nämlich erzählt, dass sie von einem Geist befallen worden ist, von einem Dschinn, solche Vorstellungen! Mit der kann ich nicht arbeiten. Das ist so befremdend.“ Und die Helferperson denkt sich: „Entweder die ist psychotisch oder es ist die andere Kultur. Und beides macht mir Angst.“ (Interview Kronsteiner)

In diesem Beispiel wurde ein kulturspezifisches Phänomen, der Dschinn, erwähnt, welches für jemanden, der sich damit noch nicht auseinandergesetzt hat, sehr befremdlich klingen mag. Die Ethnologin Sabine Strasser hat dieses in Anatolien weit verbreitete Phänomen im Rahmen einer einjährigen Feldforschung in einem türkischen Dorf genauer untersucht. Sie versteht Besessenheit durch einen Dschinn als ein Ventil, mit dessen Hilfe sich Menschen von sonst oft unaussprechbaren psychischen Belastungen zu befreien versuchen. Diese körperlichen Krisen treten nach Meinung von Sabine Strasser verstärkt bei Frauen auf, da diese in einer patriarchal dominierten Welt besonders starker sozialer Kontrolle ausgesetzt sind. In jenen Gesellschaften wird auch der weibliche Körper als besonders anfällig für eine Besessenheit von diesen grenzüberschreitenden Wesen angesehen.

> Doch durch die Übertreibung der Unkontrollierbarkeit der Unreinheit, ihre Verunreinigung durch andere Wesen und die Verhaltensweisen während der Anfälle überschreiten besessene Frauen die normativen Grenzen. Die Sprache des Körpers erzählt dann nicht nur von den Reinheitsvorstellungen im Islam, sondern auch von den Momenten der unerträglichen Belastung durch die daraus abgeleitete Minderwertigkeit von Frauen und ihren Wünschen nach Veränderung. Die Unreinheit wird fruchtbar. Die Reinigung von den DämonInnen bedeutet in diesem Sinn, die Akzeptanz ihrer eigenen Unterdrückung bei den Frauen [und somit auch gesellschaftliche Ordnung, d. Verf.] wiederherzustellen. (Strasser 1995: 219f)

Dieses Beispiel soll deutlich machen, dass jede Kultur ihre eigene Sprache für „gesund“ und „krank“ besitzt. Deshalb ist es gerade im Psychotherapiebereich in der Arbeit mit KlientInnen aus anderen Kulturkreisen enorm wichtig, mit jenen Konzepten vertraut zu sein. Nur so kann ein längerfristiger Heilungsprozess ermöglicht und können Ängste gegenüber diesen „fremden“ Krankheitsvorstellungen beseitigt werden. Nilüfer Sözer, Sozial-, Erziehungs- und Gesundheitsberaterin türkischer Herkunft, wirft dazu ein:

> Es ist zwar banale Angst vor dem Fremden, aber die KlientInnen, die verstehen das als Ausländerfeindlichkeit. Das haben wir oft erlebt, wenn wir Kulturvermittlung zwischen beiden unternehmen, und es kommt heraus, dass sie sich wirklich nur wegen dieser bana-

len Ängste nicht verstehen, obwohl sie eigentlich noch nicht viel miteinander zu tun gehabt haben. (Interview Sözer)

Einfühlungsvermögen und keine Angst im Umgang mit dem „Fremden“ sind also wesentliche Qualifikationen von TherapeutInnen, insbesondere bei Klientel aus anderen Kulturen. EthnologInnen, die eine therapeutische Zusatzausbildung absolviert haben, bringen demnach sehr gute Voraussetzungen mit. Aber nicht nur herkömmliche Therapieformen sind interessante Einsatzgebiete für EthnologInnen. Eine weitere Herausforderung für EthnologInnen wäre es, indigene therapeutische Konzepte zu erforschen, um diese dann in adaptierter Form anwenden zu können.

Medizinisch-sozialer Dienst

In diesem Abschnitt sollen die Bedeutung der interkulturellen und kulturellen Kompetenz des medizinischen Personals sowie die ganzheitliche Betreuung von PatientInnen beleuchtet werden.

Das Gebiet des medizinisch-sozialen Dienstes hat bisher seltsamerweise von EthnologInnen wenig Beachtung erhalten, ungeachtet der Tatsache, dass immer mehr darauf gedrängt wird, „kulturelle Kompetenz“ als Fach an den medizinischen Fakultäten anzubieten. Etwa 800.000 Menschen mit anderem kulturellen Hintergrund als jenem der hiesigen Mehrheitsgesellschaft leben in Österreich. Es handelt sich also nicht um einen marginalen Personenkreis, der auch bei den Vorsorgeuntersuchungen und bei kleineren Krankheiten besser betreut und medizinisch versorgt wäre, sondern um jede zwölfte Person (AKH Pressestelle 1997). Diese Menschen zahlen ebenso Krankenversicherungsbeiträge, sie haben ein Recht auf eine für sie adäquate Behandlung.

Damit sich das medizinische Personal die dafür notwendigen Kenntnisse aneignen kann, müssen in der Ausbildung dementsprechende Angebote vorhanden sein. Ein Beispiel für so ein Lehrmodell der „kulturellen Kompetenz“ ist die in den USA praktizierte „transkulturelle Erstversorgung“ von Dr. Emilio Carillo, R. Green und Joseph Betancourt, welche aus 5 Modulen zu insgesamt 4 x 2 Wochenstunden besteht (Pine 1999). Dieses Lehrmodell der transkulturellen Erstversorgung soll hier exemplarisch dargestellt werden:

- Modul 1: Basiskonzepte und Erklärungen, warum Kultur mehr als nur Ethnizität ist, z.B. Fatalismus als Funktion einer bestimmten sozialen Realität (u.a. Armut;
- Modul 2: Diskussion von wichtigen kulturellen Fragen wie z.B. der Gefahr kultureller Stereotypisierung. Es wird geraten sich an aktuelle Fallbeispiele zu halten, um ein Gefühl für bestimmte Situationen zu bekommen;
- Modul 3: Lernen, die Bedeutung einer Krankheit zu verstehen;

- Modul 4: Bestimmung des sozialen Kontexts des Patienten z.B. durch T.E.L.L. (Tension, Environmental change, Language and literacy, Life control);
- Modul 5: transkulturell verhandeln.

Zusätzlich zu einer permanenten Integration solcher Unterrichtsfächer in die medizinische Ausbildung gibt es zahlreiche Zusatzausbildungen und Workshops, die ähnlich zum oben erwähnten Modell der Transkulturellen Erstversorgung aufgebaut sind, wie zum Beispiel das „Cultural Competency Training" im Angebot des Cross Cultural Health Care Program (CCHCP), einer US-Organisation, die sich seit 1992 mit „Kultur und Gesundheit" beschäftigt (CCHCP o.J.).

Doch es reicht nicht, die ethnische Herkunft eines Patienten/einer Patientin herausgelöst aus seinem/ihrem sozialen Hintergrund (d.h. Bildung, Finanzmittel etc.) zu betrachten. Nur eine die sozialen Einflüsse berücksichtigende, ganzheitliche Behandlung kann längerfristige Erfolge erzielen. Studien in den USA haben gezeigt, dass ethnische Minoritäten eher an Diabetes, Krebs und anderen Krankheiten sterben als andere. Das wird zum einen darauf zurückgeführt, dass der Mangel an Geld diese PatientInnen in den USA eher zu spät in Notaufnahmen führt, anstatt regelmäßig einen Hausarzt zu konsultieren; zum anderen damit, dass die Verbindung von Ernährung und Gesundheit oft nicht erkannt wird (St. Peter's University Hospital 1999). In diesem Kontext ist die Wichtigkeit interdisziplinärer Zusammenarbeit zu sehen. Denn klar ist, dass jedes Gesundheitssystem ein Konzept ist, welches seine spezifischen Grenzen besitzt. Durch interdisziplinäre Behandlungsansätze können diese Konzepte nur „reicher" und dadurch wirksamer gemacht werden. EthnologInnen fungieren daher auch als VertreterInnen interdisziplinärer Arbeitsansätze und als diplomatische VermittlerInnen an den jeweiligen Konzeptgrenzen. Dazu ein konkretes Beispiel: Aufbau des Ethnomedizinischen Zentrums Berlin-Kreuzberg. In Berlin leben rund 45.000 Menschen nicht-deutscher Herkunft, die unter Störungen des psychosozialen Gleichgewichts leiden, hervorgerufen durch die Anonymität der Industriegesellschaft, sich verstärkende xenophobe Tendenzen, Kontaktmangel, Familienkonflikte, unbefriedigte emotionale Bedürfnisse etc. Für die Behandlung solcher PatientInnen ist ein Verständnis für die ethnische Identität und ihrer spezifischen Problembereiche von entscheidender Bedeutung (Mutlu 1998). Gerade EthnologInnen könnten hier als VermittlerInnen tätig sein. Sprachdefizite behindern zudem oft eine Behandlung und führen zu einer misslungenen Beziehung zwischen Arzt/Ärztin und PatientIn sowie zu Fehldiagnosen und Fehltherapien. In Kreuzberg, das einen besonders hohen MigrantInnenanteil aufweist, wurde daher eine Arbeitsgruppe ins Leben gerufen, die ein Ethnomedizinisches Zentrum, wie schon in Hannover vorhanden, aufbauen soll.

Dieses Zentrum hat die folgenden Aufgaben (Mutlu 1998):

- Beratung in Konfliktsituationen,
- Sexualaufklärung und gynäkologische Beratung bzw. Organisation von Aufklärungskampagnen,
- Muttersprachliche Gesundheitsberatung,
- Sensibilisierung des Fachpersonals der medizinischen und sozialen Betreuung für die Belange der ImmigrantInnen (Beratungen, Schulungen),
- Aufbau einer DolmetscherInnenkartei für die Unterstützung des Fachpersonals und der PatientInnen z.B. bei Arztbesuchen,
- Vernetzung der Einrichtungen der gesundheitlichen und psychischen Betreuung,
- Herstellung und Förderung von Kontakten zwischen Einrichtungen der Betroffenen und Einrichtungen des Gesundheitswesens,
- Informationen über Medikation in der Landessprache des/der PatientIn,
- Informationen über das hiesige Gesundheitssystem (Pflichten und Rechte),
- Informationen über Ursachen und Symptome von Krankheiten,
- Unterstützung bei Fragen zur Schwangerschaft, Schwangerschaftsverhütung etc.,
- Unterstützung der Angehörigen bei Krankenhausaufenthalten,
- Beschaffung von finanziellen Hilfsmitteln,
- Unterstützung bei medizinischen Rechtsfragen,
- Begleitung bei Behördengängen und Übersetzungen.

Auch in Österreich gibt es Institutionen, die sich ähnliche Aufgaben gestellt haben, so zum Beispiel „Miteinander Lernen/Birlikte Ögrenelim“, ein Beratungs-, Bildungs- und Psychotherapiezentrum für Frauen und Familien von Migrantinnen aus der Türkei. Die dort beschäftigte Sozial- und Gesundheitsberaterin Nilüfer Sözer betont im Gegensatz zu Feest eine andere Bedeutungsdimension des WHO-Gesundheitsbegriffs, auf dem das Zentrum aufbaut:

> In diesem Gesundheitsbegriff ist nicht nur das physische und psychische, sondern auch das soziale Wohlbefinden enthalten. (Interview Sözer)

Aus diesem Grund sind ihre Aufgabenbereiche in die verschiedensten Richtungen gestreut: Arbeitsmarktpolitik, Wohnungsmarkt, Bildung, Aufenthaltsbedingungen, gesetzliche Belange wie Fremdenrecht sowie gelegentliche Spitalsbegleitungen. Ruth Kronsteiner erklärt dazu:

> Bei meiner Kollegin läuft alles zusammen und sie sortiert erst einmal, wer welches Problem hat und welche Expertin dafür zuständig ist und weist dann auch zu. Vieles kann sie selber machen [wie oben erwähnt, d. Verf.], aber dann gibt es Dinge, wo man einfach eine

> Juristin braucht oder eine Ärztin oder eine Psychotherapeutin. Dieses Fachpersonal findet sich hier und dorthin wird die Klientin dann geschickt, um auch diese spezielle Abklärung zu haben. (Interview Kronsteiner)

Charakteristisch für dieses Zentrum ist einerseits also ein sehr vielseitiges und spezialisiertes Angebot an Betreuung, andererseits eine starke Vernetzung zwischen dem Bildungsbereich, dem Beratungsbereich und dem Psychotherapiebereich. Im Bildungsbereich finden hauptsächlich Deutsch- und Alphabetisierungskurse für Frauen aus der Türkei statt. Cora Hiebinger und die Ethnologin Aurelia Weikert, beide Mitarbeiterinnen von „Miteinander Lernen“, betonen die Vorteile einer Lehrerin mit ethnologischem Hintergrundwissen:

> Über die soziokulturellen Hintergründe, die sozialen, ökonomischen, kulturellen und historischen Bedingungen eines Landes Bescheid zu wissen, ist eine wesentliche Voraussetzung, die Situation der Kursteilnehmerinnen zu verstehen, ihren Bedürfnissen und Wünschen möglichst umfassend gerecht zu werden und das Lehrmaterial entsprechend aufbereiten zu können. (Hiebinger/Weikert 1995: 90)

Parallel zu den Deutschkursen gibt es Kinderbetreuung. Für die schulpflichtigen Kinder findet fünfmal in der Woche eine Lernhilfe am Nachmittag statt, wo mit den Kindern geübt wird und Aufgaben gemacht werden. Ruth Kronsteiner führt auch die Vermittlung zu den Schulen sowie zwischen Eltern, LehrerInnen und Kindern an, die ein wesentlicher Aufgabenbereich des Zentrums geworden ist. In den Bildungsbereich fallen außerdem Fortbildungskurse für Personal aus dem Sozial- und Gesundheitsbereich.

> Da geht es um Kultur und Migration in der Psychotherapie, wo vermittelt wird, wie man Psyche und Kultur unterscheidet. (Interview Kronsteiner)

Neben dem erwähnten Bildungsbereich gibt es den Beratungsbereich, der sich in verschiedene Formen von Beratung gliedert: frauenspezifische Beratung, Gesundheitsberatung, juristische und ärztliche Beratung sowie Familienberatung. Und dafür gibt es verschiedene Spezialistinnen. Dorthin werden die Klientinnen von Nilüfer Sözer, welche die erste Anlaufstelle ist und offene Beratung für alle macht, geschickt (Interview Kronsteiner). Die vielen Funktionen, die diese Beraterinnen als Gesprächspartnerinnen erfüllen müssen, werden von Judith Hanser, ebenfalls Mitarbeiterin im Zentrum „Miteinander Lernen“, folgendermaßen beschrieben:

> Vertraute sein, bei der frau sich ausweinen kann, bei der Sorgen abgeladen und Solidarität und Empathie vorausgesetzt werden kön-

> nen. Ratgeberin sein, die auch gleich Lösungen anzubieten hat, Bedürfnisse befriedigt und alles weiß. Dolmetscherin/Vermittlerin sein bei der Kontaktaufnahme zum öffentlichen Raum. Und schließlich Heilerin sein, die für jeden Schmerz die richtige Medizin kennt. (Hanser 1995: 136f)

Aber nicht nur MigrantInnen suchen dieses Zentrum auf, um sich beraten zu lassen. Auch ÄrztInnen, TherapeutInnen und anderes medizinisches Personal werden in Form von kultureller Supervision beraten.

Im Sinne der Präventivmedizin kann in solchen Zentren verstärkt gezielte Aufklärungsarbeit geleistet werden, damit Ängste und Hemmungen abgebaut werden und Probleme schon im Vorfeld abgefangen werden können. Präventive Vorsorge ist besser und günstiger als kurative Maßnahmen, für die oft viel Zeit und Geld notwendig sind.

Abschließende Gedanken und Anregungen

Johanna Feest zeigt neue, zukunftsorientierte und der Gegenwart angepasste Berufsfelder der EthnologInnen auf:

> Vor zehn oder elf Jahren war ich bei einer EthnologInnen-Konferenz in Wien bei einem Workshop „Zukunftsperspektiven von EthnologInnen" dabei. Das war irgendwie eine traurige Angelegenheit, weil sehr viele junge KollegInnen anwesend waren und ziemlich wenig Euphorie ausgebrochen ist. Wohl klarerweise. Was soll man als Ethnologin/Ethnologe, wenn man in den Institutionen nicht Fuß fassen kann, weil die bereits hoffnungslos überbelegt sind? Und das gilt ja hier für ganz Europa, weil der Generationenwechsel schon längst stattgefunden hat. Ich hab dann gesagt: Was soll's! Wir müssen unsere Berufsfelder selber schaffen, wir müssen marktorientiert sein. Wir müssen schauen, wo die Schwachstellen der Systeme sind und wo wir gebraucht werden. Außerdem wird der/die Internet-Ethnologie in der Zukunft eine große Rolle spielen: als Plattform, als Kommunikationsort und als Informationsort. (Interview Feest)

Feest ist der Auffassung, dass neue Arbeitsfelder für EthnologInnen in Richtung selbständige Tätigkeiten gehen. Außerdem müsste man ihrer Meinung nach je nach Spezialisierung ein Gewerbe erschaffen: das „Gewerbe ethnologischer TherapeutInnen", das „Gewerbe ethnologischer MediatorInnen" etc.:

> Arbeit ändert sich, Arbeitsplätze ändern sich, also ändern sich auch die Arbeitsqualität und der Arbeitsplatz der EthnologInnen. Plätze müssen geschaffen werden. Man kann warten, bis die Gesellschaft einen zuordnet, oder man schafft sie selber. Ich denke, man sollte

> sie selber schaffen. Aber das heißt, diskutieren lernen, sich vertreten lernen. (Interview Feest)

Die Selbstdarstellung der EthnologInnen sollte also laut Feest verbessert werden. Aber auch die Einsatzgebiete von EthnologInnen könnten noch mehr auf die eigene Gesellschaft bezogen sein, indem Erkenntnisse, die aus der Beschäftigung mit anderen Kulturen gewonnen werden, dann als Impulserfahrung für die eigene Gesellschaft dienen. Als ein konkretes Arbeitsfeld sieht Feest dabei die Beschäftigung als einfühlsame/r BegleiterIn:

> Begleiterscheinungen der sozialen und kulturellen Entgrenzung sind Verwirrung, Unsicherheit und Angst. Genau da kann man ansetzen, und in dem Sinn würde ich die Ethnotherapie begreifen. Nicht Ethnopsychotherapie, sondern Therapie. Das heißt, der Ethnologe/die Ethnologin kann so ähnlich wie ein Therapeut oder eine Ärztin ein/e BegleiterIn werden – in einem Dialog, ein/e BegleiterIn in diesen Prozessen des Wandels. Schließlich unterscheiden wir uns in unseren Grundbedürfnissen und Bestrebungen nicht von anderen Menschengruppen. (Interview Feest)

Ein/e BegleiterIn mit ethnologischer Ausbildung würde sich dann mit Themen auseinandersetzen wie etwa: „Wie behalte ich meine kulturelle Tradition, ohne sie ständig in Frage stellen zu müssen?" Wie eine solche Tätigkeit konkret aussehen könnte, schildert Feest folgendermaßen:

> EthnologInnen und andere Leute, die so ihre Fähigkeiten einbringen, könnten Begegnungsmöglichkeiten schaffen, wo Leute sich treffen, um Zusammenhänge in der eigenen Kultur bezüglich Frauenbild, Geschlechterrollen, Berufsperspektiven usw. wiederherzustellen. EthnologInnen könnten auch in Betreuungsfeldern, insofern sie sich mit dem Tod auseinandergesetzt haben, arbeiten. Dann könnten sie Menschen, die jetzt aus ihrer Kultur herausgewachsen sind, wieder rückführen in das Traditionelle: „Wie begegne ich dem Leben?", „Wie begegne ich dem Tod?", „Wie kann ich loslassen und sterben?" (Interview Feest)

Um diese Aufgabe eines Mediators/einer Mediatorin und Begleiters/Begleiterin zu übernehmen, brauchen EthnologInnen, laut Johanna Feest, ein Kommunikationstraining, zum Beispiel durch den Besuch einiger Vorlesungen der Kommunikationspsychologie.

Wie die LeserInnen bemerkt haben, wurden bei den meisten Vorschlägen von Einsatzgebieten für EthnologInnen Zusatzqualifikationen genannt. Diese können ein großes Ausmaß annehmen und mit erheblichem zeitlichen und finanziellen Aufwand verbunden sein. Aus dieser Überlegung heraus schlägt Johann Heiß eine Art ethnologisches Zentrum vor, das als „Vermittlungsinstanz" fungiert, auf selbständiger Basis arbeitet und die Kontakte mit entsprechend spezialisiertem Personal herstellt. Ein solches

Zentrum müsste jedoch nicht nur ethnomedizinisch und medizinanthropologisch ausgerichtet sein, es könnte laut Heiß durchaus auch andere Interessen befriedigen, wie zum Beispiel Beratung bei Gerichtsfällen zwischen ÖsterreicherInnen und Personen aus anderen Kulturen. Anschaulich beschreibt Heiß einen weiteren Aspekt der möglichen Beratung:

> Vor kurzem habe ich eine Innenarchitektin aus München getroffen, die von einem „Ölscheich" einen Auftrag erhalten hatte. Sie plante im Rahmen dieses Projekts ein Hallenbad mit einem grünen Boden, in der Farbe des Propheten. Man wäre dort natürlich mit dreckigen Schuhen oder Füßen auf diese heilige Farbe getreten, aber sie hat diese farbliche Bedeutung nicht gekannt. Die Folge war, dass dieser Auftrag weg war. (Interview Heiß)

Hier handelt es sich also um ein klassisches Missverständnis, das durch Unwissenheit entstanden ist und durch eine vorangegangene oder begleitende Beratung von Seiten eines solchen Zentrums nicht aufgetreten wäre. Als weiteres Beispiel führt Heiß ein „Entwicklungshilfeprojekt" im Jemen an. Dort wurden einerseits Pumpen für Grundwasser gratis zur Verfügung gestellt und andererseits Geologen hingeschickt. Die Geologen waren der Auffassung, dass vor Ort die besten Bodenverhältnisse zu finden wären und das Bohren am billigsten sei. Die Pumpen wurden schließlich ohne Rücksicht auf Stammesgrenzen oder Gebiete, deren Besitz nicht geklärt war, montiert. Nach zwei Tagen war alles kaputt, wahrscheinlich Grundrechtsstreitigkeiten zum Opfer gefallen. Heiß ist daher der Überzeugung, dass ein solches ethnologisches Zentrum durchaus diverse (transkulturelle) Fälle betreuen könnte. Er kann sich auch vorstellen, dass ein solches Zentrum weiters verschiedene Kurse anbieten könnte, wie zum Beispiel in Form eines Cultural Competency Trainings. Das Ziel der Errichtung eines solchen Zentrums ist seiner Meinung aber nicht, „dass ein fixer Job für eine/einen einzelne/n EthnologIn geschaffen wird, die/der dann alle Beratungsbereiche abdecken muss. Ein solches Beratungsspektrum wäre illusorisch und der/die Einzelne wäre damit sicher völlig überfordert" (Interview Heiß).

Stattdessen schlägt Heiß vor, mehrere Leute, die auf verschiedene Gebiete spezialisiert sind, einzusetzen. Ein solches Zentrum wäre damit auch flexibler. Voraussetzung dafür ist neben einer regionalen Spezialisierung der MitarbeiterInnen auch eine gute Vernetzung, im Sinne von Kontakten und Informationsfluss innerhalb des Zentrums. So wäre dann genau bekannt, wer sich womit beschäftigt und dadurch wo einsetzbar ist. Natürlich könnte ein solches Zentrum zusätzlich auch mit VertreterInnen der einen oder anderen benachbarten wissenschaftlichen Disziplin, wie der Soziologie, Indologie etc., besetzt werden. Bei der Durchführung eines solchen Projektes gibt Heiß jedoch zu bedenken, dass es wichtig ist, bei den Menschen gut im Gedächtnis verankert zu sein, damit das Zentrum im Bedarfsfall eben auch kontaktiert werden kann. Das kann über gezielte Öffentlichkeitsarbeit (wie z.B. „University meets Public"), Gespräche mit EntscheidungsträgerInnen sowie über die Massenmedien geschehen. Es geht hier um ein Problem, mit dem sich laut Heiß jedoch die gesamte Kultur- und Sozialanthropologie auseinandersetzen müsste (Interview Heiß).

Heiß meint weiters, dass man sich auch mit den Verhältnissen hier vor Ort mehr beschäftigen sollte, ohne dabei natürlich den nicht-europäischen Bereich außer Acht zu lassen. Schließlich, so Heiß, ist das Einzige, was man als Referenzmöglichkeit hat und womit man Vergleiche anstellen kann, immer das eigene Land und die eigene Kultur. Eine solche Intensivierung von Arbeiten in unserem Bereich hätte wahrscheinlich auch den Effekt, dass die ganze Sozialanthropologie oder Ethnologie im eigenen Land bekannter wird. Daraus könnte auch ein Effekt der Rückkoppelung resultieren.

Trotz der enormen Wichtigkeit von Sachbezogenheit sollte sich laut Heiß ein/e Ethnologe/Ethnologin nicht zu sehr auf ein konkretes Arbeitskonzept versteifen, denn „damit kommt man ja nicht weiter und bleibt letztendlich immer kleben an dem, was sozusagen gerade marktgerecht ist. Es hat schon einen Sinn, wenn jemand so rein ins Blaue hinein etwas einfach einmal unternimmt. Dann fällt vielleicht auch wieder ein ganz neues Licht oder ein ganz neuer Schatten auf bestimmte Themen und Fragestellungen" (Interview Heiß).

Zusammenfassend betrachtet erscheint uns speziell die Idee eines Consulting-Services für EthnologInnen mit sprachlicher, regionaler und medizinisch-therapeutischer Spezialisierung besonders sinnvoll. Von so einem Zentrum aus könnten Projekteinsätze wie bei „Ärzte ohne Grenzen" mitbetreut werden. Es könnten für medizinisches Personal und Interessierte Seminare zu Themen der Ethnomedizin oder Medical Anthropology organisiert werden. Weiters könnten MitarbeiterInnen dieses Zentrums als MediatorInnen, BeraterInnen und BetreuerInnen in gezielten Settings fungieren wie zum Beispiel in der Therapie, bei posttraumatischen Belastungsstörungen, in sozialpsychiatrischen Zentren etc. Das Besondere an einem solchen Zentrum wäre, dass die Kernorganisation in den Händen von EthnologInnen läge.

Dies soll unser Ansporn an alle Studierenden sein: Engagiert euch und stellt eure Arbeitsfelder nach einiger Praxiserfahrung in gängigen medizinisch-therapeutischen Einrichtungen selber auf die Beine! Bedarf gibt es genügend.

Liste der geführten Interviews

FEEST, Johanna

2000 Interview zum Thema: Ethnologie im Feld von Therapie und Medizin, 15. Jännrt. Wien, Transkription und Band im Besitz der Verfasserinnen.

FRIEDMANN, Alexander

2000 Gedächtnisprotokoll des Interviews zum Thema: Transkulturelle Psychiatrie und EthnologInnen, 17. Mai. Klosterneuburg.

HADOLT, Bernhard

2000 Interview zum Thema: Medical Anthropology & Perspektiven der ethnologischen Arbeit, 28. März. Wien, Transkription und Band im Besitz der Verfasserinnen.

HEIß, Johann

2000 Interview zum Thema: Mittelalterliche arabische Heilkunde & Perspektiven der ethnologischen Arbeit, 15. Jänner. Wien, Transkription und Band im Besitz der Verfasserinnen.

KATSCHNIG, Heinz

2000 Interview zum Thema: Sozialpsychiatrie und Ethnologie, 28. März. Wien, Transkription des Interviews im Besitz der Verfasserinnen.

KRONSTEINER, Ruth

2000 Interview zum Thema: Therapie, Gesundheit & Arbeitsfeld – und der Sinn von Ethnologie, 8. März. Wien, Transkription des Interviews im Besitz der Verfasserinnen.

SÖZER, Nilüfer

2000 Interview zum Thema: Therapie, Gesundheit & Arbeitsfeld – und der Sinn von Ethnologie, 8. März. Wien, Transkription des Interviews im Besitz der Verfasserinnen.

TUCEK, Gerhard K.

20000 Interwie zum Thema: ‚Zur Relativität des Krankheitsbegriffes im transkulturellen Kontext', im Rahmen des Symposiums ‚Musiktherapie in der Neurologie und Psychiatrie', veranstaltet vom Institut für Ethnomusiktherapie und der Wiener Internationalen Akademie für Ganzheitsmedizin, 28. Mai. Wien-Oberlaa, Transkription der Diskussion im Besitz der Verfasserinnen.

ZIWSA, Otto

2000 Interview zum Thema: Ärzte ohne Grenzen & Einsatzmöglichkeiten für EthnologInnen, 18. April. Wien, Transkription des Interviews im Besitz der Verfasserinnen.

Verwendete Materialien, Literatur

AKH Pressestelle (Hg.)

1997 AKH-Inside-Jahresbericht. Wien.

ATER, Richard

1998 Mental Health issues of resettled refugees. In: Ethnic Medicine Guide, Harborview Medical Center (Hg.), University of Washington, 1998, http://healthlinks.washington.edu/clinical/ethnomed/features.html (Stand 2.12.2000).

CASTRO, Arachu

o.J. Society for Medical Anthropology: Critical Anthropology of Health,http:www.cudenver.edu/public//sma/criticalanth.html (Stand 17.5.2000).

CCHCP

o.J. The Cross Cultural Health Care Program: Ziele des CCHCP, Seattle/USA, http://www.xculture.org (Stand 20.7.2002).

CCHCP

o.J. The Cross Cultural Health Care Program: An Introduction to Cultural Competency, www.xculture.org/training/overview/cultural/index.html (Stand: 20.7.2002).

ESRA

o.J. Psycho-soziales Zentrum ESRA, www.esra.at (Stand 17.5.2000). sowie: www.ikg.wien.at/site/unter/html/so/esra.html (Stand 8.12.2000).

ETHNOMED

1998 Features of Major Refugee and Immigrant Groups Seen at Central Seattle Health Clinics. In: Ethnic Medicine Guide, Harborview Medical Center, University of Washington (Hg.), http://ethnomed.org (Stand 08.2.2000).

GOTTSCHALK-BATSCHKUS, Christine E./PRINZ, Armin/SCHULER, Judith (Hg.)

1999 Lehrbuch. Grundlagen der Ethnomedizin. Medizinanthropologie, Gesundheit, Krankheit und Heilung im Kulturvergleich. (2. Auflage), München

HANREICH, Ingeborg et al. (Hg.)

1997 Ernährung und Gesundheit. Von anderen Kulturen (essen) lernen. Reihe: Ethnomedizin. Schätze der Gesundheit (Band 1), München.

HANSER, Judith

1995 Von der Pflicht, realistisch zu sein, und vom Wunsch, das Unmögliche zu erreichen. Sozialarbeit mit Frauen aus der Türkei. In:

Miteinander Lernen (Hg.): Frauen im Fremdland. Bildungsarbeit, Beratung und Psychotherapie mit Migrantinnen. Wien, S. 136-140.

HIEBINGER, Cora/WEIKERT, Aurelia

1995 Deutschkurse mit Migrantinnen aus der Türkei – Erfahrungen und Konzepte. In: Miteinander Lernen (Hg.): Frauen im Fremdland. Bildungsarbeit, Beratung und Psychotherapie mit Migrantinnen. Wien, S. 88-99.

HIRSCHBERG, Walter (Hg.)

1988 „Ethnomedizin". In: Neues Wörterbuch der Völkerkunde. Berlin.

HOFMANN, Silvia

2000 Heilen in Harmonie. Tibetische Medizin, In: AMICA 03/00, S. 294.

KURZMAN, Steven

1997 Cultural Attitudes Toward Prostheses. An Anthropological Approach, Santa Cruz, http://www2.ucsc.edu/people/kurzman/Introduction/Introduction.html (Stand 17.5.2000).

MARSHALL, Mac

o.J. American Anthropological Association: About the SMA, www.cudenver.edu/public/sma/aboutsma.html (Stand 17.5.2000).

MUTLU, Özcan

1998 Ein Ethnomedizinisches-Zentrum für Kreuzberg. In: „X-Hain Stachel Rundschau", Berlin, www.gruene-berlin.de/bezirke/kreuzberg/stachel/alte_ausgaben/emz02.html, (Stand 7.9.2001).

ÖAGG (Hg.)

o.J. Psychotherapeutisches Propädeutikum. Grundlehrgang für psychosoziale Tätigkeit. Broschüre des ÖAGG (Österreichischer Arbeitskreis für Gruppentherapie und Gruppendynamik). Wien.

ÖBVP

o.J. ÖBVP – Österreichischer Bundesverband für Psychotherapie, http://www.psychotherapie.at/kosovo/hilfe fuer fluechtlinge.html (Stand 2.15.2000).

OTTOMEYER, Klaus/PELTZER, Karl (Hg.)

2002 Überleben am Abgrund: Psychotrauma und Menschenrechte. Klagenfurt.

PINE, Jordan T.

1999 Multiethnic healthcare: closing the gap. A lesson plan for teaching cultural competence, USA, http://closing-the-gap.com/Departments/CulturalCompetence/teachcomp1.html (Stand 9.2.2001).

PRESS, Irwin

1982 Witch doctor's legacy: Some anthropological implications for the practice of clinical medicine. In: Chrisman, Noel J./Maretzki, T. W. (Hg.) Clinically applied anthropology. Anthropologists in health science settings. Hingham, MA: D. Reidel, S. 179-198

REICHMAYR, Johannes

1995 Einführung in die Ethnopsychoanalyse. Mainz.

ROCHE Lexikon Medizin

1984 Hoffmann-La Roche AG (Hg.). München/Wien/Baltimore.

SOBO, Elisa J.

o.J. How others see us. Medical Anthropology in one medical research setting, http://www.people.memphis.edu/~sma (Stand 27.2.2000).

ST. PETER'S UNIVERSITY HOSPITAL

1999 Speakers address medical Interpretation, discuss new definitions of Culture, Abstract einer Diskussion, USA, http://www.closing-the-gap.com/Departments/CulturalCompetence (Stand:28.2. 2000).

STATISTIK Austria (Hg.)

2000 Statistische Übersichten, Kapitel 14.1: Bevölkerungsstand und Vorausschätzung, www.statistik.at (Stand 20.7.2002).

STRASSER, Sabine

1995 Cincilik – eine Angelegenheit für die HeilerInnen?. In: Miteinander Lernen (Hg.): Frauen im Fremdland. Bildungsarbeit, Beratung und Psychotherapie mit Migrantinnen. Wien, S. 205-225.

TUCEK, Gerhard K.

1995 „Altorientalische Musiktherapie. Ein ethnomusiktherapeutischer Ansatz“ In: Musik und Gesundheit.. Musik und Heilen. Vom Schamanismus zur Musiktherapie, Bd.1, Klagenfurt, S.79-84.

Vorurteile ernst nehmen

Coaching- und Trainingseinheiten für die Exekutive: Ein zukünftiges Berufsfeld für EthnologInnen?

Daniela Digruber und Elisabeth Strasser[1]

Einleitung

In diesem Beitrag versuchen wir, die Beschäftigungsmöglichkeiten für EthnologInnen im Bereich der öffentlichen Verwaltung, und hier besonders in der Exekutive, auszuloten. In den Siebzigern und nochmals verstärkt am Anfang der neunziger Jahre stieg durch politische und wirtschaftliche Entwicklungen der Anteil der MigrantInnen in Österreich stark an. Dies stellte die gesamte Gesellschaft vor die Herausforderung, sich mit den Veränderungen im Zusammenleben aktiv auseinander zu setzen. Vor allem die öffentliche Verwaltung ist vor die Aufgabe gestellt, die Lebenszusammenhänge der MigrantInnen im rechtsstaatlichen Sinne zu verwalten und zu ordnen und dabei deren persönliche Integrität und Würde zu garantieren. Die Aufgabe einer Ethnologin/eines Ethnologen kann im günstigsten Fall zu der eines Mediators oder einer Mediatorin zwischen Menschen mit unterschiedlichen Meinungen und Lebensentwürfen werden. Sie/er ist durch die Ausbildung geschult, kulturelle oder soziale Unterschiede nicht zu verabsolutieren, sie wertfrei und nicht emotionalisiert zu betrachten und durch Dialog und Gedankenaustausch ein Klima von Verständnis und gegenseitiger Achtung zu schaffen. Wir glauben, dass diese Fähigkeiten gerade in der oft konfliktreichen Auseinandersetzung zwischen staatlichem Gewaltmonopol und Individuen mit Migrationshintergrund von Nutzen sein könnten. Ziel unserer Untersuchung war es festzustellen, ob eine vermittelnde Tätigkeit von Seiten der Wissenschaft oder von wissenschaftsnahen NGOs (Nichtregierungsorganisationen) zwischen Polizei und MigrantInnen bereits existiert bzw. wie diese aussehen könnte.

---

1. Wir danken Antonia Maikisch für ihre Mitarbeit bei der Konzeption und Durchführung der Interviews.

Ausgangspunkt unserer Recherchen war ein Interview mit dem Soziologen Wolfgang Stangl, Lektor an der Universität Wien und Mitglied des Instituts für Rechts- und Kriminalsoziologie (Interview durchgeführt am 7.12.1999). Stangl beschäftigt sich unter anderem mit soziologischen Studien zur Exekutive als Organisation. In diesem Gespräch erhielten wir eine erste Expertenmeinung zum Verhältnis von Exekutive und Wissenschaft. Über den Kontakt mit verschiedenen im Flüchtlingsbereich tätigen NGOs erfuhren wir von einem bereits bestehenden Projekt. Unser zweiter Interviewpartner war daher Michael Spranger, Mitarbeiter der Volkshilfe Österreich (Interview durchgeführt am 14.12.1999). Spranger war sechs Jahre lang selbst Polizist, quittierte dann aber seinen Dienst und begann für NGOs zu arbeiten. Von 1997 bis 2000 konzipierte und leitete er Seminare zu den Themen Migration und Fremdenfeindlichkeit für Angehörige der Exekutive im Rahmen des NAPAP-Projektes (NGOs And the Police Against Prejudice). Seit Sommer 2000 ist Spranger für den Bereich Flüchtlingsbetreuung in der Volkshilfe Österreich zuständig. Um auch die Sicht der Exekutive mit einzuschließen, führten wir ein Interview mit dem Partner der Volkshilfe im Bundesministerium für Inneres (BMI), Hauptmann Peter Lamplot (Interview durchgeführt am 3.1.2000). Lamplot war Lehrgangsoffizier in der Schulungsabteilung der Bundespolizeidirektion Wien und wurde aufgrund seines Interesses für den Bereich MigrantInnen und Exekutive Ansprechpartner für diese Seminare. Schließlich führten wir noch ein ausführliches Gespräch mit der Ethnologin Silvia Unterberger (Interview durchgeführt am 30.5.2000). Sie übernahm im Laufe des Jahres 2000 von Spranger den Bereich der Konzeption und Durchführung der Seminare in der Volkshilfe.

Der erste Teil unseres Artikels umfasst eine Bestandsaufnahme des NAPAP-Projektes und den daraus resultierenden Versuch, Voraussetzungen für EthnologInnen zu definieren, um künftig in ähnlich gelagerten Projekten konstruktiv mitarbeiten zu können. Im zweiten Teil gehen wir der Frage nach, inwieweit sich die Ethnologie an der Forschung rund um das „Ethnos“ Polizei selbst beteiligen könnte. Eine Überlegung in diesem Zusammenhang ist auch die mögliche Verwertung der Forschungsergebnisse im Rahmen der Trainings für die Exekutive. In diese beiden Teile fließen die Meinungen der drei Nicht-Ethnologen ein. Am Schluss unseres Artikels steht das publizierte Interview mit Silvia Unterberger. Sie berichtet dabei als erste ausgebildete Ethnologin über ihre Erfahrungen in diesem Arbeitsbereich.

Das NAPAP-Projekt

Entstehungsgeschichte

Europaweit haben PolizistInnen aller Ränge und Einsatzbereiche heute mit Menschen verschiedener kultureller und ethnischer Herkunft zu tun.

Meistens sind sie jedoch auf den Umgang mit diesen Menschen nur unzureichend vorbereitet; Missverständnisse und Feindseligkeiten auf beiden Seiten sind oft die Folge. In einigen europäischen Ländern geht man deshalb seit Mitte der neunziger Jahre neue Wege zur Lösung und Prävention dieser Probleme. In einzelnen nationalen Projekten, die Teil des europaweiten NAPAP-Projektes sind, werden PolizistInnen speziell im Umgang mit MigrantInnen und mit Fällen von Diskriminierung geschult. NAPAP ist ein Projekt, das mittlerweile in neun europäischen Staaten durchgeführt wird. Dies sind Belgien, Dänemark, Deutschland, Frankreich, Großbritannien, Italien, die Niederlande, Österreich und Spanien. In Österreich hat die Volkshilfe Österreich die transnationale Koordination über. Beim NAPAP-Modell werden in Zusammenarbeit zwischen Exekutive, NGOs und MigrantInnen Schulungsmodule für BeamtInnen ausgearbeitet und realisiert. Das Projekt wurde zu Beginn von der Europäischen Kommission sowie von Bundes- und Landesregierungen kofinanziert, ab Ende 1999 übernahm das Bundesministerium für Inneres die Finanzierung für Österreich zur Gänze. Im Rahmen dieses Projektes werden Schulungskurse für die Polizei vorbereitet, durchgeführt und evaluiert. Darüber hinaus werden kommunale bis internationale Netzwerke geschaffen, die NGOs, Einzelpersonen, Organisationen der ethnischen Gruppen und die Polizei umfassen. Ziel der Schulungen ist es, den BeamtInnen eine vorurteilsfreiere Haltung und ein besseres Verständnis für Kultur und Lebenssituation von MigrantInnen zu ermöglichen. Fakten über die Aufenthalts-, Lebens-, Arbeits- und Wohnsituation werden vermittelt. „Fremde" Verhaltensweisen werden betrachtet und diskutiert, um in Folge eine interkulturelle Gesprächs- und Handlungskompetenz aufzubauen. Außerdem wird den BeamtInnen die Möglichkeit geboten, Beratungs-, Betreuungs- und Sozialeinrichtungen, die speziell für MigrantInnen arbeiten, kennen zu lernen. Schließlich werden auch MigrantInnen zu einem persönlichen Gespräch und Austausch eingeladen. Das dadurch gewonnene bessere Verständnis der Lebenssituationen von MigrantInnen soll Vertrauen schaffen und Ängste abbauen. So sollen sowohl die Qualität der polizeilichen Arbeit als auch das Klima des Zusammenlebens und das Image der Exekutive verbessert werden. 1996 ging der Fall „Oduri" durch die österreichischen Zeitungen. Ein Ghanese hatte in einer U-Bahn-Station aus einem Saftpakkerl getrunken und war von der Exekutive verdächtigt worden, Drogen zu sich zu nehmen. Seinen Angaben nach wurde er während der Amtshandlung nicht menschenrechtskonform behandelt. Wie Spranger erklärt, war dieser Fall der Auslöser für die Idee, Unterstützung für die betroffenen BeamtInnen anzubieten, um den Schuldzuweisungen in den Medien in konstruktiver Weise entgegenzutreten.

Zielgruppen innerhalb der Exekutive

Die Seminare waren vorerst hauptsächlich für PolizeischülerInnen gedacht, das heißt, sie wurden im Laufe der zweijährigen Grundausbildung angeboten. Mittlerweile ist der Besuch für die in Ausbildung befindlichen BeamtInnen verpflichtend, wie Spranger erläutert: „Wir fanden, dass das Thema gut in den Unterrichtsgegenstand ‚Politische Bildung' passt, sowohl inhaltlich als auch von der Zeit her, denn da war das Thema Migration sowieso vorgesehen." Das positive Echo auf die Veranstaltungen veranlasste die ProjektleiterInnen, diese Seminare auch für bereits im Dienst stehende interessierte BeamtInnen anzubieten. Spranger meint dazu:

> Die Seminare in der Grundausbildung waren ziemlich erfolgreich, es wurde sehr positiv registriert, dass überhaupt jemand dieses sensible Thema in die Exekutive transportiert. Schon bald wurde der Wunsch geäußert, dieses Seminar auch in andere Formen der Ausbildung einzubauen. Wir haben ein Seminar für Freiwillige ausgeschrieben, und es haben sich überraschend viele gemeldet. Dann haben wir beschlossen, dass wir es auch in die berufsbegleitende Fortbildung, ins mittlere Management, hineinnehmen wollen. (Interview Spranger)

Damit reagierten die ProjektbetreiberInnen laut Spranger auch auf die Kritik aus den Reihen der SchülerInnen, dass diese Art der Fortbildung nicht nur für die Auszubildenden, sondern auch für die leitenden BeamtInnen angeboten werden sollte:

> Heuer [2000, Anm. d. Autorinnen] wollen wir an der Sicherheitsakademie mit den Offizieren ein Seminar durchführen. Meiner Meinung nach ist es auch für Führungskräfte notwendig, sich mit dem Thema Migration auseinander zu setzen. Ich habe den Wahlkampf [zur Nationalratswahl 1999, Anm. d. Autorinnen] beobachtet, das Ausländerthema war stark besetzt, und es hat sich kaum jemand sachlich ausgekannt. (Interview Spranger)

Auch der Soziologe Stangl nennt als bevorzugte Zielgruppe für derartige Schulungen die „mittlere Führungsschicht", da diese sehr „kulturprägend" sei:

> Rassismus, oder auch Vorstufen, das heißt unangenehmer, unhöflicher Umgang mit Fremden, ist, denke ich, lokal sehr unterschiedlich und hängt stark damit zusammen, welcher Ton in kleinräumigen Organisationen, etwa in einem Wachzimmer, herrscht. Das, glaube ich, liegt doch sehr wesentlich in der Verantwortung des jeweiligen Kommandanten und seiner Fähigkeit, erst selbst sozusagen anders zu sein, aber auch seinen Dienstuntergebenen wie auch immer zu signalisieren, dass bestimmte Standards nicht zu unterschreiten sind. (Interview Stangl)

Neben der Polizei in Wien zeigten auch die Schulstandorte in den anderen Bundesländern (Linz, Graz, Salzburg, Innsbruck, Klagenfurt) und die Grenzgendarmerie Interesse an diesen Seminaren. Besonders für Letztere erwiesen sich diese Trainings als wertvoll im Hinblick auf ihren täglichen Umgang mit MigrantInnen. Darüber hinaus wurden auch mit Bediensteten der Polizeigefangenenhäuser Seminare durchgeführt. Die Schulungen in den Landeshauptstädten bzw. an den Schulstandorten in den Bundesländern sollen in Zukunft auch von dort ansässigen TrainerInnen geleitet werden. Der Zeit- und Kostenaufwand für die Volkshilfe Österreich wäre sonst zu groß, und außerdem können KennerInnen der regionalen Gegebenheiten besser auf die Anforderungen der TeilnehmerInnen eingehen.

Ablauf und Inhalt der Seminare

Die Seminare dauern zwei Tage und werden in vier Blöcke eingeteilt. Geleitet werden sie von einem Team, das aus einem/einer Angehörigen der Polizeischule (etwa dem/der LehrerIn für politische Bildung oder Fremdenrecht) und der/dem MitarbeiterIn der Volkshilfe besteht. Durchschnittlich nehmen zwischen 15 und 25 Personen an den Seminaren teil, wobei der Frauenanteil meist um die 10 bis 20 Prozent liegt. Spranger unterstreicht die Wichtigkeit von vertrauensbildenden Maßnahmen zu Beginn der Seminare, das heißt eine Phase der informellen Kommunikation, die ein von Offenheit und Vertrauen geprägtes Gesprächsklima herstellen soll. Danach beginnt die eigentliche Auseinandersetzung mit dem Thema, eine kreative Mischung aus offenem Dialog, Selbstreflexion und Kontakten mit den Betroffenen (NGOs, MigrantInnen). Besonders wichtig in diesem Zusammenhang ist das Reagieren auf die oft unrealistischen Erwartungen der BeamtInnen an die TrainerInnen. Spranger stellt klar, dass es nicht möglich ist, ein Handbuch für den Umgang mit MigrantInnen zu erstellen, das jede ungewohnte Äußerung oder Handlung erklärt und gleich die richtige Reaktion darauf angibt. Die TrainerInnen sollen transportieren, dass es sich bei MigrantInnen um Individuen mit teils sehr unterschiedlichen Erfahrungshintergründen handelt, auch wenn einige von ihnen aus demselben Land kommen, und dass sie ein Recht auf individuelle, respektvolle Behandlung haben. Spranger erzählt:

> Den ersten Block haben wir unter das Motto *„Phantasien durch Fakten ersetzen"* gestellt. Diese Phantasien kommen von den TeilnehmerInnen. Das betrifft zum Beispiel den AusländerInnenanteil in Österreich und geht dann über in bekannte, sehr oft genannte Vorurteile: „Zuwanderer nehmen uns die Arbeitsplätze weg", „sie nehmen uns die Wohnungen weg", „sie beuten den Sozialstaat aus" und „sie sind kriminell". Das sind alleine vier Punkte, die an einem Vormittag gar nicht ausreichend behandelt werden können. Das Interessante daran ist, die Leute sagen aus dem Bauch heraus: „Die sind so kriminell!" Als PolizistInnen kennen sie aber oft die Krimi-

nalstatistik und wissen daher genau, dass die ausländische ansässige Wohnbevölkerung genauso kriminell oder nicht-kriminell ist wie die inländische ansässige Wohnbevölkerung.

Der zweite Aspekt, bei dem wir ansetzen, ist: „*NGOs und Exekutive zusammenbringen*". Wir haben im zweiten Block fix einen Besuch bei einer Organisation eingeplant, die sich speziell mit der ZuwanderInnenfrage auseinandersetzt, etwa bei einer Beratungsstelle oder einem Flüchtlingsheim. Das ist nicht nur für die SeminarteilnehmerInnen sehr gut, sondern auch für die MitarbeiterInnen der NGOs, denn hier werden auch Vorurteile über die Exekutive abgebaut. Am zweiten Tag haben wir einen Block unter dem Motto „*Interkulturelle Kommunikation*". Wir beschäftigen uns mit dem Begriff und arbeiten Besonderheiten der kulturellen Kommunikation heraus. Die große Gefahr dabei ist, dass die PolizistInnen sagen: „Wie machen wir's denn jetzt richtig?", dass sie also das Seminar mit einem Taktik-Seminar verwechseln. Jemand fragt z.B.: „Jetzt habe ich da einen türkischen Mann, und wie mache ich es denn jetzt richtig?", richtig in dem Sinn, dass kein Konflikt entsteht, dass eine Amtshandlung positiv endet. Und wenn sich ein Konflikt anbahnt, wie verhält man sich dann richtig, von der Sprache, von der Körpersprache her. Ich habe mir Gedanken gemacht und versucht herauszuarbeiten, wie man es denn richtig macht. Das war eine totale Sackgasse. Heute bin ich so weit, dass ich sage, es gibt junge TürkInnen, es gibt alte, es gibt gebildete, es gibt weniger gebildete, es gibt welche, die sind in erster Generation hier, und welche, die sind in dritter Generation hier, es gibt Männer und Frauen. Das heißt, TürkInnen sind auch – wie ÖsterreicherInnen – Individuen. Aber ich habe keine Fakten und kein Kochbuch für das richtige Verhalten. Häufig geben uns auch Leute im schriftlichen Feedback an, der Praxisbezug sei nicht oder zu wenig da. Genau in diesem dritten Block versuchen wir auch, diesen Praxisbezug zu schaffen. Wir haben in Zusammenarbeit mit der Doku-Gruppe der Polizeidirektion Wien ein Video erstellt. In diesem Video sehen die TeilnehmerInnen mehrere Szenen, wo die Polizei mit ZuwanderInnen eine Amtshandlung durchführt. Damit lässt sich sehr gut arbeiten, denn wir haben jetzt die Möglichkeit, in Gruppenarbeit die unterschiedlichen Rollen der Beteiligten, also PolizistIn, Beamtshandelte/r und auch PassantIn, durchzuspielen und zu diskutieren. Damit arbeiten wir weiter und sagen: „Jetzt haben wir den Beginn einer Szene gesehen, wie könnte das weitergehen?" Welche Konsequenzen wären positiv und welche negativ? Und vor allem, was ist jetzt das Richtige, was muss ich als PolizistIn tun, um der Situation eine positive Wendung zu geben.

Der vierte Block steht unter dem Motto: „*Ein/e MigrantIn kommt und erzählt.*" Wir laden jemanden ein, der persönliche Kontakt ist

> auch ganz wichtig und hat meiner Meinung nach den meisten Effekt. Ich lasse immer absichtlich hinten das Flipchart aus der Gruppenarbeit: „Was stört mich am Verhalten von AusländerInnen?" hängen, wo die wildesten Sachen draufstehen, und genau da setze ich meinen Gast hin. Das ist natürlich jemand, der/die Deutsch kann, der/die rhetorisch recht gut ist und einen Integrationsweg hinter sich hat. Da sitzt jemand, mit dem man gut reden kann, und von der Gruppe kommen dann sehr viele Fragen, vor allem auch Fragen, die man sonst nicht stellen kann, zum Beispiel „Wieso sind Sie eigentlich gerade nach Österreich gekommen, warum wäre Deutschland nicht für Sie viel wirtschaftlicher und besser gewesen?". Es ist faszinierend, was sich da abspielt, und für mich noch faszinierender ist es, wenn ich dann auf das Flipchart im Hintergrund schau: „Ist aggressiv", „bildet sich in Rudeln zusammen", „ist immer so laut", „ungebildet" und „sie stinken" steht auch manchmal drauf. Es ist für uns auch wichtig, dass der Gast nicht eine Stunde lang einen Vortrag hält, sondern dass er/sie sich vorstellt und ein bisschen erzählt: wie war's in meinem Heimatland? Über Afrika gibt es zum Beispiel die wildesten Phantasien. Darum finde ich es ganz wichtig, dass die Leute ein bisschen aus ihrem Leben in ihrem Heimatland erzählen. Bei politischen Flüchtlingen ist es sehr eindrucksvoll, wenn sie schildern, wie Verfolgung abläuft. Der Fluchtweg ist besonders bei der Grenzgendarmerie ein Schwerpunkt. Für die Gendarmen – aber auch für die Polizei – ist es sehr interessant, wie jemand nach Österreich kommt. Wo es um die interkulturelle Kommunikation geht, setze ich auch einen Schwerpunkt auf Integration. Was bedeutet Integration, was muss der Zuwanderer leisten, aber was muss auch die Gesellschaft leisten, die ihn aufnimmt? (Interview Spranger)

Am Ende des Seminars haben die TeilnehmerInnen die Möglichkeit, schriftlich ihren Eindruck vom Seminar festzuhalten und so Rückmeldungen zu geben. Laut Lamplot sind 90 bis 95 Prozent der Befragten der Ansicht, dass sie im Seminar ihr Wissen erweitern konnten. Etwas mehr als die Hälfte meint, dass sie dieses Wissen in der Praxis auch umsetzen würden. Über die weiteren Erfahrungen im Dienstalltag bekommen die TrainerInnen aber nur wenig Information. Ein nur zweitägiges Seminar kann im besten Fall der Anfang eines Reflexionsprozesses über die Rolle von ExekutivbeamtInnen im Umgang mit MigrantInnen sein. Ein Follow-up, in dem AbsolventInnen der Seminare über ihre Erfahrungen in der Praxis berichten, wird vom Innenministerium laut Lamplot erwogen und wäre auch für die Volkshilfe wünschenswert.

Voraussetzungen für die Trainingstätigkeit

Eine wichtige Bedingung, um als TrainerIn in diesen Seminaren glaubwürdig und authentisch agieren zu können, ist ein fundiertes theoretisches Verständnis der Thematik, im besten Fall ergänzt durch praktische Erfahrung in der Arbeit mit MigrantInnen. Eine offene, respektvolle Auseinandersetzung ist auch nur möglich, wenn die TrainerInnen in ihrer Einstellung zur Polizei nicht voreingenommen sind. Eine gewisse Nähe zum Polizeialltag sowie die Beherrschung des speziellen Diskurses in dieser hierarchischen Organisation können von besonderem Nutzen sein. Spranger meint dazu:

> Es ist wichtig für die Exekutive, dass das Leute sind, die eine Arbeitserfahrung entweder aus der Beratung oder der Unterbringung von ZuwanderInnen haben. Denn eine Diskussion über das Thema anzuregen und zu begleiten, das können die LehrerInnen der Polizeischulen selbst auch. Aber diesen Blick einzubringen, diese Sichtweise der Nicht-Exekutive, dazu braucht es schon Leute, die nicht in diesem Behördenapparat arbeiten. Das heißt, man braucht Leute, die sich mit dieser Thematik auseinandergesetzt haben, die in der Lage sind, Wissen zu vermitteln, die einen gewissen Bildungsgrad haben und zu dem Thema Migration etwas berichten können. Die Frage ist: Wer traut sich das Training überhaupt zu? Wer hat diesen positiven Zugang zur Polizei, obwohl er/sie bei einer NGO arbeitet?
>
> Wichtig ist auch die Fähigkeit zur Moderation. Es geht nicht nur darum, Fakten zur Erklärung anzuführen, wenn nicht auch auf die Emotionen eingegangen wird, fühlen sich die TeilnehmerInnen total überfahren. Man muss die positiven Stimmen herausholen und die negativen ernst nehmen. Es gibt immer wieder welche, die am liebsten etwas sagen würden, aber aus bestimmten Gründen nichts sagen, weil sie eben Angst haben, im rechten Eck zu stehen, oder weil da ein Lehrer der Polizei dabei ist, oder warum auch immer. Wenn ich als Trainer dann genau das ausspreche, was sich der andere nicht sagen traut, nämlich das und das, dann kommt ein Nicken und „Ja, genau!“. Und das ist die Kompetenz, die ich meine, die Denkweise der BeamtInnen zu kennen. Das ist überaus wichtig. (Interview Spranger)

Das Anforderungsprofil von Seiten der Polizei sieht folgendermaßen aus:

> Gute TrainerInnen sind jene, die sich auf die Gruppe einstellen können, die auch anders geartete Meinungen akzeptieren und einfach Sensibilität erzeugen können. Die Methode, die sie dazu anwenden, ist an und für sich gleichgültig. Es geht darum, die Leute zum Nachdenken anzuregen, sie auf dem Gebiet zu sensibilisieren,

> sodass sie sich denken: So hab ich es noch nicht gesehen. (Interview Lamplot)

Die Fachleute für die inhaltliche Konzeption kamen bisher vor allem aus Wissenschaftsdisziplinen wie der Geschichte oder der Soziologie. Einen Grund für diese Entwicklung sieht Spranger darin, dass in Ausbildung oder auf Jobsuche befindliche EthnologInnen schwieriger zu erreichen sind. Sie haben oft nicht den Zugang zu Informationen über freie Stellen, da diese vor allem in informellen Kontakten mit NGOs weitergegeben werden. Spranger räumt jedoch ein:

> Also wenn ich einen Trainer oder eine Trainerin suche, und es bewirbt sich ein Ethnologe oder eine Ethnologin, wäre das für mich kein Grund, hier eine Reihung vorzunehmen. Für mich zählt hauptsächlich Erfahrung, das ist wichtig. (Interview Spranger)

Zusammenarbeit zwischen Polizei und Nichtregierungsorganisationen (NGOs)

Das NAPAP-Projekt spiegelt die Realität der Arbeit von NGOs im Sozialbereich deutlich wieder. Die Finanzierung ist meist nur für einen begrenzten Zeitraum gesichert und von wechselnden GeldgeberInnen abhängig. Dies kann sich auf die Kontinuität der Aufträge und damit der Dienstverhältnisse negativ auswirken. Außerdem ist das Training eine Dienstleistung, die auch von anderen Organisationen übernommen werden kann. Der öffentlichen Hand steht es frei, sich derartiges „sozial-kulturelles Know-how" auch anderswo oder gar nicht mehr einzukaufen:

> Das ist genau unser Problem in der Projektarbeit. Das Projekt hat 1997 begonnen, die EU hat dazugezahlt, damit war es einmal für zwei Jahre relativ sicher, und danach war die Frage, wie geht's weiter? Der Bundesgeschäftsführer hat einmal sehr zutreffend gesagt: Unser Ziel ist es, aus Projekten Einrichtungen zu machen. Es ist aber schwer, den Zeitpunkt zu erkennen, wann ist es noch ein Projekt, und wann ist es schon eine Einrichtung? Unsere Seminare stehen fix im Lehrplan der Polizei. Heißt das, wir haben's geschafft, sie zu einer Einrichtung zu machen? Vielleicht ja, für die Exekutive ist es jetzt eine Einrichtung, für die Partnerschaft Exekutive-Volkshilfe nicht unbedingt, weil die Volkshilfe ersetzbar wäre. Wir verstehen uns, wie etwa die Caritas, nicht so sehr als eine NGO, die in Notsituationen versorgt, sondern wir bieten eine Dienstleistung an. Ich vermute, dass wir aus dieser Projektproblematik sehr lange nicht rauskommen werden, weil Dienstleistungen eben jederzeit bei jemand anderem gekauft werden können. (Interview Spranger)

Teil dieser Dienstleistung ist es, relevante und wirklichkeitsnahe Informationen zu den Themen Migration und Integration in die Kooperation einzubringen. Neben der Volkshilfe erfüllen diese Aufgabe weitere NGOs, unter anderem ADA (Association for Democracy in Africa), das Afro-Asiatische Institut, der Kulturverein der Roma in Österreich, das Zentrum für binationale Familien und der Wiener Integrationsfonds. Dabei ist es für das Innenministerium wichtig, dass auf Seiten dieser PartnerInnen ein gewisser Organisationsgrad besteht, wie Lamplot ausführt:

> Grundsätzlich muss es so sein, dass diese Organisation eine gewisse Größe hat, denn die Zusammenarbeit mit NGOs, die aus einer oder zwei Personen bestehen, ist unheimlich schwierig. Wenn wir einen Termin vereinbaren, und diese eine Person ist krank, dann fällt dieser Termin aus. Es muss auch die Möglichkeit geben, dass diese NGOs ihre eigenen Leute für solche Schulungen ausbilden. Wir brauchen eine Partnerin wie die Volkshilfe, die das Gehalt dieses Mitarbeiters/dieser Mitarbeiterin vorstrecken kann, und nach erbrachter Leistung bekommt er/sie das Geld vom BMI. Das können wir mit den kleinen NGOs so nicht machen. Es muss auch eine NGO sein, die etwas herzeigen kann, die doch ein bisschen etabliert ist, die eine Infrastruktur hat. (Interview Lamplot)

Trotz der angesprochenen Etablierung des Projekts besteht von Seiten des Innenministeriums offenbar keine Bereitschaft, die Durchführung der Seminare strukturell abzusichern. Daher übernehmen etabliertere NGOs wie die Volkshilfe die Aufgabe, der Kooperation Kontinuität und Sicherheit zu verleihen. Gleichzeitig verhindert dies jedoch, dass sich kleinere NGOs, die über keine starke Lobby verfügen, mit ihren spezifischen Handlungsansätzen einbringen können.

„Klassische"ethnologische Forschung im Bereich der Exekutive

Dieser Abschnitt beschäftigt sich mit der Frage, inwieweit organisationsethnologische Forschung im Bereich der Exekutive möglich und sinnvoll ist. Bis jetzt hat sich ja vor allem die Soziologie dieser Aufgabe angenommen. Unsere Frage in den Interviews war, ob EthnologInnen mit ihren spezifischen Methoden und ihrem Fachwissen diese Forschung bereichern könnten. Dabei dachten wir an zwei mögliche Herangehensweisen: einerseits die Forschung im „Ethnos“ Polizei selbst und andererseits die Untersuchung des Bildes, das MigrantInnen von staatlicher Autorität haben.

Forschung über die Polizei

Der Soziologe Stangl (2000) hat gemeinsam mit dem Institut für Rechts- und Kriminalsoziologie bereits einige größere empirische Studien zur Situation der PolizeilehrerInnen in Österreich erstellt. Seiner Einschätzung nach haben „Externe“, das heißt ForscherInnen oder TrainerInnen, die nicht Teil der Organisation Exekutive sind, Schwierigkeiten, akzeptiert und ernst genommen zu werden:

> Wir haben es hier mit einer Organisation zu tun, die sehr auf sich selber konzentriert ist, die viele Ängstlichkeiten hat – das sieht man ihr zunächst einmal gar nicht an, weil sie so bewaffnet erscheint –, die eigentlich sehr wenig Selbstbewusstsein hat. Sie ist unsicher, was sie repräsentiert, was sie darstellt, wofür sie steht, da gibt es vergleichsweise wenig stabile Identität, und dementsprechend schwer tun sie sich mit Externen. Und sie ist eine Organisation, die in gewisser Weise ein altertümliches Weltbild und zum Teil auch ein altertümliches Wissenschaftsverständnis hat. Damit zusammenhängend ist sie auch sehr autoritär und hierarchisch organisiert, was sich auch im Denken und in den Umgangsformen niederschlägt. So eine Organisation bedarf der externen Expertise. Aber sie tut sich sehr schwer, das zu verstehen und auch zuzulassen. (Interview Stangl)

Ein möglicher Grund für diese Berührungsängste ist die Angst der „alten Männer" vor Autoritäts- und Machtverlust. Sie werden durch die Konfrontation mit neuen Wissens- und Lernformen, die quer zu einem autoritären Führungsstil liegen und die jüngere Angehörige der Führungsschicht etwa durch die eigenen schulpflichtigen Kinder kennen, verunsichert. Stangls Vorschlag für einen Anfangspunkt in dieser Forschung ist eine gründliche und genaue Erhebung in dieser Organisation und ihrer Probleme. Er verweist auf das Beispiel der Niederlande, wo in einer Reihe von empirischen Projekten zunächst der Status quo abgebildet wurde und im zweiten Schritt Handlungsansätze, etwa zur Verbesserung von Verwaltungsabläufen u.ä., gesucht wurden. Diese ökonomische Logik, das heißt die Optimierung des „Produktes Exekutive", sei in Österreich schwer unterzubringen, meint Stangl. Der erste Schritt einer solchen Forschung müsse allerdings sein, eine „Beziehung" mit der Organisation selbst einzugehen:

> Ich halte es für mindestens so spannend wie die Forschung selbst, herauszufinden, wie man das Vertrauen des Apparates bekommen könnte. Das würde ich schon als ganz wichtigen Forschungsteil ansehen, sich einerseits genau zu überlegen und andererseits zu dokumentieren, wie die Annäherung an diesen Apparat passiert und passieren kann, damit man überhaupt forschen kann.

Wichtig dafür sind zweierlei Voraussetzungen:

> Unumgänglich ist es, von der Spitze her abgedeckt zu sein, wie das in hierarchisch aufgebauten Organisationen üblich ist, und da auch die entsprechende Tonlage zu finden. Und man müsste herausfinden, was man ihnen anbieten kann – da sind sie sehr kühle Rechner. Ich würde vorschlagen, zunächst einmal zu schauen, wo gibt's

> überhaupt Anknüpfungsmöglichkeiten, und nicht nur in welcher Tonlage, sondern auch in welcher Problemlage können die ForscherInnen plausibel Kompetenz anbieten und die Organisation auch neugierig machen, ihr irgendwie sozusagen Nützlichkeit versprechen; Nützlichkeit ist ganz groß zu schreiben in dem Zusammenhang. (Interview Stangl)

Stangl greift in Bezug auf das Thema Ethnologie auch den Kulturbegriff auf:

> Auch wir SoziologInnen arbeiten ja daran – ein bisschen gibt's ja auch Konkurrenz zwischen uns – der Polizei klarzumachen, dass Kultur nicht nur Mozart hören oder ein Bild anschauen bedeutet. Kultur ist auch sozusagen ein professioneller Begriff und auch Menschenrechtsverletzungen zu begehen hat etwas mit Kultur zu tun. Also der Kulturbegriff sollte genauer definiert bzw. umdefiniert und aus dieser Beliebigkeit und Alltäglichkeit herausgenommen werden. Wenn Ihnen und uns das gelingt, dann glaube ich, kriegen wir einen Fuß in die Tür. Wir können zeigen, dass hier eine ganz bestimmte Art von Kultur existiert und dass es Instrumente und Fähigkeiten gibt, diese Kultur zu registrieren, zu dokumentieren und zu lernen, sie zu verändern. (Interview Stangl)

Für Spranger und Lamplot wäre eine rein wissenschaftliche Auseinandersetzung mit der Organisation „Polizei" mit soziologischer oder ethnologischer Schwerpunktsetzung nur begrenzt von Nutzen. Spranger hat für seine Arbeit Studien etwa aus Deutschland herangezogen, da die Probleme überall im europäischen Raum in ähnlicher Weise zu bestehen scheinen. Positiv vermerkt er, dass diese Untersuchungen dort über längere Zeiträume hinweg geführt und evaluiert werden. Prinzipiell würde er aber auch österreichbezogene Studien für seine Arbeit begrüßen. Der Vertreter des Innenministeriums räumt ein, dass Grundlagen- und Organisationsforschung im Bereich der Polizei wichtig wären, allerdings sind Form und Ausmaß dieser Forschungstätigkeit noch nicht ausdiskutiert:

> Ich kann mir durchaus vorstellen, dass wir für gewisse Anlässe Fachleute von außen heranziehen, aber dass das Innenministerium jetzt einen Ethnologen/eine Ethnologin auf Lebenszeit anstellt, das wäre Zukunftsmusik. Vorstellbar wäre es schon, dass wir vielleicht eine eigene Forschungsabteilung haben, wo wir auch EthnologInnen anstellen. Derzeit, glaube ich aber, würde es nur projektbezogen laufen, für einen Anlass eine Fachperson zu engagieren, die für ein halbes oder ein Jahr auf dem Gebiet arbeitet und dann seine Erfahrungen veröffentlicht. Das halte ich sogar für ganz intelligent. Zur Zeit haben wir noch keine „Forschungsstelle". Mit dem Aufbau der neuen Sicherheitsakademie wollen wir dieses Manko beseitigen, dort wird es auch die personellen Ressourcen dafür geben. Es

> gibt meines Wissens nach bis jetzt nicht sehr viele Arbeiten über die Polizei als Organisation, der erste, der das gemacht hat, war Prof. Girtler, der mit den BeamtInnen auf Streife mitgefahren ist. Es hat auch innerhalb des Ministeriums immer wieder Ansätze gegeben zu erforschen, wie beispielsweise das Bild des Polizeilehrers ist und wie wir dessen Ausbildung verbessern können. Solche Untersuchungen gab es immer wieder, aber oft nur handlungsbezogen, wenn gerade Schwierigkeiten auftauchten.
> Grundsätzlich denke ich mir, dass sich eine Organisation wie die Polizei durchaus mit ihren Problemen beschäftigen muss und auch Kräfte abstellen muss, die sich damit beschäftigen können. Bisher war es eben nicht möglich, jemanden, der zwar der Organisation angehört, aber trotzdem nicht direkt mit den Problemen der Organisation verhaftet ist, erforschen zu lassen, was wir falsch machen oder verändern können. Auf die Frage, ob jemand nur für diese Forschung eingestellt werden sollte, würde ich antworten: Lassen wir es bei der Sicherheitsakademie, die für diese Dinge das Dach bildet, wobei natürlich die Freiheit der Forschung gegeben sein muss. Es kann nicht sein, dass sich die ForscherInnen an irgendwelche Weisungen halten müssten. Wenn ein Problem namhaft gemacht wird, muss das auch von den Führungskräften ganz oben eingesehen werden. Man muss argumentativ erklären, warum man das als Problem sieht und was man gedenkt, dagegen zu tun. Es kommt natürlich immer auch auf das Engagement der einzelnen Beteiligten an. (Interview Lamplot)

Zwei eng miteinander verbundene Diskussionspunkte klingen in diesem Teil des Interviews an: Bis jetzt erfolgte die Untersuchung von Problemen nur punktuell und im Anlassfall. Eine ständige Forschungsstelle könnte in Zukunft im größeren neuen Schulungsreformkonzept des Ministeriums, der Sicherheitsakademie, integriert werden. Hier wäre es auch vorstellbar, EthnologInnen mit Projekten zu betrauen. Lamplot deutet mehrmals im Gespräch auf die zweite Problemlage hin, nämlich auf die Weisungsgebundenheit solcher interner Untersuchungen. Bis jetzt sei es „eben nicht möglich" gewesen, die Freiheit der Forschung mit der ausreichenden Kenntnis der Organisation Exekutive und dem nötigen „standing" in den Augen der Führungsebene zu verbinden. Der einzige Weg, diese Hürde allenfalls zu überwinden, sei gute Argumentation und das Anbieten von konkreten Lösungsvorschlägen, die die skeptischen Führungskräfte von der Notwendigkeit des Handelns überzeugen könnten. Erstrebenswert wäre zudem, die Ergebnisse der Forschung und deren Konsequenzen nach einem bestimmten Zeitraum zu evaluieren. Spranger erwähnt in diesem Zusammenhang noch weitere Aspekte wie die personelle Kompetenz und Zusammensetzung der Exekutive:

> Letztendlich geht es nicht nur um Diskriminierung durch die Exekutive, sondern auch um das Erkennen von diskriminierendem Verhalten. Die Exekutive muss ja auch eine Schutzfunktion für MigrantInnen ausüben. Welche Methoden scheinen da geeignet? Wenn man eine menschenrechtskonforme und nicht-diskriminierende Polizei haben will, muss man schon bei der Personalauswahl beginnen: Welche Leute nehmen wir überhaupt auf? Wie kann man überprüfen, ob jemand nicht nur viel Fachwissen hat, sondern auch wirklich die Kompetenz, mit MigrantInnen vorurteilsfrei umzugehen? Das gehört, meiner Meinung nach, in die Aufnahmeprüfung hinein. Und der zweite Schritt, was das Personal betrifft ist, und das hat die Polizei schon erkannt, dass die Exekutive ein Spiegelbild der Gesellschaft sein sollte. Wo es um verschiedene Bildungsgrade geht, wurde dieses Ziel bereits erreicht. An der Erhöhung des Frauenanteils wird noch gearbeitet. Und was die ethnische Zugehörigkeit betrifft, haben sie das breite Spektrum überhaupt nicht abgedeckt. In dem Bereich gibt es nicht einmal eine Recherche. Ein wichtiger erster Schritt wäre es zu untersuchen, wie viele PolizistInnen mit Migrationshintergrund es gibt – abgesehen von den wenigen Vorzeigebeispielen. (Interview Spranger)

Forschung mit MigrantInnen über ihre Einstellung zur Polizei

Im Rahmen der Seminare hält Spranger es für kontraproduktiv, seine TeilnehmerInnen mit Studien über die Einstellung von MigrantInnen zur Polizei zu konfrontieren, da dies provozierend und polarisierend wirken könnte:

> Das halte ich für sehr gefährlich. Das würde ich sofort als Stolperstein bezeichnen, wo das Seminar kippen kann, wenn ich Kritik an der Polizei so einfließen lasse. Ich meine, es kommt auf den Trainer an. Ich als Trainer würde das nicht machen. (Interview Spranger)

Lamplot hält die Idee prinzipiell für gut, doch auch er warnt vor einer direkten Konfrontation der BeamtInnen mit solchen Aussagen, da sie diesen ohnehin tagtäglich im informellen Kontakt ausgesetzt wären. Er plädiert für einen Forschungsverlauf, in dem beide betroffenen Parteien zu Wort kommen. Die Zielgruppe für solche Studien seien allerdings nicht in erster Linie die BeamtInnen selbst, sondern die EntscheidungsträgerInnen, da diese damit eine Grundlage für die Konzeption weiterer Schulungsmaßnahmen für ihre Nachgeordneten hätten:

> Natürlich ist es wichtig, dass EntscheidungsträgerInnen wissen, was sie mit einer Aktion erreicht haben. Dazu brauchen wir auch die Ansichten oder Meinungen von Fremden. Es wäre durchaus interessant, Studien etwa über die Einstellung von türkischen GastarbeiterInnen zur österreichischen Polizei durchzuführen. In dieser

Richtung gibt es nämlich überhaupt keine wissenschaftliche Erkenntnis. Aber ich kann das jetzt nicht sofort in die Basisschulung einbauen oder publizieren, sondern ihr Nutzen liegt darin, dass die EntscheidungsträgerInnen diese Anregungen für Veränderungen in der Schulung erkennen. (Interview Lamplot)

Schlusswort und Ausblick

Nach der Auswertung dieses Teils unserer Interviews wird ein Ergebnis deutlich: Während die Trainings von externen ExpertInnen für Angehörige der Exekutive allgemein positiv aufgenommen werden und diese mittlerweile – zumindest für die Behörde – zu einer fixen Einrichtung geworden sind, steht man auf Seiten des Innenministeriums der institutionalisierten Erforschung des Apparates selbst noch eher skeptisch gegenüber. Auf die häufig gestellte Frage nach der Effizienz der Trainings für ExekutivbeamtInnen können wir als ForscherInnen und als zum Teil selbst in diese Projekte Involvierte folgende Antwort geben: Die Seminare sind zwar nur von kurzer Dauer und einmalig im Rahmen der Ausbildung, doch ihr offener und diskussionsfördernder Charakter, vermischt mit partizipationsorientierten Lehrmethoden, ist dazu geeignet, das Interesse und die Bereitschaft zum Engagement bei den TeilnehmerInnen zu wecken. Dabei ist es besonders wichtig, die Vorurteile und allfälligen negativen Erfahrungen der TeilnehmerInnen ernst zu nehmen, wie das auch in den Interviews anklingt, und sie durch respektvolle und sachliche Kommunikation in konstruktiver Weise zu verarbeiten. EthnologInnen können dabei am besten ihrer sozialen Verantwortung gerecht werden, indem sie die Aussagen möglichst wenig werten und gleichzeitig mit fachlicher Kompetenz auf sie eingehen. Unserer Ansicht nach wäre es jedoch im Hinblick auf den Praxisbezug und Nutzen dieser Trainings wünschenswert, wenn die Seminare über einen längeren Zeitraum hinweg angelegt wären. Dies würde der Zusammenarbeit mit den BeamtInnen Kontinuität verleihen und praktische Erfahrungen auch für die theoretische Auseinandersetzung nutzbar machen.

Betrachtet man die vielen Institutionen des öffentlichen Lebens, in denen Verwaltungsprozesse und Dienstleistungen auch MigrantInnen zugute kommen, wie etwa Kinder- oder Altenpflege, so scheint sich hier für die Ethnologie ein zukünftiger Wirkungsbereich aufzutun. Fraglich hingegen ist, ob die Exekutive als Organisation der ethnologischen Forschung aufgeschlossen gegenübersteht. Gerade in der Frage der Beziehung zwischen MigrantInnen und der Polizei ist die wertungsfreie Durchführung der Forschung sehr schwierig. Außerdem ist bis jetzt noch ungeklärt, in welcher Form und für welche Zielgruppe die Forschungsergebnisse nutzbar gemacht werden. Im folgenden Interview mit Silvia Unterberger klingt jedoch an, dass solche Forschungen für beide Seiten positive Effekte hätten.

Interview mit Silvia Unterberger

Unsere Recherchen wurden einige Monate nach unseren ersten Interviews von der Realität eingeholt, als die Ethnologin Silvia Unterberger im Rahmen des AkademikerInnentrainings bei der Volkshilfe Österreich in das Team der Seminarleitung für PolizistInnen einstieg. Zum Zeitpunkt des Interviews hatte sie bereits einen fixen Dienstvertrag und Erfahrung in der österreichweiten Koordination, Konzeption und Durchführung der Trainings gesammelt. Silvia Unterberger studierte von 1992 bis 1999 Ethnologie, wobei sie auch Auslandserfahrungen sammelte und Sprachkenntnisse in Frankreich und Spanien erwarb. Während ihres Studiums absolvierte sie das psychotherapeutische Propädeutikum und machte ihr Praktikum dazu in einem Flüchtlingsheim der Caritas Wien. Ihre Diplomarbeit schrieb sie zum Thema „Der Einfluss kultureller Faktoren bei psychischen Belastungsreaktionen von Flüchtlingen in Österreich“.

Du bist die erste Ethnologin, die bei der Volkshilfe Österreich für die Trainings bei der Exekutive zuständig ist. Wie bist du dazu gekommen?

Über die Flüchtlingsbetreuung habe ich sehr viele Leute in der AusländerInnen- und Flüchtlingsbetreuung kennen gelernt, und ich habe auch gewusst, dass die Volkshilfe in dem Bereich arbeitet. Als ich mit meinem Studium fertig war, habe ich Bewerbungsschreiben an alle Stellen ausgeschickt, die im Ausbildungs- und Flüchtlingsbetreuungssektor tätig sind. Michael Spranger von der Volkshilfe hat mich zurückgerufen und gefragt, ob ich mir vorstellen kann, auf Basis eines freien Dienstvertrags Trainings zu machen. Ich habe ihm dann von mir aus ein AkademikerInnentraining vorgeschlagen.

Wie läuft das AkademikerInnentraining bei der Volkshilfe ab?

Man arbeitet im jeweiligen Betrieb sozusagen gratis, früher für sechs Monate, jetzt – im Zuge der Sparmaßnahmen – leider nur mehr für drei Monate. Für die ArbeitgeberInnen fallen keine Kosten an, weil man vom AMS bezahlt wird und dort auch kranken- und sozialversichert ist. Im besten Fall soll das AkademikerInnentraining in ein Angestelltenverhältnis übergehen.

Michael Spranger hat bereits zu Beginn meiner Tätigkeit gewusst, dass er in die Flüchtlingsbetreuung der Volkshilfe geht und jemand anderer den Bereich der Trainings ab dem Sommer übernehmen sollte. Gleichzeitig ist das Budget der Volkshilfe beschränkt, also war es sehr willkommen, dass ich drei Monate sozusagen gratis arbeiten und gleichzeitig eingeschult werden konnte. Inzwischen bin ich ganz normal angestellt und habe bei der Volkshilfe einen Posten als Trainerin. Ich habe eine Fixanstellung im Ausmaß von 30 Stunden, wenn es mehr als 30 Stunden sind, bekomme ich die

Überstunden bezahlt oder als Zeitausgleich abgegolten. Ich wollte einfach eine fixe Anstellung, weil ich einen Sohn habe und er bei mir mitversichert ist. Das ist für mich bezüglich Steuern und Krankenversicherung auch leichter. Während des AkademikerInnentrainings habe ich 38,5 Stunden gearbeitet, für 7.000 Schilling – man wird sicher nicht reich damit, aber es ist eine Einstiegshilfe, und so ist es auch gedacht.

Stell uns deinen Arbeitsbereich bitte kurz vor!

Das jetzige Konzept ist aus drei Jahren Erfahrung mit den Trainings entstanden, Michael Spranger hat in dieser Zeit über 100 Seminare abgehalten. Ich habe es von ihm so übernommen, Weiterentwicklung ist aber willkommen. Die Blöcke und die Lehrinhalte sind jetzt von der Struktur her vorgegeben, ich muss sie aber nicht eins zu eins übernehmen. Denn es ist meine Aufgabe – darum wollten sie auch eine Ethnologin – mehr kulturrelevante Aspekte ins Seminar hineinzubekommen. Am Anfang habe ich Seminare mit Lehrlingen der Stadt Wien gemacht, und dann gleich auch mit der Polizei.

Innerhalb der Exekutive gibt es einen deutlichen Unterschied zwischen der Wiener Polizei und der Gendarmerie auf dem Land, das sind Gruppen mit ganz unterschiedlichen Einsatzbereichen. Die Exekutive auf dem Land hat kaum mit AusländerInnen zu tun, die haben oft mehr Phantasien als Erfahrungen. In Wien hingegen ist die so genannte „Schwarzafrikaner- und Drogenthematik“ überall präsent und wird auch von den Medien aufgebauscht. Das wird von Seiten der Exekutive zu einem riesigen Problem hochstilisiert, darauf angesprochen, reagieren die BeamtInnen sehr sensibel. Ich arbeite hauptsächlich mit PolizeischülerInnen in der Grundausbildung, in geringerem Ausmaß gebe ich auch Ergänzungskurse für ehemalige ZollwachebeamtInnen, die in die Gendarmerie übernommen werden. Früher hat es zusätzlich Seminare auf freiwilliger Basis gegeben, das wird vielleicht im Rahmen der berufsbegleitenden Fortbildung wiederkommen. Im Jahr 2000 gibt es keine, das wird von Jahr zu Jahr mit dem Innenministerium ausgehandelt.

Wie hast du dich inhaltlich und methodisch für deine Tätigkeit als Trainerin vorbereitet?

Ich habe im Bereich Training keinerlei Erfahrung gehabt und habe es mehr oder weniger im Tun erlernen müssen, weil es keine Schulung gab. Das war am Anfang ein Sprung ins kalte Wasser. Ich musste zwei Tage lang vor einer Gruppe von 20 bis 25 Leuten stehen, fast nur Männer, das ist schon einmal schwer. Und dann sind auch viele Kontra-Statements dabei, wo die Leute versuchen, mich zu provozieren, und ich musste auf alles immer irgendwie reagieren können. Man kann nicht immer voll dagegen reden, aber es kommen dann so Aussagen wie „die Ausländer treten

alle in Rudeln auf" und „sie stinken" und „laut sind sie" und „das ganze Haus stinkt nach Knoblauch" usw., also diese ganzen banalen Alltagssorgen. Da braucht man schon einige Erfahrung und gute Nerven, um das alles auszuhalten und sich mit der Zeit auch einen Argumentationsschatz zuzulegen. Man weiß vorher nicht, was auf einen zukommt. Selbst wenn man vorgewarnt ist, ist es anders, wenn man wirklich vor der Gruppe steht. Soweit ich zeitlich dazu komme, lese ich schon immer etwas nach, zum Beispiel zum Islam, zu Kleidungsvorschriften – das kommt sehr häufig vor, Kopftuch oder langes Gewand der Muslime, Essensvorschriften etc., auffällige Dinge, die immer wieder thematisiert werden. Dazu hole ich mir Hintergrundinformation, denn auch als Ethnologin weiß ich das nicht automatisch. Ich muss mich einfach überall gut auskennen: bei den Zahlen genauso wie bei den Zusammenhängen zwischen Arbeitsmarkt, Aufenthaltsgesetz und Fremdengesetz.
Man könnte das Ganze auch als „kulturelle Mediation" bezeichnen. Man versucht, der einen Gruppe zu erklären, warum die andere Gruppe genau auf diese Weise handelt. Oft sind die SeminarteilnehmerInnen aber trotzdem nicht zufrieden mit den Lösungen, sie sagen: „Na gut, dann weiß ich halt, dass das dort so ist, dass der Mann das Sagen hat und die Frau muss sich so anziehen, weil er das sagt – aber was tue ich jetzt damit?" Viele erkennen nicht, dass ihnen die Information auch schon Erleichterung bringen kann. Oft sind solche Aussagen auch eine Abwehrreaktion, um sich nicht damit auseinandersetzen zu müssen: „Ja, wenn die da herkommen, dann sollen sie sich gefälligst unseren Sitten und Bräuchen anpassen", den Gesetzen sowieso. Es gibt aber auch viele, die eher fortschrittlich denken, die sagen: „Okay, die können schon ihre Traditionen, Kleidung, Religion und Kultur beibehalten, sie sollen sich halt gesetzlich richtig verhalten." Aber solange man die Menschen ihren privaten Bereich so gestalten lässt, wie sie wollen, und sie dafür nicht irgendwie ausgrenzt oder schlechter behandelt, kann das ja funktionieren. Und manchmal tauchen solche Konklusionen bei Gruppenarbeiten schon auf.

Bist du als Ethnologin von Seiten der SeminarteilnehmerInnen und der Polizeitrainer mit bestimmten Erwartungen konfrontiert?

Ja. Ein Hauptproblem ist, dass jede/r glaubt, wenn jemand Ethnologie studiert hat, ist er oder sie automatisch ein Lexikon für alle Kulturen der Welt. Und diese Erwartung gibt es nicht nur in der Exekutive, sondern überall. Da sagt jemand, „in Afrika gibt es diesen und jenen Stamm, und wie leben die dort so", und du weißt nicht einmal, wo das ist. Das ist genau so, wie wenn man von einem Historiker erwartet, er würde die ganze Weltgeschichte in- und auswendig kennen. Manchmal muss man die Leute eben enttäuschen, ihnen klar machen, dass man kein Nachschlagewerk ist und alles weiß. Aber der Vorteil der Ethnologie kann ja auch sein, dass man zumindest weiß, wo man nachschlagen kann.

Ist es für die SeminarteilnehmerInnen und PolizeitrainerInnen ein Problem, dass du als Externe Seminare für sie hältst?

Nein, die sind eher froh, dass jemand mit einer Außensicht kommt. Ich bin auch überrascht, dass ich als Frau sehr gut aufgenommen werde. Ich habe es mir schwieriger vorgestellt, aber im Gegenteil, die BeamtInnen sind eigentlich sehr höflich zu mir, und ich erlebe sie auch sehr interessiert an allem. Ich habe sehr selten das Gefühl, dass sich jemand fadisiert. Die meisten TeilnehmerInnen schreiben in die Feedbacks hinein, dass die Seminare länger dauern sollten und dass man sie von drei Tagen bis zu einer Woche ausweiten sollte. Bestünde finanziell die Möglichkeit, wäre es sowieso sehr empfehlenswert, die Seminare mindestens drei bis vier Tage zu machen.

Inwiefern war das Ethnologiestudium ausschlaggebend für deine Anstellung?

Michael Spranger hat Sozialarbeit in die Seminare einfließen lassen, dann hatte die Volkshilfe einen Historiker, der sich auf Migration und Migrationsgeschichte konzentriert hat, und noch einen Soziologen und Gruppentrainer. Jetzt haben sie bewusst auch eine Ethnologin gesucht, und der psychologische Zusatz durch das Propädeutikum war ihnen auch willkommen, weil das im Umgang mit Gruppen hilfreich ist. Als Ethnologin kann ich andere Schwerpunkte setzen als beispielsweise ein Historiker und kann auch ganz andere Aspekte einbringen.

Würdest du aus deiner heutigen Sicht etwas am Ethnologiestudium bzw. am Studienplan ändern?

Ich habe das Gefühl, dass sich auf dem Ethnologieinstitut in letzter Zeit sehr viel zum Positiven gewendet hat, schon allein, dass es jetzt nicht mehr „Institut für Völkerkunde“, sondern „Institut für Ethnologie, Kultur- und Sozialanthropologie“ heißt. Ich glaube, dass die Ethnologie auf dem Weg ist, zeitgemäßer zu werden, und dass sich gerade daraus viele neue Arbeitsbereiche ergeben können. Aber man müsste die Ethnologie den Leuten noch viel näher bringen – aus dem Elfenbeinturm herausgehen und Strategien entwickeln, wie man ethnologisches Wissen ins Berufsleben einbringen kann. Denn gerade während der momentanen politischen Entwicklung ist es sehr wichtig, für ein gutes Zusammenleben von verschiedenen Kulturen in unserem Land aktiv zu werden. Und da, glaube ich, kann die Ethnologie sehr viel beitragen. Von den Vorlesungen her würde ich mir noch ein größeres Angebot wünschen in Bezug auf Zielgruppen, die in Österreich leben. Man könnte zum Beispiel die Themen Flucht und Zwangsmigration behandeln, sowohl die psychologischen Auswirkungen einer solchen Situation als auch die kulturellen Aspekte. Ich weiß nicht, ob es dazu schon Diplomarbeiten gibt – über TürkInnen zweiter oder dritter Generation zum Beispiel.

Methodisch gehört meiner Meinung nach mehr Praxisbezug hinein. In einer Veranstaltung zum Thema Migration etwa könnte man einerseits betroffene Menschen als GastreferentInnen einladen, um über ihre Lebenssituation zu berichten, und andererseits Einrichtungen besuchen, die sich mit diesen Themen beschäftigen. EthnologiestudentInnen wissen oft viel über Kulturen außerhalb Europas, obwohl sie noch nie dort waren – aber über die vielen in Wien lebenden MigrantInnen wissen sie beinahe nichts. Wenn man die Ethnologie ins Alltagsleben integrieren möchte oder neue Arbeitsplätze schaffen will, ist es meiner Meinung nach ganz wichtig sich anzusehen, welche Vielfalt an Einrichtungen hier in Wien überhaupt existiert, von afrikanischen Organisationen über Einrichtungen für bikulturelle Paare und Familien, die vielen AsylwerberInnenbetreuungsheime, bis zum Verein für Folteropfer und Kriegsüberlebende. Ich denke, man könnte, anstatt zum Beispiel nach Indien zu fahren, in diesem Bereich kleine Feldforschungen machen. Oder man könnte im Rahmen eines Seminars, statt 20 Bücher zu lesen, vier Wochen gratis in einem Flüchtlingsheim mitarbeiten und Familien betreuen. Sehr oft wird dort Kinderbetreuung gebraucht, gerade in den Ferien. Dabei kann man sehr viel über die jeweiligen Kulturen lernen, man hört die Lebensgeschichten der Menschen. Man kann schon auf eigene Initiative viel tun und das kann das Institut auch fördern, indem es so etwas in die Ausbildung einbaut. Gleichzeitig wäre das auch ein Weg, sich Arbeitsfelder zu eröffnen.

Punkto Forschung, kannst du dir vorstellen, dass EthnologInnen zum Beispiel auf Streife mitfahren?

Ich glaube, dass das nicht realisierbar ist, und zwar deshalb, weil ich es selbst schon versucht habe. Es ist dort möglich, wo man zum Beispiel über gute Beziehungen ein oder zwei Tage im Wachzimmer verbringen kann. Ich habe jetzt mit der Gendarmerie vereinbart, einen Tag an der Grenze in Spielfeld zu verbringen, wo sehr viele illegale EinwanderInnen aufgegriffen werden, um einen besseren Einblick in die tägliche Arbeit dort zu haben. Aber alleine für diesen einen Tag an der Grenze musste ich einen Antrag beim Zentralkommando der Gendarmerie im Innenministerium stellen, und die haben wiederum beim Minister nachgefragt – das ist immer ein sehr, sehr mühsamer Behördenweg. Das Mitfahren in der Polizeistreife ist insofern schwierig, weil die BeamtInnen dann die volle Verantwortung für dich übernehmen müssen, außerdem ist es für viele auch behindernd, wenn eine dritte fremde Person dabeisitzt. Mir wurde eher davon abgeraten, und ich halte es auch nicht für besonders sinnvoll, weil es ja auch verfälschend wirkt. Das andere Problem ist, wenn du Interviews im Exekutivbereich machst, dann wird dir gegenüber wahrscheinlich auch niemand zugeben, sich selbst in einem Fall schon einmal unangemessen verhalten zu haben. Jeder Beamte und jede Beamtin hätte Angst, dass das für ihn/sie Konsequenzen haben könnte.

Also glaubst du eher nicht, dass das Innenministerium so etwas finanzieren würde?

Man könnte es schon versuchen, gerade durch die Sicherheitsakademie. Es ist halt ein langwieriger Behördenweg, so ein Projekt durchzusetzen und zu begründen. Und es gibt dieses Prinzip, dass die Dinge, die man intern erfährt, nicht nach außen getragen werden, so etwas wie eine Verschwiegenheitspflicht. Aber wenn es ein gutes Forschungsprojekt ist, von dem auch die Exekutive profitiert, könnte es schon sein, dass es genehmigt wird.

Was hältst du von der Idee, eine Untersuchung über Erfahrungen von MigrantInnen mit der Polizei zu machen?

Das fände ich besser, denn das bringt beiden Seiten etwas, zum Beispiel in Form von qualitativen Interviews mit genauen Erzählungen. Man muss ja keine Namen nennen, aber es wäre wichtig zu erheben, welche Konflikte es geben kann. Und darauf aufbauend könnte man so etwas wie ein Mediationsprojekt entwickeln. Ich habe gemerkt, dass PolizistInnen zum Beispiel sagen: „Die wissen ja oft überhaupt nicht Bescheid über unsere Gesetzeslage und wie die Polizei bei uns ist." Das stimmt auch, in der Türkei etwa, aber nicht nur dort, signalisieren Uniformierte für viele Leute Repression. Sowohl Militär als auch Polizei sind in vielen Ländern bekannt für Menschenrechtsverletzungen, Folter und Misshandlungen in den Gefängnissen. Das alleine schafft schon eine ganz andere Reaktionsbasis. Das heißt, man müsste die Autoritätsbilder bearbeiten bzw. die Erfahrungen, die Menschen im Umgang mit der Polizei und Exekutive in verschiedenen Ländern gemacht haben, Erfahrungen in den Herkunftsländern und in Österreich vergleichen und schauen, wie viel habe ich jetzt von der Situation zu Hause projiziert, was hier eigentlich gar nicht so ist.

Häufig wird von PolizeischülerInnen vorgeschlagen, dass auch MigrantInnen Kurse angeboten werden sollten, die ihnen Informationen in den Bereichen Menschenrechte, staatliche Struktur und Leitbild der österreichischen Polizei geben. Ich glaube, dass viele Probleme aufgrund von Missverständnissen und falscher Vorinformation entstehen und manchmal einfach Überreaktionen sind. In diesem Bereich wäre ein Forschungsprojekt bestimmt interessant. Es geht dabei um die Erhebung des Ist-Zustandes, welches Bild haben MigrantInnen von der Polizei jetzt, wie verhält sich das zum Bild der Polizei, das diese von den MigrantInnen hat, und wie sind diese Bilder jeweils entstanden. Die Erkenntnisse aus einer solchen Arbeit könnten dann wieder in die Seminare einfließen. Man könnte konkrete Beispiele hernehmen, natürlich auf anonymer Basis, und den PolizistInnen dann die Aufgabe geben zu überlegen, wie dieser und jener Zwischenfall besser zu lösen gewesen wäre. Damit wäre gleichzeitig mehr Praxisbezug hergestellt, das ist ja auch eine Forderung der SeminarteilnehmerInnen. Ich glaube, wenn man das dem Innenministerium entsprechend verkauft, würden die dafür auch Geld locker machen. Man muss so argumentieren, dass sie auch einen Gewinn davon haben – etwa dass das Image der Exekutive gehoben wird. Es ist auch deshalb eine gute Idee, weil erwartet wird, dass das NAPAP-Projekt durch meine ethnologische Ausbildung bereichert wird. Ich habe mir immer wieder überlegt, welche Möglichkeiten zur Weiterentwicklung es gäbe, zum Beispiel in Zusammenarbeit mit einer Arbeitsgruppe. Ich fände es wichtig, etwa eine Diplomarbeit zum Bild der MigrantInnen über die Exekutive zu machen und diese Ergebnisse wieder in die Seminare einfließen zu lassen. Dann kann es zu einem Pingpong-Effekt kommen: Wenn die Exekutive weiß, welche Probleme die MigrantInnen haben, verhält sie sich vielleicht in ihren Amtshandlungen etwas anders, dann kann sich das Bild der MigrantInnen gegenüber der Exekutive wieder verbessern, so dass es mit der Zeit mehr ein Miteinander und weniger ein Gegeneinander wird.

Danke für das Interview.

Liste der geführten Interviews

LAMPLOT, Peter

2000 Interview über das NAPAP-Projekt, Seminare für die Exekutive, 3. Jänner, Wien, Transkription des Interviews im Besitz der Verfasserinnen.

SPRANGER, Michael

1999 Interview über das NAPAP-Projekt, Seminare für die Exekutive, 14. Dezember, Wien, Transkription des Interviews im Besitz der Verfasserinnen.

STANGL, Wolfgang

1999 Interview zum Verhältnis von Exekutive und Wissenschaft, 7. Dezember, Wien, Transkription des Interviews im Besitz der Verfasserinnen.

UNTERBERGER, Silvia

2000 Interview über das NAPAP-Projekt, Seminare für die Exekutive, 30. Mai, Wien, Transkription des Interviews im Besitz der Verfasserinnen.

Literatur

HANAK, Gerhard/STANGL, Wolfgang

1996 Sozialwissenschaftliche Untersuchung zur Situation der hauptberuflichen Lehrer im Gendarmerie- und Polizeidienst: Endbericht im Auftrag des Bundesministeriums für Inneres; Forschungsbericht des Instituts für Rechts- und Kriminalsoziologie, Wien.

STANGL, Wolfgang

2000 „Aber es gibt net irgendwo jemanden, der a Gesamtinteresse an Praxis und Theorie hätte": Polizeiausbildung als praktisches und wissenssoziologisches Problem. In: Kriminologisches Journal, 32. Jg., Heft 3, S. 206-218.

Ethnologie und Wirtschaftsunternehmen Von der Ambivalenz zum Siegerteam

Interviews mit Alexandra Butz, Wolfgang Gratzer, Günter Neumann, Peter Schnitt und Michaela Vrzal

Iris Wrana und Gerald Schmidt[1]

Prolog

Die Ethnologie ist der gängigen Meinung nach mit dem Hauch des Exotischen behaftet. Daher sehen sich AbsolventInnen dieses Faches sehr oft mit der Frage konfrontiert, ob sie in der Privatwirtschaft überhaupt Fuß fassen können. Der bekannte amerikanische Kulturanthropologe Marvin Harris stellt fest, dass Bereiche wie Personalentwicklung und Beratung in internationalen Firmen zunehmend häufiger Tätigkeitsfelder für EthnologInnen bieten. Das Studium selbst sei zwar primär keine berufliche Ausbildung, aber das damit erworbene Verständnis für menschliche Verhaltensweisen lässt sich – so Harris – sinnvoll im Sektor Wirtschaft einsetzen (Harris 1995: 4). Die amerikanische Kulturanthropologie hat mit ihren Methoden und Techniken eine aktive Rolle bei der Erarbeitung der Grundlagen für die Erforschung der Funktion und Entwicklung von Organisationen eingenommen. So entstanden Spezialdisziplinen wie die Betriebsethnologie. In den USA sind EthnologInnen als BeraterInnen für Wirtschaftsunternehmen längst keine Seltenheit mehr.

Die Anfänge dieser Entwicklung bildeten Studien in den 1920er Jahren, die der Erforschung der sozialen Beziehungen am Arbeitsplatz dienten. Die gewonnen Erkenntnisse sollten sowohl zur Lösung praktischer Probleme als auch zur Profitmaximierung beitragen, und bereits hier waren EthnologInnen bei der Umsetzung involviert. 1941 wurde von den MitarbeiterInnen einer dieser Studien die „Society for Applied Anthropology" ins Leben gerufen. Nur fünf Jahre danach gründeten EthnologInnen die erste anthropologische Unternehmensberatung, die bis heute besteht: Social Research, Inc (Wright 1994: 5ff.).

1. Wir möchten uns herzlich bei Gabriela Khannoussi-Gangoly für ihre Mitarbeit in der Arbeitsgruppe bedanken.

Die seit 1970 zunehmende Internationalisierung in der Wirtschaft und der dadurch verstärkte Konkurrenzdruck hatten ein wachsendes Interesse an der Optimierung der Funktionsweisen innerhalb der Betriebe zur Folge. EthnologInnen leisteten ihren Beitrag bei der Erforschung von Unternehmenskulturen. Im Jahr 1983 wurde in den USA die „National Association for the Practice of Anthropology" (NAPA) gegründet, die einen Zweig der American Anthropological Association bildet und sich mit der praktischen Anwendung ethnologischen Wissens beschäftigt.

Auch im deutschsprachigen Raum gewinnt die Betriebsethnologie gegenwärtig an Bedeutung, und WissenschafterInnen wie Novak (1994; 1998), Diel-Khalil und Götz (Diel-Khalil/Götz 1999) oder Helmers (1993a; 1993b) verweisen auf die praktische Relevanz ethnologischen Fachwissens in der Organisationsforschung. Insgesamt wird die Tätigkeit von EthnologInnen in gewinnorientiert arbeitenden Wirtschaftsunternehmen durchaus unterschiedlich bewertet. Das schlechte Image mancher Industrieunternehmen und die dem Kapitalismus angelastete Destruktivität werfen ein negatives Bild auf eine mögliche Mitarbeit in solchen Betrieben. Im Gegensatz dazu steht das Argument, dass die angewandte Organisationsethnologie zur Humanisierung der Arbeitswelt beitrage. Das Verhältnis der Ethnologie zur Wirtschaft ist offenbar ebenso kompliziert wie facettenreich.

Einleitung

Der folgende Beitrag befasst sich mit den Möglichkeiten, die EthnologInnen in gewinnorientierten wirtschaftlichen Unternehmungen haben, sei es nun im Angestelltenverhältnis oder auch im Rahmen freischaffender Tätigkeit. Von besonderem Interesse sind die Bereiche Consulting und Coaching. Aber auch die Möglichkeit der Karriere im mittleren und leitenden Management wird angesprochen.

„Tue Gutes und sprich darüber!", lautet eines der ehernen Prinzipien der Public-Relation-Branche. Auf diesen Beitrag angewendet: „Sprechen wir darüber, wie wir im Bereich der wirtschaftlichen Unternehmungen erfolgreich Gutes tun können!" Unsere Gesprächspartner zu diesem Thema waren:

- Alexandra Butz, Recruiterin bei McKinsey/Deutschland
- Wolfgang Gratzer, Teamleiter bei „Hofnarr – Systemische Karriereberatung"
- Günter Neumann, Vorstandsmitglied bei der Assicurazione Generali
- Peter Schnitt, Wirtschaftskammer Wien, Abteilung Außenhandel
- Michaela Vrzal, Projektleiterin bei der Bank Austria/CA-BV

Aus den Antworten kann man ersehen, welche Anforderungen an EthnologInnen in verschiedenen wirtschaftlichen Bereichen gestellt werden und welche Qualifikationen hierfür notwendig sind. Daher beschäftigt sich ein

Teil dieses Beitrages mit der Frage, wie EthnologInnen ihren „Marktwert" für wirtschaftliche Tätigkeiten erhöhen und sich entsprechend positionieren können. Welche Arbeitsfelder kommen überhaupt in Betracht und sind für EthnologInnen aussichtsreich? Vielfach haben SoziologInnen, PsychologInnen oder Fachleute für Internationale Betriebswirtschaftslehre (BWL) jene Funktionen für sich besetzt, die von ihrer Ausrichtung her auf EthnologInnen mit wirtschaftlichen Grundkenntnissen zugeschnitten wären. So gesehen ist es an der Zeit, den Elfenbeinturm zu verlassen und sich besser in Szene zu setzen. Es ist nötig, auf beiden Seiten – sowohl bei den WissenschafterInnen als auch bei den Unternehmen – Bewusstseinsbildung zu betreiben und Hemmschwellen abzubauen.

Der „Faktor Kultur" ist längst keine Unbekannte mehr in den wirtschaftlichen Gleichungen. In der BWL wird verstärkt mit entsprechenden Konzepten gearbeitet, wird Forschung betrieben, werden qualitative Daten einbezogen. Und doch sind die dabei involvierten AkteurInnen bis dato nur selten anthropologisch gebildet. Mehr Aktivität unsererseits ist also gefragt. Ein erster Schritt dazu ist die geplante Umstrukturierung des universitären Studienplanes, in den verstärkt Praxisnähe und modulhafte Ausbildung einfließen werden. Kombiniert mit mehr Präsenz in der Öffentlichkeit führt dies zu klareren und besseren Berufsperspektiven.

Dieser Artikel liefert auch allgemein nützliche Tipps für wirtschaftsrelevante Karriereplanung von EthnologInnen. Zusammengefasst zielt dieser Beitrag auf den Abbau von Berührungsängsten ab, und er versucht, neue bzw. nicht traditionell-ethnologische Beschäftigungsmöglichkeiten aufzuzeigen. Die Aktualität dieses Themas wird durch Beispiele aus der Unternehmenspraxis und dem Seitenblick auf diverse Forschungs- und Ausbildungsprogramme dargestellt. Letztendlich will dieser Beitrag auch zu einem verstärkten Selbstmarketing von EthnologInnen anregen, das zur Schaffung erhöhter Akzeptanz seitens der Wirtschaft und zur Ausweitung von Arbeitsfeldern verhelfen soll.

Create yourself, create your Job!

„*Eine Vision ohne Handeln ist Träumerei, handeln ohne eine Vision jedoch ein Alptraum.*" (Japanisches Sprichwort)

Die Umsetzung von Ideen bedingt eine entsprechende Geisteshaltung. Eine nicht unmittelbar auf einen Beruf ausgerichtete Studienrichtung erfordert ein hohes Maß an Eigeninitiative und Kreativität, denn wo keine vorgefertigten Bilder existieren, muss Neues geschaffen werden. Das ist zugleich Chance und Risiko.

Zu diesem komplexen Thema führten wir ein interessantes Gespräch mit Wolfgang Gratzer, dem Teamleiter im Wiener Büro von „Hofnarr". Diese Firma bietet „systemische Karriereberatung in personellen und wirtschaftlichen Fragen" für AkademikerInnen, Führungskräfte und UnternehmerInnen an. Ein Coaching der besonderen Art, mit der Betonung oft gänzlich neuer Aspekte, wie der folgende Interviewauszug zeigen wird.

Wir wollen aufzeigen, wie EthnologInnen in der Wirtschaft Arbeit finden oder erfinden können. Was ist die Sicht von „Hofnarr" auf Karriere? Sehr prominent erscheint bei Ihnen die Bedeutung von Vision und Strategie.

Nun, das übliche Schema ist das KonsumentInnenverhalten: Ich warte sozusagen auf den Märchenprinzen, anstatt die Dinge selbst in die Hand zu nehmen und durch die Veränderung meiner eigenen Person die Umwelt so zu verändern, dass ich dorthin komme, wo ich hin will. Die Frage ist also immer zuerst, sich einmal mit der Vision, mit seinem eigenen Auftrag, auseinander zusetzen.

Also zu klären, wohin man will und wie man dort hinkommt?

Richtig. Und es geht nun darum, dass eine Gesellschaft oder eine relevante Umgebung, in der ich mich befinde, etwa das Studium Ethnologie, Muster verstärkt. So zum Beispiel die Aussage, es wäre doch so schwierig in die Wirtschaft zu kommen – die Umgebung verstärkt das dann dahingehend, dass es nur möglich wäre auf universitärer Basis Karriere zu machen, die Wirtschaft das nicht verlangen würde, die Position doch so schwierig wäre. Damit werden die bestehenden Muster verstärkt, und mit ihnen die Handlungsunfähigkeit. Das ist so, als ob ich eine Krankheit nicht diagnostiziere, sondern das Problem verstärke, bis es vollkommen unlösbar und damit eine gute Ausrede geworden ist, anstatt den anderen, eigenen Weg zu gehen, den Weg des Agierens.

Wir finden durchaus auch die gegenteilige Aussage, dass Ethnologie viel zu bieten hat; die Frage bleibt aber doch, wie ich erklären kann, dass es durchaus geht.

Das ist aus der Sicht der systemischen Lehre des Konstruktivismus ganz einfach: Das Bild von der Welt, das wir vor uns haben, ist nur zu 10 Prozent von den Sinnesorganen produziert, zu 90 Prozent aber von uns konstruiert. Das heißt also, dass wir selbst dafür verantwortlich sind, es also auch selbst verändern können. Dementsprechend prominent ist bei „Hofnarr" das Hinterfragen von „Landkarten", von Mustern, die bis dato zum Erfolg geführt haben, aber nicht unbedingt geeignet sind, um mich zu meinem Soll-Zustand zu bringen.

Wie gehe ich das aber nun an, wenn ich zum Beispiel ins Top-Management kommen möchte? Man hat einerseits vieles gelernt, andererseits kann man sich nicht beliebig lange weiterbilden. Ebenso sagen die einen Firmen, EthnologInnen kennen wir nicht und brauchen wir nicht, und andere, dass das Studium ohnehin egal ist, solange man nur leistungsfähig genug wäre. Was ist Ihre Empfehlung?

Grundsätzlich sollten StudentInnen davon ausgehen, dass das Wissen, das sie bisher haben, egal ob aus der Schule oder von der Universität, nicht alleine dazu führen wird, dass sie von einem verantwortungsvollen Personalchef aufgenommen werden. Das Fachliche ist nicht mehr das Ausschlaggebende, wenn ich es von allen KandidatInnen gleichermaßen erwarten kann. Die Frage ist vielmehr, wieso ich von einer Zahl an KandidatInnen gerade Sie auswählen sollte. Welche Fähigkeiten lassen Sie geeignet erscheinen, in Eigenverantwortung bzw. Eigenführung und mit Führungsqualität zu arbeiten? Ich nehme Leute deswegen auf, damit sie nach einiger Zeit, in der sie das core business erlernen, eine Führungsposition übernehmen können. Reine Fachkräfte finde ich leicht, davon gibt es genug, aber an die Universitäten wende ich mich, wenn ich Führungskräfte benötige. Entscheidend sind die Erfahrungen, die mit Wissen gekoppelt sind – nur dadurch wird das Wissen zu Gold. Das fängt schon mit beruflicher Erfahrung neben dem Studium an. Viele wollen nicht darüber reden, wenn sie „kellnerieren", aber man sollte sich dafür nicht genieren. Jeder Job ist ein erster Kundenkontakt; wenn aber Kommunikationsfluss und -fähigkeit da sind, ist es grundsätzlich egal, ob der Kunde nun im Wirtshaus sitzt oder ein Geschäftspartner ist. Zu Erfolg und auch zu Geld kommt man darüber, das Fachwissen zu haben, sich bewusst zu sein. Was Führung für die eigene Person bedeutet, ist, den Weg entschieden zu haben und auch ins Handeln gekommen zu sein. Das wahrscheinlich Wichtigste ist das Wollen. Wenn Sie es nur wollen, lässt sich das Wissen innerhalb kürzester Zeit erwerben. Umgekehrt ist es für Firmen aber unvorteilhaft und unnütz, sich mit Leuten abzugeben, bei denen zwar das Wissen, nicht aber das Wollen vorhanden ist.

Wenn ich mir aber die Stellenangebote durchsehe, scheint es nicht gerade so, als würde das Wollen ausreichen. Allgemeine Forderungen sind die nach 23-jährigen AkademikerInnen, vorzugsweise mit dem Doktortitel und einigen Jahren Auslandserfahrung; spezielle Angebote sind die für Fachkräfte.

Interessant, wie Sie das jetzt sagen – Sie geben ganz genau das Bild des Konsumenten wieder. Wenn man aber weiß, dass die Zeitungsannoncen nur zirka 10 Prozent des Arbeitsmarktes ausmachen, dann sieht die Sache ganz anders aus. Aus dieser Perspektive betrachtet, muss ich zum Detektiv, sozusagen vom Opfer zum Krieger werden. Das heißt, ich muss mich darum kümmern, in welcher Firma ich tätig sein will, welche Position meiner Entwicklung am nächsten kommt. Ich muss herausfinden, wer meine Ansprechperson ist, wie die Firma organisiert ist, wie die Bilanzen aussehen und warum. So komme ich dazu, mich nicht als Konsument zu verhalten, sondern ich finde heraus, was ich beitragen kann – damit bin ich ein Partner, der dieses Unternehmen durch seine Dienstleistung unterstützen kann.

Dahinter steckt die Frage, was mein Nutzen für die Zukunft meiner spezifischen Zielgruppe ist. Ebenfalls muss ich dafür wissen, wer ich denn eigentlich bin, was ich bieten kann und was ich möchte – erst dann kann ich mich dem Arbeitsmarkt anbieten. Vergleichen Sie das zum Beispiel mit dem Schreiben eines Liebesbriefs: Da werden Sie wohl auch den Namen Ihrer Angebeteten kennen, sonst wäre die ganze Sache unsinnig – aber genau das passiert am Arbeitsmarkt.

Wie sehen Sie die Chancen für Unternehmertum, für Selbständigkeit?

Sehr hoch. Hier bei „Hofnarr“ zum Beispiel bilde ich eigenständige UnternehmerInnen aus, die erfolgreich sind und erkennen, was sie wollen und wie sie ihren Nutzen für andere bewusst machen. Das ist ein entscheidender Erziehungsfaktor, der diese Leute dann aber in kürzester Zeit befähigt, sich selber und andere führen zu können. Mir ist nicht so wichtig, aus welchem Bereich jemand kommt, sondern ob er nicht mehr fremdbestimmt sein will. Egal ob Ethnologe, Ethnologin oder Techniker, Technikerin, die Grundfrage ist: Will ich weiter die Visionen der anderen erfüllen, ihr Werkzeug sein, die Nebenrolle spielen, oder will ich die Hauptrolle in meinem Theater, meinem Leben spielen.

Das hört sich jetzt an wie die inzwischen weit verbreitete Meinung, die Situation wäre so, dass es ohnehin schon egal ist, was man studiert, aber verbunden damit, man würde das Passende schon finden, wenn man es nur will ...

Das wäre wieder Fremdbestimmung, hätte aber keinen nachhaltigen Erfolg. Weil nämlich fremde Ziele kurzfristig reizvoll sein können, aber der Zufall, dass von außen genau das kommt, was mit meinem Auftrag übereinstimmt, doch sehr unwahrscheinlich wäre. In diesem KonsumentInnenverhalten festzusitzen, anstatt ins Handeln zu kommen, bedeutet Angst vor dem Leben und vor dem Erfolg zu haben. Wer glaubt, sich nur das Gute, die Extreme im Positiven, nehmen zu können, der hat sich getäuscht. Zum Erfolg kommt man gerade auch, wenn man den Misserfolg kennen gelernt hat. Visionen entscheiden sich gerade dann, wenn man es nicht leicht wie im Schlaraffenland hat, sondern in einer negativen Zeit sieht, ob man doch besser einen anderen Weg geht oder daran festhält. Im letzteren Fall kommt man auch zum Erfolg, denn im Bewusstsein ist er schon da. Man kann das mit einem Architekten vergleichen, der ein Haus plant: Im Kopf ist es schon bis ins Detail geplant, er muss es nur noch bauen! (Interview Gratzer)
Nicht der akademische Titel, sondern die Verantwortung für die eigene Lebensplanung stehen bei Gratzer im Vordergrund. Wer nur studiert, um eben einen Universitätsabschluss zu haben, ist schlecht beraten. Die Firma „Hofnarr“ ist, so Gratzer, deswegen so erfolgreich, weil sie in ihrer Tätigkeit weg vom Konformismus hin zur Individualität geht und damit eine

Lücke ausfüllt. „Weniger Analyse – vermehrt Synthese, und die Einbeziehung vom Bildhaften, von Visualisierung und Intuition!“, so könnte man es kurz fassen. Er vergleicht die unterschiedlichen Fähigkeiten von Menschen mit einer bunten Blumenwiese und setzt dies in Zusammenhang mit der Wirtschaft:

> Die Industrie sucht und braucht aber diese Blumenwiese, findet jedoch nur die Einheitsblume. [...] Die Wirtschaft sucht eigenständige Leute, die Verantwortung tragen wollen und auch können. [...] Mit dieser Frage reduziert sich die Zahl an interessanten AbsolventInnen beträchtlich – das sind aber die Erfolgreichen der Zukunft. (Interview Gratzer)

Angesprochen auf die Rolle, welche die Ethnologie hier einnehmen könnte, ist Gratzers Bewertung eindeutig:

> In der Ethnologie gibt es genug Elemente, die wesentlich sind und für die Zukunft immer wichtiger werden. Firmen, die expandieren wollen, haben ethnologisches Wissen nötig. Da heißt es, die Augen offen zu halten, die notwendigen Dienste anzubieten und die Firmen anzusprechen. (Interview Gratzer)

Er bringt damit mehrere Fakten auf den Punkt, die gerade für EthnologInnen auf der Suche nach beruflichen Möglichkeiten von immenser Bedeutung sind und die im Bewusstsein ihren festen Platz haben sollten:

a) Die Vermittlung ethnologischen Wissens ist eine wertvolle Dienstleistung;
b) Firmen haben zunehmend Bedarf an diesem Wissen;
c) sich ein eigenes Arbeitsfeld zu schaffen heißt, mit seinem Angebot aktiv auf potentielle Nachfragende zuzugehen.

Harte Fakten – sanfte Werte?
oder: Der Kulturschock in der Betriebswirtschaftslehre (Meissner 1997)

In ihrer historischen Perspektive verstand sich die BWL lange Zeit als quasi-naturwissenschaftlich und frei von kulturellen Determinanten. Was zählte, waren einzig und allein die harten Fakten, blanken Zahlen und hohen Erträge. Der Erfolg eines Unternehmens wird am Gewinn ersichtlich, und der Shareholder-Value ist das Maß aller Dinge – überspitzt ausgedrückt.

> Mit der Dynamik und Komplexität des Umfeldes, insbesondere auch mit der Globalisierung der Märkte und der internationalen Verflechtung des gesamten wirtschaftlichen Geschehens, hat das Thema und die Auseinandersetzung mit einer kulturbewussten Un-

ternehmensführung in den letzten Jahren zunehmend an Bedeutung gewonnen. (Meissner 1997: 2)

Unternehmen existieren nicht im luftleeren Raum. Sie befinden sich stets in Interaktion mit ihrem Umfeld und ihren GeschäftspartnerInnen, diese wiederum orientieren sich an bestimmten Normen und Verhaltensweisen. Die „kulturelle Konfiguration“ hat also direkten Einfluss auf die Geschäftstätigkeit. Daher war ein Paradigmenwechsel in der BWL – von einer „eindimensionalen ökonomischen Rationalität“ zu einer „kulturbewussten vieldimensionalen Rationalität“ – unvermeidlich und wirkte in der klassischen Entscheidungstheorie wie ein Schock (Meissner 1997: 11). Eine Vielzahl zusätzlicher Informationen muss berücksichtigt und mit einer entsprechenden Sensibilität zu neuen Sichtweisen und Theorieansätzen integriert werden. Firmen können nicht mehr nur auf der Basis ihrer eigenen Unternehmenskultur agieren, sondern tun gut daran, die Umfeldfaktoren einzubinden, insbesondere wenn eine internationale Geschäftstätigkeit vorliegt. So brutal das „International Business“ erscheint – ein erfolgreiches Unternehmen muss Bilanzkennzahlen, Kostenrechnung und ethische bzw. vermehrt auch ökologische Prinzipien aufeinander abstimmen. Denn wo im Produktbereich oft eine technische Patt-Stellung gegeben ist, können sich Unternehmen nur durch immaterielle Faktoren von der Konkurrenz abheben, und so VerbraucherInnen anziehen. Und was ist dafür besser geeignet als die Kombination aus gutem Produkt und gutem Image – ein Bereich, der Heerscharen von SpezialistInnen beschäftigt. Die Wertvorstellungen der KonsumentInnen und ihre Verhaltensmuster sind maßgebend für die Absetzbarkeit von Produkten oder Dienstleistungen. Auch amerikanische Großkonzerne, die eine besondere Tendenz zur Vereinheitlichung aufweisen, sind gegen kulturelle Muster nicht immun. In der Türkei musste z. B. selbst McDonald's einen Kompromiss schließen und das traditionelle Joghurtgetränk „Ayran“ in das Angebot aufnehmen[2]. Daraus ergibt sich, dass eine kulturelle Unternehmensintegration in verschiedener Weise vor sich gehen kann: Zum einen werden Leistungen oder Produkte speziell an eine Kultur angepasst, zum anderen werden Absatzstrategien an die Normen und Werte einer Gesellschaft adaptiert. Ein Mangel an Spezialwissen kann hier fatale Folgen haben. Gunnar P. Wilmot, der amerikanische Deutschland-Direktor der Werbeagentur McCann-Erikson brachte es in einem Interview für den „Spiegel“ so zum Ausdruck: „Das war ein Schock für mich. Ich hatte mich nicht genügend schlau gemacht über die kulturellen Eigenarten des Landes. Es war mein schwerster Fehler.“[3]

2. Diese und ähnliche Sortimentsadaptionen verschiedener Unternehmungen wurden von Iris Wrana bei ihren Feldforschungsaufenthalten in der Türkei 1998 und 1999 immer wieder beobachtet.

Die Tücken des Außenhandels oder: Der Einfluss der EthnologInnen auf den Wohlstand der Nationen

Man kann darüber spekulieren, inwieweit der schottische Nationalökonom und Moralphilosoph Adam Smith Gefallen an der Globalisierung gefunden hätte. Tatsache bleibt, dass er den Handel zwischen den Ländern schon im 18. Jahrhundert als äußerst vorteilhaft erachtete:

> Zwischen welchen Plätzen er auch betrieben wird, allen bringt er zwei verschiedene Arten Gewinn. Der Außenhandel exportiert jenen überschüssigen Teil des Ertrags aus Boden und Arbeit, nach dem im Lande keine Nachfrage besteht, und führt wiederum dafür das ein, wonach im Inland ein Bedarf besteht. Durch ihn erhält sein Überschuß erst einen Wert, indem er ihn nämlich gegen irgend etwas eintauscht, was Teile des Bedarfs decken und zur erhöhten Lebensfreude beitragen kann. (Smith 1999 [1789]: 363)

Ein ebenso einfaches wie überzeugendes Argument! Es ist also naheliegend, einen Spezialisten zum Thema Außenhandel zu befragen. Wir haben als Interviewpartner Peter Schnitt von der Wirtschaftskammer/Abteilung Außenhandel zum Gespräch gebeten. Schnitt ist auch an der Wirtschaftsuniversität Wien als Vortragender im Lehrgang zur Ausbildung von Exportkaufleuten tätig. Seine Publikation „Cross-Cultural Communication" (Schnitt 1999) soll ein Leitfaden für „Geschäftsverhandlungen mit fremden Kulturen" sein, und er lässt zahlreiche Erfahrungen aus seiner Tätigkeit als Außenhandelsdelegierter einfließen.

Ich habe Ihre Publikation „Cross-Cultural Communication" durchgesehen. Wie sind Sie auf die Idee gekommen, so einen Leitfaden zu schreiben?

Ich habe bei meinen Vorträgen zum Thema Exportmarketing gemerkt, dass die HörerInnen sehr genau aufpassen, mit großem Interesse das verfolgen, was kulturelle Unterschiede der einzelnen Völker betrifft. Ich betone dabei immer, dass es sich hier um ganz grobe Generalisierungen handelt; dass es sich hier um Erfahrungswerte handelt, die ich teils selbst gemacht habe, teils angelesen habe und die natürlich in der Praxis ganz anders ausschauen können. Aber der eigentliche Ausgangspunkt war der, dass das überall auf Interesse gestoßen ist. Und das ist interessant, dass in einer Zeit des Internet und des totalen Informationsaustausches dieser menschliche Aspekt immer noch so viel Interesse weckt und immer noch so wichtig ist im ganzen Export. Es ist nicht richtig, dass man – im Zeitalter des Internet – vom Schreibtisch aus Exportgeschäfte machen kann.

3. http://www.mwls.co.uk/quotes.htm#culture, abgerufen am 26.8.2002. Vgl. auch: N.N. (1996): Biedere Tante, In: Der Spiegel, Nr. 10, S. 124-128.

Man muss immer noch reisen und man muss immer noch menschlichen Kontakt haben. Das ist nicht im mindesten weniger bedeutsam geworden. Der menschliche Aspekt ist in der ganzen Marketingliteratur und auch in den Exportlehrgängen bisher vernachlässigt worden.

Wie fließt dieser Aspekt nun in den Außenhandel ein, und welche Erfahrungen haben Sie selbst damit gemacht, bzw. was ist Ihre Aufgabe in dieser Abteilung der Wirtschaftskammer?

Wir befassen uns zunächst einmal mit dem Cross-Cultural Business Behaviour. Wie werden Geschäfte mit fremden Kulturen angebahnt und abgewickelt. Das Wichtige dabei ist der erste Schritt, die erste Kontaktaufnahme. Wenn ich einmal zu meinen libyschen Geschäftspartnern eine Vertrauensbasis aufgebaut habe, dann ist es egal, ob ich ihm jetzt die linke Hand zeige oder ob ich ihm auf die Schulter klopfe. Dann sind diese ganzen protokollarischen und Etikette-Fragen nicht mehr so wichtig, sofern eine Vertrauensbasis besteht. Solange das aber nicht so ist, bleibt das Formelle sehr wichtig. Es kann auch sehr ärgerlich sein, wenn man z.B. das Zeitverständnis der Leute oder den Sitzungsverlauf falsch einschätzt. Ich habe da sehr viel gelitten, in Abidjan zum Beispiel. Ich war also sieben Jahre an der Elfenbeinküste. Es ist einfach ärgerlich, wenn man nicht weiß, wie man sich auf die Leute einstellen soll, und man kann das ganze Geschäft kaputt machen, wenn man die Geduld verliert oder die Nerven wegschmeißt. Wir haben einen Botschafter in Peking gehabt, bei dem es aus diesen Gründen regelmäßig zu Wutanfällen gekommen ist. Und es gibt auch Geschäftsverhandler, Exporteure, die halten das einfach nicht aus – dieses Ritual der Chinesen, der Vietnamesen, der Japaner. Man kommt nicht weiter, man verhandelt stundenlang mit einem Partner, von dem man nicht weiß, welchen Rang er in der Firma hat. Vielleicht ist er nur ein Unterläufer, und man muss dieselbe Verhandlung noch einmal führen. Diese unendliche Geduldprobe. Wenn man das vorher ein bisschen studiert hat, ein bisschen darauf eingegangen ist, fällt es einem leicht. Das ist das Business Behaviour, das ist die Geschäftsanbahnung. Der Exportleiter sollte wissen, wie habe ich mich z.B. in Thailand zu benehmen, was bedeuten dort Jugend und Alter, was bedeuten männlich und weiblich, welche Hierarchien gibt es. Das ist im Grunde genommen keine Hexerei, wenn man sich darauf einstellt. [...] Aber richtig dramatisch wird dieser Cultural Clash, dieses Aufeinanderprallen von Kulturen, bei den Fusionen. Das greift jetzt in einer Weise um sich, die ungeheuerlich ist. Und da könnten PsychologInnen, SoziologInnen, EthnologInnen mit wirtschaftlichem Hintergrund eine ganz wichtige Rolle spielen. (Interview Schnitt)

Schnitt führt das Beispiel der Übernahme der österreichischen Immuno durch die amerikanische Baxter – beides Pharmaunternehmen – zur Verdeutlichung an und streicht heraus, welche Schwierigkeiten das Integrieren der beiden Unternehmenskulturen bereitete. Obgleich sich in diesem Fall das amerikanische System als das dominantere erwies, unterstreicht das Beispiel die Aussage von Michaela Vrzal (siehe folgender Abschnitt) über die Einsatzmöglichkeiten von EthnologInnen als OrganisationsberaterInnen. Peter Schnitt führt weitere prominente Fälle von „kulturellen Missverständnissen“ an, wie das amerikanisch orientierte Euro-Disney bei Paris. Das Projekt wäre beinahe ein teurer Fehlschlag geworden, da das Disneyland-Prinzip mit seinen Fastfood-Lokalen, Restaurants ohne Alkoholausschank und den – von AmerikanerInnen als attraktiv eingeschätzten – Einkaufsmöglichkeiten nicht eins zu eins auf Europa übertragbar war. Auch eine Fusion zwischen Renault und Volvo kam aus kulturellen Differenzen zwischen den Verhandlungsstilen der Mutterländer nicht zustande, obgleich die Zusammenlegung betriebswirtschaftlich sinnvoll gewesen wäre. Schnitt resümiert::

> Fusionen sind eine sehr ernste Sache. Es geht um viel Geld und um viele menschliche Aspekte. Wer das unterschätzt oder ignoriert und sagt: „Ich habe diese Firma gekauft, und sie muss sich nach mir richten!“, der wird einiges erleben. Eine koreanische Firma hat in Frankreich z.B. einen erbitterten Streik erlebt, ohne je den Grund verstanden zu haben. Es geht also um viel, viel Geld und allenfalls um große Verluste. Und da sehe ich eine Einsatzmöglichkeit für Leute, die auch vermitteln können. In Frankreich ist es beispielsweise so, dass bei großen Streiks – wenn die Parteien nicht mehr miteinander reden können – ein „Mediateur“ [Mediator] eingeschaltet werden muss. Das ist also ein geschulter, ausgebildeter Vermittler. Ob das jetzt ein Psychologe ist oder eine Ethnologin – er oder sie muss das Metier verstehen!

Man spricht den EthnologInnen ja zu, dass sie VermittlerInnen zwischen den Kulturen sind. Die Tendenz Richtung interkulturelles Management und interkulturelle Betriebskulturen ist schon da, zwar noch etwas akademisch, aber schon da. Die Frage ist jetzt: Wie können wir uns da besser präsentieren, bzw. was wäre eine Erwartung, die man da an EthnologInnen setzen kann, um mehr eingebunden zu werden.

Also zunächst einmal müsste die ganze Ethnologie aus dem rein akademischen Bereich in den praktischen Bereich kommen. Das ist eine Frage der Publizität, der Aufgeschlossenheit. Das müsste man den Fachleuten aus der Ethnologie begreiflich machen. Mit Methoden des modernen Marketings, nennen wir es Werbemethoden, müssten UnternehmerInnen auf die Idee gebracht werden: „Hier sollte man eine Ethnologin, einen Ethnologen zu Rate ziehen!“ Also, EthnologInnen müssen sich in geeignet scheinender Weise in Szene setzen können, sich bekannt machen. Sie müssen ihre Leistungen einem/einer UnternehmerIn plausibel machen.

Es ist also ein Problem der Selbstdarstellung? Gutes Marketing tut not?

Ja, natürlich. Sie müssen sich vermarkten. Sie müssen den Nutzen zeigen, den Sie einem/einer UnternehmerIn bieten können. Zunächst einmal ist er ja gar nicht überzeugt davon, dass man so etwas überhaupt braucht. [...] Das ist eine Frage des Marketings, der Eigenwerbung, der Eigenprofilierung. Das Wichtigste ist natürlich, aus dem Elfenbeinturm herauszukommen und an praktischen Beispielen zu zeigen, was man der Firma erspart hat, wenn man diese [„kulturbedingten“, Anm. d. Verf.] Konflikte von vornherein verhindert. (Interview Schnitt)

Angesprochen auf die Frage, wie in diesem Bereich die Position der Wirtschaftkammer ist bzw. wie die Außenhandelsdelegierten auf ihre Auslandseinsätze vorbereitet werden, ortet Schnitt einen akuten Mangel in den Bereichen Training und Schulung. Überhaupt gehe man in Österreich von der UnternehmerInnenseite sehr stark nach dem Prinzip „learning by doing“ an die Problematik heran, was sehr oft zu Fehlentscheidungen und schlechtem Personalwesen führt. Obgleich in der Wirtschaftskammer derzeit keine EthnologInnen tätig sind, wäre ein Einstieg in die Kadettenausbildung – also das Jungakademikertraining – überlegenswert und könnte dann zu entsprechender beruflicher Tätigkeit im Ausland führen.
Auch Peter Schnitt kommt zu dem Schluss, das „Kultur“ und der Aspekt des „Cross Cultural“ an Wichtigkeit zugenommen haben und auch weiterhin für die Wirtschaft bedeutend sein werden. Hinsichtlich der oft im Vordergrund stehenden, von den USA geprägten Globalkultur fordert er, „dass man eben einer Tendenz auch entgegentritt, die sagt, unsere Welt wächst sowieso zusammen. Es wird alles einheitlich, es wird alles amerikanisiert. Das mag in bestimmten Bereichen zutreffen – auf den Finanzmärkten oder bei einzelnen Produkten. Aber insgesamt kristallisieren sich jetzt viel mehr die regionalen Unterschiede heraus, auch in der EU. Und das ist Ihr Ansatzpunkt“ (Interview Schnitt).

EthnologInnen in der Organisationsberatung oder: Wie vermeidet man strukturelles Versagen?

Die oberste Maxime wirtschaftlicher Unternehmungen – Non-Profit-Organisationen ausgenommen – ist die Gewinnmaximierung. Ein optimales Betriebsergebnis lässt sich jedoch nicht allein durch eine kluge Absatzstrategie erzielen. Die internen Abläufe und Kommunikationsprozesse werden mit steigender MitarbeiterInnenanzahl zunehmend störanfälliger und können den Geschäftserfolg negativ beeinflussen. Auch Unternehmensfusionen weisen ein beträchtliches Konfliktpotential auf. In solchen Fällen ist die Inanspruchnahme einer Organisationsberatung angebracht. Ein/e speziell in Organisationsentwicklung und -psychologie geschulte/r BeraterIn hilft, Konflikte und Blockaden zu vermeiden und gleichzeitig die Effizienz zu steigern. Ziel einer solchen Beratung kann auch die Schaffung einer zufriedenstellenden Entscheidungs- und Kommunikationsstruktur sein. In den meisten Fällen jedoch sollen grundsätzliche Veränderungspotentiale aufgezeigt bzw. geschaffen werden. OrganisationsberaterInnen fällt dann die Aufgabe zu, ein Unternehmen entsprechend zu analysieren, bei der Implementierung von Maßnahmen unterstützend tätig zu sein und deren Umsetzung zu begleiten.

Unsere Gesprächspartnerin Michaela Vrzal ist Juristin und Leiterin eines Projektes zur Fusion von Bank Austria und CA-BV. Sie sieht für EthnologInnen im Rahmen der Organisationsberatung drei Haupteinsatzbereiche:

- Fusionen und Unternehmensübernahmen;
- Zusammenlegung von Abteilungen/Bereichen in einem Unternehmen;
- Koordination der Zusammenarbeit zwischen dezentralen und zentralen Stellen innerhalb eines Betriebes – oft ein durch regionale Unterschiede belasteter Bereich.

Inwiefern sind EthnologInnen Ihrer Meinung nach durch ihre Ausbildung besonders geeignet, Lösungen für Probleme in Organisationen und Betrieben zu erarbeiten?

Bei großen Organisationen, in denen es um kleinere Gruppen geht, die strukturelle Konflikte haben; strukturelle Konflikte, in die Gruppen involviert sind – dort, wo es um Gruppen geht, würde ich das Einsatzgebiet eines Völkerkundlers/einer Völkerkundlerin sehen.

Das heißt, es ist Ihrer Meinung nach nützlich, wenn man sich mit unterschiedlichen Kulturen befasst und eine gewisse Sensibilität dafür entwickelt hat?

Das ist das eine, und was ich mir ebenso davon erwarten oder versprechen würde, ist eine strukturierte Herangehensweise: Was ist zu prüfen, wenn zwei Unternehmenskulturen aufeinander prallen. Erstens, wie stelle ich fest, ob es sich wirklich um zwei verschiedene Kulturen handelt? Und wenn ja, zweitens, worin liegt der Unterschied und wie gehe ich strukturierend an diese Fragestellung heran? Und drittens: welche Maßnahmen kann ich treffen, um konstruktive Beiträge zur Verständigung zu leisten?

Und vor allem, was ich bisher bei BeraterInnen – von denen es eine Vielzahl gibt – wahrgenommen habe, ist, dass sie sich nicht mit Großgruppen befassen, sondern mit dem Individualisierbaren – aber Konflikte, die nicht mehr individualisierbar sind, werden nicht behandelt. Und es gibt auch kaum jemanden! Wir haben das versucht, auch bei der Fusion und bei der Integration der CA – man findet niemanden. Es gibt vielleicht Leute, die können eine Großveranstaltung organisieren, aber sie tun das unter Marketinggesichtspunkten. Ich habe immer das Gefühl gehabt, da fehlt etwas, aber ich wusste nicht was. Das Problem ist nicht, wie man eine schöne

Präsentation macht oder eine zündende Rede hält, sondern wirklich an die Wurzel zu gehen.

Sie meinen, das Problem ist, dass die meisten Ansätze die Konflikte nur auf einer individuellen Ebene behandeln und nicht in einen größeren Zusammenhang stellen. Man müsste also hierfür neue Ansätze entwickeln?

Ja – so, dass Maßnahmen gesetzt werden können. Was kann ich im Vorfeld machen, was kann ich begleitend machen, wie lange muss ich begleitend etwas machen, welche Interventionen sind ratsam, und dass auch im Vorfeld einer Fusion Studien gemacht werden. Machbarkeitsstudien; man muss sehen, ob etwas funktioniert, und das sollte dann ein Prüfkriterium sein. Ich würde durchaus sagen, dass das, was bei einer Fusion passiert, teilweise Krieg ist. Es geht nicht um Leib und Leben, aber oft kommt es ziemlich an die existenzielle Leistungskraft des Einzelnen heran, emotional, aber auch teilweise physisch, intellektuell; das heißt, es passiert eine Veränderung. Und ich denke, es wäre auch interessant, ein Deeskalationshandbuch als Strategiebuch für so einen Konflikt zu haben. (Interview Vrzal)

Michaela Vrzal ist davon überzeugt, dass auch die beste Situations- und Konfliktanalyse nur eine halbe Sache ist, wenn keine Intervention folgt. EthnologInnen, die aus der „Ursachenforschung abgeleitete mögliche Deeskalationsmechanismen" zur Lösung struktureller Konflikte zwischen Gruppen erheben und bereitstellen könnten, wären als OrganisationsberaterInnen sehr gefragt. Eine fachliche Ausbildung in diesem Bereich wird von verschiedenen Instituten, aber auch im Rahmen des wirtschaftswissenschaftlichen Studiums an den Universitäten als Teildisziplin der Unternehmensberatung angeboten. Für die berufliche Praxis favorisiert Vrzal die Teamarbeit:

> Also wenn ich mich als VölkerkundlerIn auf dieses Gebiet spezialisiere, würde ich schauen, dass ich mich mit zwei, drei KollegInnen zusammenfinde; unter Umständen wäre es günstig, wenn eine/r dabei ist, der oder die ausgebildete/r OrganisationsberaterIn ist, damit ich einem Unternehmen eine ganzheitliche Lösung anbieten kann. Denn das ist nämlich auch ein Dilemma – dass es dann zehn verschiedene BeraterInnen gibt, die mit unterschiedlichen Methoden arbeiten, und es bleibt die Frage: Wie arbeiten die zusammen? Eine ganzheitliche Lösung anzubieten, wäre eine Erleichterung! (Interview Vrzal)

Das Abstimmen von Unternehmenskulturen aufeinander erfordert viel Sensibilität und intensive Arbeit, wie uns Michaela Vrzal aus ihrer eigenen Erfahrung mit dem Projekt „Fusion Bank Austria/CA-BV" berichtet. Gerade in den alltäglichen Schwierigkeiten auf den unteren Ebenen zeigt sich die „Macht der Rituale“. In den beiden Unternehmen wurden bislang unterschiedliche Gewohnheiten praktiziert, wie z.B. Anzahl und Dauer der Pausen, Regelungen beim Mittagessen, Parkplatzbenützung etc., und obgleich die MitarbeiterInnen persönlich nichts gegeneinander haben, stehen sie durch das ritualisierte Verhalten innerhalb des Unternehmens nun in Konkurrenz zueinander. Zwang oder Unterwerfung sind auf lange Sicht dem betrieblichen Erfolg nicht zuträglich, und eine ganzheitliche Beratung basierend auf ethnologischer Kompetenz wäre in solchen Situationen sehr hilfreich, denn:

> Den Vorstand interessiert: Wie kann ich das verbessern? Und zwar nicht, weil wir so gute Menschen sind, sondern weil wir wirtschaftlichen Erfolg haben wollen. Ein sehr angenehmer Nebeneffekt ist, dass es den Menschen dabei auch besser geht! (Interview Vrzal)

Was ist gefragt?

„Wer aufhört, besser zu werden, hat aufgehört gut zu sein.“ (Philip Rosenthal)

Oder anders ausgedrückt: Wer glaubt, sich auf einmal erworbenem Wissen ausruhen zu können, dessen Karriere wird sich ebenfalls sehr schnell in den Ruhestand verabschieden. Und so reizvoll der Gedanke an das Nichtstun sein mag, vor der Pensionierung kommt – in Ermangelung eines Lottogewinnes – eine hoffentlich erfolgreiche berufliche Laufbahn. Das Schlüsselwort heißt: Qualifikation. Und damit ist weitgehend nicht mehr nur der Abschluss eines Studiums gemeint, sondern eine möglichst vielseitige Ausbildung und der Wille zum lebenslangen Weiterlernen. Im Wort „Arbeitsmarkt“ wird auch das Prinzip von Angebot und Nachfrage signalisiert, und UniversitätsabsolventInnen sind längst nicht mehr von der Konkurrenzsituation ausgenommen. Um den eigenen „Marktwert“ erhöhen zu können, muss man wissen, was gefragt ist, und sich beizeiten – also zumeist parallel zur Hauptausbildung – Zusatzqualifikationen aneignen. „Career 2000“, das Karrierehandbuch speziell für UniversitätsabgängerInnen, listet diese „Assets“ wie folgt auf:

- Anwendungsbezogene EDV-Kenntnisse sind unerlässlich;
- zwei oder mehr Fremdsprachen sind gut für Marktwert und Aktionsradius (wobei verhandlungsfähiges Englisch in jedem Fall angestrebt werden sollte);
- Doppelqualifikationen sind klare Wettbewerbsvorteile;
- Praxiserfahrung wird immer wichtiger, um sich von MitbewerberInnen abzuheben;
- Verhandlungskompetenz;
- Betriebswirtschaftliches Grundwissen spielt in jeder Branche eine Rolle;

- Kenntnisse in Marketing, Werbung oder Öffentlichkeitsarbeit schätzen alle Unternehmen;
- Arbeitsorganisation und Zeitmanagement sind äußerst positive MitarbeiterInnenqualitäten;
- Erfahrung im Team oder in Gruppenführung prädestinieren für mehr Verantwortung;
- Eine gute Rhetorik sichert den besseren Eindruck. (Gruber 1999: 18)[4]

Alexandra Butz, die bei McKinsey Deutschland im Bereich Recruiting tätig ist, meint hierzu, dass – neben den klassischen Auswahlkriterien wie Notendurchschnitt und Fachwissen – immer mehr Wert gelegt wird auf das außeruniversitäre Engagement der künftigen MitarbeiterInnen. Speziell im Bereich der Unternehmensberatung gibt es, je nach AuftraggeberIn und Aufgabe, derart unterschiedliche Probleme, dass das Entwickeln verschiedenster Lösungsansätze erforderlich ist. Spezialkenntnisse werden vorausgesetzt, und daher ist die Bereitschaft, sich in Neues einzuarbeiten, eine besonders wertvolle Fähigkeit in diesem Wirtschaftsbereich. Wie bei den meisten großen Consulting-Unternehmen kommt es auch bei McKinsey weniger auf das absolvierte Studienfach an, sondern auf – oben zitierte – Zusatzqualifikationen. Auslandsaufenthalte und ein interessanter Lebenslauf sprechen ebenfalls für eine/n BewerberIn. EinsteigerInnen im Bereich Unternehmensberatung werden zuerst als GeneralistInnen eingesetzt und durchlaufen ein „Training-on-the-Job", dem eine Spezialisierung folgen kann. EthnologInnen haben hier durchaus vielversprechende Möglichkeiten, doch bis dato ortet die Recruiterin nur sehr wenig Interesse seitens der StudienabgängerInnen (Interview Butz).

„Mein Bild des Ethnologen/der Ethnologin ist, dass ich keines habe!" – EthnologInnen aus der Sicht des Managers

Diese Aussage unseres Interviewpartners Neumann macht deutlich, dass nicht nur die Wirtschaft für den Großteil der EthnologInnen Neuland ist, sondern auch die Unternehmen die EthnologInnen weitgehend als „unbekannte Wesen" betrachten. Unwissen und Berührungsängste auf beiden Seiten haben offenbar zu dieser Situation geführt, die aber keineswegs unabänderlich ist. Das Gespräch mit Günter Neumann, dem Vorstandsvorsitzenden der Generali Lloyd Vermögens- und Immobilienverwaltungs-AG sowie Mitglied des Vorstands der Generali Lloyd AG, beleuchtet die Ursachen dafür und gibt Denkanstöße zur Veränderung.

4. Tipps zum wirtschaftsorientierten Studieren finden sich im Handbuch CAREER 2000 (Gruber 1999), insbesondere auf den Seiten 25ff.

Wie ist das Bild der EthnologInnen aus der Sicht von jemandem wie Ihnen, der in einem internationalen Konzern erfolgreich tätig ist? Unsere bisherige Erfahrung zeigt, dass ethnologisches Wissen durch PsychologInnen u.a. abgedeckt wird ...

Mein Bild des Ethnologen ist, dass ich keines habe. Wenn sie PsychologInnen erwähnen: Ein internationaler Konzern beschäftigt natürlich PsychologInnen, hat aber nichts mit EthnologInnen zu tun. SozialwissenschafterInnen wie z.B. SoziologInnen gibt es ebenfalls nur selten. Bevor ich aber sagen kann, wieso wir keine EthnologInnen beschäftigen und ich es mir auch nur schwer vorstellen kann, muss ich verstehen, was der Ethnologe, die Ethnologin, von denen Sie reden, ist. Professor Gingrich hat mir gesagt, er beschäftigt sich mit bestimmten Völkern, muss also etwa deren Sprache lernen, bzw. das wäre der Regelfall. Wenn Sie nun von internationalen Unternehmen sprechen, nehmen Sie einmal unser Beispiel: Wir waren in Deutschland, der Schweiz und Holland tätig, haben uns in den letzten 15 Jahren umstrukturiert und sind jetzt in Österreich, Ungarn, Tschechien, der Slowakei, Polen, Slowenien und Rumänien tätig. Derzeit prüfe ich, ob wir als nächstes nach Bulgarien und Kroatien gehen. Das heißt, wir haben es mit einer Vielzahl von Völkern, im Wesentlichen der alten Monarchie, zu tun, mit einer Vielzahl von unterschiedlichen Verhaltensweisen, mit unterschiedlichen Notwendigkeiten, auf die Menschen zuzugehen, mit ganz unterschiedlichen Reaktionen. Man erlebt das in all diesen Ländern, jeder trägt eine tausendjährige Geschichte mit sich herum – das ergibt Fragen des Zusammenlebens von Völkern in den letzten 1000 Jahren, denen man überall begegnet. Natürlich ist es ein großes „Asset", wenn man jemanden hat, der sich in dieser Hinsicht auskennt. Nur, mit einer Ethnologin/einem Ethnologen, die/der sich in Bezug auf ein Volk oder eine Gruppe auskennt, können wir wenig machen. Wir brauchen jemanden, der diese Kompetenz für eine Vielzahl von Ländern und Völkern hat. Das Know-how von jemandem, die oder der sich mit einem speziellen Land genau auskennt, abzurufen, sich von ihm/ihr unterstützend begleiten zu lassen, das ist vorstellbar. Niemand, der in vielen Ländern tätig ist, wird aber eine Ethnologin/einen Ethnologen nur für ein Land anstellen. Wir würden es zumindest nicht tun.

Nun, wir gehen nicht von vornherein von fixen Anstellungen aus. Außerdem spezialisiert sich ein Ethnologe/eine Ethnologin oft auch auf eine weiter gefasste Region, nicht unbedingt nur auf ein Land. Mit dem Basiswissen kann ich die regionale Spezifikation dann auch vergleichsweise schnell dazulernen.

Nur müssen Sie dann eine nach der anderen dazulernen. Viele, die bei einem Unternehmen wie uns, das gerade in den Osten expandiert, tätig sind, machen das jetzt. Die Kompetenz müssen Sie schon mitbringen; ein Unternehmen wird nicht eine Ethnologin/einen Ethnologen holen, egal ob im Angestelltenverhältnis oder auf andere Art, um mit ihr/ihm Forschungsvorhaben abzuwickeln, damit er oder sie sich spezialisieren kann.

So ist das auch von uns gemeint: Nicht, dass die Firma EthnologInnen sponsert, sondern dass ich, wenn ich weiß, ich möchte mit einer bestimmten Firma in Zukunft zusammenarbeiten, mir das nachgefragte Wissen relativ schnell aneignen kann. So also, dass die Firma anfragen kann, wenn sie Wissen z.B. über die baltischen Staaten benötigt, ob wir ihr das jetzt bieten können.

Darum meine Eingangsfrage dazu, was auch Sie unter einem Ethnologen, einer Ethnologin verstehen. Kennen Sie das, was der inzwischen emeritierte Professor Eschenbach auf der WU gemacht hat? Er hat den Verein ÖCI (Österreichisches Controller-Institut) gegründet. Dieser macht Veranstaltungen, Seminare, Kolloquien, mit denen der Markt angesprochen wird – und damit verdienen sie ganz gut. Als Tochter des ÖCI und des Lehrstuhls wurde in einem nächsten Schritt die Contrast gegründet. Das ist eine Unternehmensberatung, die primär dazu gedient hat, den StudentInnen den Übergang von der Universität in die Wirtschaft zu ermöglichen. Anfänglich war das ganze eine Spielwiese, in kleinem Volumen, mittlerweile ist es eine relativ große Unternehmensberatung mit gutem Ruf geworden.
Auf Ihr Problem angewandt, stellt sich aus meiner Sicht – dass nämlich die Kompetenzen der EthnologInnen sehr wohl für den Markt interessant sind – die Frage, wie man das organisiert. Würden Sie so etwas überlegen, hätten Sie die EthnologInnen, die auch für den Markt tätig sein wollen und die Kompetenzen für etliche Länder. Sie könnten das am Markt über Veranstaltungen einführen und wenn Wirtschaftsunternehmen wie wir jemanden brauchen, der Erfahrungen – etwa mit dem Raum Rumänien, Bulgarien, der Türkei – hat, dann könnten diese darauf zurückgreifen. Egal in welcher Form das geschieht, haben Sie dann jedenfalls die Kompetenz dazu gebündelt.

Auch in anderen Gesprächen haben wir schon öfter gesehen, dass die Wirtschaft einerseits EthnologInnen kaum kennt, andererseits das Wissen durchaus gebrauchen könnte, aber nicht weiß, wen man dazu ansprechen sollte. Umgekehrt ist es von ethnologischer Seite die Frage, ob man denn überhaupt in die Wirtschaft gehen sollte oder besser nicht.

Wenn Sie als Dienstleister in Ihrem Kompetenzbereich auf die oben beschriebene Art in die Wirtschaft kommen, dann ist das meiner Meinung nach kein Problem. Wenn ich jetzt zum Beispiel zu Bulgarien Kenntnisse benötige, was mache ich? In irgendeiner Form werde ich Veranstaltungen im Hause machen, Leute suchen, die über Geschichte, Volk, Geographie, Politik, natürlich auch Wirtschaft reden, damit wir schon vorher von diesem Land etwas wissen. In diesem Bereich könnten EthnologInnen sehr viel beitragen, nicht mit einem Einführungsvortrag, sondern mit einer Begleitung über längere Zeit. (Interview Neumann)

Ethnologische Kompetenzen sind für die Wirtschaft attraktiv, so die logische Folgerung. Daher muss die Frage lauten, welche anderen Faktoren für eine entsprechende berufliche Laufbahn maßgeblich sind. Was sollten EthnologInnen zusätzlich aufweisen, um nicht nur in ein Unternehmen integriert werden zu können, sondern auch eine Aufstiegsperspektive in das mittlere oder leitende Management zu haben.

Es ist eine Frage der Führungsqualifikation. Ein/e SachbearbeiterIn braucht nicht unbedingt Sozialkompetenz, er/sie kann auch „eckig" sein. Soziale Kompetenz brauchen aber Führungskräfte, denen Menschen anvertraut sind. Es geht darum, dass sie versuchen müssen, das Wissen von EthnologInnen mit der Wirtschaft zusammenzubringen. Daher ist es gut, wenn diese Zusatzqualifikation in einem gewissen wirtschaftlichen Wissen bestünde. Ohne das wird ein Unternehmen eine Ethnologin/einen Ethnologen an einem gewissen Punkt in der Expansion hinzuziehen. Wenn diese/r aufgrund einer Zusatzqualifikation aber die selbe Sprache sprechen kann, erleichtert das die Sache sehr und das wird ihm/ihr eher das Hineinwachsen in ein Unternehmen ermöglichen. Als „reine/r" Ethnologin/Ethnologe wird er/sie das wahrscheinlich nicht schaffen, weil die Unternehmen – wie gesagt – nicht EthnologInnen nur für ein bestimmtes Spezialwissen aufnehmen werden. Das glaube ich jedenfalls nicht, wir sind im Zuge der berühmten „Globalisierung" schließlich alle auf der „Kostensparen"-Welle.

Gibt es, einmal abgesehen von einem kompletten Wirtschaftsstudium, etwas, was Sie besonders empfehlen würden, etwa besonders wichtige Bereiche des wirtschaftlichen Wissens?

Ich glaube, allgemeines betriebswirtschaftliches Wissen über Organisation und Führung einer Organisation wäre wichtig.

Glauben Sie, dass z.B. das WIFI in dieser Hinsicht akzeptierte Zusatzqualifikationen bieten kann?

Sicher, ja.

Und wie steht es darum, wenn jemand sich an der Praxis versucht hat; also etwa versucht hat ein Unternehmen zu gründen, auch wenn er oder sie es in den Sand gesetzt hat? Die amerikanische Sicht scheint zu sein, dass man auch dadurch Erfahrungen mit der Wirtschaft hat.

Sicher hat man dann auch Erfahrungen. In Europa wird er/sie dann UnternehmensberaterIn, dafür gibt es viele Beispiele; in Amerika hat er/sie die Chance zu einem Neustart. Es ist überhaupt heute so, dass die wirklich eine Chance haben, die nicht unbedingt zwei Studien gemacht, aber die sich zwei Wissensgebiete angeeignet haben. Der reine Jurist, die reine Juristin ist nicht mehr gefragt, außer vielleicht in der öffentlichen Verwaltung oder einer reinen Rechtsabteilung. Hat er/sie Jus und ein Wirtschaftsstudium, hat er/sie wesentlich bessere Chancen. Auf Sie abgestimmt: Ein/e Ethnologe/Ethnologin, der/die auch eine wirtschaftliche Ausbildung hat, wird natürlich viel mehr Chancen haben als eine Person, die sich als Kopf- und WissensspezialistIn nur in ihrem Bereich anbietet. Sie müssen immer von den Bedürfnissen der Unternehmen, von dem, was nachgefragt wird, ausgehen. Jetzt etwa gehen alle nach Osten, die es finanzieren können – was brauchen die? Dafür brauchen sie ein wirtschaftliches Wissen, aber auch das Wissen, wie man mit diesen Völkern umgeht. Für mich selbst war es ein interessantes Erlebnis, wie unterschiedlich UngarInnen, TschechInnen, RumänInnen sind; die haben einen völlig unterschiedlichen Zugang, auch in der Reaktion. Darin liegt das Bedürfnis für diese Unternehmen.

Es gab in Österreich einen Generaldirektor der Kontrollbank, den leider schon verstorbenen Raimund Haschek, der hat vor 30 Jahren Folgendes gemacht: Er hat Kreisky auf internationalen Akquisitionstouren begleitet, mit Leuten aus 20 prominenten österreichischen Unternehmen in Zusammenarbeit mit der Kontrollbank, weil diese für Exportförderung zuständig war. In der Kontrollbank waren zwei Leute angestellt, die keine EthnologInnen waren, aber sich in diese Richtung eingehend zu informieren hatten, bevor man in das betreffende Land fuhr, also darüber, was das für ein Volk wäre, wie man mit den Leuten richtig umgeht, was sie berührt – bis dahin, dass man auf den Philippinen einem kleinen Kind nicht über den Kopf streichelt, weil das dort anders gesehen wird. Der gleiche Wissensbedarf ist jetzt sicherlich für die Reformländer gegeben und das Know-how bei österreichischen oder auch deutschen Unternehmen nicht wirklich vorhanden. Das Wissen müssen Sie liefern, in geeigneter Form.

Bringen Ihrer Meinung nach die im neuen Studienplan vorgesehenen Praktika aus der Sicht einer Annäherung an die Praxis etwas – oder zumindest um bekannter zu werden?

Ja, sicher, das wäre eine Möglichkeit. Ich sehe das so: alle paar Tage bekomme ich Einladungen zu Dutzenden Veranstaltungen in ganz Europa, jetzt sehr stark über Osteuropa. Also etwa Seminare und Konferenzen zu bestimmten Ländern, oft auch Konferenzen über drei Tage, die einige Länder abdecken. Das ist sehr modern geworden und damit wird auch viel Geld gemacht. Ich kann mir vorstellen, dass man solche Einladungen auch zu Veranstaltungen von EthnologInnen, oder in Kooperation zwischen EthnologInnen und WirtschafterInnen, bekommt, die Wissensvermittlung über ein Land bieten. Wenn ein Unternehmen das auf den Tisch bekommt und in der Situation ist, solches Wissen zu benötigen, dann wird es das sicherlich aufgreifen, wenn es nur halbwegs geschickt gemacht ist. Ich glaube, das ist einer der einfachsten, naheliegendsten Wege für einen Marktauftritt.

Wenn Sie nun jemanden hätten, der/die ethnologisches Spezialwissen mit (betriebs)wirtschaftlichem Wissen verbindet, meinen Sie, dass diese Person im Unternehmen genau so akzeptiert würde wie ein/e WirtschaftswissenschafterIn?

Da gibt es sicher kein Problem mit der Akzeptanz. Leute führen und motivieren, das muss er oder sie können. Die Aufgaben selbst sind natürlich immer wieder sehr unterschiedlich, je nachdem in welchem Bereich und mit wie vielen Leuten man arbeitet. Herausfiltern kann man daraus nur, dass die Führungs- und Motivationsfähigkeit gegeben sein muss. Dazu noch Methoden der Konfliktbereinigung oder -austragung, in einer kreativen Form.

Zusammenfassend kann man sagen, es gibt keinen Grund, weswegen EthnologInnen in die Wirtschaft nicht einsteigen und auch in Führungspositionen aufsteigen können sollten, eben unter der Voraussetzung, dass die Fach- und Führungsqualitäten vorhanden sind und sie sich richtig vermarkten?

Kein Problem, wenn Ihr es anbietet, denn wie sonst sollte Euch jemand finden? Ohne die erwähnte Zusatzausbildung wird ein/e Ethnologe/Ethnologin im Unternehmen dabei allerdings immer nur der/die SpezialistIn sein können, aber niemals eine Führungsposition einnehmen. Er oder sie kann vielleicht auch auf diese Weise gut verdienen, als interne/r BeraterIn, aber im Management wird so jemand keine Position bekommen. Wobei man sich nicht der Illusion hingeben sollte, dass Management ein reines Vergnügen wäre.

Ein Personalberater meinte, wenn es nicht das fertige Berufsprofil, das eindeutige Stellenangebot gibt, dann müsste man seinen Job selbst „designen" – ich frage mich, ob das die Situation ist, vor der EthnologInnen jetzt stehen?

Ja, aber „designen" heißt nicht, im stillen Kämmerlein etwas Schönes zu machen, sondern erst einmal zu schauen, was die anderen denn eigentlich brauchen. (Interview Neumann)

Aus diesem und den vorangegangenen Gesprächen erkennt man, dass EthnologInnen mit einem betriebswirtschaftlichen Allgemeinwissen als Zusatzqualifikation für gewinnorientiert arbeitende Wirtschaftsunternehmungen von potentiell hoher Attraktivität sind. Ebenso ersichtlich ist jedoch ein Missverhältnis von Angebot und Nachfrage in diesem Bereich, das durch mangelnde Information auf beiden Seiten noch verstärkt wird.

Daher ist es notwendig zu verdeutlichen, dass ethnologische Kompetenz verbunden mit Wirtschaftswissen eine lohnende Kombination ist.

Der Blick über den Tellerrand

Einer der prägendsten Begriffe des vergangenen Jahrzehntes lautet „Globalisierung". Das Internet revolutioniert die Informationsgesellschaft, und die Welt wächst zum „globalen Dorf" zusammen. Multinationale Konzerne erleben enorme Expansionen und die internationale Geschäftstätigkeit gewinnt laufend an Bedeutung. Auch die Stellenangebote in den Zeitungen spiegeln diese Entwicklung wieder, wenn vermehrt die Bereitschaft zu Auslandsaufenthalten, Flexibilität, soziale Intelligenz und interkulturelle Kompetenz potentieller MitarbeiterInnen gefragt ist. Vor allem die zuletzt genannte Eigenschaft sollte doch Domäne der EthnologInnen sein, aber in der Praxis stellen wir fest, dass Positionen mit dieser Anforderung zumeist von PsychologInnen, SoziologInnen oder Fachleuten der Internationalen BWL besetzt werden. Man könnte unterstellen, dass der Prophet im eigenen Land nichts gilt, vor allem, wenn er nur unzureichend Öffentlichkeitsarbeit betreibt.

Gleichzeitig ist die Vermittlung von ethnologischem Wissen nahezu modern geworden. Zahlreiche Institutionen führen Forschungsprojekte durch, die von der Wichtigkeit und Aktualität von kulturellen Faktoren in der Wirtschaft zeugen. Seminare und Lehrgänge versprechen die Vermittlung interkultureller Kompetenz und statten ManagerInnen, und Personen, die es noch werden wollen, mit dem nötigen Rüstzeug für die internationale Tätigkeit aus. Das „Verhandeln mit fremden Kulturen" wird erlernt oder wie man mit dem „Cross-Cultural-Aspekt im Ethnomarketing" umzugehen hat. An sich eine lobenswerte Entwicklung, da sie die ethnozentrische Grundhaltung von Unternehmen reduziert. Wäre da nicht ein kleiner Schönheitsfehler: In die Weitergabe ethnologischen Wissens im Bereich Wirtschaft sind EthnologInnen derzeit nur in relativ geringem Maß involviert.

Ein „Blick über den Tellerrand" auf einige willkürlich gewählte Beispiele in diesem Feld verdeutlicht die Situation.

Beispiel 1: Europäische Wirtschaftsakademie (EWA)

Die Europäische Wirtschaftsakademie EWA in Berlin bietet die Vermittlung „interkultureller Kompetenz" an[5]. Das Programm enthält „Trainingskonzepte zur Vermeidung von Reibungsverlusten in der länderübergreifenden Zusammenarbeit", das „Coaching von Führungskräften und Projektteams, die sich interkulturellen Herausforderungen zu stellen haben," sowie die „zielgerichtete Vorbereitung auf Auslandseinsätze". Der

5. http://home.t-online.de/home/ewa.cesi/ik.htm, abgerufen am 6.6.2000.

Nutzen liegt, so die Anbieterin, in der „gesteigerten Handlungssicherheit im internationalen Umfeld und dem Vermeiden interkultureller Missverständnisse". Gleichfalls könne man sich so „Vorteile aus dem Wissen um interkulturelle Besonderheiten" verschaffen. Die EWA hat laut Selbstbeschreibung aufgrund ihrer Zugehörigkeit zu einer international tätigen Unternehmensgruppe und der länderübergreifenden Erfahrungen ihrer MitarbeiterInnen einen „interkulturellen Hintergrund". Eine genauere Spezifikation bleibt offen.

Beispiel 2: Kontaktstudium „Interkulturelle Kompetenz" der Universität Oldenburg[6]

In einem Zeitraum von rund einem Jahr werden in 120 Unterrichtsstunden Fachkräften aus Beratung, Verwaltung und Bildung eine „erweiterte interkulturelle Kompetenz", das „theoretische Wissen über die Zusammenhänge von Migration, Wertorientierungen, Kultur und Sprache" oder auch „Methoden der Gesprächsführung, der Mediation, interkulturelle Kommunikation und Konfliktwahrnehmung" vermittelt. Bevor man das – unbetitelte – Abschlusszertifikat der Carl von Ossietzky Universität Oldenburg erhält, durchläuft man acht Schwerpunktseminare und ein Endkolloquium mit Inhalten wie beispielsweise:

- Historische, politische und rechtliche Rahmenbedingungen der interkulturellen Arbeit;
- Einführung in die interkulturelle Kommunikation, auch angeboten mit einer Erweiterung „Sprache und Erziehungssysteme";
- Mediation als Verfahren zur Konfliktlösung;
- Integration und Partizipation von MigrantInnen und dergleichen mehr.

Die aus fünf Personen bestehende Planungsgruppe dieses Kontaktstudiums setzt sich aus zwei Hochschullehrern, einem Diplompsychologen, einem Diplompädagogen und einer Diplomsozialpädagogin zusammen. Unter den weiteren fünf ReferentInnen findet sich zumindest ein Ethnologe.

Auch in der wirtschaftswissenschaftlichen Forschung hält der Begriff „Kultur" verstärkt Einzug. Dies lässt sich anhand zweier aktueller Projekte der Wirtschaftsuniversität Wien dokumentieren.

Forschungsprojekt 1: Management across borders (MA x B)[7]

Im Positionspapier dieses Projektes des Institutes für verhaltenswissenschaftlich Orientiertes Management spricht man von Grenzüberschreitungen und setzt drei Aspekte in den Mittelpunkt des Forschungsinteresses:

6. http://www.uni-oldenburg.de/zww/19:4.htm, abgerufen am 6.6.2000.
7. http://www.wu-wien.ac.at/inst/ivm/maxb.htm, abgerufen am 8.6.2000.

die Rolle multinationaler Unternehmen im Rahmen der Europäisierung, die ländervergleichende Analyse verschiedener primärer und unterstützender Aktivitäten in der organisationalen Wertschöpfungskette und der entsprechenden Rahmenbedingungen sowie als drittes das Verhalten von Personen in gemischt-kulturellen Situationen.

Im Zusammenhang mit dem letzten Punkt wird beispielsweise auf die Durchführung interkultureller Vorbereitungstrainings, Verhandlungsführung in gemischt-kulturellen Konstellationen, die Analyse kulturell geprägter Wahrnehmungsschemata und Kommunikationsmuster und Problemstellungen mit kulturell heterogenen Teams und Belegschaften als relevant hingewiesen. Der ForscherInnenstab besteht derzeit aus 14 WirtschaftswissenschafterInnen, von denen sich einige bereits seit längerem im Bereich „Cross-Cultural Competence“ bzw. Kulturvergleichende Studien engagieren.

Forschungsprojekt 2: Erwerb globaler Marketingkompetenz[8]

Dieses Programm der Abteilung Internationales Marketing und Management beschäftigt sich mit den strategischen und operationellen Anforderungen der Globalisierung für das Marketing und Management. Es werden Themen aus den folgenden drei Forschungsschwerpunkten bearbeitet:

a) Entwicklung von Strategien für Ländermärkte;

b) Management grenzüberschreitender Transaktionen;

c) Entwicklung interkultureller Kompetenz.

Forschungsschwerpunkt c) „interkulturelle Kompetenz“ beinhaltet „Themenfelder, die sich mit der Messung von Einstellungsunterschieden (z.B. von Kunden, Mitarbeitern und Geschäftspartnern) zwischen verschiedenen Ländern und Kulturen befassen. Auch Problemstellungen aus der internationalen Geschäftsethik (z.B. länderspezifische Geschäftspraktiken im Bereich ‚Werbegeschenke‘) und Verhandlungskompetenz bei Kontakten mit Wirtschaftspartnern aus anderen Kulturkreisen fallen in diesen Bereich“[9].

Diese Beispiele zeigen, in welch vielfältiger Weise ethnologisches Wissen bereits in die Wirtschaft einfließt. EthnologInnen als SpezialistInnen für Kultur, menschliche Verhaltensweisen und regionale Besonderheiten sind daher in hohem Maß kompetent, diesen Bereich mitzugestalten. Dazu erforderlich sind Eigeninitiative, wirtschaftliche Zusatzqualifikation und die Bereitschaft, sich an den Feldkonkurrenten wie PsychologInnen, SoziologInnen etc. zu messen.

8. http://www.wu-wien.ac.at/imm/research/kompetenz.html, abgerufen am 30.5.2000.
9. http://www.wu-wien.ac.at/imm/research/kompetenz.html, abgerufen am 30.5.2000.

Konkrete Einsatzbereiche

In den vorangegangenen Abschnitten dieses Beitrages wurde analysiert, ob und inwieweit die Vermittlung ethnologischen Wissens eine wertvolle Dienstleistung für gewinnorientiert arbeitende Unternehmen darstellt. Die geführten Interviews zeigen uns, dass EthnologInnen mit einem betriebswirtschaftlichen Grundwissen als potentielle MitarbeiterInnen geschätzt und willkommen wären. Insbesondere die Bereiche Consulting/Beratungstätigkeit und Coaching/Training bieten attraktive Berufsperspektiven. Aber mit entsprechendem Einsatz steht auch der Weg in die Führungsetagen von Unternehmen offen.

Im Weiteren werden nun konkrete Einsatzbereiche für EthnologInnen dargestellt. Hierbei orientieren wir uns einerseits am Bedarf der Unternehmen und zeigen, in welchen Sektoren ethnologische Kompetenzen zur Anwendung kommen können. Zum anderen skizzieren wir – basierend auf den Überlegungen zur Studienplanreform des Faches –, welche Felder aus Sicht von EthnologInnen besonders vielversprechend anmuten.

Kultursensitive Funktionsbereiche in Unternehmen

Die Bedarfsfelder für interkulturelle Kompetenz und ethnologisches Wissen innerhalb eines Betriebes lassen sich gemäß Holzmüller in zwei Sektoren teilen: nämlich in marktbezogene und organisationsbezogene Aufgabenbereiche (Holzmüller 1997: 69f.). Marktbezogene Aufgabenbereiche stehen im Zusammenhang mit den externen AustauschpartnerInnen eines Unternehmens und umfassen z.B. Beschaffung, Vertrieb, Corporate Communication und vom Betrieb als Ganzes nach außen gerichtete Aktivitäten. Im engeren Sinne geht es um die eigentliche Geschäftstätigkeit, also das angebotene Produkt und dessen Absatz. Es wurde bereits darauf hingewiesen, dass kulturelle Normen und die damit verbundenen VerbraucherInnenvorstellungen wesentlich für Erfolg oder Misserfolg der vom Unternehmen offerierten Leistung sind.

Der Faktor Kultur ist aber nicht nur für das Produkt und seine Verkaufbarkeit wichtig, sondern beeinflusst eine Reihe von Unternehmensbereichen. Am deutlichsten schlägt sich dies wohl im Marketing nieder. Kulturelle Muster müssen in die Marktentscheidungen miteinbezogen werden, um langfristig wirtschaftlichen Erfolg zu sichern. Neben Produkt-, Preis- und Distributionspolitik zeigt sich dies besonders in der Unternehmenskommunikation, sei es nun extern oder intern. Strategien werden entworfen, regional angepasst, Werbung und Öffentlichkeitsarbeit betrieben und letztlich soll ja auch die Corporate Identity – die sog. Unternehmensidentität – mit ihrer Philosophie und ihren Leitsätzen ein bestimmtes Bild vermitteln, das sowohl bei MitarbeiterInnen, GeschäftspartnerInnen und VerbraucherInnen positiv aufgenommen wird.

Ganz allmählich hat sich auch ein „Ethno-Marketing" genannter Bereich entwickelt, der darauf ausgerichtet ist, verschiedene Ethnien in multikulturellen Gesellschaften in differenzierter Form anzusprechen. Und auch in diesem Betätigungsfeld sind EthnologInnen eine Rarität.

Die Marktforschung ist mittlerweile unerlässlich für die Wirtschaft und liefert immer wieder erstaunliche Ergebnisse über das VerbraucherInnenverhalten – hier und anderswo. Und gerade die Interpretation dieser Resultate bereitet oft Schwierigkeiten, denn vor allem qualitative Daten aus KonsumentInnenbefragungen können leicht falsch ausgelegt werden. Umso mehr trifft das zu, wenn es sich um Erhebungen in anderen Kulturen als der des Marktforschers/der Marktforscherin handelt.

Durch die zunehmende internationale Geschäftstätigkeit hat der Anteil an „Kulturkontakten" im Rahmen von Verhandlungen, Repräsentationstätigkeit von UnternehmensvertreterInnen und Gästebetreuung stark zugenommen. Mangelndes Wissen kann hier zu sehr unangenehmen Situationen und ernsthaften Schwierigkeiten für den Betrieb führen.

Sowohl Einkauf als auch Vertrieb zeichnen sich in ihrer internationalen Variante durch ihre Kultursensibilität aus. LieferantInnenauswahl, Sondierungsgespräche, Planung, Verhandlung, Abschluss und Kontaktpflege im Beschaffungsmarketing verlangen den EinkaufsleiterInnen sehr wohl interkulturelle Kompetenz ab. VertriebsspezialistInnen sind ebenso vom Wissen über kulturelle Unterschiede abhängig, denn: „Die zentrale Frage im internationalen Marketing, nämlich ob Vermarktungsstrategien standardisiert, also über Landesgrenzen hinweg einheitlich, oder differenziert nach den jeweiligen Marktbedingungen gestaltet werden sollen, kann zufriedenstellend nur auf der Basis kultureller Kenntnisse erfolgen" (Holzmüller 1997: 70).

Im Gegensatz zu den marktbezogenen Aufgabenbereichen stehen bei den organisationsbezogenen Aufgabenbereichen die nach innen gerichteten Aktivitäten in der Unternehmensführung im Mittelpunkt (ebenda). Das betrifft Bereiche wie Führung, Planung, Personalwesen, Produktion oder Logistik.

Das Personalmanagement zählt zu den störanfälligsten kultursensiblen Bereichen. Rekrutierung und Integration von MitarbeiterInnen verschiedener Kulturen, aber auch die Gruppendynamik und Kommunikationsprozesse in gemischt-kulturellen Teams erfordern sowohl Fachwissen als auch Fingerspitzengefühl.

Das „interkulturelle bzw. multikulturelle Management" schließlich hat als Begriff im letzten Jahrzehnt Furore gemacht und wurde Thema unzähliger Publikationen. Tatsächlich sind durch die vermehrten überbetrieblichen Kooperationen, multinationalen Joint-Ventures und länderübergreifenden strategischen Allianzen immer mehr kulturelle Überschneidungssituationen aufgetreten, sodass entsprechende Kompetenzen vom Management eingefordert werden. Aber auch die Unternehmenskultur an sich wurde durch neue Konzepte verändert, wie z.B. das Total Quality Management (TQM), und so ist die Organisation „Betrieb“ selbst ein Arbeitsbereich für kultursensitives Management geworden.

Einsatzfelder aus der Sicht von EthnologInnen[10]

Die folgende Auflistung wurde im Rahmen der Überlegungen zur Studienplanreform erstellt und richtet sich nach anderen Kriterien als die Einteilung in betriebliche Funktionsbereiche. Der Umstand, dass sich beide Zugänge miteinander verbinden lassen, ist daher positiv zu bewerten. Die einzelnen Arbeitsbereiche sind bereits in der Praxis internationaler Unternehmungen vorhanden, aber bislang von EthnologInnen nur unzureichend besetzt.

- Expatriate Betreuung: die Betreuung von Personen und deren Familien, die längere Auslandsaufenthalte vor sich haben; die Tätigkeit umfasst die Vorbereitung, Unterstützung während des Aufenthaltes, Reintegration (Coaching und Trainingsansätze); gerade in diesem Bereich besteht in international tätigen Unternehmen konkreter Bedarf;
- Diversity-Programme: hauptsächlich in großen US-Unternehmen; es wird versucht, die Probleme von MitarbeiterInnen unterschiedlicher kultureller Herkunft zu minimieren und die Vielfalt der Talente nutzbar zu machen; Sensibilisierung für und Nutzbarmachung der Unterschiede; Konfliktmanagement;
- Global Leadership: Herstellen eines einheitlichen Führungsverständnisses und Führungsstils in global tätigen Unternehmen; regionale Unterschiede und gemeinsame Ziele werden in Einklang gebracht;
- Interkulturelle Teams: interkulturell zusammengesetzte Teams, deren Mitglieder zudem oft räumlich getrennt sind, sollen arbeitsfähig gemacht und gehalten werden;
- Projektmanagement: Beratung und Prozessbegleitung;
- Consultingprojekte verschiedenster Art;
- Großveranstaltungen, Großgruppenmethoden: z.B. open space, real time strategic games; oft mehrsprachige Veranstaltungen in reger internationaler Szene.

Das Human Resource Management (HRM) soll an dieser Stelle besonders hervorgehoben werden. Personal ist mittlerweile zum kostspieligsten Produktionsfaktor geworden, und obgleich die Qualifikationen von MitarbeiterInnen und die gestellten Anforderungen seitens der Unternehmen immer höher werden, ist ausgezeichnetes Personal oft Mangelware. Eine von der Fachhochschule Worms am Lehrstuhl für European Business Management durchgeführte Studie kommt zu folgendem Schluss: „Nach

10. Hier wird auf die Ergebnisse der Arbeitsgruppe Bezug genommen, die im Herbst 2000 und Frühjahr 2001 mit der Erstellung eines Vorschlages für das wirtschaftsnahe Ausbildungsmodul CROCO im Rahmen des neuen Studienplans für die Studienrichtung Völkerkunde beauftragt war.

der Analyse von 200 Stellenangeboten zeigt sich, dass die Unternehmen meist kein detailliertes Anforderungsprofil für Auslandsmanager haben. Die Defizite eines internationalen Personalmanagements beginnen in vielen Unternehmen also schon mit der Personalauswahl. Mangelnde interkulturelle Kompetenz ist häufig der Grund für das Scheitern von Managern im Ausland."[11] Gute Firmen, die sich auf internationalem Terrain sicher bewegen wollen, investieren daher in das HRM. Und dies wiederum ist ein lohnendes Feld für EthnologInnen, wie aus der Dokumentation der Einsatzbereiche deutlich hervorgeht.

Exkurs: EQUAL – ein Förderprogramm der EU zur wirtschaftlichen Entwicklung

Bei den Förderprogrammen der Europäischen Union stehen Maßnahmen zur wirtschaftlichen Entwicklung und Qualifizierung von Arbeitskräften im Mittelpunkt, sie verzeichnen ein beträchtliches Budgetvolumen. Das Projekt EQUAL (Laufzeit 2001 bis 2006), das vom zuständigen EU-Ressort in Zusammenarbeit mit dem Bundesministerium für Wirtschaft und Arbeit durchgeführt wird, fokussiert auf eine Verbesserung der Arbeitsbedingungen durch den Abbau von Ungleichheiten „aus Gründen des Geschlechts, der Rasse, der ethnischen Herkunft, der Religion oder Weltanschauung, Behinderung, Alter oder sexueller Ausrichtung sowie sozialer Ausgrenzung"[12]. Auch AsylwerberInnen zählen zur Zielgruppe des Programmes, das die Erarbeitung einer Antidiskriminierungsstrategie und umsetzbarer Lösungen anstrebt.

Die Konzeption und Umsetzung der Maßnahmen soll im Rahmen von Entwicklungspartnerschaften erfolgen, und durch die Mitarbeit relevanter Akteure wie z.B. ArbeitgebervertreterInnen, ArbeitnehmervertreterInnen, Forschungseinrichtungen, Unternehmen, RepräsentantInnen der betroffenen Gruppen etc. möchte man einen ebenso innovativen wie integrativen Ansatz entwickeln. Welche konkreten Einsatzbereiche bietet EQUAL für EthnologInnen als Coach oder Consulter?

- Tätigkeit als interkulturelle/r BeraterIn in den Entwicklungspartnerschaften;
- Anwendung von Expertenwissen beim Erarbeiten von Antidiskriminierungskonzepten und bei der Maßnahmenimplementierung;
- KommunikationstrainerIn zur Optimierung der Verständigung zwischen ArbeitnehmerIn und ArbeitgeberIn bzw. ArbeitnehmerInnen verschiedener Herkunft untereinander;
- Beratung im Konfliktmanagement;

11. http://www.projob.de/projob/info/archiv/info_news0298-5.htm, abgerufen am 6.6.2000.
12. http://www.equal-esf.at/new/index.html, abgerufen am 26.8.2002; Download des Amtsblattes der Europäischen Gemeinschaft vom 5.5.2000; Mitteilung der Kommission an die Mitgliedsstaaten: 2000/C127/02, II/8.

- Coaching im Sinne einer langfristigen Begleitung bei der Umsetzung geplanter Verbesserungsmaßnahmen.

EthnologInnen können hierbei als selbständige BeraterInnen, ExpertInnen einer Entwicklungspartnerschaft, MitarbeiterInnen einer Bildungseinrichtung oder auch Angestellte einer Firma beschäftigt werden.

Ethnologisches Wissen als Dienstleistung oder: Anleitung zur besseren Selbstvermarktung

Die Aussagen unserer InterviewpartnerInnen unterstreichen die derzeitigen Unzulänglichkeiten im öffentlichen Auftritt von EthnologInnen. Noch gibt es hierzulande keine starke Lobby, die Türen öffnet und die Wege etwas ebener macht. Das Institut für Ethnologie, Kultur- und Sozialanthropologie der Universität Wien hat mit der Reform des Studienplanes und mit der Gründung eines AbsolventInnenvereines nunmehr erste Schritte in diese Richtung gesetzt. Doch es bleibt die Frage: Wie können AbsolventInnen des Faches ohne bestehendes Netzwerk ihren Zugang zum Arbeitsmarkt positiv beeinflussen und sich selbst besser vermarkten?
Bereits in den vorangegangenen Abschnitten zieht sich der Terminus „Dienstleistung" wie ein roter Faden durch die Thematik. Als Dienstleistung bezeichnet man „jede einem anderen angebotene Tätigkeit oder Leistung, die im wesentlichen immaterieller Natur ist und keine direkten Besitz- oder Eigentumsveränderungen mit sich bringt" (Kotler/Bliemel 1995: 708). Wer als DienstleisterIn erfolgreich sein will, muss besonderen Wert auf Qualitätsstrategien und kluge Differenzierung der eigenen Leistung legen, denn die von den KundInnen subjektiv empfundene Zufriedenheit ist das einzige Maß, das in diesem Bereich zählt.
Die – hoffentlich bezahlte – zielgerichtete Anwendung von ethnologischem Wissen für eine/n AuftraggeberIn macht aus der bloßen Kompetenz eine Dienstleistung. Der Ethnologe/die Ethnologin wird zum/zur LeistungserbringerIn, der/die AuftraggeberIn zum/zur AbnehmerIn. Da momentan der Markt für diese Art der Dienstleistung nur in Ansätzen definiert ist, stellt vor allem das initiale Zusammenbringen von Angebot und Nachfrage ein Problem dar.
Beginnen wir also mit einer grundsätzlichen Frage aus der Sicht von – in unserem speziellen Fall wirtschaftlich gebildeten – EthnologInnen:

„Was biete ich wem in welcher Form und zu welchem Preis wo an?"

Hierin sind bereits alle vier Hauptinstrumente des Marketing – Produkt, Preis, Distribution, Kommunikation – und die Frage nach dem/der potentiellen AbnehmerIn enthalten:

- „was": steht für das Produkt, in unserem Fall die Dienstleistung;
- „zu welchem Preis": das Beschäftigungsverhältnis hat hier unmittelbaren Einfluss;

- „wo“: bezieht sich auf die Distribution, hier auch auf den Ort der Leistungserbringung;
- „in welcher Form“: zielt auf die Kommunikation; wenn niemand mein Produkt kennt, ist es unverkäuflich;
- „wem“: wer ist mein/e mögliche/r AbnehmerIn.

Damit ist der erste Schritt zur Vermarktung getan, und es folgen Analyse und Planung.

1. Analyse

Die Analyse muss die jeweilige individuelle Situation sowie Präferenzen und Neigungen des Einzelnen miteinbeziehen, und sie umfasst folgende Bereiche:

a) das Produkt/die Dienstleistung

Relevant sind hierbei das ethnologische Fachwissen unter Berücksichtigung der regionalen und sachlichen Spezialgebiete, weiters alle Zusatzqualifikationen und persönlichen „Assets“. Daraus ergibt sich ein Profil der Leistung, welche angeboten werden kann.

b) der Markt

In welchen Bereichen besteht prinzipiell Bedarf an der angebotenen Dienstleistung? Einiges konnte im Abschnitt „Aufgabenfelder“ bzw. durch die relevanten Aussagen unserer InterviewpartnerInnen bereits skizziert werden.

Wer kommt als potentielle/r AbnehmerIn der Dienstleistung in Frage? Beispielsweise könnten Unternehmen mit hohem Internationalisierungsgrad, Betriebe mit einem großen Anteil an kulturell heterogener Belegschaft, expansionsfreudige Firmen, die in neue Märkte eindringen wollen, Unternehmensberatungen etc. als InteressentInnen gewonnen werden.

Gibt es Marktnischen, die besetzt werden können? Möglichkeiten bestehen in der Betreuung von Familienangehörigen von Expatriates im Ausland; in kultursensitiver Marktforschung etc.

c) die MitbewerberInnen

Wer besetzt in Frage kommende Positionen derzeit, und in welcher Art und Weise werden ethnologische Kompetenzen durch Fachfremde vermittelt?

Anders gedacht: Von welchen MitbewerberInnen kann ich lernen bzw. etwas übernehmen, um meine angebotene Dienstleistung zu optimieren? Schließlich ist Benchmarking[13] längst nicht mehr unmoralisch! Stärken und Schwächen zu vergleichen, ist in jedem Fall aufschlussreich und vermittelt ein gutes Bild vom Wert der eigenen Leistung.

13. So bezeichnet man die Übernahme oder Verbesserung der besten Praktiken der MitbewerberInnen bzw. der Konkurrenz.

2. Differenzierung

„Weil wir nicht einfach sind, sind wir nicht nachahmbar." (Ueli Prager)

Nach der Analyse des Ist-Zustandes sollten über die eigene Dienstleistung, den Markt und die MitbewerberInnen genügend Informationen vorliegen, um eine Differenzierung vornehmen zu können. Damit ist das Abgrenzen von den MitbewerberInnen und das positive Hervorheben des eigenen Angebotes gemeint. In einer spezialisierten Branche wie der Ethnologie sind die Möglichkeiten zur Differenzierung sehr vielfältig, das bestätigen auch Untersuchungen der Boston Consulting Group. Zwei mögliche Differenzierungsansätze sind

a) Differenzierung durch die Identitätsgestaltung
b) Differenzierung mittels Zusatznutzenangebot (vgl. Kotler/Bliemel 1995: 487ff.)

Eine Differenzierung durch die spezielle Identitätsgestaltung ist in unserem Fall eher von Gruppen durchführbar, wie es der AbsolventInnenverein des Institutes ist. Eine solche Vereinigung hat besseren Zugriff auf Möglichkeiten des Imageaufbaues und der konsequenten Pflege desselben und kann durch gezielte Öffentlichkeitsarbeit das Bild von EthnologInnen entsprechend formen. Auf dieser Basis kann dann der/die Einzelne aufbauen und sich individuell über sein/ihr Spezialwissen und zusätzliche Qualifikationen von MitbewerberInnen abheben.
In der Praxis kann das so aussehen, dass z. B. die Kombination aus Feldforschungserfahrung und einer Zusatzausbildung in Projektmanagement als positives Differenzierungsmerkmal bei der Bewerbung um eine Stelle die Konkurrenz ins Hintertreffen geraten lässt. Dabei darf nicht außer Acht gelassen werden, dass eine Differenzierungsstrategie nur dann funktioniert, wenn der propagierte Unterschied wirklich substanziell, gut hervorhebbar und verständlich kommunizierbar ist.

3. Positionierung und USP

Der nächste Schritt ist die sogenannte Positionierung, d. h. das Bestreben, auf dem Markt und im Bewusstsein potentieller Auftraggeber einen ganz besonderen Platz einzunehmen. Das Konzept dazu beruht auf Veröffentlichungen zweier führender Werbefachleute, Al Ries und Jack Trout, die diesen Ansatz bereits in den 1970ern entwickelten („Positioning: The Battle for Your Minds") und folgende Definition erstellten:

> Die Positionierung beginnt bei einem Produkt. Das kann eine Ware, eine Dienstleistung, ein Unternehmen, eine Institution, ja selbst eine Person sein. Aber Positionierung ist nicht das, was man mit einem Produkt tut, sondern was man mit der Gedankenwelt des potentiellen Käufers tut. Das heißt, ein Produkt wird in der Gedankenwelt des potentiellen Käufers positioniert. (Ries/Trout in Kotler/Bliemel 1995: 489)

Wie unsere Interviews ergeben haben, sind EthnologInnen im Bewusstsein möglicher ArbeitgeberInnen schlichtweg unterpositioniert. Aber auch die AbsolventInnen selbst ziehen die Möglichkeit der Wirtschaft als berufliches Tätigkeitsfeld erst nach und nach in Betracht. Ein Leitsatz für eine selbstbewusst vertretbare Positionierung kann in unserem Fall folgendermaßen lauten:

EthnologInnen mit wirtschaftlicher Zusatzqualifikation verfügen mit ihrem – oft in der Feldforschungspraxis erprobten – Wissen über menschliches Verhalten über ein Werkzeug, das in wirtschaftlichen Unternehmungen gezielt eingesetzt werden kann, um sowohl interne betriebliche Prozesse als auch den externen geschäftlichen Erfolg zu optimieren.

Auf dieser Basis kann der spezielle Nutzen, den ein/e sowohl ethnologisch wie auch ökonomisch gebildete/r MitarbeiterIn bzw. auch selbständig Tätige/r einbringen kann, noch verfeinert formuliert werden. Im Marketing bedient man sich dazu des USP – der „Unique Selling Proposition“, die den „einzigartigen Produktnutzen/das einzigartige Verkaufsversprechen“ beschreibt. Auf unsere Dienstleistung angewendet, ergibt sich als USP: Die Kombination von anthropologischem und wirtschaftlichem Fachwissen macht EthnologInnen zu qualifizierten MitarbeiterInnen, die zusätzlich mit scharfer Beobachtungsgabe, Flexibilität und Empathie punkten. Dadurch können sie menschliche Verhaltensweisen und ökonomische Faktoren optimal und praktikabel ineinander integrieren.

Dieses Modell eines USP kann individuell je nach den besonderen Fähigkeiten und Spezialgebieten entsprechend gestaltet werden und ist bei konsequenter Anwendung eine solide argumentative Basis – sei es nun bei Bewerbungen oder bereits in der beruflichen Tätigkeit.

4. Ziele festlegen

Das Um und Auf jeder Planung ist die Festsetzung von Zielen. Wer nicht weiß, was er/sie erreichen möchte, kann auch nichts erreichen. Ziele sollten operationalisierbar formuliert werden, d. h., überprüfbar und messbar sein. Das gilt für die Ausbildungszeit ebenso wie für die berufliche Laufbahn.

5. Strategie und Taktik

Strategien sind die Grundlage für taktische Vorhaben. Denn Strategie heißt, die richtigen Dinge tun; z. B. könnte es die Strategie des/der wirtschaftlich ambitionierten Ethnologen/Ethnologin mit einer Vorliebe für Südostasien sein, die Öffnung Chinas als Perspektive für die eigene berufliche Zukunft anzusehen. Taktisch wird sie oder er das während des Studiums in einer Konzentration auf dieses Regionalgebiet umsetzen, die Sprache erlernen, eventuell versuchen, ein entsprechendes Stipendium zu bekommen und an der Wirtschaftsuniversität – z. B. im Rahmen des Wahl- oder Freifaches – Spezialvorlesungen zum Thema „Die Wirtschaft

Chinas" belegen. Noch vor Studienabschluss versucht diese Person, ein Auslandspraktikum z. B. bei Phillips zu bekommen, da der Konzern den Eintritt in den chinesischen Markt besonders forciert – diese Information hat sich unser/e EthnologIn im Internet auf den entsprechenden Firmen-Homepages erworben. So legt er/sie den Grundstein für eine Karriere, die seinen/ihren Neigungen entspricht.

6. Kommunikationspolitische Maßnahmen

Von sich selbst überzeugt zu sein, ohne dabei Arroganz zu versprühen, ist eine gute Voraussetzung um andere von den eigenen Fähigkeiten überzeugen zu können. Je nachdem, ob man als EinzelkämpferIn unterwegs ist oder Gruppenstrukturen und Netzwerke nützen kann, wird der kommunikationspolitische Auftritt unterschiedliche Formen annehmen.

Eine Gruppe von EthnologInnen bzw. verschiedenen SpezialistInnen, die sich zu einer Beratungsfirma zusammenschließen, kann durchaus auf das klassische Werbeinserat zurückgreifen. Eine intelligente Gestaltung und Platzierung z. B. in Special-Interest-Magazinen oder Fachzeitschriften sind dabei wesentlich. Auch eine Integration in größere BeraterInnennetzwerke oder Auftritte bei Fachveranstaltungen sind zielführend.

Ein/e selbständig tätige/r oder sich als MitarbeiterIn bei einem Unternehmen bewerbende/r Ethnologe/Ethnologin verfügt in der Regel über begrenzte kommunikationspolitische Mittel. Eine gut gestaltete Bewerbungsmappe und eine geschickte Rhetorik im Vorstellungsgespräch sind daher unverzichtbar. Je nach Budget können auch die – von guten Freunden eventuell technisch unterstützte – Herstellung und der Versand einer eigenen CD-ROM ins Auge gefasst werden. Besonders die so genannten Neuen Medien eröffnen eine Reihe von günstigen Möglichkeiten, sei es nun die eigene Homepage im Internet oder die effiziente Kontaktaufnahme mit interessanten Unternehmen. Und warum nicht auch als Einzelner Direct Marketing betreiben und mitreißende Directmails versenden?

7. Ergebnis

Eine genaue Analyse der eigenen Qualitäten und des Umfeldes sind notwendig, um individuelle Strategien zur Selbstvermarktung zu konzipieren. Je genauer die Ausgangssituation erhoben wird, umso besser gelingt die Planung. Das eigene Wissen als attraktive Dienstleistung zu sehen, ist dabei Voraussetzung. Um ein optimales Ergebnis zu erzielen, bedarf es auch einer Portion Flexibilität, um die einmal entworfenen Strategien immer wieder an die realen Gegebenheiten anzupassen und somit auf eventuelle Veränderungen reagieren zu können, ohne dabei das Ziel aus den Augen zu verlieren!

Epilog

„*Man muss die Zukunft im Sinn haben, und die Vergangenheit in den Akten.*" (Talleyrand)

Der vorliegende Beitrag zielte darauf ab, die beruflichen Möglichkeiten von EthnologInnen in der freien Wirtschaft zu analysieren. Besonders herausgegriffen wurden dabei die Bereiche Consulting und Coaching, aber auch die Perspektive einer Tätigkeit im mittleren Management wurde dokumentiert. Ein wesentlicher Aspekt ist die Bewusstseinsbildung – sowohl auf Seiten der AbsolventInnen als auch seitens der potentiellen ArbeitgeberInnen. Insofern versteht sich dieser Beitrag als Ermunterung, neue Wege bei der Berufswahl zu gehen, wenngleich diese nicht dem Bild des/der „traditionellen Ethnologen/Ethnologin" entsprechen.

Die Interviews, die mit Fachleuten aus der Wirtschaft geführt wurden, zeigen uns, dass Unternehmen vermehrt Bedarf an SpezialistInnen haben, die ethnologische Kompetenzen und wirtschaftliches Wissen vereinen können. Gerade in relevanten Bereichen wie z. B. dem Personalmanagement/HRM, der Erschließung neuer Märkte, der internationalen Geschäftstätigkeit oder der Unternehmensberatung bieten sich neue Tätigkeitsfelder und Berufschancen. Es wurde der Einfluss kultureller Faktoren auf die Betriebswirtschaftslehre beschrieben und es wurde aufgezeigt, dass es letztendlich die menschlichen Verhaltensmuster sind, die über den wirtschaftlichen Erfolg bestimmen. Mehrere unserer GesprächspartnerInnen verwiesen auf die Schwierigkeiten, die durch Firmenfusionen entstehen, und machten deutlich, wie wertvoll eine ethnologische Beratungstätigkeit in so einem Fall sein kann.

Dieser Beitrag soll aber ebenso eine Hilfestellung bei der Frage nach den geforderten Zusatzqualifikationen geben und darüber, wie sich das erworbene Wissen besser vermarkten lässt. Nicht zuletzt deswegen wurde immer wieder gezielt betriebswirtschaftliches Vokabular verwendet, um gewissermaßen eine bewusste Grundhaltung in den Mittelpunkt zu stellen. Der „Blick über den Tellerrand" hat gezeigt, dass EthnologInnen längst kein Monopol mehr auf die „interkulturelle Kompetenz" haben. Im Gegenteil, bei der Vermittlung derselben sind sie zumeist in der Minderzahl.

Insgesamt zeigt dieser Beitrag, dass ein im Studium erworbenes solides Fachwissen in Kombination mit den richtigen Zusatzqualifikationen eine sehr gute Basis für eine erfolgreiche Karriere in der freien Wirtschaft ist. Eine gute Portion Neugier und der Mut zur kreativen Selbstvermarktung tragen wesentlich zum Aufstieg bei, denn wer sein Licht unter den Scheffel stellt, bleibt unerkannt. Somit schließt sich hier der Kreis zu unserem ersten Gesprächspartner Wolfgang Gratzer, der betont hat, wie wichtig es ist, eine fundierte Ausbildung mit einer neuen Idee zu verbinden. Auch unkonventionelle Wege, so Gratzer, lassen sich mit solidem Wissen und dem nötigen Selbstbewusstsein erfolgreich gehen!

„Es gibt nichts Mächtigeres auf der Welt als eine Idee, deren Zeit gekommen ist!" (Victor Hugo)

Geführte Interviews

BUTZ, Alexandra

Interview zum Thema: EthnologInnen als Consultants, 11. Jänner 2001, Tonband und Transkript des Interviews im Besitz der VerfasserInnen.

GRATZER, Wolfgang

Interview zum Thema: EthnologInnen und deren Karrierechancen, 25. April 2000, Tonband und Transkript des Interviews im Besitz der VerfasserInnen.

NEUMANN, Günter

Interview zum Thema: EthnologInnen aus der Sicht des Managers, 18. Mai 2000, Tonband und Transkript des Interviews im Besitz der VerfasserInnen.

SCHNITT, Peter

Interview zum Thema: EthnologInnen im Aussenhandel, 28. Jänner 2000, Tonband und Transkript des Interviews im Besitz der VerfasserInnen.

VRZAL, Michaela

Interview zum Thema: Betriebsethnologie und EthnologInnen in der Organisationsberatung, 17. Dezember 2000, Tonband und Transkript des Interviews im Besitz der VerfasserInnen.

Zitierte und weiterführende Literatur

DIEL-KHALIL, Helga/GÖTZ, Klaus

1999 Ethnologie und Organisationsentwicklung. (= Reihe Management-Konzepte Band 3). 2. Auflage, München.

GRUBER, Markus (Hg.)

1999 CAREER 2000. Wien.

HARRIS, Marvin

1995 Cultural Anthropology. Fourth Edition, New York.

HELMERS, Sabine

1993a Beiträge der Ethnologie zur Unternehmenskulturforschung. In: Dierkes, Meinolf et al. (Hg.): Unternehmenskultur in Theorie und Praxis; Konzepte aus Ökonomie, Psychologie und Ethnologie. Frankfurt/M. S. 147-187.

1993b Ethnologie der Arbeitswelt. Beispiele aus europäischen und außereuropäischen Feldern. Bonn.

HOLZMÜLLER, Hartmut H.

1997 Kulturstandards – ein operationales Konzept zur Entwicklung kultursensitiven Managements. In: Engelhard, Johann (Hg.): Interkulturelles Management. Theoretische Fundierung und funktionsbereichsspezifische Konzepte. Wiesbaden, S. 55-74.

KOTLER, Philip/BLIEMEL, Friedhelm

1995 Marketing – Management. Analyse, Planung, Umsetzung und Steuerung. 8. Auflage, Stuttgart.

LANTHALER, Werner

2000 Die ICH-Aktie. Mit neuem Karrieredenken auf Erfolgskurs. Frankfurt/M.

MEISSNER, Hans G.

1997 Der Kulturschock in der Betriebswirtschaftslehre. In: Engelhard, Johann (Hg.): Interkulturelles Management. Theoretische Fundierung und funktionsbereichsspezifische Konzepte. Wiesbaden, S. 1-14.

NOVAK, Andreas

1994 Die Zentrale: Ethnologische Aspekte einer Unternehmenskultur. Bonn.

1998 Als Ethnologe in der Organisationsentwicklung und -beratung. In: Lange, B./Itter, M. von/Schrör, T. (Hg.): Kursbuch Ethnologie & Beruf. Erfahrungen, Berufswege und Informationen für Studierende der Ethnologie und der Kulturwissenschaften. Marburg, S. 159-169.

N.N.

1996 Biedere Tante. In: Der Spiegel, Nr. 10, S. 124-128.

POHL, Elke

2000 Karriere – Knigge. 100 Tipps für gekonntes Auftreten im Berufsleben. Nürnberg.

SCHNITT, Peter

1999 Cross-Cultural Communication. Geschäftsverhandlungen mit fremden Kulturen. Wien.

SMITH, Adam

1999 Der Wohlstand der Nationen. Eine Untersuchung seiner Natur und seiner Ursachen. Vollständige Ausgabe nach der 5. Auflage, London 1789. Für die Taschenbuchausgabe revidierte Fassung. 8. Auflage, München.

WRIGHT, Susan

1994 Culture in anthropology and organizational studies. In: Dies. (Hg.): Anthropology of organizations. London, New York, S. 1-31.

AutorInnen/MitarbeiterInnen

Eva Ackermann, geboren 1975 in Wasserburg am Inn (Deutschland). Seit 1995 Studium der Ethnologie und Europäischen Ethnologie an der Universität Wien. Schwerpunkte: Zentralasien (v.a. Kasachstan), Genderforschung, Museologie; Mitarbeit an Ausstellungs- und Inventarisierungsprojekten. Derzeit Sprachassistentin des Goethe-Instituts in Nordkasachstan.

Theresa Beranek, geboren 1976 in Klosterneuburg; Studium der Pädagogik, Ethnologie und Publizistik und Kommunikationswissenschaften an der Universität Wien; Spezialisierung auf Rechtspluralismus in Afrika; seit 1998 mehrere Forschungsaufenthalte in Afrika (Ghana; Burkina Faso; Botswana).

Hemma Burger-Scheidlin, geboren 1978 in Wien, Studium der Ethnologie sowie Fächerkombination aus Soziologie, Linguistik, Französisch. Reisen in den Senegal, Uganda, Mongolei, Indonesien; Sachgebiet: Humanökologie. Diplomarbeit über die gesellschaftliche Funktion der österreichischen Bauern unter Berücksichtigung ihrer Funktion im Tourismus.

Julia Czarnowski, geboren 1975 in Hamburg. Lebt seit 1996 in Wien und hat hier auch ihr Studium der Ethnologie fortgeführt und abgeschlossen. Nebenfächer waren Soziologie und Psychologie. Regionales Interesse: die eigene Gesellschaft, Naher Osten und Südostasien.

Daniela Digruber, geboren 1975; Studium der Ethnologie, Politikwissenschaft, Soziologie, Vergleichenden Literaturwissenschaft und Romanistik in Wien und Utrecht/NL; Berufstätigkeiten in den Bereichen Printmedien und Anti-Diskriminierungsarbeit; Abschluss der Diplomarbeit über Mädchen aus Migrantenfamilien in Lehrberufen im Herbst 2002.

Theresa Dirtl, geboren 1976 in Wien, schloss ihr 1995 begonnenes Ethnologiestudium im Jahr 2001 ab. Als Nebenfach absolvierte sie Anglistik und Amerikanistik. Schwerpunkte: Nordamerika, Australien und Neuseeland sowie Kolonialismus, Regionalismus und Identität. Studienaufenthalte in Spanien, England und Neuseeland. Seit ihrem Abschluss ist sie als freiberufliche Journalistin tätig.

Julia Fraunlob, geboren 1976 in Wien, wo sie Ethnologie, Kultur- und Sozialanthropologie und Afrikanistik studiert und derzeit an ihrer Diplomarbeit arbeitet. Zahlreiche Aufenthalte in Guinea-Bissau und anderen Staaten Westafrikas (Senegal, Kap Verde, Mali). Interessen- und Forschungsschwerpunkte: Politische Anthropologie, Rechtsanthropologie und Entwicklungszusammenarbeit.

Andre Gingrich, geboren 1952 in Wien, wo er sein Studium der Ethnologie, Soziologie und Islamwissenschaften 1979 abschloss und sich 1990 habilitierte. Seine Spezialgebiete sind anthropologische Theorie und Methoden sowie Gesellschaft und Weltbild in West- und Zentralasien. Er ist heute Professor für Kultur- und Sozialanthropologie an der Universität Wien.

Gerit Gönitzer, geboren 1971 in Klagenfurt; nach einem zweijährigen Aufenthalt in Nord- und Südamerika studiert sie Publizistik und Kommunikationswissenschaft und Ethnologie an der Universität in Wien, wo sie auch Tutorin ist und bei verschiedenen Projekten mitarbeitet. Schwerpunkte: Gender und empirische Sozialforschung; Südostasien, Ozeanien und Ostafrika.

Stefanie Kotrba, geboren 1975; Studium der Ethnologie und Fächerkombination aus Romanistik, Ethnomedizin, Botanik und Pharmakologie in Wien. Spezialisierung auf „chieftaincy in Afrika". Seit Abschluss der Diplomarbeit im Mai 2002 ist sie als Studienassistentin am Institut für Ethnologie, Kultur- und Sozialanthropologie tätig.

Karin Lebelhuber, geboren 1969; Studium der Ethnologie/Fächerkombination. Schwerpunkt: Frauenforschung; Projektarbeit im Bereich Umwelt & Menschenrechte; berufstätig bei Fair Trade. Seit September 2001 Arbeit an der Diplomarbeit zum Thema Fair Trade/Globalisierung.

Petra A. Meindl-Andrews, geboren 1966 in Grieskirchen (OÖ). Ausbildung zur medizin-technische Fachkraft am AKH Linz; Studium der Völkerkunde und Geschichte an der Universität Wien mit Schwerpunkt Tibetologie, Ritual und Schamanismus. Diplomarbeit über „Lebenskrisenriten". Derzeit lebt und arbeitet sie in Washington DC für eine Non-Profit-Organisation.

Mark Német, Studium der Ethnologie und Politikwissenschaft an der Universität Wien. Berufliche Tätigkeit u.a. in der Bildungs- und Wissenschaftsverwaltung (Studieninformation, danach Bildungs- und Hochschulstatistik). Arbeit an einem Dissertationsprojekt über „Quantitäten der Völkerkunde".

Herta Nöbauer, hat 1996 ihr Diplomstudium der Ethnologie und Fächerkombination Frauenforschung in Wien abgeschlossen. Ihre fachlichen Schwerpunkte sind: feministische und Geschlechter-Anthropologie, Anthropologie des Körpers und Anthropologie der Wissensproduktion in akademischen Institutionen. Sie ist Lektorin am Institut für Ethnologie, Kultur- und Sozialanthropologie.

Julia Obenaus, geboren 1975 in St. Gallen/Stmk. Studium der deutschen Philologie und Ethnologie in Wien. Abschluss im Juni 2000. Spezialgebiete Afrika/Fotografie. Derzeit: fünfsemestriges Fotokolleg an der Volkshochschule Alsergrund in Wien.

Gertraud Pantucek, geboren 1962; sie ist Diplomsozialarbeiterin und Supervisorin sowie akademische Referentin für feministische Bildung. Derzeitige Tätigkeit: Familienbetreuung mit Schwerpunkt MigrantInnen und Roma-Familien. Studium der Ethnologie in Wien; Spezialisierung auf: Migration, Konflikt- und Friedensforschung, Ethnizität.

Petra Pinkl, geboren 1977 in Neunkirchen, NÖ. Studium der Ethnologie und Politikwissenschaft in Wien. Spezialisierung: Nomadismus/Mongolei; Forschungsreisen nach Zentralasien (Tibet, Nepal, Mongolei). Sie schloss im Juni 2001 ihr Studium ab und arbeitet seither an verschiedenen Projekten (z.B. Menschenrechte/Friedenspädagogik, interkulturelle Therapiearbeit, Migration etc.)

Gerald Schmidt, geboren 1978; nach einem Auslandsschuljahr an der Roncalli High School in Indianapolis (USA) begann er 1996 das Studium der Biologie, Völkerkunde und Ökologie an der Universität Wien. Seine Schwerpunkte sind: Sustainability Science, Environmental Anthropology, Ethnobotanik. Abschluss des Studiums 2001.

Gunhild Schultheis, geboren 1941 in Gävle, Schweden. Sie studierte Ethnologie mit einer Fächerkombination bestehend aus Afrikanistik, Musikwissenschaft und Volkskunde an der Universität in Wien. Interessensgebiet: Ernährungsanthropologie. Abschluss des Studiums 2001.

Julia Schwaighofer, geboren 1976 in Salzburg; Studium der Ethnologie, Fächerkombination aus Archäologie/Kunstgeschichte/Numismatik sowie Übersetzer- und Dolmetscherausbildung (Spanisch/Italienisch). Spezialisierung: Rechtsanthropologie/Mesoamerika. Abschluss des Studiums im Mai 2001; Feldforschung für die Dissertation in Guatemala sowie Praktikum bei der UNO in New York.

Gertraud Seiser, geboren 1961 im Mühlviertel, Studium der Völkerkunde, Volkskunde und Politikwissenschaft in Wien. Langjährige Tätigkeit im Wissenschaftsministerium; währenddessen Studienabschluss 1995. Seit 1998 wissenschaftliche Mitarbeiterin am Institut für Ethnologie, Kultur- und Sozialanthropologie in Wien. Spezialisierung auf bäuerliche Lebensformen in Europa.

Sonja Siegert, geboren 1972 in München, in Wien aufgewachsen, wo sie seit 1987 Ethnologie im Hauptfach und Turkologie im Nebenfach studiert. Regionales Interesse: Naher Osten, insbesondere Türkei, sowie die Beziehung zwischen eigener Gesellschaft und MigrantInnen aus der Türkei.

Florian Smutny, geboren 1973 in Wien. Abschluss des Studiums der Politikwissenschaft und der Ethnologie an der Universität Wien im Jahr 2002. Seine Spezialgebiete sind sozialwissenschaftliche Theorie und Methode, Theorien über Nationalismus und Nation sowie normative Fragen über Multikulturalismus, kulturelle Selbstbestimmung und Sezession.

Elisabeth Strasser, geboren 1974, Studium der Ethnologie, Politikwissenschaft und Gender Studies an der Universität Wien und Universität Kopenhagen, mit Schwerpunkt Migrationsforschung. Unterrichtstätigkeit im Bereich DAF (Deutsch als Fremdsprache), Antirassismusarbeit und Konfliktprävention mit Jugendlichen und Kindern.

Christian R. Warta, geboren 1967 in Wien, Ausbildung zum Koch, anschließend Absolvierung der Studienberechtigungsprüfung und Studium der Ethnologie sowie Fächerkombination aus Philosophie, Publizistik und Psychologie. Regionaler Studienschwerpunkt: Indonesien. Er arbeitet als Koch und Reiseleiter und ist zur Zeit in der Informations- und Kulturabteilung der indonesischen Botschaft in Wien tätig.

Gerlinde Wolfschluckner, geboren 1973 in Grieskirchen (OÖ). Berufliche Tätigkeit und Fortbildung: Sonderkindergärtnerin, IPO-Lehrgang Sozialmanagement Uni Linz sowie Ethnologiestudium in Wien; derzeit arbeitet sie als Behindertenbetreuerin.

Iris Wrana, geboren 1970 in Wien; Studium der Ethnologie sowie Orientalistik und Politikwissenschaft in den Nebenfächern; wirtschaftliche Ausbildung in Marketing und Verkaufsmanagement; Spezialgebiete: West- und Zentralasien, Wirtschaftsethnologie. Freiberufliche Beratungstätigkeit sowie Mitarbeiterin eines Institutes für Zukunftsforschung und Managementconsulting.

Christine Zoubek, geboren 1962; Auslandsaufenthalte in Frankreich, Spanien, Marokko; Tätigkeit als Reiseleiterin und Übersetzerin. Nach der Rückkehr nach Österreich Eintritt in eine Entwicklungshilfeorganisation mit Sitz in Wien; Reisen nach Kenya und Uganda. Seit 1993 nebenberufliches Studium der Ethnologie; derzeit Arbeit an der Diplomarbeit zum Thema: Soziale Netzwerke lateinamerikanischer Exilanten in Wien.

Patricia Zuckerhut, geboren 1961 in Schwarzach/Pg.; Studium der Ethnologie und Psychologie, Promotion 1997. Derzeit freie Wissenschafterin und Lektorin am Institut für Ethnologie, Kultur- und Sozialanthropologie der Universität Wien. Forschungsschwerpunkte: Konzepte und Theorien feministischer Anthropologie; Weltbild und Raum sowie Macht und Herrschaft bei historischen und rezenten Nahua (Mexiko).